现代宪法的政治思想基础

The Modern Constitution's Foundation in Political Ideas

张雪忠 著

【当代华语世界思想者丛书】
学术顾问：黎安友
主　编：荣　伟
副 主 编：罗慰年

Academic Adviser: Andrew J. Nathan
Chief Editor: David Rong
Deputy Editor: William Luo
Published by Bouden House, New York

The Modern Constitution's Foundation in Political Ideas
Zhang Xuezhong

现代宪法的政治思想基础

张雪忠 著

出版：博登书屋·纽约（Bouden House · New York）
邮箱：boudenhouse@gmail.com
发行：谷歌图书（电子版）、亚马逊（纸质版）
版次：2022 年 2 月　第一版　第一次印刷
字数：368 千字
定价：$38.00 美元

Copyright © 2022 by Bouden House
All rights reserved.
No part of this book may be reproduced in any form or by any electronic or mechanical means including information storage and retrieval systems, without permission in writing from the publisher. The only exception is by a reviewer, who may quote short excerpts in review.

作品内容受国际知识产权公约保护，版权所有，侵权必究

说明与致谢

在 2018 年和 2019 年这两年时间里，我一直在写一部题为"制宪权导论"的专著。在写作过程中，我集中研读了不少西方政治与宪法思想史上的经典著作，并参阅了不少与之相关的研究论著。在此过程中，我特别注意各种不同的政治学说，是如何促进或阻碍了现代宪法的产生。通过这样的阅读、思考和写作，我自觉对现代宪法的目的、原则、内容和制度构造，有了比以前更为系统和深入的理解。

为了向更多的人分享自己的研究心得，我于 2020 年 1 月开设了一门名叫"现代宪法学精要"的网上课程（共进行了十期，近千人报名参与）。在教学过程中，有听课的同学将我的授课内容整理出文字稿，这又让我产生了把讲稿修改和扩充成一部书稿的念头。于是，便有了这本书。

讲稿原本只有一百多页的篇幅。我用了一年的时间将它扩充至四百余页，是想对相关主题进行更全面、更深入的阐述。与此同时，我仍力求书稿的行文能像讲稿一样明晰、晓畅。

为了理解现代宪法是如何运作的，我用了很多时间去研究它是如何产生的。在本书中，我考察了组成现代宪法体制的若干政治观念，是如何被提出、被改造以及最终被整合在一起的。这本书的内容，一方面是向读者展示现代宪法在各种政治思想推动下的产生过程，另一方面也是透过现代宪法的制度框架，去分析相关政治观念的内容和作用。

我在书中用两章的篇幅分析现代宪政体制在英国出现的经过（从大宪章到光荣革命），是想用历史事实去检验本书的理论部分，也就是要表明：只有当一个政治共同体的成员广泛认同若干不可或缺的原则，并将它们一起加以采用，才可能建立稳定的宪政体制。我另用一章的篇幅分析法国大革命从开始到失败的经过，是为了表明：如果人们对这些原则的理解出了偏差，或者只是选择性地采用其中的一部分，就不可能建立稳定的宪政体制。

在这本书中，我完全没有谈及自晚清以来的中国宪法实践和学说，尽管我希望本书的写作与出版，能为中国大陆的宪法学研究奠定正确的理论基础。

我要感谢所有参与"现代宪法学精要"课程的同学，他们的信任和肯定对我有非同寻常的意义。与同学们的讨论时常让我受到启发，并使我对一些问题的看法更加成熟和周全。我要特别感谢参与第一期课程的王海珍同学，是她将我的口头授课内容从头至尾整理成文字稿。如果没有她的辛苦付出，就不可能会有这本书。这门课程的全部音频文件，都是由樊素女士剪辑而成，并配上最适合的背景音乐。她在这方面的专业素养为我的课程增色不少，我在此感谢她的热情帮助。

最后，我要感谢博登书屋的荣伟老师和其他参与本书编审工作的老师，正是因为他们的帮助和辛劳，这本书才有面世的机会。

张雪忠
2022 年 1 月 17 日于上海

目 录

导 言 1

第一部分 现代宪法的思想结构 10

第一章 "政治权力的另一种来源"
洛克的政治学说、《独立宣言》与现代宪法 10

第二部分 现代宪法的基本原理 27

第二章 "宪法不是宪定权的产物,而是制宪权的产物"
优先于一般法律的宪法;区别于宪定权的制宪权 ... 27

第三章 "我们人民…制定和确立了这部宪法"
现代宪法与人民主权 49

第四章 "某些不可让渡的权利"
现代宪法与个人自由 76

第三部分 现代宪法的制度构造 112

第五章 "一个共和国可以扩展至很大的疆域"
现代宪法与代议制政府 112

第六章 "必须用野心对抗野心"
现代宪法与分权制衡 158

第七章 "政党应参与人民政见的形成"
现代宪法与党派竞争 200

第四部分 人类宪政史上的成与败 241

第八章 "它以新的活力和光芒泽被四方"
大宪章离现代宪法还有多远？.................. 241

第九章 "在威斯敏斯特集会的僧俗贵族及平民"与"人人生而平等"
英国光荣革命与美国独立革命的不同宪法含义..... 310

第十章 "革命像萨图恩一样吞噬自己的儿女"
法国大革命的宪法学反思........................ 352

第五部分 现代宪法的政治哲学前提 410

第十一章 "人是天生的政治动物"？
现代宪法与人造的政府.......................... 410

第十二章 "为确保我等及我等子孙得享自由之福佑"
现代宪法与政治社会的目的...................... 450

导　言

　　1987年1月27日,时任美国总统罗纳德·里根(Ronald Reagan)在国会发表国情咨文演讲时说:"许多国家都在宪法中写入了保护言论自由和集会自由的条款。如果真是这样,美国宪法为什么会如此特别?这里有一个很小的区别,小到人们几乎不会注意它,但这也是重大的区别,且只需三个单词就足以向大家说明一切:这就是'We the people'(我们人民)。在有些国家的宪法中,是政府告诉人民可以做什么。在美国的宪法中,是'我们人民'告诉政府可以做什么,并且政府只能做宪法允许它做的事情,别的事情它都不能做。在人类历史上,几乎每一次革命都是一群统治者被另一群统治者所取代,美国革命却首次宣告:人民是国家的主人,政府是人民的仆人。"

　　作为一名政治人物,里根总统的演说有其现实而具体的政策意图。当时还是冷战时期,他所说的"有些国家"主要是指苏联等社会主义国家。不过,一位政治领导人要推销某一政策主张,总是要诉诸一定的政治原则(无论这些原则本身是否合理),以便对自己的政策主张进行正当化,否则,就很难产生政治动员的效果。就知识分析而言,相关的政治原则和政策意图是可以分开处理的。在这里,我们不妨忽略里根的具体政策意图,只对他所运用的政治原则进行分析。

　　在这段话中,里根所运用的政治原则可分为两个方面:(1)一个国家的宪法,应是主权的人民用来创设和约束政府,而不是掌握权力的少数人用来管束人民的法律文件,这是美国人在独立革命和制宪建国时所依据的基本政治原则之一;[1](2)如果一场革命不是以制

---

[1] Gordon S. Wood, *The Creation of the American Republic, 1776-1787*, University of North Carolina Press(1993), 306-343; P. R. Palmer, *The Age of the Democratic Revolution: A Political History of Europe and America, 1760-1800*, Princeton University Press(2014), 159-176; Edmund S. Morgan, *Inventing the People: The Rise of Popular Sovereignty in England and America*, Norton(1989), 186-201.

定一部保障人们自由的宪法为目的，而是让一批人取代另一批人并成为新的统治者，那就不成其为革命，而只是一场反叛，这显然是汉娜·阿伦特在《论革命》中所阐述的主题。[1] 这两方面结合起来就意味着，宪法的根本任务是落实人民主权和保障个人自由，如果一部宪法偏离了这一任务，那就不成其为宪法。应该说，对宪法的这种看法，与现代宪法的宗旨和它产生的历史过程是相契合的。

现代宪法的观念首先是在欧美地区出现的，是人们与君主专制统治长期斗争的产物。在这种政治斗争过程中，人民主权原则逐渐取代君主主权原则。依照人民主权原则，人民享有原初的和最高的权力，政府的权力源自人民的授予和委托，是人民主权权力的派生物，现代宪法则是人民用来创设、规范和约束政府权力的法律文件。[2] 人们用人民主权否定君主主权，是因为后者威胁着大家的个人自由，保障个人自由是人民主权和现代宪法的根本目的，也是政府权力的基本任务。[3] 这样的目的和任务，又要求政府机构的组建和运作，必须遵循民主、法治和分权原则。

无论是欧美人民与君主专制所作的长期政治斗争，还是在此过程中逐渐发展出的现代宪法，都是为了解决某些特定的政治问题，实现某些特定的政治目标。这些问题和目标与现代宪法有着密不可分的联系，并决定着现代宪法的任务、原则、内容和制度构造。那些催生出现代宪法的一系列政治学说，正是通过对相关政治问题的阐述与解答，共同构筑了现代宪法的思想基础。

如果在一个国家，某些掌握权力的人出于根本不同的政治目的，

---

[1] [美]汉娜·阿伦特著，陈周旺译：《论革命》，译林出版社 2011 年版，124-138。

[2] 参见 [德]迪特儿·格林著，刘刚译：《现代宪法的诞生、运作和前景》，法律出版社 2010 年版，1-26；[美]卡尔·罗文斯坦著，王锴、姚凤梅译：《现代宪法论》，清华大学出版社 2017 年版，88-97；[英]K. C. 惠尔著，翟小波译：《现代宪法》，法律出版社 2006 年版，48-62；[日]芦部信喜著，王贵松译：《制宪权》，中国政法大学出版社 2012 年版，42。

[3] 迪特儿·格林著：《现代宪法的诞生、运作和前景》，9、16-17；卡尔·罗文斯坦著：《现代宪法论》，226-229；K. C. 惠尔著：《现代宪法》，133；芦部信喜著：《制宪权》，36。

为解决不同的政治问题（或者对相同的政治问题提供根本不同的答案），制定出一部书面的法律文件并冠以"宪法"之名，这算不算是一部真正的宪法？

中文中的"宪法"一词，在英文中对应的是"constitution"一词。英文中的 constitution 这个词有多个层面的含义。在最广泛的层面，它可以指任何事物的建立、组织或构造，既包括物质性的事物，也包括由众多个人组成的团体。例如，一幢建筑的构造（the constitution of a building）、一个委员会的建立（the constitution of a committee）或一家法院的组织（the constitution of a court），等等。

就国家作为一个政治团体而言，它的 constitution 也可以包含多方面的含义。第一，一个国家的 constitution 可以仅指它的成立，而不涉及它内部政治权力的归属、分配或运行状况。例如，1965 年 8 月 9 日，马来西亚国会以 126 票赞成、0 票反对的表决结果，决定将新加坡逐出联邦；翌日，新加坡独立建国，成立了新加坡共和国（the constitution of the Republic of Singapore）。这里的 constitution 和 establishment 是同义词。

第二，人们也可以从民族、地理和行政区划等方面，来谈论一个国家的 constitution（构成）。例如，中国是由 56 个民族构成的；日本是由本州、九州、四国、北海道这 4 个大岛和 6800 多个小岛构成的；美国是由 50 个州和哥伦比亚特区构成的，等等。

第三，一个国家的 constitution，也可以特指它内部政治权力在事实上的归属、分配和运行状况。这里的 constitution 是一个纯描述性的概念，即依照一些在经验上可观察的特征，去描述一个国家实际的政权结构，大致是古希腊时期"政体"的意思。例如，亚里士多德在《政治学》第二卷第 9 至 11 章，依次考察了古代斯巴达、克里特和迦太基的政体（constitution）。在这一考察中，他关注的主要是这些城邦中的统治权力，实际上是由哪些人、以哪种方式，以及为追求哪些目标而行使的。在第三卷第 7 章，他还视最高统治权力是归属于一个人、少数人还是多数人，将政体分为不同的类型。[1] 依照亚里士

---

[1] Aristotle, *Politics*, trans. C. D. C. Reeve, Hackett Publishing Company (1998), 1271b20-1273b25; 1279a23-1279b11.

多德的说法，"'政体'和'统治阶层'所指的是一回事"。[1]

最后，一个国家的constitution，也可指将政治统治的建立和政治权力的行使作为规范对象的一部（或一系列）法律文件，它（们）规定政权机构的组建和运作，应遵循哪些程序和服从哪些规则。这些旨在对政治统治进行法律化的文件，现在通常都被人们称为"宪法"。一个国家实际的政权结构或政治统治状况，也就是上述第三种意义上的constitution（即事实上的政体），可能与该国的"宪法"规定是一致的，也可能是不一致的。如果是后一种情形，那就意味着原本应起规范作用的"宪法"，并没有得到人们的遵从。

至此须注意，现代意义上的宪法（constitution），与立宪主义（constitutionalism，一译宪政主义）是紧密相连的。立宪主义的要义，就是让政府权力受到法律的限制，让统治者受到统治对象的控制。[2] 这有赖于统治对象对政治过程的主动参与，以及让多个不同的主体来分享统治权力，而不是让单个主体垄断全部权力。立宪主义的历史，正是政治共同体的成员对统治权力之正当性及其控制进行探究的过程。人性和政治权力的特性决定了，人们不能依靠权力掌管者的自我克制，让大家免受权力滥用的侵害，而是必须将各种可能的权力控制机制，有意识地整合进政治权力的产生和运行过程。[3]

人们希望用一系列原则、制度和规则，来规范政治权力的产生，并限制政治权力的行使，对这些原则、制度和规则的固定化、具体化和书面化，就是一个国家的宪法本身。宪法是控制政治权力的基本工具。在这一意义上，现代宪法的作用主要包括两大方面：（1）保障

---

[1] *Politics*, 1279a25. 亚里士多德所说的"政体"（有时也翻译为"宪法"），并不是指一部法律文件，甚至不是我们现代意义上的纯政治概念。它不但涉及一个城邦严格的政治状况，而且还涉及它的社会阶层和经济状况。参见 Charles H. McIlwain, *Constitutionalism: Ancient and Modern*, Cornell University Press(1947), 26; Jean Roberts, 'Justice and the Polis' in Christopher Rowe & Malcolm Schofield ed., *The Cambridge History of Greek and Roman Political Thought*, Cambridge Univesity Press(2005), 356。

[2] 参见 Charles H. McIlwain, *Constitutionalism: Ancient and Modern*, 21；K. C. 惠尔著：《现代宪法》，6-7。

[3] 卡尔·罗文斯坦著：《现代宪法论》，88。

政治共同体的成员可以正当地参与政治运行的过程；（2）通过将不同功能的权力分配给不同的主体行使，防止权力变得专断和暴虐，保障各成员免受政治权力的压迫。

这些分权和控权措施的采用，以承认每个人都有某些自我决定和自我治理的领域为前提，即承认每个人都享有某些基本的自由和权利，并以保护它们免受公权力的侵犯为基本目的。为实现保障基本权利的目的，政治权力的产生及行使，必须建立在特定的规则和程序之上，权力的掌管者和行使者必须遵守这些规则和程序。这就是芦部信喜为什么将现代宪法称为"立宪意义上的宪法"，并认为它"是基于自由主义而制定的国家基本法…是一种历史意义的观念，它最重要的目的，与其说在于政治权力的组织化，不如说在限制权力以保障人权"。[1]

一部在内容上以控权和分权为宗旨的成文宪法，在制定出来后并不会自动运行，而是需要政治共同体的成员（特别是掌管和行使权力的人）在实践中加以运用。宪法必须被全社会切实遵守，必须被融入到国家政治生活之中，才能成为具有实效的"活的"宪法。在这种情况下，宪法规范着政治运行过程，或者说使权力的运行符合它的规定。这就是罗文斯坦所称的"规范宪法"（normative constitution），即权力运行的现实与宪法规范的理想是相契合的。[2] 规范宪法就像是一台具备合格制冷系统的冰箱，遇上了适合它的用电标准的供电环境，因而能够正常发挥它的制冷功能。

在有些情况下，现存的社会政治和经济条件，比如，共同体中占主导地位的政治团体不愿受宪法的约束、民众缺乏政治教育和训练、缺少独立的中产阶级等因素，使得权力的实际运行状况难以与宪法的规定保持一致，宪法规范未能融入动态的政治生活中去。这一仍停留在纸面上的宪法（虽然它的内容本身与规范宪法并无根本的区别），被罗文斯坦称为"名义宪法"（nominal constitution）。[3] 名义宪法也像是一台本身具有合格制冷系统的冰箱，但因未遇到适合

---

[1] [日]芦部信喜著，林来梵等译：《宪法》，清华大学出版社2018年版，4-5。
[2] 卡尔·罗文斯坦著：《现代宪法论》，105。
[3] 卡尔·罗文斯坦著：《现代宪法论》，106。

它的用电标准的供电环境，所以不能发挥出它的制冷功能。

不过，本书关注的问题，不是一部"宪法"是否得到或如何才能得到遵从，而是那些有着"宪法"名称的法律文件，从其本身所规定的内容来看，是否配得上"宪法"这一称号。如果一部规范政治统治的法律文件，它在内容上以限制政府权力和保障个人自由为目的，并承认国民主权原则，规定要以自由选举来产生和更替执政者；另一部规范政治统治的法律文件，连在内容上都不贯彻国民主权原则，而是以确保某个人、某个军事集团或某个政党永久掌权为目的，政府机构及其权力的设置不是以保障个人自由，而是以便于统治民众为宗旨，那么，这两部法律文件是否同样配得上"宪法"的称号？

如上所述，现代成文宪法的产生，是人们寻求控权和分权的政治思想、政治技术的结果。在有些国家，一部成文的"宪法"却被用于威权或极权政体的伪装，它在内容上就不是服务于对政治权力的限制，而是用作掌权者巩固和维持对共同体之统治的工具。现代宪法固有的控权和分权机制被掏空，取而代之的是有利于少数人垄断权力和压榨社会的规定，宪法的称号与它的内在目的完全分离开来，宪法也被从自由的保障曲解为压迫的工具。此时，"宪法"仅仅是某个人、某个军事集团或某个政党贯彻自身政治统治的功能框架。

正如德国著名宪法学者迪特儿·格林所言："[现代]宪法一经产生并展现了其强大的吸引力后，就存在一种可能性，即只模仿宪法的形式，却不接受宪法的实质内容，由此，宪法的形式和宪法的功能被割裂……出现了众多的伪宪法（pseudo-constitution）"。[1] 罗文斯坦将此类"宪法"称为"语义宪法"（semantic constitution，或曰"冒名宪法"）。[2] 语义宪法（即格林所称的伪宪法）根本就不成其为宪法，就像是一台仅有冰箱之外观却缺乏制冷系统的立柜，根本就不成其为冰箱。

这里尤其要注意名义宪法和语义宪法（伪宪法）的区别。名义宪

---

[1] 迪特儿·格林著：《现代宪法的诞生、运作和前景》，29。
[2] 卡尔·罗文斯坦著：《现代宪法论》，106。

法虽因社会条件的限制而得不到落实，但它仍有希望随着条件的变化和时机的成熟而得到贯彻，从而成为完全的规范宪法，就像一台原本被搁置的冰箱终于接上了合适的电源，开始发挥出它的制冷功能。名义宪法甚至仅仅因为它的存在，就可能对民众起到一定的政治教育作用，并为他们昭示一个值得为之奋斗的政治目标。语义宪法（伪宪法）则只是现实权力归属和权力结构的反映，它甚至不假装要为未来权力结构的变化提供框架。它就像是仅仅具有冰箱外观的立柜，无论配上什么样的供电环境，都不可能产生制冷作用。因此，一份带有"宪法"名称的文件的存在，并不意味着一个国家就是有宪法的。

前苏联的"宪法"是典型的语义宪法（伪宪法）。它的存在只是为了巩固和维持单个政党既有的统治权力结构。别的国家若要保持类似的统治权力结构，就也要制定类似的"宪法"，就像转型前的东欧各国所做的那样。一旦人们要改变这种统治权力结构，要让自己的国家成为立宪国家，就一定会废除这样的"宪法"（或者对其进行根本的改造，这等于是制定一部新宪法）。一个国家无法在它所规定的政治框架下成为立宪国家，因为这一框架与立宪体制是格格不入的。相反，在台湾地区施行的"中华民国宪法"虽有诸多不完善的地方，但基本上算是一部现代宪法。在所谓的"戡乱时期"，这部宪法遭到搁置，从而沦为名义宪法。但随到台湾地区的民主化，这部宪法又被激活成为规范宪法，不但为台湾地区的政治转型提供了基本的制度框架，而且在民主化之后仍是规范政治运行过程的根本法。

有些人可能认为，任何以政治统治为规范对象的法律，都可以被称为"宪法"。这一观点回避了具有根本意义的历史事实：宪法是人们为争取自由和平等，而与君主专制统治进行长期政治斗争的成果，这一斗争过程，也是人类政治从前现代阶段向现代阶段转变的过程。用芦部信喜的话说，现代宪法是"基于十八世纪末市民革命时期所主张的、通过限制专断性权力来广泛保障国民权利，所谓立宪主义思想的那种宪法"。[1] 正是在十八世纪末，即现代成文宪法正式出现的时

---

[1] 芦部信喜著：《宪法》，5。

代，法国《人权宣言》第16条明确规定："任何社会，凡权利保障不确定，或权力分立未确立，均无宪法可言。"[1] 这一规定意味着，现代意义的宪法观念包含着某些不可或缺的规范性内容，如果缺少这些内容，一份法律文件就根本不配被称为"宪法"。

现代宪法是人们解决某些特定的政治问题、实现某些特定的政治目的和保障某些特定的价值的法律手段。对这些价值的保障和对这些问题的解决，又要求一部宪法必须具备某些特定的政治品格，即必须遵循某些特定的政治原则，并包含某些特定的制度和规则。宪法真正的根基，或者说它背后的原初理念，是限制政府权力的理念，是要求统治者服从法律和规则的理念。人们通过宪法使前现代政治转变为现代政治，即立宪政治，并使前现代政府转变为现代政府，即立宪政府。

立宪政府不是泛指各机构依照"宪法"条文组建的政府。它是以保障个人自由免受公权力侵犯为目的，并以规则为根据的政府，它的权力范围和行使方式均受到宪法的严格限制，而非只受行使权力者的欲望、能力和资源的限制，因此是与专制政府相对立的。有时，一个国家的政府虽是依"宪法"组建的，但它的"宪法"充其量只是组建政府机构的操作指南，并无真正的控权和分权机制，也不以严格限制和约束政府权力为宗旨。依照此种"宪法"组建的政府，实质上仍是专制政府。[2]

宪法展示了对政治统治进行法律化的一种特定形式，这种形式与人类特定时期的历史进程密切相关。假如任何一部规范政治统治的法律文件，无论它要解决什么样的政治问题、实现什么样的政治目的或要追求什么样的价值，都一律可以被称为"宪法"，那么，"宪法"这个词就不再与特定的价值、原则、制度和规则连在一起，就会失去它与一定历史时期人类政治进程所特有的联系，同时也不能标识出现代政治与前现代政治的区别。这样一来，即使是在中国的秦朝时期，只要秦始皇曾将自己的统治模式形成一种书面表达，人们也可

---

[1] 本书对《人权宣言》内容的引述，采用了王建学的中译文。
[2] K. C. 惠尔著：《现代宪法》，131。

将这一书面表达的内容称为"宪法",尽管他的政权根本不是现代政权。在这种情况下,"宪法"就只是一个纯描述性的概念,就只有constitution 的前述第三种含义,即"政体"。这样的"宪法"虽有助于人们了解相关政体的实际状况与特征,但它并不是一部真正的、现代意义上的宪法。[1]

本书的写作,是要通过考察现代宪法产生的历史过程,并分析它与某些特定政治思想的联系,来阐述现代宪法所要追求的价值与目的,以及它所包含的若干不可或缺的原则、内容、规则和制度构造。作者希望,阅读这本书将有助于人们明辨宪法的真伪。

---

[1] 芦部信喜称之为"固有含义的宪法",并认为"这种含义的宪法无论在什么时代、什么国家都存在"。参见芦部信喜著:《宪法》,4。

第一部分　现代宪法的思想结构

第一章

"政治权力的另一种来源"
洛克的政治学说、《独立宣言》与现代宪法

1764年，詹姆斯·奥蒂斯（James Otis）在《英国殖民地之权利的伸张与证明》中写道："为了形成对殖民地居民之自然权利的理解，我相信人们会同意，这些居民是人，他们与他们在大不列颠的兄弟都是同一造物主的孩子。洛克先生说，再明显不过的是，相同种类和地位、生来就享有同样的自然便利和运用同样机能的被造物，应该是相互平等的，彼此之间不存在统治和服从关系。"[1]

对美国的建国者来说，"伟大的洛克先生"的影响巨大而广泛。大陆会议时期，当约翰·迪金森（John Dickinson）代表宾夕法尼亚起草一份文件时，他对人的自然权利和平等地位的阐述几乎与洛克如出一辙："自然将我们所有人造为同一种类，所有人都是平等的、自由的和相互独立的。它要求被它赋予相同机能的人们，都应该享有同样的权利。因此，毋庸置疑的是，在原始的自然状态下，任何人都没有对他人发号施令的原初权利，也不享有任何主权。"[2]

在反驳一位托利党人所谓"自然状态乃无法无天、弱肉强食之状态"的说法时，亚历山大·汉密尔顿亦诉诸洛克的自然法思想："神……

---

[1] Charles F. Mullett ed., *Some Political Writings of James Otis*, University of Missouri Studies, 70.

[2] John Dickinson, 'Instruction from the Committee for the Province of Pennsylvania', July 21, 1774, In *American Archives: Fourth Series*, ed. Peter Force, Washington (1837-53), I:558.

确立了一种永恒的和不可变更的法律，它在任何人类制度出现之前，就对所有人都有不可违抗的约束力。这就是人们所称的自然法。"[1] 本杰明·拉什（Benjamin Rush）更是宣称："洛克先生是传谕政府原则的圣贤。"[2]

若不考虑英国在十七世纪王位空缺期曾短暂施行的《克伦威尔政府约法》（Cromwell's Instrument of Government），以及美利坚合众国成立前十三州各自制定的宪法，美国联邦宪法算是第一部正式生效的现代成文宪法。[3] 这部宪法的生效和施行，也是现代自由民主体制（或宪政民主体制）得以确立的标志。[4]

宪政民主体制（constitutional democracy）经常被称为"洛克式体制"（Lockean system）。一般认为，约翰·洛克（John Locke，1632-1704）的政治学说首次对这一体制进行了系统、清晰和完备的论述，是美国宪政民主体制最重要的政治思想基础。[5] 在推广自由民主主义的观念和制度方面，这一学说的影响和贡献也是最大的。[6]

---

[1] 'The Farmer Refuted, 1775', in Harold C. Syrett ed., *The Paper of Alexander Hamilton*, Columbia University Press(1961-79), I:87.

[2] Benjamin Rush, *Observations Upon the Present Government of Pennsylvania*, Philadelphia(1777), 20.

[3] 如果说克伦威尔的《政府约法》是为贯彻他的军事独裁统治，还不是一部现代宪法，那么，由英国的平等派于 1654 年起草的《人民协定》（Agreement of the People）倒可算是人类历史上第一部现代宪法的蓝图。不过，后者从未获得生效和实施的机会。关于美国联邦宪法在世界宪法史上的地位，参见 Charles H. McIlwain, *Constitutionalism: Ancient and Modern*, Cornell University Press(1947), 14; [美]卡尔·罗文斯坦著，王锴、姚凤梅译：《现代宪法论》，清华大学出版社 2017 年版，95; [德]迪特儿·格林著，刘刚译：《现代宪法的诞生、运作和前景》，法律出版社 2010 年版，56; [英]K. C.惠尔著，翟小波译：《现代宪法》，法律出版社 2006 年版，3; [日]芦部信喜著，王贵松译：《制宪权》，中国政法大学出版社 2012 年版，8。

[4] 卡尔·罗文斯坦著：《现代宪法论》，96。

[5] Thomas G. West, 'The Ground of Locke's Law of Nature', in Ellen Frankel Paul & others ed., *Natural Rights Individualism and Progressivism in American Political Philosophy*, Cambridge University Press(2012), 1.

[6] Jean-Fabien Spitz, 'Locke's Contribution to the Intellectual Foundations of Modern Constitutionalism', in D. J. Galligan ed., *Constitutions and the Classics: Patterns of Constitutional Thought from Fortescue to Bentham*, Oxford University Press (2014), 152-168. 不过，在过去半个多世纪，一些颇有影响的研究成果表明，洛克的政治学说与传统的中世纪及新教思想的联系，似乎比人们原

在某种意义上，美国联邦宪法是对《独立宣言》所阐明的若干政治原则的落实。通过分析《独立宣言》与洛克政治学说的关联，有助于我们更深入、更明晰地理解现代宪法和宪政民主体制的基本原则、功能和思想结构。

洛克在《政府论》上篇详细驳斥罗伯特·菲尔默以父权制为要素的君权神授理论后，接着便在下篇的开头部分表示，他要阐述一种不同于菲尔默的学说，以"发现政府的另一种起因、政治权力的另一种来源，以及指定和知晓谁享有权力的另一种方法"。[1] 为了阐述正当的政治权力应如何产生，洛克首先说明了自然状态（state of nature）下，也就政治权力和政治统治关系还没出现时，人类的生活状况是什么样子。

这里顺带提一下卢梭在《社会契约论》开篇所说的一句名言："人生而自由，却无往不在枷锁之中。"[2] 此处的"枷锁"是一种比喻，指的是人们在政治上被他人所统治的状态。对卢梭来说，自由就是不被他人统治，或者说是自我统治的状态。《社会契约论》是《论人与人之间不平等的起源和基础》的续篇。在通过《社会契约论》阐述自己心中的正当和理想政体之前，卢梭先在《论人与人之间不平等的起源和基础》中，对自然状态下人类的生活状态进行了详尽的考察。正如他在这部作品中所说的，进入近代后"几乎所有考察人类政治社会之基础的哲学家，都觉得有必要回到自然状态"。[3] 这其中的原因是明显的：为了说明政治权力的起源和产生过程，当然要从政治权力还没出现时开始。用洛克的话说："为了正确地理解政治权力，

先所认为的更密切。参见 John Dunn, *The Political Thought of John Locke*, Cambridge University Press (1969); Quentin Skinner, *The foundations of Modern Political Thought*, 2 vols, Cambridge University Press(1978); Richard Ashcraft, *Locke's Two Treatises of Government*, Routledge(2010); [英] 詹姆斯·塔利著，王涛译：《论财产权：约翰·洛克和他的对手》，商务印书馆 2014 年版。

[1] John Locke, *Two treatises of Government,* ed. Peter Laslett, Cambridge University Press(1988), 268.

[2] Rousseau, *The Social Contract and other later political writings*, ed. Victor Gourevitch, Cambridge University Press(1997), 41.

[3] Rousseau, *The Discourses and other early political writings*, ed. Victor Gourevitch, Cambridge University Press(1997), 132.

并追溯它的起源，我们必须考虑所有人自然地处于什么状态。"[1]

在近代西方世界，第一位从自然状态开始对政治权力的产生、目的、性质和范围，进行系统而深入阐述的思想家，是英国人霍布斯。他的《利维坦》一书，被认为是人类历史上用英语所写成的最重要的政治著作。依照霍布斯的论述，在自然状态下，人们为了自我保存而有权做任何事情，包括抢夺他们的物品和剥夺他人的生命。[2] 这就使得自然状态成为一种"每个人都是每个人的敌人"（every man is enemy to every man）的战争状态，大家都朝不保夕，随时都有暴死的可能。[3] 为了走出这种可怕的境况，人们通过社会契约进入政治社会，建立保障和平与秩序的政府。[4] 在《利维坦》的引言中，霍布斯开宗明义地将"国家"（当然包括一切国家权力）视为是"人造的"东西，是人们在没有这些东西的自然状态中，通过自身的意志和行为创建起来的。[5]

我们再回到洛克的学说。洛克认为，自然状态下的人们"处于一种完备的自由状态，他们在自然法的范围内，依照自认为合适的方式，决定自己的行动和处理自己的财物，无须得到任何他人的许可或听从任何他人的意志"。自然状态也是"一种平等的状态，一切权力和管辖都是相互的，没有一个人享有多于他人的权力"。[6]《独立宣言》中"人人生而平等"的表述，与洛克的政治学说之间的渊源是显而易见的。依照洛克的表述，人们在自然状态（即在政治社会形成之前）"都是平等和独立的"（being all equal and independent）。[7] 在托马斯·杰斐逊起草的《独立宣言》原稿中，也是"人人生而平等和独立"，只是在大陆会议的讨论过程中，有人认为这一表述略显繁琐，所以便删去了"独立"一词。[8]

---

[1] *Two treatises of Government*, 269.
[2] Thomas Hobbes, *Leviathan*, ed. Richard Tuck, Cambridge University Press(1996), 87.
[3] *Leviathan*, 89.
[4] *Leviathan*, 120-121.
[5] *Leviathan*, 9.
[6] *Two treatises of Government*, 269.
[7] *Two treatises of Government*, 271.
[8] [美] 卡尔·贝克尔著，彭刚译：《论〈独立宣言〉：政治思想史研究》，商务

这里需说明的是,《政府论》和《独立宣言》所说的"人人生而平等",其中的"平等"仅仅是指政治上的平等,而不是任何别的方面的平等;或者更准确地说,是指人与人之间尚不存在任何政治上的统治和隶属关系。[1] 从事实上看,降生到这个世界上的人,在高矮、强弱、智愚、善恶及美丑等各方面都有差异,都不是平等的。洛克就曾表示:"尽管我在前面说过人人生而平等,但我并不是指所有方面的平等:年龄或德性可能给人以正当的优势;体格和才能的优异可能将人置于一般的水平之上;出身可能使一些人,关系和利益可能使另一些人,更看重那些因天性、恩义或其他原因而值得看重的人。"在洛克和杰斐逊看来,这些方面的不平等并不具有政治意义,不足以在人与人之间产生正当的政治隶属关系。洛克接着说道:"所有这些[方面的不平等]与所有人在相互管辖或统治方面的平等是一致的。这就是我前面说过的,且与我们现在讨论的问题有关的平等,即每个人对他的自然自由所享有的平等权利,而不从属于任何其他人的意志或权威。"[2]

对洛克来说,自然状态"虽然是自由的状态,却不是放任的状态",因为人们所享有的自由是"在自然法范围内"的自由。在自然状态下,就已经"有一种人人都应遵守的自然法在起着治理作用",任何人都应遵守自然法,都不得侵害他人的生命、健康、自由和财产。洛克从"上帝造人"这一神学前提,来论证人们在自然状态下对自己身体所享有的所有权。由于人是上帝的创造物,是上帝的仆人,并奉上帝的命令到此世来从事上帝的事务,所以,每个人都是上帝的财产,大家都不应该去剥夺或侵害他人的身体和生命,否则,就是对上帝财产权的侵害。由此,便有了每个人对自己身体的所有权。[3]

不过,如何从上帝的财产权,推出每个人对自己身体的所有权,

印书馆 2017 年版,108。

[1] 对此进行的分析,参见 Thomas G. West, *The Political Theory of the American Founding*, Cambridge University Press (2017), 25.
[2] *Two treatises of Government*, 304.
[3] *Two treatises of Government*, 271. 就此进行的深入分析,参见詹姆斯·塔利著:《论财产权:约翰·洛克和他的对手》,52-71;[美]迈克尔·扎科特著,王崇兴译:《自然权利与新共和主义》,吉林出版集团 2008 年版,290-293。

洛克并未提供明确的说明。学术界对此有不少争论。有学者认为洛克的推论是这样的：每个人都是上帝所造的，都是上帝的财产，因而每个人都对上帝负有保全自己的义务（自杀因而就是一种冒犯上帝的罪过）；相应地，对他人而言，自我保全就是每个人的一项权利，即对自己身体的所有权。[1] 对洛克来说，自然法起源于上帝造人的行为，是上帝意志的产物，是"上帝为人类的相互安全所设置的人类行为的尺度"。[2] 自然法是理性和普遍公平的规则，原则上是具有理性的人类都能认知的，因此，人类有义务遵循这些规则。

个人在自然状态下对自己身体所享有的所有权，在洛克的政治学说中具有基础性的地位。因为这一权利是以一种超验的神学主张（即上帝造人）为前提的，所以，不少人认为洛克的政治哲学"很不够哲学"。另一些人则认为，洛克是一个很谨慎的人，时常根据读者的不同而采用难易程度不同的论证方式。他的《政府论》是为因应英国的现实政治问题而写，因而不但要避免像霍布斯那样去冒犯英国人普遍的宗教情感，而且还要向英国人表明书中的政治主张与他们的宗教信条是一致的。[3] 另外，在前工业时代，人们熟悉的等级社会的现实很难支持平等的观念，但神学上（每个人在与上帝的关系上）的平等却已得到广泛的认同，这也是洛克将人在自然状态中的平等建立在神学基础上的原因之一。在自然状态下人人平等，是因为人们都对上帝负有同等的义务，都同等地处于上帝的管辖之下。[4] 值得一提的是，虽然洛克将"上帝造人"这一神学事实作为他的政治学说的起点，但他所描述的自然状态下的人类，并没有任何宗教上的特征。

在《政府论》下篇第五章，洛克对财产权的产生进行了很长篇幅的阐述，并提出了一种"财产权源于劳动"的学说。他的论述大致是这样的：人对自己的身体享有所有权，而劳动就是行使这一权利的表现；大自然的出产物原本都是上帝让人类共有的，并不存在私人的财

---

[1] Richard Ashcraft, *Locke's Two Treatises of Government*, 135.
[2] *Two treatises of Government*, 272.
[3] Thomas G. West, 'The Ground of Locke's Law of Nature', in *Natural Rights Individualism and Progressivism in American Political Philosophy*, 12-15.
[4] John Dunn, *The Political Thought of John Locke*, 100.

产权,但一旦人们将自身的劳动添附在原本无主的自然产物上,就取得了对这些产物的所有权。人们用劳动对某些自然产物进行"特定化",为划拨私用而将它们从所有人共有的状态中分离出来。在某种意义上,私人财产权既是每个人身体所有权的延伸,"人的自身之中蕴含着财产权的重大基础",也是每个人要实际享用共有物就必须经过的环节。[1]

菲尔默认为,上帝在创造第一个人(亚当)时,就将地球上的一切东西的财产权赋予给了亚当。亚当是人类的始祖,他的后代都处于他基于父权的统治之下,其他人对任何财产的享用都源于他的赐予。后来,各地的国王对本王国的财产权和统治权,都是自亚当那里继承而来的。[2] 国王的统治权(就像亚当的统治权一样)只对上帝负责,不受任何人为的限制,不对任何世俗的力量负责,王国的一切财产都属于国王,臣民对财产的保有和享用都出自国王的恩赐,都仰赖国王的意志,因而也应任由国王处置,臣民的财产权并不具有对抗国王主权的任何效力。

格老秀斯曾认为,上帝最初将地球上的一切赐予给全人类,并由相互平等的所有人共有,私有财产权是后来才出现的。菲尔默对此提出质疑:如果地球上的一切原本是由所有人共有的,那么,除非在某个特定的时刻,所有人都一致同意人们可以某些方式获得私有财产权,任何人都不得对任何物品主张私有财产权,否则,就是对其他人共有权利的侵害;而没有任何证据表明,人类历史上曾经有过这样一致约定的时刻。[3] 洛克提出财产权源于劳动和先于政治社会的主张,就是要反驳费尔默的此种质疑。[4] 洛克需要阐述一种基于自然法的财产权理论,既能克服菲尔默的质疑,又能避免格劳秀斯和普芬道夫等人的契约论中的绝对主义倾向,以证成一种宪政主义的政府理论。[5]

对英国人来说,十七世纪是一个动荡不安的世纪,是议会和国王

---

[1] *Two treatises of Government*, 161, 168, 287-288, 298.
[2] Filmer, *Patriarcha and Other Writings*, ed. Johann P. Sommerville, Cambridge University Press(1991), 6-7.
[3] *Patriarcha and Other Writings*, 210.
[4] John Dunn, *The Political Thought of John Locke*, 66-67.
[5] 詹姆斯·塔利著:《论财产权:约翰·洛克和他的对手》,78。

争夺国家主权和民族国家构建之担纲者的世纪。双方政治纷争的核心议题之一,就是国王可否不经议会同意而征税。这涉及臣民的财产权是否应从属于国王意志的问题。支持绝对王权的人认为,英国臣民的私人财产权是人为法(或实在法)规定的结果,而国王则是一切人为法的来源,因此,臣民的财产权源于国王的意志和权力,也必须任由国王支配和处理。依照这一说法,国王的征税权根本就不应受到制约,因而也无须得到议会的同意。[1] 洛克对财产权的详细论述则是要表明,人们的财产权在自然状态就已经存在,并非任何政府权力或人为法的产物,因而也不应任由国王的权力所支配。

依照洛克的看法,人们在自然状态下,也就是在政治权力和政府出现之前,就已经享有一系列他人必须尊重的权利,包括对生命、自由和财产的权利。人们在自然状态下就已享有的这一系列权利,通常被称为自然权利(natural rights)。因此,洛克笔下的自然状态,并不是霍布斯所说的"所有人对所有人的战争状态"(a war of all men against all men)。依照洛克的描述,在自然状态中生活的人们,已经受到了自然法的约束,已负有尊重他人生命、自由和财产的义务。这一区别,决定了他和霍布斯的学说之间其他一些重大的区别。

在《独立宣言》中,人们"被造物主赋予了某些不可让渡的权利,其中包括生命、自由和对幸福的追求"这一表述,就是对洛克自然权利学说的总结。将这一表述与"人人生而平等"的表述结合起来,就意味着在自然状态下,所有人都平等地享有一系列不可让渡或剥夺的权利。 由洛克所阐述并在《独立宣言》中得到表达的自然权利学说,包含着一个对现代宪法而言极为重要的主张:个人权利不是政府权力的产物,而是先于政府权力而存在的。这一主张在现代宪法学上,就表现为个人基本权利优先原则。

洛克在声称自然状态是一种平等状态的同时,又说"一切权力和管辖都是相互的"。在这种尚不存在任何政治权力和统治关系的状态下,又怎么会有相互的权力和管辖关系呢?这就涉及洛克自称的"一

---

[1] 关于十七世纪英国人围绕财产权问题进行的政治争论,参见 J. P. Sommerville, *Royalists and Patriots: Politics and Ideology in England: 1603-1640*, Routledge(1999), 134-153.

种很奇怪的学说"（a very strange doctrine）。[1]

　　前面已提到，对洛克来说，人们在自然状态下所享有的一系列自然权利，受到上帝所颁布的自然法的保护，每个人因此都有尊重他人权利的义务。如果有人侵犯他人的权利，那就构成对自然法的违反。此时受侵害者可以单独或联合他人，对加害者加以防卫和惩罚。这就是说，在自然状态下，"每个人都有惩罚过犯和执行自然法的权利"。[2] 可见，这里所谓"相互的权力和管辖"，只是指每个人对自然法的执行权，而不是政治社会中的权力和管辖关系。

　　在自然状态下，人人都拥有执行自然法的权力。这就意味着，人人都要充当自己案件的裁判者。在这种情况下，"自私会使人们偏袒他们自己和他们的朋友，并且，心地不良、感情用事和报复心理也会使人们过分地惩罚别人，这就可能导致混乱和无序的状态"。[3] 除了缺乏中立和公正的裁判者之外，缺乏确定和众所周知的法律（以用作裁判一切纠纷的准则），以及缺乏用于执行正确裁判的足够力量，也是自然状态下存在的缺陷与不便。[4]

　　为了补救这些缺陷与不便，人们通过社会契约走出自然状态。依照洛克的社会契约理论，人们在进入政治或公民社会时，并不需要完全放弃原有的一系列自然权利，只需要让它们"受到为保护每个社会成员而制定的法律所施加的限制"，至于自行执行自然法的权力，则需要将它完全交给公众，从而形成共同体的公共权力。[5] 在洛克看来，这就是国家立法权和执行权的起源。[6] 这样一来，当人们认为自己的权利受到侵害时，就可以向国家权力求助，要求得到中立而公正的裁判。到这里，我们就可以看出，为什么洛克要提出"个人对自然法的执行权力"这一奇怪的学说：他要让每个人在进入政治社会时，不必让渡和丧失一系列自然权利本身，而只需交出极少一部分保护性的

---

[1] *Two treatises of Government*, 272.
[2] *Two treatises of Government*, 272.
[3] *Two treatises of Government*, 276.
[4] *Two treatises of Government*, 350-351.
[5] *Two treatises of Government*, 352-353.
[6] *Two treatises of Government*, 324-325.

"权能"就行了。[1]

在洛克的政治学说中,自然法的执行权这一概念的作用,就在于它可以作为统治者获得受委托之权力的来源。自然法的执行权,是人们从自然状态进入政治社会的桥梁,它与政治权力之间的紧密联系,使得洛克可以否定任何可能的专制统治。如果统治者的权力只能在自然法的执行权中找到自身存在的基础,那么,考虑到自然法禁止伤害他人的原则,任何专断的权力和专制的统治都不可能是正当的。[2] 经由契约产生的公共权力,其目的与自然状态下每个人的执行权是相同的,即保护每个人生来就有的权利:"当这一权力在自然状态下为每个人所有时,它的目的和尺度是保全人类全体;当它被交到官长手中时,除了保护社会成员的生命、自由和财产外,它也不能有别的目的或尺度,因而不能成为居于社会成员生命和命运之上的绝对的、专断的权力……"[3]

政治社会胜过自然状态,是因为前者可为所有人的生命、自由和财产提供更好的保护。在这里,公共权力或政府权力的形成,是以人们在共同契约中所表达的同意为基础的,而政治社会和政府权力的首要目的,就是保护每一位契约参与者的个人权利。在《独立宣言》中,"为了保障这些权利,政府在人们之间建立,并从被治理者的同意中获得它们的正当权力"这样的表述,就是要阐明关于政府及其权力的契约起源,并揭示政府存在的根本目的和作用。这一表述也意味着,在自然状态下,人们的权利所受到的保护是不充分、不可靠的。[4]

在讨论政治权力的位次时,洛克一方面将立法权是视为政府之中最重要和最高的权力,另一方面也表示,在政府之外的人民始终保

---

[1] 依照昆汀·斯金纳的考察,这一"奇怪的学说"至少可追溯至15-16世纪法国神学家雅克·阿尔闵(Jacque Almain)那里。参见 Quentin Skinner, *The foundations of Modern Political Thought: Volume Two: The Age of Reformation*, Cambridge University Press(1978), 119。

[2] 关于"每个人对自然法的执行权"在洛克政治学说中的地位,富于启发的分析请参见迈克尔·扎科特著:《自然权利与新共和主义》,288-320。

[3] *Two treatises of Government*, 382.

[4] Thomas G. West, *The Political Theory of the American Founding*, 97.

有一种真正最高的权力,即保有整个共同体中的最高权力。[1]也就是说,自然状态下一个个的个体共同订立社会契约,并不是直接形成政府,而是形成一个由全体订约者组成的政治团体——"人民"。每一个人所出让的执行权力,也是交给"人民"这个团体,从而使公共权力得以产生。[2] 在洛克这里,人们进入政治社会后,最先拥有共同权力的主体是人民,政府的权力是经由人民委托而来的。政府的权力是派生的,相对于政府权力而言,人民的权力是原初的,"只有人民能够决定共同体的形式,即组建立法权力,并指定将这一权力交到谁手里"。[3] 这便是现代宪法中的人民主权(或国民主权)原则的理论基础。

洛克认为,人民可通过各种合适的形式,依多数决规则形成政治意志,采取政治行动。虽然社会契约的订立需要每个参与者的同意,但一旦通过契约形成了政治社会,全体成员就需要遵循多数决规则。对洛克来说,这是社会契约所包含或默认的一项内容。否则,人们为结成政治共同体而订立的原初契约便毫无意义,政治社会也不可能得到维持,因为每个人都仍可像在自然状态下一样各行其是。[4] 洛克将多数决规则视为一项每个人都同意过的社会契约的结果,是在回应这样一种质疑:如果人人都是天生自由和平等的,那么,多数人将自己的意见加诸持不同意见的少数人,不就是以多欺少的强力压迫吗?菲尔默就曾在他的作品中表示:"如果可以想象,人们曾经自然地处于没有服从义务的自由状态,那就只能证明不可能合法地建立任何类型的政府,除非明显地侵害很多人〔的自由〕。"[5]

人民作为一个享有原初权力的政治团体,可以多数决的方式决定政府需要采用什么形式,应设立哪些分支机构,并将必要的权力委托给政府及其官员。由于洛克认为立法权在政府权力中是最高的、最重要的,所以他不但认为立法权的归属应由人民来决定,而且也认为

---

[1] *Two treatises of Government*, 367.
[2] *Two treatises of Government*, 330-331.
[3] *Two treatises of Government*, 362.
[4] *Two treatises of Government*, 330-332.
[5] *Patriarcha and Other Writings*, 142.

"如何安置制定法律的权力,这一点决定了政府的形式"。[1] 在这里,人民的主权就表现为决定政府形式的权力(制宪权)。可见,在洛克的政治学说中,人民制定宪法的权力(制宪权),和宪法所规定的政府权力(宪定权)是判然有别的,由此便体现了制宪权与宪定权相区分的原则。

到这里,我们就可以明了人民、宪法和政府之间的关系。为了让所有人的权利都得到更好的保护,人民有必要创建政府机构和政府权力,也就是要"决定政府的形式"并向政府进行授权,而人民为此采用的手段就是制定一部"原初宪法"(original constitution)。人民制定宪法,并用宪法来创设、限制、规范和约束政府。

我们可以看看美国联邦宪法的基本结构:"我们人民⋯为形成更完善的联盟、建立正义、确保国内安宁、提供共同防卫、促进共同福利和保障我等及我等子孙永享自由之福佑,特制定和确立本宪法⋯⋯"在序言中阐明"我们人民"制定宪法的权力(制宪权)和目的后,宪法正文的前三条就是规定联邦政府的立法、行政和司法等三个分支机构,并明确它们各自的权力范围。

托马斯·潘恩(Thomas Paine,1737-1809)曾在《人的权利(第一部分)》中,对人民、宪法和政府的关系进行了精确而全面的总结:"宪法是先于政府的东西,政府只是宪法的产物。一个国家的宪法并不是它的政府的行为,而是人民用来组建政府的行为。它是你能参照和逐条援引的一系列原理。它规定关于政府应如何建立的原则、政府机构的组织方式、政府应有的权力、选举方式、议会的任期,或是议会可以别的什么名称来称呼;并规定政府中的行政部门应有的权力;以及,总而言之,规定与公民政府的完整组织有关的一切事务、政府运行应遵循的原则和政府所应受到的约束。"[2]

人民需要通过制定一部宪法,来创设和约束政府机构及其权力,是因为人民虽是国家主权的享有者,但由于人数众多,分散居住,不适合直接行使日常的治理权力,所以需要委托某些成员组成公共机

---

[1] *Two treatises of Government*, 354.
[2] Paine, *Political Writings*, ed. Bruce Kuklick, Cambridge University Press (1989), 89.

构,行使公共权力(其中最重要的是立法权),同时又要防止受托者违反委托和滥用权力。依照洛克的说法,"人民的利益和意图,都是需要一个公平和平等的代议制[政府](a fair and equal representative)"。[1] 如果政府机构并未违反人民的委托,而是依照自身职权的范围和目的行事,且在人民所定的期限内行使权力,那么,人民便不应任意撤销委托给政府的权力。[2] 这就是与现代宪法紧密相连的代议制政府原则。

贯彻代议制原则的前提,是将人民的主权权力与政府权力区分开来。主权权力是创设政府权力的权力,但它本身不是进行日常治理的政府权力。所以洛克会说:"社会始终保留着一种最高的权力,以保护自身不受任何机构,即使是他们的立法者的图谋和暗算……虽然可以说,社会在这方面始终是最高的权力,但只要还在任何政府形式之下,就不能这样考虑,因为人民的这种权力只有在政府解体时才会发生。"[3] 这就是说,只要政府没有因违反人民的委托而解体,人民的主权就应该是隐而不现的。正是因为对代议制原则的认同,洛克非常重视选举的作用。既然政府官员是受人民委托而行使治理权力,他们就应视为人民的代表,而选举就是人民选任代表的方式。如果政府官员不是由人民选任和授权的,那么,他们手中的权力就是不正当的。这就是为什么洛克会将"暴政和篡权"与"选举和同意"对立起来,并将执行权的掌管者(如国王)对议会选举的阻碍或破坏,视为政府解体的标志之一。[4]

在《政府论》下篇第十二章,洛克还简要阐述了一种初步的分权学说,将广义的政府权力分为立法权、执行权和对外权。不过,在他看来,执行权和对外权虽然本身确实是有区别的,但它们几乎总是联合在一起的,因此很难分开或由不同的人所掌握。他特别强调的是,应将立法权和执行权交由不同的人来行使。这样的话,行使立法权的人就会尽量避免制定暴虐或不公正的法律,因为他们会担心这样的

---

[1] *Two treatises of Government*, 373.
[2] *Two treatises of Government*, 428.
[3] *Two treatises of Government*, 367.
[4] *Two treatises of Government*, 251, 409.

法律迟早会适用到他们自己及他们的亲友身上。相反,如果同一批人同时拥有制定和执行法律的权力,就会给人性的弱点以极大的诱惑,使他们热衷于制定暴虐和不公正的法律,并将这些法律执行到别人身上,而他们自己则可以免于这些法律的害处。这样一来,这些人就与社会的其余成员有着全然不同的利益,他们手中的权力就会被用于谋求他们自身的利益,并损害其他社会成员的利益,从而背离公共权力的本来目的。[1]

对洛克来说,将立法权与执行权分开,并交由不同的人行使,不只是防止政府权力腐败和暴虐的技术手段,而是任何正当的政府都应该遵循的原则。正是基于这一原则,洛克认为绝对君主制并不是一种正当的政府形式。他表示:"虽然有些人认为绝对君主制是世上唯一的政体,但它显然是与公民社会不一致的,因此根本就不是公民政府的一种形式。"之所以如此,是因为在绝对君主制下,政府的立法权和执行权都被掌握在君主一人手中,当臣民认为自己的合法权益被君主或听命于君主的人所侵害时,他们无法将争议交由任何中立的第三方进行裁判:"因为君主将立法权和执行权等所有权力都握在他一人之手,也就不存在裁判者,由君主或其命令造成的损害或不利,就不能诉诸任何公正、中立和有权威的人,不能期望通过这样的人的裁判得到弥补和救济;所以君主⋯与所有在他统治之下的人仍处于自然状态。"[2] 在洛克看来,人民运用自身的主权分别设置立法权和执行权,其意义在于:当任何人的权利受到某一权力的侵害或忽略时,人们总是有可能求助于另一种权力。在绝对君主制下,当君主侵害臣民权利时,人们却申诉无门,由于在君主与臣民之间不存在中立的裁判者,所以双方仍处于自然状态。[3]

对中立裁判者的需要,或者说"任何人不得做自身案件的法官"这一正义原则,在洛克的政治学说中具有极为重要的地位。在一定意义上,人们从自然状态进入政治社会,就是为了建立对人与人之间的

---

[1] Two treatises of Government, 364-366.
[2] Two treatises of Government, 326.
[3] 就此进行的分析,参见 Richard Ashcraft, Locke's Two Treatises of Government, 113-114。

权利纷争进行中立裁判的公共机构。不过，对洛克来说，在政治社会中，"任何人不得做自身案件的法官"之原则，仍容许有一例外。当立法机构或执行机构在掌握权力后，企图或实际奴役和残害人民时，在这些政府机构与人民之间，就不存在人间的第三方裁判者。依照洛克的看法，此时人民自身就是双方纠纷的裁判者，因为，政府机构的权力源自人民的委托，政府官员是作为人民的代表而行使权力的，对于受托人或代表的行为是否恰当、是否合乎委托的意旨，只有委托者才是合适的裁判者。[1] 这就意味着，在政治共同体中，人民掌握着一种对政治和法律纠纷的最终裁判权，在人民之上并无任何更高的人间裁判者。人民的这一最高和最终的裁判权，正是出自人民所享有的主权权力。

洛克认为，自然状态并不是普遍的战争状态，但会时常出现局部的战争状态：当一个人试图谋害他人性命，或置他人于自己的控制之下时，双方便进入了战争状态，后者可为自保而反抗和杀死侵害者。[2] 同理，在进入政治社会后，也可能会出现战争状态。在政治社会中，如果有人，特别是行使政府权力或受托执行法律的人，试图剥夺人们的自由，将人们置于自己任意而专断的控制之下，那么，这些人就和其他人处于战争状态，后者可以对前者进行暴力反抗，直到剥夺前者实行不良图谋的力量，或者用洛克的话说，可以"诉诸上天"。[3] 这就涉及人民的革命权了。实际上，洛克正是最早阐述人民之革命权的重要思想家。

洛克的革命权学说，是在《政府论》下篇最后一章"政府的解体"中集中阐述的。[4] 依照洛克的论述，当政府机构违反了人民的委托，试图谋求一种绝对的权力，来支配人民的生命、权力和财产时，它们的权力就失去了合法性，因而就不配得到人们的服从。[5] 此时，政府事实上就已经解体，但人们并不因此就回到自然状态，因为人们

---

[1] *Two treatises of Government*, 427.
[2] *Two treatises of Government*, 279.
[3] *Two treatises of Government*, 281-282.
[4] 对洛克革命权学说详细而深入的分析，参见 Richard Ashcraft, *Revolutionary Politics & Locke's Two Treatises of Government*, Prinston University Press(1988).
[5] *Two treatises of Government*, 412.

经由契约组建的政治社会并不一定随之解体，人民作为一个政治团体仍可能存续。[1] 政府解体后，政府原有的权力就回到人民的手中，人民可以选任一批新的政府官员去取代原来的官员，即在旧的政府形式下将权力交给合适的新人，因为在人民最初制定的宪法中，必然包含了选任官员的办法："在一切合法的政府中，指定由哪些人进行统治，就像政府的形式一样，也是政府自然的和必要的一部分，而且也是由人民最初确定的。"[2] 当然，人民也可以重新制定一部宪法，"确立一个新的政府形式"。[3] 人民的革命权与制宪权（重新制定宪法的权力）是紧密相连的，它们都是人民主权的具体表现。

在《独立宣言》中，对人民革命权的阐述出现在以下文字中："无论何时，当某一形式的政府开始危害这些目的，人民就有权改变或废除它，并建立新的政府，而构成新政府之基础的原则，以及组织新政府之权力的方式，应使其在人民看来是能够维护他们的安全和幸福的。"在这里，人民的革命权就表现为重新制定宪法（即改变政府形式）的权力：既然政府只是人民为特定目的而组建的，如果政府违反了人民的委托，或者不适合实现既定的目的，人民当然有权改变或废除原有的政府，并组建新的政府。

在这段文字之后，是这样一段话："的确，为慎重起见，确立已久的政府，不应因轻微和短暂的原因而加以变更；且所有的经验亦表明，只要恶行尚能忍受，人们更愿意忍受，而不是通过废除他们习惯的[政府]形式来寻求正义。但是，当总是追求同一目标的一连串滥权和篡权行为，已证明存在一种将他们置于绝对专制统治之下的图谋时，他们就有权利，也有义务推翻这样的政府，并为他们未来的安全提供新的保障。"细心的读者会发现，这段用来缓和人民革命权之激进性的话，正是源自《政府论》下篇"政府的解体"这一章。[4]

以上分析表明，就其与现代宪法的关联而言，洛克的政治学说包含以下几个要点：

---

[1] *Two treatises of Government*, 406.
[2] *Two treatises of Government*, 397.
[3] *Two treatises of Government*, 411, 428.
[4] *Two treatises of Government*, 414-415.

（1）在通过社会契约组成政治社会时，每个人只需交出对自然法的执行权，以便组建公共权力或政府权力，但不让渡实质的自然权利，个人权利先于政府权力而存在，是政府权力的来源，组建政府权力的目的，主要是为了更好地保护个人权利（个人权利优先原则）；

（2）所有参与契约的人，也就是政治社会的全体成员，组成一个叫"人民"的政治团体，人民是一切公共权力的掌管者和享有者，政府权力只是一种派生的、受托的权力（人民主权或国民主权原则）；

（3）由于组成人民的社会成员人数众多，且分散居住，不适合直接行使日常的治理权力，所以需要建立若干政府机构，委托某些成员行使政府权力（代议制政府原则）；

（4）为了创建、限制、规范和约束政府权力，人民需要制定一部规定政府形式和权力运行方式的宪法，这是人民行使主权的基本方式，人民制定宪法的权力，与人民通过宪法创设的政府权力有着根本的区别（制宪权与宪定权相区分的原则）；

（5）为避免政府权力的专横或暴虐，需要将政府的权力依照功能不同予以分开，并交由不同的人行使（权力分立原则）。不过，对分权制衡原则系统而完备的论述，要等到十八世纪才会在法国出现。[1] 对政党竞争与现代宪法之关系的深入阐述，则是由美国的建国一代完成的。[2]

特别值得强调的是，虽然人民的主权是一国之内最高的政治或公共权力，但它本身并不是毫无限制的：（1）人民主权也是从个人权利中派生出来的，是为个人的权利或自由服务的，因而并不是没有界限的；（2）对代议制原则的承认意味着，如果政府机构或官员没有违反人民的委托，在没有通过庄严的程序修改宪法之前，连人民也不得随意废除政府机构，或是在法定程序之外随意撤换政府官员。

在洛克的政治学说中，个人权利和自由始终处于最优先的地位，是一切公共权力的源泉和目的。正是因为如此，他的学说才被视为自由主义政治学说的典范。

---

[1] 参见本书第六章。

[2] 参见本书第七章。

第二部分　现代宪法的基本原理

第二章

"宪法不是宪定权的产物，而是制宪权的产物"
优先于一般法律的宪法；区别于宪定权的制宪权

1783年4月，北美纽约州一位名叫凯瑟琳·弗洛伊德的女生，刚刚度过16岁的生日。当时32岁、来自弗吉尼亚州的詹姆斯·麦迪逊（James Madison，1751-1836）非常爱慕凯瑟琳。就在这个月，他向凯瑟琳求婚成功。不过，欣赏求婚者的并不是凯瑟琳本人，而是她的父亲威廉·弗洛伊德将军。弗洛伊德将军是《独立宣言》的签署者之一，他了解麦迪逊的品性、学识和能力，预见麦迪逊会有一个光辉灿烂的前途。

因父之命答应求婚的凯瑟琳，当时的意中人是一位年轻的牧师。这位牧师比较时髦和浪漫一些，而且和凯瑟琳一样喜欢音乐。麦迪逊或许是因为身上背负了太多的政治学和宪法学知识，所以显得过于老成持重，不太讨女生的喜欢。年轻美丽的凯瑟琳最终解除了她与麦迪逊之间的婚约，另嫁他人。这对痴情的麦迪逊是个不小的打击。[1]

麦迪逊的政治导师，也就是因起草《独立宣言》而名满天下的托马斯·杰斐逊，曾为此写信安慰麦迪逊，鼓励他要更加努力工作和刻苦钻研政治学、宪法学知识，以便让自己尽快从痛苦中走出来。[2] 事

---

[1] ［美］关于麦迪逊的这段情史，参见西德尼·霍华德·盖伊著，欧亚戈译：《詹姆斯·麦迪逊》，北京大学出版社2014年版，33-34页。
[2] 西德尼·霍华德·盖伊著：《詹姆斯·麦迪逊》，35页。

实确实如此。在四年后召开的费城制宪会议,就是以麦迪逊所起草的"弗吉尼亚方案"(Virginia Plan)作为讨论的起点。[1] 后来,随着美国联邦宪法的成功实施,麦迪逊也赢得了美国"宪法之父"的称号和历史地位。要知道,美国的"国父们"(founding fathers)有好多人,但"宪法之父"就只有他一个人。

在联邦宪法草案公开后,麦迪逊还写过一些文章为它辩护。这些文章后来被收进了《联邦党人文集》。通过这些文章的写作,麦迪逊不但使人们可以更好地理解美国联邦宪法的内容,而且也对现代政治科学做出了重大的贡献。我们这一章的讨论,就从他的一篇文章开始。

一

1788 年 2 月 12 日,麦迪逊在《纽约邮报》发表了一篇文章。[2] 他写这篇文章的主要目的,是想回应人们对《联邦宪法》草案的一项批评。依照草案的规定,国会每两年选举一次,且参议院每次选举只改选其成员的三分之一。也就是说,众议员的任期是两年,参议员的任期则长达六年。[3] 但在当时的北美地区,流行着这样一句政治谚语:"一年一度的选举终结之时,就是暴政开始之时(Where annual elections end, tyranny begins)。"[4] 的确,在当时的 13 州中,有 10 个州立法机关(州议会)的选举是一年一次,康涅狄格和罗德岛甚至是半年一选,只有南卡罗来纳是两年一选。[5]

---

[1] 参见 Ralph Kethcham ed., *The Anti-Federalist Papers and the Constitutional Convention Debates*, Signet Classics(2003), Introduction, xx;[美] 戴维·O. 斯图沃特著,顾元译:《1787 年之夏:缔造美国宪法的人们》,中国政法大学出版社,2011 年版,50;[美] 凯瑟琳·德林客·鲍恩著,郑明萱译:《民主的奇迹:美国宪法制定的 127 天》,新星出版社 2013 年版,38;西德尼·霍华德·盖伊著:《詹姆斯·麦迪逊》,65。

[2] Hamilton, Madison, and Jay, *The Federalist Papers*, ed. Clinton Rossiter, Signet Classics(1961), No. 53, 327-333.

[3] 参见美国联邦宪法第 1 条第 2 款第 1 项和第 1 条第 3 款第 1、2 项。

[4] *The Federalist Papers*, No.53, 327.

[5] *The Federalist Papers*, No.53, 328.

麦迪逊想告诉他的读者，由一部成文的宪法明确规定国会每两年选举一次，同时严格限制国会立法权的范围，将会使美国人民的自由，比任何其他国家人民的自由更有保障。麦迪逊的论述，是以宪法和一般法律之区分为基础的。在这篇文章中，他写下了宪法思想史上非常重要的一句话："一部由人民制定、政府不可更改的宪法，和一部由政府制定且可由政府更改的法律，它们之间的重要区别在美利坚是很好理解的，而在任何其他国家却不大被人所理解，也很少被人所注意。"[1]

在这段话中，麦迪逊从两个角度强调了宪法与一般法律的区别。第一，宪法要由人民来制定，而不能由政府制定。第二，也是特别重要的，人民制定的宪法，政府不能修改，否则，就等于是由政府制定宪法。麦迪逊说，"宪法与一般法律…之间的重要区别，在美利坚是很好理解的"，这是有一定事实依据的。当北美十三州从大英帝国独立出来后，它们就成了各自独立的政治实体，都需要建立自己的政府机构。所以，一旦宣布独立，各州就开始了各自的制宪活动。其中有些州的宪法，并不是通过原有的、通常的立法机构（州议会）制定的，而是由全体选民经特别选举产生一个会议机构，专门完成制定宪法的任务。这样的机构通常被称为制宪会议，虽然有时候也会叫别的名字，但意义和性质是相似的。

制宪会议的任务是特定的和临时的，也就是制定一部宪法。在宪法制定出来之后，制宪会议立刻解散，不再存续。宪法将规定通常的政府机构（包括州议会，州长和法院）的产生方式、任职期限以及它们各自的职权范围。当时，潘恩也表达过与麦迪逊相同的思想："宪法与政府的关系，就像政府成立后制定的法律与法院的关系一样。法院既不能制定法律，也不能修改法律，它只能依照已有的法律进行审判，政府也以同样的方式受到宪法的管辖。……依照立宪政府赖以建立的原则，政府无权改变它自身的组成。否则，政府就是专断的，它可以为所欲为。只要政府有这种权利，那就意味着没有宪法。"[2]

---

[1] *The Federalist Papers*, No.53, 328.
[2] Paine, *Political Writings*, ed. Bruce Kuklick, Cambridge University Press(1989), 89-91.

麦迪逊说，"宪法和一般法律之间的重要区别…在任何其他国家却不大被人所理解"，在一定程度上也是事实。我们经常听人说，宪法让人类的政治生活进入了更加文明的时代，让人类的政治生活变成了宪法政治，即人们通常简称的"宪政"。人们有意识地以一部成文宪法来限制政府的权力，这样一种政治实践，正是从美国各州宪法和联邦宪法的实施开始的。依照麦迪逊的说法，如果议会的立法权没有受到明确的限制，哪怕是一年一次的选举，甚至更为频繁的选举，也不足以保障人们的自由。因为，议会完全可以利用没有受到限制的立法权力，来更改选举的时间和议会的任期。麦迪逊以英国议会为例对此进行了说明。1716年，英国议会通过立法，将当届议会的任期由三年延长为七年，这就远远超出了此前选举时所定的任期。[1]

在麦迪逊看来，如果一个国家不像美国一样，有一部高于和约束立法机构的宪法，那就意味着作为政府分支之一的立法机构，也就是通常所说的议会或国会，它们的立法权力是没有受到限制的。在这种情况下，议会或国会的任期再短也没有用，因为它不但可以随意制定剥夺或压制民众自由的法律，而且可以通过专门的法案来延长自身的任期、更改选举的时间，从而使得选举期限在实质上失去意义。相反，美国联邦宪法规定国会两年选举一次，且国会不能以立法对此加以变动，因而可以确保两年一定会选举一次。

麦迪逊的论述，很容易让他的读者想起一个有着重大政治寓意的故事。话说在古代的一个王国中，美丽的王后深受国王的宠爱。有一次，王后请求国王说："亲爱的陛下，你能不能让我做一天国王试试，让我来行使一下你的权力。我就是想过过瘾，看看做国王是什么感觉。"国王答应了王后的请求，并为此发布命令，确定了一个日期，在那一天，将由王后来行使国王的权力，或者说王后就成了女王。到了那个日期，王后真的行使起国王的权力来。她在当天就下令将国王处死，并发布敕令，说她自己此后就是终身的女王。

在西方政治思想史上，这个故事时常被人用于政治辩论和写作，以说明一个道理：在一个政治共同体中，或者说在一个国家中，如果

---

[1] *The Federalist Papers*, No.53, 328-329.

让一个人或者是一些人，哪怕是在很短暂的时间里，拥有一种不受限制和约束的权力，这些人就可能利用他临时的绝对权力，将自己手中的权力变成长期或永久的。

不过，在麦迪逊写这篇文章的时候，英国的情况并不像他所说的那么糟糕。依照后来英国著名宪法学家戴雪在《英宪精义》中的分析，英国议会的立法权力的确不受任何成文法的限制，因为一切成文的法律都是由议会制定，并可由议会随意修改或废止，没有任何个人或机构可以推翻或搁置议会制定的法律。[1] 戴雪甚至引述德·洛尔默（De Lolme）的名言："对英国法律人士来说，一项根本的原则是，除了将男人变成女人或将女人变成男人外，议会什么事情都可以做。"[2] 但戴雪同时表示，英国议会的立法权要受到一些不成文的宪法惯例的限制。

比如，英国议会受其约束的不成文宪法惯例之一是，议会不得废除议会选举制度。英国议会长期被视为全体英国选民的代议机构，它之所以能有这样的地位，正是因为它是由选民自由选举产生的。我们可以把英国议会比作一棵大树的树冠，而选民则是深埋在地下的树根，两者是通过自由选举的程序连接起来的。如果废除选举制度，那就等于将这棵树从树干部位拦腰截断。在这种情况下，这棵树的树冠怎么还能存活，怎么还能生长得很繁茂？如果英国议会废除了选举制度，那它同时就使自身丧失了作为英国选民之代议机构的地位和资格。

可以说，英国议会一直是受选民控制和制约的，它的立法权源自选民的授权和委托，因为"基于代议制政府的本质，立法机构从长远来看应该贯彻多数选民的意志"。[3] 正因如此，戴雪才会得出结论说，虽然议会在英国是至高无上的立法机构，享有最高的立法权力（立法

---

[1] A. V. Dicey, *Introduction to the Study of the Law of the Constitution*, London: Macmillan(1915), 3-4. 须注意的是，依照戴雪选用的定义，英国"议会"系由下院、上院和国王三者组成的立法机构，亦可称为"王在议会"（King in Parliament）。

[2] A. V. Dicey, *Introduction to the Study of the Law of the Constitution*, 5.

[3] A. V. Dicey, *Introduction to the Study of the Law of the Constitution*, 285.

主权），但它始终低于和从属于全体英国选民的政治主权。[1] 依照戴雪的分析，英国的国家主权是属于全体英国选民的，在上院与下院存在分歧时，上院迟早要对下院让步，是因为后者代表全体选民的意志；而国王有时可以解散得到下院多数支持的内阁，甚至解散下院本身，其理由也是因为下院已不足以代表多数选民的意志，因而有必要通过重新选举的方式，诉诸作为政治主权者的全体选民。[2] 他进一步得出结论说，别看英国是个君主制国家，其实它是比共和制的美国还要更民主的国家。[3] 在戴雪之前，十九世纪英国宪法学家白芝浩就曾表示，"英国是一个乔装［成君主制］的共和国"。[4] 在戴雪之后，二十世纪英国宪法学家詹宁斯亦认为，民主是英国宪法所依据的基本原则，"政府政策与广大选民的普遍意愿关系密切"。[5] 在 2019 年的议会选举中，鲍里斯·约翰逊领导的保守党获得了较大的胜利。不少评论者和观察者因此认为，英国脱欧的前景变得更加明朗和确定了。他们之所以得出这样的结论，也是因为赞成脱欧的保守党在新的选举中，得到了比以前更为充分的选民授权。

再比如，一般认为，英国议会没有权力废除私有财产制度。从议会产生的历史，以及它的作用和功能来看，这是理所当然的。英国议会的起源，至少可以追溯至大宪章时代。依照英国 1215 年大宪章第 12 及 14 条的规定，国王如果要向作为国王封臣的贵族们征收免服兵役税，需要事先以一定得方式征求贵族代表们的意见。[6] 后来，从这种征求意见的机制，逐渐发展出一个由贵族代表组成的咨询委员会。再后来，由于征税的范围不断扩大，乡村骑士和自由市市民也开始选派代表去接受国王的咨询。这些平民的代表和贵族的代表，慢慢又分

---

[1] A. V. Dicey, *Introduction to the Study of the Law of the Constitution*, 285.
[2] A. V. Dicey, *Introduction to the Study of the Law of the Constitution*, 287-288.
[3] A. V. Dicey, *Introduction to the Study of the Law of the Constitution*, 291.
[4] Walter Bagehot, *The English Constitution*, ed. Paul Smith, Cambridge University Press(2001), 185。
[5] ［英］詹宁斯著，李松锋译：《英国宪法》，法律出版社 2020 年版，227。
[6] 对大宪章第 12 和 14 条所规定内容的简要分析，参见 Ralph V. Turner, *Magna Carta: Through the Ages*, Pearson(2003), 74-75。

别演变为英国议会的下院和上院。[1]

在英国的历史上,议会一个很重要的作用,就是限制国王征税的权力:国王开征新税,需要得到议会的同意。这涉及对臣民财产权的保护,一直是英国政治史和政治思想史上一个非常重要的议题。[2] 前面已经说过,洛克在《政府论》下篇用很长的篇幅论述财产权的起源,就是要说明人们的财产权是一项自然权利,它先于政府权力而存在,因而并不是政府权力的产物,也不应受到政府(国王)权力的任意支配。假如议会竟然制定废除私有财产权的法律,那就等于除去了它自身存在的历史根基。

由于英国不但缺乏一部像美国联邦宪法那样的宪法典,而且连1689年《权利法案》、1701年《王位继承法》、1832年《改革法案》和1911年及1949年《议会法》等宪法性文件,也都是议会立法意志的产物,在理论上可由议会任意修改或废止,这使得有些人认为英国是一个没有宪法的国家。例如,潘恩就曾像麦迪逊一样谈及英国议会延长自身任期的做法:"英国议会将自身任期延长为七年的做法表明,英国完全没有宪法。它完全可以同样的权威,将自身的任期变为更长年限甚或是永久的。"[3] 在潘恩看来,如果英国议会作为政府机构,可以行使任何它想行使的立法权,那就毫无宪法可言。

不过,英国议会的"无限"立法权仅仅是理论上的。作为一个代议机构,它始终受到全体选民之政治意志的约束,未经大选而获得国民的授权,不得进行政府组织的根本变革。[4] 这就对议会的立法权构成了重大的限制。并且,根植于英国历史和普通法传统,并被《权利法案》所确认的"本王国人民真正的、古老的和不容置疑的权利与自

---

[1] 从英国大宪章时代到议会时代的演进过程,参见 Katherine Fischer Drew, *Magna Carta*, Greenwood Press(2004), chap. 5, 'Magna Carta and Parliament', 49-59;[英] F. W. 梅特兰著,李红海译:《英格兰宪政史》,中国政法大学出版社2010年版,44-70, 108-123, 153-162; Ralph V. Turner, *Magna Carta: Through the Ages*, 52-143.

[2] 参见 F. W. 梅特兰著:《英格兰宪政史》,61-64, 117-120, 166-169, 197-201。

[3] Paine, *Political Writings*, 91.

[4] J. W. Cough, *Fundamental Law in English Constitutional History*, Oxford University Press(1961), 212-213.

由",也是对议会立法权的"宪法限制"。[1] 这些长期得到司法保障的个人权利,在原则和实践上都否定了议会可以专断地行使立法权。正如詹姆斯·奥蒂斯在《英国殖民地之权利的申张与证明》中所言:"如果最高立法机构犯错了,就要由最高执行机构通过国王的法院告知它。…这就是政府。这就是宪法。"[2]

潘恩认为,宪法是先于政府的东西。如果这里的"先于"必须是时间上的在先,即宪法仅是指人们为创建政府而有意识地制定的书面法律文件,政府则是随后依照这一文件组建而成,那么,英国的确还没有这样一部宪法。但如果这里的"先于"是指存在某些法律原则和规范,它们在权威上高于政府的一切行为,是政府必须遵守的准则,那么,人们就不能否认英国是有宪法的(虽然并不是一部成文的宪法)。[3] 英国是现代宪法观念和立宪政府的发源地,或许正因如此,英国才会是至今唯一没有成文宪法的宪政国家。对英国人来说,宪政体制的建立是好几个世纪不断斗争、思考和实践的结果,他们并没有成功的先例可以参照和效仿,他们的立宪政府因而只能是长期试验和经验积累的产物。

1733年,博林布鲁克子爵(Viscount Bolingbroke, 1678-1751)在《论政党》中对英国的宪法和政府进行了区分。他认为:"恰当和准确地说,宪法是一系列法律、制度和习惯的集合,它源于某些理性的固定原则,为着某些固定的公共利益和目标,是共同体同意受其治理的整个体制;政府则是最高官员及其下属…管理公共事务的具体做法。"[4] 在他看来,宪法是包括国王在内的官员实施治理时始终都应遵守的规范,政府则是他们在任何特定时间实际的治理活动;以符合宪法的方式进行治理的,就是好政府,否则,就是坏政府。博林布鲁克对宪法的定义,一方面强调宪法是得到共同体同意并用于规范

---

[1] Charles H. McIlwain, *Constitutionalism: Ancient and Modern*, Cornell University Press(1947), 10.
[2] Charles F. Mullett ed., *Some Political Writings of James Otis*, University of Missouri Studies, 79.
[3] Charles H. McIlwain, *Constitutionalism: Ancient and Modern*, 11-12.
[4] Bolingbroke, *Political Writings*, ed. David Armitage, Cambridge University Press(1997), 88.

政府的"固定原则",另一方面也体现了英国宪法作为长期历史积累之产物的习俗特性。在某种程度上可以说,英国之所以没有出现一部成文宪法,并不是因为它没有宪法,而是因为对专断统治的警惕和防范,已牢固地融入这个国家日积月累的制度和传统之中,使得英国人并不觉得需要一部法典化的宪法。[1]

在英国的立宪政体确立之后,人们就不难从中总结出若干原则和规则,以及它们背后的政治原理。别的国家再要建立类似的政体,就不需要再经过几个世纪的摸索,而是可依照一份包含这些原则和规则的大纲或蓝图,让自身的政治生活有一个"新的开端",就像北美地区独立后的制宪运动所表现的那样。事实上,在有了美国以及随后的法国制宪实践之后,试图用一部成文宪法来创设、限制和规范政府机构的做法,便为世界各国所效仿,连大英帝国之内的自治领地也难免要受其影响。[2] 即使是在英国本身,制定或整理出一部成文宪法的主张,也时常被人所提出。[3]

虽然麦迪逊(及潘恩)对英国宪制的分析不一定完全准确,但他确实表达了"宪法优先于一般法律"这一重要观念。这一观念具有非常重要的政治和法理含义:哪怕是一国的最高立法机关,或者说最重要的政府分支机构,它的权力也要被一部成文宪法限制在一定的范围之内。依据这一观念,宪法可对立法机构规定或长或短的任期,以及或大或小的权力范围,立法机构的权力相应地受到严格的限制,因而不会变得过于专横。这一切,都需要以立法机关不得自行制定或修改宪法为前提。如果立法机构可以自行制定或修改宪法,那么,宪法对其权力的限制就失去意义。这样的所谓"限制",不可能是稳定的、

---

[1] 对英国未出现一部成文宪法之原因的分析,参见 [英] K. C. 惠尔著,翟小波译:《现代宪法》,法律出版社 2006 年版,8-12;Charles H. McIlwain, *Constitutionalism: Ancient and Modern*; 1-22。

[2] Charles H. McIlwain, *Constitutionalism: Ancient and Modern*; 14; K. C. 惠尔著:《现代宪法》,6。

[3] 参见 Andrew Blick, 'A New Magna Carta? The Written Constitution Debate in the United Kingdon', in Elizabeth Gibson-Morgan & Alexis Chommeloux ed., *The Rights and Aspirations of the Magna Carta*, Palgrave Macmillan(2016), 89-106;[英] 韦农·波格丹诺著,李松锋译:《新英国宪法》,法律出版社 2014 年版,283-304。

切实的或可靠的。

在我们讨论的这篇文章中,麦迪逊最终得出结论说,对一个受到宪法明确限制和约束的立法机构来说,每两年举行一次选举,既有利于公共事务的管理,又不至于危及人民的自由。[1] 他的这篇文章被编为《联邦党人文集》第 53 篇,有兴趣的读者可以找来一读,感受一下这位情场失意的"宪法之父"杰出的思辨和说理能力。

二

亚历山大·汉密尔顿(Alexander Hamilton,1755-1804)对美国联邦宪法的制定和批准,也作出过很大的贡献。他是《联邦党人文集》第 78 篇文章的作者。在该文中,汉密尔顿为宪法草案关于法官终身任职的规定进行辩护,同时系统阐述了法官司法审查权(违宪审查权)的理据。[2] 所谓司法审查(judicial review),简单地说,就是法院在审理具体案件的过程中,有权对国会的立法或总统的行政命令加以审查,并就它们是否与宪法相抵触作出裁决,如果法院最终裁定它们违反宪法,它们就不应发生效力。[3]

例如,1951 年下半年,美国各钢铁公司和工会在就新的集体协议进行谈判的过程中分歧严重,直到次年 4 月双方仍无法达成一致。1952 年 4 月 4 日,工会决定将于 4 月 9 日中午 12 时开始举行全国范围的罢工。为避免罢工导致的钢铁停产危及美国的国防,时任总统杜鲁门于 4 月 9 日上午(比预定的罢工开始时间早几小时)签署第 10340 号行政命令,指定商务部长接管美国大多数钢铁公司,并保持它们的日常生产和运营。就在当年 6 月 2 日,联邦最高法院在扬斯顿案的判决中裁定,杜鲁门总统发布的接管命令缺乏宪法和法律上的依据,侵犯了专属于国会的立法权,违反了联邦宪法中的分权原

---

[1] *The Federalist Papers*, No.53, 333.
[2] *The Federalist Papers*, No.78, 463-471.
[3] 对美国司法审查制度专业而详细的分析,参见 Erwin Chemerinsky, *Constitutional Law*(sixth edition), Wolters Kluwer(2020), 1-118; Christopher N. May, Allan Ides, and Simona Grossi, *Constitutional Law: National Power and Federalism*(seventh edition), Wolters Kluwer(2016), 1-47。

则,故该行政命令因违宪而无效。[1]

又例如,美国国会于 1996 年制定《婚姻捍卫法》,将婚姻定义为"一位男性与一位女性的结合",并要求在解释和适用联邦法律时不得背离这一定义。这就意味着,即使两位同性伴侣依照美国某州的法律缔结婚姻,两者的配偶关系仍不被联邦法律所承认,也无法享有异性配偶依照联邦法律可享有的福利。在 2013 年判决的温莎案中,联邦最高法院裁定《婚姻捍卫法》中的此项规定因违宪而无效,理由之一是该规定违反了联邦宪法中的联邦制原则,因为根据美国的历史、传统以及一系列判例,对婚姻的定义和管理属于各州的管辖权范围,国会无权就此进行立法。[2]

在联邦宪法批准过程中,不少人对法院的司法审查权心存疑虑。一方面,既然宪法是高于一切政府机构的根本法,且旨在规范和约束政府机构的权力与行为,当政府机构的职权行为违反宪法时,如果不能采取必要的制裁和处置措施,那么,宪法就会沦为一纸空文,就起不到它应有的规范政府机构的作用。另一方面,如果每次出现此类争议,都要由制定宪法的人民直接采取行动,并作出相应的裁决,也就是说,只要国会通过了一项法案,有人认为它不合宪法,或者总统做出一项行政决定,有人认为它不合宪法,就都要由全体选民来进行一次公决,这在操作上会很困难,成本也很高。更重要的是,这一做法会使一个国家的宪法秩序,失去必要的稳定性与安妥性。但是,由法院来行使司法审查权力,也会面临一些难题。法院与国会、总统一样,本身也是宪法创设的一个政府分支机构,它怎么可以审查其他机构是否违宪?如果可以的话,那不就等于说,法院在权力和地位上要高于国会、高于总统?事实上,依照美国联邦宪法的规定,包括联邦最高法院大法官在内的所有联邦法官的任命,都是由总统提名,并由国会两院之一的参议院批准。这些非民选的且终身任职的法官们,怎

---

[1] *Youngstown Sheet & Tube Co. v. Sawyer*, 343 U.S. 579(1952).
[2] *United States v. Windsor*, 133 S. Ct. 2675, 2689-2693(2013). 对温莎案进行介绍和分析的中文资料,可参见江振春著:《爱与自由:美国同性婚姻研究》,法律出版社 2017 年版,386-413。

么倒可以去审查经由定期选举产生的国会和总统的履职行为？[1]

汉密尔顿写这篇文章就是要说明，为什么由法院进行违宪审查是正当且合适的。他为此提供了好几条理由。第一条理由是，在他看来，"解释法律是法院正当而特有的职权"。[2] 在每次审查国会通过的一项法案，或者总统发布的一项命令是否合乎宪法时，都会涉及对相关宪法条款的解释，也会涉及相关法案或行政命令之法律含义的解释，而这正是法官专门的职业工作。

汉密尔顿提供的第二条理由是，在实行法治的自由国家，法律文件是比较繁多的，法律知识也非常专业，一个人必须要经过长期的学习和实践，才可能具备足够的专业知识和经验，以及具备足够的审慎，来判断一项法案或一项决定是否违宪。[3]

这一理由，似乎可追溯至十七世纪英国大法官爱德华·科克爵士（Sir Edward Coke, 1552-1634）所阐述的"技艺理性"观念。科克曾在英国国王詹姆士一世手下先后担任首席检察官、高等普通法院首席大法官和王座法院首席大法官。依照科克自己的记载，1608年11月10日，詹姆士一世召集王座法院全体大法官开会。他对这些法官说："有的时候，我想从法院拿来一些案件，由我自己以国王的身份进行审理和裁判，你们诸位法官对此有什么看法和建议？"别的法官并未提出异议。科克却回答说："陛下，依照英格兰的法律和先例，国王只能够且必须经由他所任命的法官来审理案件，国王本人不能亲自裁决任何法律案件。"詹姆士一世听后很不开心地说："你们这些法官整天说，法律就是理性的体现，法律是以理性为基础的。我们都知道，所有的人类都是有理性的动物。除了你们这些法官，我这位国王，或者说其他任何人，也都是有理性的。我为什么就不能审理一些案子呢？"柯克继续回应说："陛下，上帝确实赋予您卓越非凡的理性和高超的天赋，但是，对法律案件的审判，不能只靠天赋的理性

---

[1] 对美国司法审查制度与民主政治之关系（包括所谓的"反多数难题"）的经典分析，参见 Alexander M. Bickel, *The least dangerous branch: The Supreme Court at the bar of politics*, Yale University Press(1986)。

[2] *The Federalist Papers*, No.78, 466.

[3] *The Federalist Papers*, No.78, 470.

或者说自然的理性（natural reason），而是必须依靠技艺理性（artificial reason）。技艺理性是一种需要经过长时间的学习和实践才能获得的东西。审判法律案件，事关英国人的财产、自由乃至生命，因而不能交由缺乏足够法律知识和实践的人来办。"[1] 后来，也有不少人质疑科克所记内容的真实性和准确性，但科克的记录仍广为流传，那些质疑的声音则不大为公众所知。[2]

汉密尔顿支持司法审查的第三条理由是，从职权的性质和范围来讲，法院是美国联邦政府中权力最弱的，因而也是最不危险的分支机构（the least dangerous branch）。依照当时联邦宪法草案的规定，国会作为立法机构掌握着财权，可以决定整个政府的预算，而且还可制定涉及公民权利和义务的普遍法律；总统作为行政部门的首脑，有权任命他人担任很重要的官职，手中也有不少贯彻自身意志的强制力量，同时还执掌着整个国家的武装力量。相反，法院作为司法部门"既没有强力（force），也没有意志（will），而只有判断（judgment）"，如果当事人不自觉履行法院的判决，法院甚至还得依靠行政部门的强力，来确保判决能够得到尊重和执行。当然，更重要的是，法院不能够主动采取行动。法院要想有点事做，必须等人们发生了争议，而且愿意起诉到法院，然后才有可能行使审判权。在汉密尔顿看来，人们根本无需担心法院会侵夺别的政府分支的权力，立法机构和行政机构反过来压制法院，这种可能性倒是很大的。[3]

如果说上述三条理由，更多是从技术性的角度进行论证的话，汉密尔顿还为司法审查权提出了一条根本性的，或者说更具原则性的理由。他认为，宪法体现的是人民的意志，一般的法律体现的只是立法机构成员的意志。立法机构的成员是人民的代表，代表的地位当然应该低于他所代表的人民。所以，"宪法事实上就是根本法，法官也

---

[1] 对科克与詹姆斯一世这场辩论的介绍和深入分析，参见［美］小詹姆斯·R. 斯托纳著，姚中秋译：《普通法与自由主义理论：柯克、霍布斯及美国宪政主义之诸源头》，北京大学出版社2005年版，47-58。

[2] 小詹姆斯·R. 斯托纳著：《普通法与自由主义理论：柯克、霍布斯及美国宪政主义之诸源头》，49。

[3] *The Federalist Papers*, No.78, 464-465.

必须将宪法视为根本法",一旦在一般的法律与宪法之间出现了不可调和的冲突,法官就应当依照根本法,也就是依照宪法,而不是依照一般的法律来裁决案件。[1] 在汉密尔顿看来,任何与宪法相抵触的立法,都不应该发生效力,因为,立法机关的权力只是人民通过宪法所委托的权力,如果一般的法律与宪法的规定相抵触,那就意味着立法机关的立法行为超出了人民的授权范围,甚至违反了人民的授权目的。用汉密尔顿的话说,"假如国会制定的法律,在与宪法相抵触的情况下竟然还可以有效,那就无异于认为,代表反而大于本人;仆役反而高于他的主人;人民的代表反而高于人民本身;依授权行事的人,不但可以行使未被授予的权力,而且可以做授权者明确禁止的事"。[2]

汉密尔顿提出这条根本的、原则性的理由,是试图消除人们一个重大的顾虑。在有些人看来,如果法院享有司法审查权的话,那么,相对缺乏民主性的法院,它的地位和意志反而要高于具有广泛民意代表性的国会(也高于经由选举而产生的总统)。[3] 汉密尔顿则希望告诉他的读者,由法院来审查立法机构的法案(或总统的行政命令)是否违反宪法,并不意味着法院在地位和权力上高于国会(或总统),而只是意味着,如果国会制定的法案(或总统发布的命令)与宪法相抵触,法官在职责上有义务优先适用宪法。当法官这样做时,他并不是将自己的意志置于立法机构(或总统)的意志之上,而只是将人民的意志,即体现在宪法中的人民的意志,视作高于立法机构(或总统)的意志。[4]

汉密尔顿为司法审查权辩护,还有一个很重要的理由。他将美国联邦宪法称为有限宪法(limited constitution),也就是对立法机构的立法权力施加了限制的宪法。在他看来,宪法之所以要限制立法机构的权力,主要是为了保障公民的个人权利和自由。他认为,法院行使司法审查权,有利于防止公民的个人权利受到不公正的、有偏见的法

---

[1] *The Federalist Papers*, No.78, 466.
[2] *The Federalist Papers*, No.78, 466.
[3] *The Federalist Papers*, No.78, 465.
[4] *The Federalist Papers*, No.78, 466-467.

律的侵害。比如，依照美国宪法的规定，国会不得制定或通过一些明显侵害个人自由的法律，包括不得制定溯及既往的法律。这里不妨举个例子，说明一下什么叫溯及既往的法律。如果国会通过一项禁酒的法案，规定制造、运输和贩卖酒精产品的行为，都是应该受到处罚的犯罪行为（我们先不管这一法律本身是否合理）。在正常情况下，法律应该仅适用于其施行后发生的情况。但如果国会在制定这一法律时候，在其中加入一个条款，规定在该法实施前发生的制酒、运酒和贩酒行为，也应该回溯性地加以处罚，这样的法律就是溯及既往的法律。汉密尔顿认为，如果法院连这样的法律都不能够宣布无效，那么，宪法对立法权所施加的限制就失去了意义，宪法保障个人自由的目的也会因此而落空。[1] 在这种情况下，宪法就成了一纸空文，就不是一种有牙齿的法律。

　　一般认为，美国的司法审查制度是在1803年的马伯里诉麦迪逊案中得以确立的。在该案中，联邦最高法院裁定《1789年司法法》中的一项规定，因与联邦宪法第3条第2款第2项关于最高法院初审管辖权的规定相抵触而无效。在首席大法官约翰·马歇尔（John Marshall）所撰写的法院意见中，支持司法审查权的理由，与汉密尔顿的上述理由是大致相同的。其中最根本的理由，也涉及宪法与一般法律之区别，以及与此相关的有限政府原则。依照马歇尔的论述，人民享有原初的和最高的权力，宪法是人民意志的产物，是人民依照自认为合理的政治原则，用以组建政府和规定不同政府机构各自职权的根本法。宪法在规定政府权力的同时，也限制了政府的权力。立宪政府在定义上就是有限政府。依照美国联邦宪法的规定，国会的立法权是特定而有限的。如果与宪法相抵触的国会立法仍然有效，那就意味着国会可以一般法律随意修改宪法，宪法对国会立法权的限制也就不复存在。[2]

　　在以上讨论的两篇文章中，麦迪逊和汉密尔顿分别讨论了两个不同的问题，前者涉及国会议员的任期问题，后者涉及法院的违宪审

---

[1] *The Federalist Papers*, No.78, 465.
[2] *Marbury v. Madison*, 5 U.S. 137(1803).

查权问题，但他们从不同的角度阐述了同一个基本的原则，即宪法与一般法律有着根本的区别，宪法在权威、位阶和效力上，都要优先于一般的法律。

三

从麦迪逊和汉密尔顿的论述中，我们至少可归纳出宪法和一般法律之间的三个区别：（1）制定宪法的主体是主权的人民，制定一般法律的主体则是政府中享有立法权力的分支机构，就是通常所说的国会或议会；（2）政府可以修改和变动一般的法律，但不能修改或变动宪法，否则，宪法就起不到限制和约束政府机构的作用；（3）宪法的效力高于一般的法律，它是具有最高权威和最高效力的根本法，任何与宪法相抵触的一般法律都应是无效的。

麦迪逊和汉密尔顿的论述，都表达了人民制定宪法的权力优先于政府的一般立法权力，以及宪法优先于一般法律的思想。他们特别强调，政府的立法权力是有限的，应该受到宪法的限制。这从经验上说，是因为当时的北美民众对英国议会的滥权行为仍心有余悸，人们认识到，不但是行政机构，而且连立法机构也有可能侵犯个人的自由和权利。从原则上说，这种在位阶和效力上的优先性，也是现代宪法所必须具备的。宪法相对于其他法律的优先性，可以说是宪法的标志，因为宪法必须优先于一般的法律，才能够约束一般的立法权力，从而使宪法本身得到遵循，贯彻和落实。[1]宪法具有相对于一般法律的优先性，它的一个非常重要的法理后果是，制定和修改宪法的主体、程序，必须与一般法律有所不同。

到这里，我们就触及到了两种根本不同的权力，或者说两种具有实质区别的权力：一种是由宪法创设和规定的权力，通常称为宪定权（constituted power）；另一种是制定宪法，也就是创设宪法本身的权力，通常称为制宪权（constituent power）。对这两种权力的明确

---

[1] [德]迪特儿·格林著，刘刚译：《现代宪法的诞生、运作和前景》，法律出版社2010年版，15。

区分，对现代宪法来说是不可缺少的。

制宪权和宪定权这两个既相互关联又相互对立的概念，是由法国政治思想家西耶斯首次提出来的。他在法国大革命前夕，接连写了三本小册子，其中最著名的是《第三等级是什么？》。这本小册子和《论特权》早已有了中译本，大家都比较熟悉。[1] 中国大陆的学者曾普遍认为，制宪权的概念是西耶斯在《第三等级是什么？》中首次提出来的。实际上，他在第一本小册子《论1789年法兰西的代表们可用的执行手段》中，就已经提出了制宪权和宪定权的概念，并系统地阐述了他自己的政治学说。[2]

依照西耶斯的论述，人们在通过契约组成政治社会（或国家）后，其中的最高政治权力应由全体国民共同享有，国民的最高权力是一切政府权力的来源。[3] 在组成政治社会后，人们为了更好地保护每个人的生命，身体，自由和财产，就有必要创建一些政府机构，并赋予这些机构必要的公共权力，然后还要选派一些人来行使政府职权。[4] 在西耶斯看来，国民创建政府机构和政府权力的法律手段，就是制定一部成文的宪法。[5] 宪法一方面规定政府机构的产生方式与职权，以及政府官员的选任方式，另一方面也要限制、规范和约束政府机构和官员的权力。国民制定一部宪法，"让政府服从固定的形式和规则"，这具有"双重的必要性"：一是赋予政府一定的权力，"确保它有能力实现它之所以被组建的目的"；一是防止政府滥用权力，"让它不能偏离这些目的"。[6] 西耶斯将国民制定宪法的权力称为"制宪权"，并将宪法所创设的的各种政府机构称为"宪定机构"，它们所享有的职权则被称为"宪定权"。[7] 从这里，我们可以看到，从制宪权到宪

---

[1] ［法］西耶斯著，冯棠译：《论特权 第三等级是什么？》，商务印书馆1990年版。

[2] Emmanuel Joseph Sieyes, *Political Writings,* ed. Michael Sonenscher, Hackett Publishing Company(2003), 1-67.

[3] Emmanuel Joseph Sieyes, *Political Writings*, 9.

[4] Emmanuel Joseph Sieyes, *Political Writings*, 8, 12.

[5] Emmanuel Joseph Sieyes, *Political Writings*, 5.

[6] Emmanuel Joseph Sieyes, *Political Writings*, 136.

[7] Emmanuel Joseph Sieyes, *Political Writings*, 34.

法，再到宪定权，它们的顺序是非常清楚的。在《第三等级是什么？》中，西耶斯讲过一句很著名的话："宪法的每一部分都不是宪定权的产物，而是制宪权的产物。"[1]

依照西耶斯的看法，国民既可以直接行使制宪权，亲自制定一部宪法，也可以通过特别的选举，产生一批国民的特别代表，以组成一个特别的代表机构（即制宪会议），并由制宪会议代表国民行使制宪权。[2] 他同时强调，在任何条件下，特别代表机构都不得利用自身制定的宪法，将自身变成普通的议会或其他常设的宪定机构，以免代表们"过于注意他们将要建立的机构的利益，而不是仅为国民的利益而工作"。[3] 这一要求是为避免参与制宪的人，将制宪工作用于谋求自己的利益，或满足自己对权位的欲求。另外，制宪机构的任务是特定的和临时的，就是单纯地制定一部宪法："特别代表并不需要充分而完全地代表国民意志。他们只需要一种特别的权力，并且仅限于少有的情形。……这一类型的代表们只是被委托在有限的时间内处理单一的事务。"他们是基于国民的特别委托，专门处理宪法问题，因此"不得过问在实在法下已经得到解决的问题"。[4] 制定宪法的任务一旦完成，制宪机构就应立即解散，不再存续。

我们可以美国联邦宪法的制定为例，来说明制宪权和宪定权的区分。我们知道，美国联邦政府的权力，包括国会的立法权，总统的行政权以及联邦法院的司法权，都是由美国联邦宪法创设的。这些由宪法创设和规定的权力都是宪定权。在联邦宪法实施之前，连国会、总统和联邦法院这些政府机构都不存在，更不用说它们分别行使的三种不同的政府权力。宪法先于并创设宪定权，但制宪权却先于宪法，它不是由宪法创设的，而是创设宪法的权力。制宪权不能由政府机构来行使，也就是说，不能由宪定机构来行使，因为它们本身也要在宪法施行后才能产生。如果由宪法创设的宪定机构，反过来又可以制定或修改宪法，那就等于说，一位女儿能够反过来生出她的母亲。

---

[1] Emmanuel Joseph Sieyes, *Political Writings*, 136.
[2] Emmanuel Joseph Sieyes, *Political Writings*, 139.
[3] Emmanuel Joseph Sieyes, *Political Writings*, 143.
[4] Emmanuel Joseph Sieyes, *Political Writings*, 139.

虽然麦迪逊并未明确使用"制宪权"和"宪定权"这样的概念，但当他将"由人民制定、政府不能更改的宪法"，与"由政府制定且可由政府更改的法律"加以区分时，其实就已经对制宪权和宪定权这两种不同的权力进行了区分。正因如此，一些美国的宪法思想史学者主张说，麦迪逊在西耶斯之前就已经公开阐述了制宪权的观念。当然，法国人并不这么认为，因为麦迪逊毕竟没有使用制宪权的概念，更没有像西耶斯那样对制宪权理论进行系统的论述。法国人和美国人关于学说原创性的争论，并不是我们关注的重点。对我们来说，最重要的是要注意"宪法优先于一般法律"和"制宪权区别于宪定权"这两大原则，它们是宪法能够实现各项基本功能的前提和基础。

现代宪法的基本功能之一，是实现个人领域（或社会领域）与政府权力的适度分离。只有将制宪权和宪定权加以区分，并承认宪法优先于一般法律，宪法才可能通过对政府权力的限制和约束，将那些受到政府权力支配的领域，也就是由政府权力管辖的人类活动范围，与那些不受政府权力支配的个人生活领域相互区分开来，从而实现通常所说的社会自治（即社会的自我治理和自我调节）。这就意味着，既有必要对个人生活领域实行"法无禁止皆可为"的自由原则，以保障社会的自我治理，也有必要对政府实行"法无授权不可为"的约束原则，以防止政府权力的滥用和失范。[1] 对政府"法无授权不可为"，对个人"法无禁止皆可为"，这其实是对现代宪法所包含的法治原则所作的精要概括。

值得强调的是，法治从根本上说是针对政府而言的，不是针对个人或公民而言的。我们经常听到"法治政府"的说法，但不会听到"法治个人"或"法治公民"的说法，因为法治的要义就是政府权力严格依照法律运行。[2] 如果一个人非常守法，严格遵守法律秩序，大家会说他是"守法公民"，但不会说他是"法治公民"。这里不妨举例说明一下。如果有一个人为报复社会，开着汽车在街上乱撞，然后撞死了好几个人，大家都会觉得这种行为太可恶了，属于严重而恶劣的犯

---

[1] 迪特儿·格林著：《现代宪法的诞生、运作和前景》，22。
[2] 参见［英］A. W. 布拉德利、K. D. 尤因著：《宪法与行政法》（上册），商务印书馆2008年版，178-203。

罪行为。尽管如此，人们仍只会认为他违反了法律，而不会认为他破坏了法治。因为，只要这个人经由正当的法律程序，受到了公正的法律处罚，那么，被他破坏的法律秩序就得到了修补。法律先是被违反了，然后违反法律的人又受到了法律的制裁，这恰恰显现了法律的效力和作用，而由司法机构依照正当程序对犯罪者施加处罚，恰恰是法治原则的具体表现。这样的法律实施过程，也可以对其他人形成一种警示和教育作用。

相反，如果这个人的亲友位高权重，因而让他得以逍遥法外，或者只是受到了很轻微的处理，而不是受到与常人犯罪同等的处罚，那么，我们就可能说法治被破坏了。在这里，破坏法治的，并不是这个人在街上剥夺他人生命的行为，而是那些位高权重的亲友玩弄法律的行为。当这样的做法变得比较普遍时，一个国家就不可能有法治可言。在这种情况下，人们做什么事都不会首先考虑法律是怎么规定的，而是更多考虑有什么可以依靠的后台。比如，人们想到某个地方去投资，首先考虑的是结识当地的官员。如果与当地官员不熟，就会觉得没有安全感，权益也难以得到保障。反过来，若是能巴结上当地官员，则可能得到一些法外的优惠或照顾。此时，整个社会的运行，经常是取决于掌权者的个人意志，而不是取决于明确、稳定和普遍适用的法律。

不同的法学流派对法治的含义有不同的看法，这里无法就此进行详细介绍。[1] 不过，人们对何为法治还是有一个最低限度的共识，即"政府的治理应该受到法律的约束并服从法律"。[2] 哈耶克曾在此意义上，给法治下了一个最清晰，也最为形式化的定义："去除所有技术性细节，法治是指政府在它的所有行为上，都受到固定的和事先宣布的规则的约束，这些规则让人们可以相当的确定性，预见当局在给定的情形下将如何使用强制力量，并在这一知识的基础上安排个

---

[1] 参见 Richard Bellamy ed., *The Rule of Law and the Separation of Powers*, Routledge(2005)，其中收集了不同法学流派的学者论述法治的文章。

[2] Joseph Raz, 'The Rule of Law and Its Virtue', in *The Rule of Law and the Separation of Powers*, 196.

人事务。"[1]

我们不妨通过对"法治"（rule of law，即法律的统治）与"用法律进行统治"（rule by law）的比较，来揭示法治概念的基本含义。在任何国家，总是只有一部分人进行实际的日常治理。在任何特定的时刻，政府就是由这些人组成的。如果在一个国家，并不存在高于政府的法律，所有的法律都是由政府自身来制定，但政府对任何被治理者行使权力，都严格依据它自身制定的法律，那就是少数人"用法律进行统治"的最理想状态。这一状态当然比统治者无视规则的任意统治好很多，但仍算不上是法治。因为在一这状态下，统治者仍可能频繁地变动法律、制定溯及既往的法律、用法律规定极其艰难和昂贵的诉讼程序，以及针对特定的人制定特别的法律，等等。法律在这里不是约束统治者（政府）的规范，而是他们对其他人实行统治的工具。如果法治就是"用法律进行统治"，那么，希特勒对德国的统治只要具有严格的"合法性"，就也可以称得上是法治了。更不用说，从经验上看，这样的少数人统治几乎不可能接近"用法律进行统治"的理想状态。

"法治⋯远比政府［活动］的完全合法性要求的更多。"[2] 如果在一个国家，由人民制定一部宪法来创设和规范政府及其治理行为，一切政府权力的产生和运行都受到宪法的约束，政府的立法、执法和司法行为都要合乎宪法，那么，政府就不只是在"用法律进行统治"，而是本身也受到了"法律（宪法）的统治"。这样的政府就是真正的法治政府，因为它完全处于以宪法为基础的整个法律秩序之中，也就是说，进行日常治理并组成政府的那些人，本身不是最高位阶法律的制定者，而是居于最高位阶的法律（宪法）之下。此时（虽然这一点与纯形式意义上的法治无关），政府的一切合乎宪法的立法、执法和司法行为，都具有要求人们服从的正当权威，因为，所有这些行为都得到了被治理者的同意或承认（宪法就是被治理者意志的体现），政府所运用的全部法律工具都可以在宪法中找到依据。如果政府的治

---

[1] F. A. Hayek, *The Road to Serfdom*, London(1944), 54.
[2] F. A. Hayek, 'Freedom and the Rule of Law', in *The Rule of Law and the Separation of Powers*, 147.

理行为违反了宪法，那就不应具有正当的权威，并应得到适当的纠正和补救。

在一个实行法治的国家，即对政府严格实行"法无授权不可为"之原则的国家，可以划出一个免于政府权力支配的社会空间或个人活动领域。在将公共领域和私人领域明确区分开来后，就可以防止公权力对私人生活领域或社会空间进行不必要、不正当的干预。如果在某些情况下确有必要进行干预，也需要提出正当而充分的理由，并且需要受到某些特别规则和程序的约束。当然，这一切都要以本章重点讨论的两大原则为前提：（1）宪法优先于一般法律；（2）制宪权区别于宪定权。

如果由宪法创设和规定的政府机构（宪定机构），可以自行制定或修改宪法，那么，在宪法和一般法律之间，以及在制宪权和宪定权之间，就没有实质的区别了。这样一来，宪法也就难以起到限制和约束政府权力的作用。值得强调的是，如果一般的立法机构，比如说国会或议会，可以制定或修改宪法，哪怕所需要的赞成票数要高于制定普通法律的赞成票数，比如说需要三分之二以上多数，结果也没有实质的不同，因为，这同样抹杀了宪法与一般法律，以及制宪权与宪定权之间的根本区别。

第三章

"我们人民…制定和确立了这部宪法"
现代宪法与人民主权

1797 年春,时任美国联邦最高法院大法官的詹姆斯·威尔逊（James Wilson,1742-1798）,一边主持巡回上诉法庭的审判工作,一边提心吊胆地留意有没有治安法官来找他麻烦。那年夏天,他干脆抛下工作,为逃债而四处流窜。当他逃到新泽西州的伯灵顿时,治安法官终于找到了他,并将他投入债务人监狱。在设法获得保释后,他又四处奔逃。第二年,在连续遭遇疟疾和中风后,仍在大法官任上的威尔逊离开了人世,享年 56 岁。[1]

威尔逊是位来自苏格兰的贫穷移民,早年在费城从事律师工作,积累了雄厚的家产。后来,他像着了魔似的狂热地进行土地投资活动,最终使自己破产和负债累累。[2] 威尔逊曾被誉为那个时代最杰出的法学家,并受聘为费城学院第一位法学教授,也是美利坚合众国历史上第二位法学教授。既在《独立宣言》又在联邦宪法草案上签名的,在整个美国只有 6 个人,他就是其中之一。如果不是因为身陷债务丑闻,他几乎肯定将出任联邦最高法院首席大法官。

在第一任妻子去世后,威尔逊和比他小 32 岁的汉娜·格雷结婚。在他贫困交加、四处流亡时,汉娜对他不离不弃,一直陪在他身边。威尔逊去世前的几个月,汉娜对他更是精心照料,呵护有加。但愿这份难得的真情,能让他在临终前感受到人世间的温暖与美好。

威尔逊是一位坚定捍卫民主原则的宪法思想家,主张让每一个

---

[1] 对威尔逊生平的简要介绍,参见［美］詹姆斯·威尔逊著,李洪雷译:《美国宪法释论》,法律出版社 2014 年版,译序,3-6。

[2] ［美］凯瑟琳·德林客·鲍恩著,郑明萱译:《民主的奇迹:美国宪法制定的 127 天》,新星出版社,2013 年版,57。

美国人在国会中都拥有平等的代表权。[1] 他强调大众参与政府的决定性意义，并认为美国人能够从政治参与中培育出对国家的热爱。[2] 在围绕联邦宪法草案所进行的大辩论中，正是他深入而清晰地阐述了作为美国联邦宪法政治根基的人民主权原则。我们这一章的讨论，就将从他的这一论述开始。

一

北美十三州宣布独立后，为共同对抗大英帝国的武力镇压，出席大陆会议的各州代表曾制定一份简称"邦联条例"（Articles of Confederation）的文件，并成立了一个叫做"邦联国会"（Congress Assembled）的常设机构。依照《邦联条例》第二条的明文规定，十三州皆是"主权的、自由的和独立的实体"。这在实质上就是各自独立的十三个国家。

在独立战争期间，各州还能勉强履行依条约所负的义务。战争结束后，邦联国会通过的决议却经常被各州置若罔闻。在邦联机制中，并无强制执行决议的手段。各州经常拖欠甚至干脆拒付应向邦联缴纳的费用。身为邦联征税官的汉密尔顿，曾无奈地在《纽约邮报》上刊登告示，公开抱怨道："本年度纽约州应缴款项，本人至今尚未收到分文。"[3] 大家不妨对比一下：在今天的美国，税务官员是多么的威风啊！

在邦联体制下，面对英国、西班牙等国在领土问题上的挑衅，各州很难采取共同而一致的立场。各州彼此之间也经常因通商、通航及河道疏通等问题发生纠纷，且很难得到妥善、有效的解决。各州之间甚至还会出现一些关于领土归属的争端。那些大州在对待小州时，也时常会展现出比较强横的姿态。

1　[美]戴维·O. 斯图沃特著，顾元译：《1787 年之夏：缔造美国宪法的人们》，中国政法大学出版社，2011 年版，55。

2　Samuel H. Beer, *To Make a Nation: The Rediscovery of American Federalism*, Harvard University Press(1993), 363-364.

3　凯瑟琳·德林客·鲍恩著：《民主的奇迹：美国宪法制定的 127 天》，5。

所有这些问题,都让汉密尔顿、麦迪逊和华盛顿等人忧心忡忡。他们联同另一些有声望的人士,一起努力推动邦联机制的改进。1787年2月,邦联国会终于作出决议,通知各州派出代表于当年5月在费城开会。该决议明确规定,这次会议"唯一且特定的任务就是修改《邦联条例》"。但结果大家都知道,在历经127天的闭门会议后,当年9月份出炉的却是一份全新的宪法草案。邦联国会随后通知各州召开制宪会议,以决定是否批准这部宪法。

在宪法草案公开后,欢迎的人很多,反对的人也很多。人们反对这部草案的理由之一是,在费城召开的会议超出了它原有的授权,因为它的任务本来只是修改《邦联条例》,而不是起草一部新的宪法。在一组当时影响很大、题为"联邦农夫信札"的文章中,作者表示,当一些政治人物于1788年9月在安纳波利斯商定,由各州选派代表于次年到费城开会时,没有人说过要废弃原有的邦联条约。他写道:"各州根本没有想过要跨过卢比孔河,它们派代表到费城开会,唯一而明确的目的是修改和改进邦联体制,它们普遍期待会议将提出修改邦联体制的报告,在经过邦联国会审查和同意后,再交由各州立法机构批准或拒绝⋯而不是将一部新宪法交由人民批准或拒绝。"[1] 宾州制宪会议少数派代表亦在致选民的信中称:"十二个州的立法机构选派代表到费城开会时⋯根本没想过代表们会做超出'修改和改进邦联条例'之外的事情。宾夕法尼亚在选派代表时,明确表示他们的职权仅限于此一目的。"[2]

威尔逊最早对这一反对意见进行了回应。他在回应中所阐述的理据,很快成为所有联邦党人思考的起点和基础。他的核心论据就是人民主权原则。[3] 1787年12月4日,威尔逊在宾州制宪会议上的发

---

[1] Letters from the Federal Farmer I, Oct. 8, 1787, in Ralph Kethcham ed., *The Anti-Federalist Papers and the Constitutional Convention Debates*, Signet Classics(2003), 272-273.

[2] The Address and Reasons of Dissent of the Minority of the Convention of Pennsylvania to their Constituents, Dec. 18, 1787, in *The Anti-Federalist Papers and the Constitutional Convention Debates*, 244-245.

[3] 关于威尔逊在宪法辩论中所起的作用,以及他对人民主权原则的运用和阐述,参见 Gordon S. Wood, *The Creation of the American Republic, 1776-1787*,

言中表示,费城会议只是向十三州的人民提出了一项政治建议,而不是将一部宪法强加给十三州人民,这种提议的行为并没有行使任何权力,因而也不可能存在越权的问题。在他看来,费城制宪会议所提出的草案,与任何私人起草的同类性质的文件相比,并不具有任何更多的效力。他说道:"这部草案摆在十三州全体公民面前,他们不受任何约束。草案的最终命运,完全取决于各州人民,完全由人民依据他们作为人的自然的、公民的和政治的权利,来加以判断和决定。只有依靠人民的命令,宪法草案才会变得有价值、有权威;如果没有这样的命令,它将不会获得任何真实的效力。"[1]

在这里,威尔逊采取以退为进的辩论策略。他将费城会议的地位和权威下降到最低的程度,甚至是完全归零。在他看来,费城会议起草的这份宪法草案,与任何一位闲人躲在家里写出来的一份草案相比,并不具有更多的权威。另一方面,他也告诉宪法草案的反对者:如果你们不认同这份草案,那就请你们回到各州的制宪会议,在那里说服出席制宪会议的代表不要批准它就行了。如果这份宪法草案没有得到各州制宪会议的批准,它就一点意义都没有。如果各州的制宪会议批准了这份草案,那么,这份宪法草案之所以变得有权威、有效力,也不是因为费城会议行使了什么权力,而是因为各州人民通过所在州的制宪会议表达了自身的政治意志。

在独立革命时期,关于主权归属的争论,是北美殖民地与英国统治者之间最基本的分歧。当时,双方都认为,在任何政治体中,必定存在一种最高的、最终的和不可分割的权力。英国方面依照布莱克斯通的理论认为,这一权力属于英国议会,它像统治不列颠一样统治北美殖民地。殖民地方面则否认英国议会对殖民地享有这样的主权。主权概念以其内在的逻辑,推动着殖民地方面将独立的正当性,建立在北美人民的主权之上。当联邦宪法的支持者声称,只有各州人民有权决定这部宪法的命运时,就迫使宪法的反对者处于一种似乎在对抗

University of North Carolina Press(1993), 519-564; Ralph Ketchum ed., *The Anti-Federalist Papers and the Constitutional Convention Debates*, 181。

[1] 詹姆斯·威尔逊著:《美国宪法释论》,58。

《独立宣言》所载明的人民主权原则的被动境地。[1]

威尔逊在演说中引用《独立宣言》里最著名的一段话:"我们认为以下真理是不证自明的:人人生而平等,他们被造物者赋予了某些不可剥夺的权利,其中包括生命、自由和对幸福的追求;为了保障这些权利,政府在人们之间建立,并从被治理者的同意中获得它们的正当权力;无论何时,当某一形式的政府开始危害这些目的,人民就有权改变或废除它,并建立新的政府,而构成新政府之基础的原则,以及组织新政府之权力的方式,应使其在人民看来是能够维护他们的安全和幸福的。"[2] 在这段话所阐述的若干现代政治原则中,就包括人民主权原则。在这里,人民主权体现为决定、废除和改变政府形式的权力。由于宪法正是规定政府形式的根本法,所以,这里的人民主权就体现为人民的制宪权。

到了费城制宪会议时期,北美民众已普遍认为,虽然人民本身并不直接在政府中行使权力,但人民始终在政府之外享有最高的权力,不但有权决定政府的形式,而且有权审视、监督和控制政府的各个分支机构。政府的任何分支机构,甚至所有的分支机构加起来,也无权主张属于人民的权力。比如,马萨诸塞议会就曾在一份文件中宣称,"一项对任何政府都适用的箴言是,必定在某处存在一种最高的、主权的、绝对的和不受控制的权力,但这一权力始终保存在人民手中,它不曾也不能授予某个人或少数人"。[3] 人民始终在政府之外掌管共同体的最高权力,这一观念与洛克政治思想之间的渊源关系是显而易见的。事实上,在 1787 年 12 月 4 日的发言中,威尔逊还特意提到了洛克的名字。他将洛克称为"一位思维敏捷的伟人",并认为洛克是第一位表达出一个重大真理的思想家,美利坚则光荣地在政治实践中首次贯彻了这一真理:在一个国家或一个政治社会之中,人民

---

[1] Samuel H. Beer, *To Make a Nation: The Rediscovery of American Federalism*, 146-153, 163-194; Gordon S. Wood, *The Creation of the American Republic, 1776-1787*, 344-354, 533-534.

[2] 詹姆斯·威尔逊著:《美国宪法释论》, 45。

[3] P. R. Palmer, *The Age of the Democratic Revolution: A Political History of Europe and America, 1760-1800*, Princeton University Press(2014), 159.

始终拥有和保留着最高的权力。[1]

在1788年的1月18日发表于《纽约邮报》的一篇文章（即《联邦党人文集》第40篇）中，麦迪逊亦谈及费城制宪会议是否越权的问题。麦迪逊并未提出任何技术性的辩护理由，而是直接诉诸《独立宣言》所揭示的人民主权原则。他表示，依照《独立宣言》的阐述，人民有权"废除或改变他们的政府，以使政府在人民看来最可能维护他们的安全和幸福"，所以，人民在创设新的宪法秩序时，并不存在越权的问题，人民作为制宪权主体，不但自身不受《邦联条例》的约束，而且还可通过对新宪法的批准，回溯性地消除费城制宪会议在权限上的瑕疵。麦迪逊写道："由一些爱国的和受尊敬的公民，提出一些非正式的和未经授权的建议，以开启此类改革，这是很重要的。……他们一定明白，他们制定和建议的计划，需要交由人民自身来决定，这一最高权威的否决将永远毁灭它，而最高权威的批准则可消除以前的错误和缺失。"[2]

人们反对联邦宪法草案的另一个重大理由是：新宪法创设了一个由各州合并（consolidation）而成的统一国家，各州在原先的邦联（confederation）体制下享有的主权将会被取消。在这些人看来，宪法创设了一个统一的、居于各州之上的政府，这一全国性的政府将吸收并消灭各州原有的主权。

在这个问题上，最有力的反对者是曾经发表过"不自由，毋宁死"这一著名演讲的帕特里克·亨利（Patrick Henry）。他在弗吉尼亚制宪会议上这样说道："问题在于那个可怜的小东西，即'我们人民'这一说法，而不是'我们各州'。……各州是邦联的特征和灵魂。如果各州不再是协约的参与者，那就将是一个属于所有各州人民的巨大的、合并的和全国性的政府。"[3] 曾经签署过《独立宣言》并担任过邦联国会主席的理查德·亨利·李（Richard Henry Lee）也认为：

---

[1] 詹姆斯·威尔逊著：《美国宪法释论》，44。
[2] Hamilton, Madison, and Jay, *The Federalist Papers*, ed. Clinton Rossiter, Signet Classics(1961), No. 40, 249.
[3] Speech of Patrick Henry, Jun. 5, 1788, in *The Anti-Federalist Papers and the Constitutional Convention Debates*, 199-200.

"在联邦政府之下,将不再是十三个共和国。宪法显然是要创建一个统一的国家。"[1]

反对者的主张以十八世纪流行的立法主权观念为基础。他们一再强调,每个国家都只有一个最高的立法主权,任何与此相反的看法都违背了政治科学。起初,有些联邦党人辩称:在新宪法框架下,联邦政府的组建在不少方面(包括总统和议员的选举)均需依赖各州立法机构的行动,因此不可能出现联邦政府吞没各州政府的情况。亦有人表示,各州只是将部分主权让渡给联邦政府,两个不同层级的政府将为不同的目的行使不同的权力,这是由州政府和联邦政府对北美人民进行"共同管辖"(joint jurisdictions),两级政府将享有"共同而平等的主权"(coequal sovereignties)。不过,这些说法与当时人们普遍认同的主权观念是难以协调的。联邦宪法草案的反对者坚持认为:主权是单一的和不可分割的,在同一领土上不可能有两个并存的主权,在各州立法机构和新宪法所要创立的联邦国会之间,必定有一方要支配或统治另一方。塞缪尔·亚当斯(Samuel Adams)曾这样评论说:"新宪法试图建立主权中的主权(Imperia in Imperio),这简直就是政治学上的胡说。"[2]

在此问题上,对宪法反对者最有说服力的反驳,仍是来自威尔逊。他并未否认反对者的主权概念,也不试图将主权加以分割,而是再次诉诸人民主权原则,并将主权概念用于维护新宪法创设联邦政府的正当性。威尔逊表示:"在所有的政府中,无论它们的形式是什么,也无论它们是如何组建的,都有一种不可上诉的权力,这一权力因此被认为是绝对的、最高的和不受控制的。唯一的问题是:这一权力属于谁?"在不列颠,布莱克斯通将这一权力赋予英国议会,在北美,新宪法的反对者将这一权力赋予给州政府。对威尔逊来说,后者虽然比前者更接近真理,但仍是不准确的。在他看来,主权既不属于联邦政府,也不属于州政府,而只属于人民。[3]

---

[1] 参见 Gordon S. Wood, *The Creation of the American Republic, 1776-1787*, 526。
[2] 参见 Gordon S. Wood, *The Creation of the American Republic, 1776-1787*, 527-529。
[3] 詹姆斯·威尔逊著:《美国宪法释论》,43-46。

威尔逊认为,人民是一切政府权力的源泉,只有人民可以决定赋予联邦政府和州政府哪些权力。各州的政府也是由人民建立的,应该是各州服务于人民,而不是反过来要人民服务于各州。如果说,过去人民可以将一些权力授予各州政府,那么,现在只要人民认为有必要,也可以从各州政府收回一些权力,转而把它授予联邦政府。威尔逊认为,所谓的州主权不足以支撑新宪法中的体制,只有人民的权力才能为其提供支撑。他表示,除非人民被视为真正的主权者,"否则我们永远都无法理解这一体制赖以建立的原则"。[1]

威尔逊还以前所未有的清晰语言,阐述了人民制定宪法的权力(制宪权)、宪法和由宪法创设的权力(宪定权)三者之间的关系:"也许有些政治家尚未足够准确地考虑我们的政治体制,他们认为,在我们的政府中,最高的权力属于宪法。……这一看法离真理更近了一步,但还不算是真理。真理是,在我们的政府中,最高的、绝对的和不受控制的权力属于人民。我们的宪法高于我们的立法机关,而人民又高于我们的宪法。实际上,后一种优越性要大得多,因为人民在行动上和权利上都拥有对宪法的控制。结果就是,人民可以依照自身的意愿,在任何时候以任何方式改变宪法。人民的这一权利,任何实在的制度(positive institution)都不能剥夺。"[2]

威尔逊的上述论述,立即扭转了联邦党人的被动局面,并成功地将新宪法的反对者,从主权观念的捍卫者转变为人民主权原则的违背者。他的这一论述,很快就成为所有联邦党人用以支持新宪法的主要理据之一。[3] 比如,麦迪逊在《联邦党人文集》中写道:"虽然联邦政府和州政府的产生方式有所不同,但我们必须认识到,它们在实质上都依赖于伟大的合众国公民体。……联邦政府和州政府其实只是人民的不同代理人和受托者,它们被人民授予不同的权力,以完成不同的任务。宪法的反对者似乎完全忽视了人民。必须提醒他们:无

---

[1] 詹姆斯·威尔逊著:《美国宪法释论》,45。
[2] 詹姆斯·威尔逊著:《美国宪法释论》,17-18。
[3] Stanley Elkins and Eric McKitrick, *The Age of Federalism*, Oxford University Press(1993), 11-13; Gordon S. Wood, *The Creation of the American Republic, 1776-1787*, 530-532.

论派生的权力在何处，最终的权威只属于人民。"[1]

关于美国联邦宪法的制定和生效，有三点值得注意的地方。第一，应将完成宪法草案的费城会议，与批准新宪法的各州制宪会议加以区分，后者才是代表各州人民行使制宪权，并赋予联邦宪法以效力的权威机构。费城会议虽是由各州委派的代表组成，但各州代表们的实际工作，只是完成宪法文本的起草。准确地说，在费城召开的所谓"联邦制宪会议"（The Federal Convention），只是一次起草宪法文件的会议。

第二，在联邦宪法实施之前，各州都是独立的政治实体，因此，联邦宪法的批准只能由各州的制宪会议分别进行，无法由一个统一的全美制宪会议进行。联邦宪法的实施，同时具有两个层面的法律后果：一是使各州组成一个统一的政治共同体（建国），一是赋予该政治共同体一部宪法（制宪）。

第三，各州的制宪会议，与各州原有的立法机构是不同的。立法机构虽有任期限制，但仍是常设机构，其任务是视情况需要进行日常的、普通的立法工作。制宪会议则是由各州选民专门选举产生的临时机构，其唯一和特定的任务，就是决定是否批准联邦宪法。一旦作出批准与否的决定，制宪会议便完成了自身的使命，并随即解散，它本身不能成为常设机构。

在费城会议期间，人们已经认识到，若要新的全国性政府真正独立于各州，宪法就不能寻求各州立法机构的同意，而是必须得到各州人民的批准。只有当批准宪法的权威高于各州立法机构时，才能正当地越过邦联体制下要求各州立法机构一致同意的决策程序，联邦政府今后制定的法律，也才能获得高于各州法律的效力。就像麦迪逊所说的，"人民是一切权力的来源，通过诉诸人民，一切困难皆可克服，人民可依照自身意志变动宪法"。[2] 在当时的联邦党人看来，若要让新的宪法成为真正的根本法，就必须经由特别的程序，得到人民自身所享有的最高权威的批准，而制宪会议则是人民借以行使这一权威

---

[1] *The Federalist Papers*, No.46, 290-291.

[2] Madison to Pendleton, Apr. 22, 1787, in Hunt ed., *Writings of Madison*, II, 355.

的特别代表机构。

对美国的建国者来说，制宪会议（Convention）就是人民行使主权的体现。[1] 人民选出制宪会议不是为了治理，而是为了完成制定宪法这一特定任务。制宪会议犹如主权的人民一样行动，为共同体制定一部成文宪法。宪法创设政府权力，规定它们的范围，赋予它们以合法性，并让它们相互制衡。一旦完成制宪任务，制宪会议即应解散，以免其成员在宪法中为自身创设职位。此时，制宪权即隐身幕后，并由宪法创设的政府机构实行治理。人民在行使主权和创设政府之后，便置身于政府的管辖之下。人民通过宪法的制定与实施，在自愿接受宪法规范的同时，亦将政府置于宪法的约束之下。由此产生的政府必定是有限政府和法治政府，因为所有的公共权力均要受到宪法的限制与规范。

虽然制宪会议和一般的立法机构都是由人民选举产生的，但是，制宪会议任务的唯一性和存续的临时性，使它具有了某种特别的地位，并使宪法与一般法律有了实质性的区别。将制宪会议与普通的立法机关加以区分，对它们进行分别选举，并让它们行使不同的权力，这种做法体现了对制宪权和宪定权加以区分的原则。制宪会议是国民行使制宪权的具体方式之一，它是特别的、一次性的政治机构。宪法的最高效力和根本法地位，与制宪会议作为一种独特的政治设计是分不开的。正如杰斐逊在《弗吉尼亚笔记》中所言："若要使政府形式免受普通立法机构的变动，人民必须委托一些特别的代表来行使特别的权力。因此，人民需要选出特别的制宪会议，来形成和修改他们的政府。"[2]

全体人民在政府之外始终拥有原初的和最高的主权，并可通过制宪会议这种特别机构制定或修改宪法，这一观念被认为是美国建

---

[1] 关于制宪会议的观念和实践在美利坚被人们逐渐接受的过程，参见 Gordon S. Wood, *The Creation of the American Republic, 1776-1787*, 306-343; P. R. Palmer, *The Age of the Democratic Revolution: A Political History of Europe and America, 1760-1800*, 159-176.

[2] Thomas Jefferson, *Political Writings*, ed. Joyce Appleby, Cambridge University Press(2004), 331.

国一代对现代政治做出的最独特贡献之一。[1] 当爱德蒙·彭德尔顿（Edmund Pendleton）在弗吉尼亚制宪会议上自豪地表示，"最终是由美国人来向世界表明怎样制定真正的宪法"，他的自豪感并不是毫无根据的。[2] 不过，更为深入的政治思想史研究表明，无论是现代宪法的观念，还是人民制宪权的观念，甚至通过制宪会议这种特别机构来决定政府形式的观念，都可以在十七世纪的英国找到它们的思想来源。事实上，美国的建国者在为制宪会议的正当性辩护时，还时常援引英国光荣革命的先例，因为当时的英国人也不是由通常的议会（Parliament），而是由一个特别的议会（Convention Parliament）来解决詹姆斯二世出逃后的政体问题。[3]

二

在本书第二章中已谈到，十七世纪英国大法官爱德华·科克认为，法律是一种需要长期学习和实践才能掌握的专门技艺，并以此为由反对国王詹姆斯一世亲自审理法律案件或干预法官的审判工作。这里需要强调的是，柯克的立场不只涉及一个知识或技术问题，而是涉及当时英国最重大的政治问题：国王的权力要不要受到法律的限制，或者说，国王到底是处于法律之上还是法律之下（Is the king under the law or above the law）？[4]

由国王任命的官员要经常执行王室的命令，这些命令时常事关英国人的财产、自由和生命。如果有人认为自己的权利被侵害并起诉到法院，然后国王可以自己审理案件，或是命令法官该如何判决，或

---

[1] P. R. Palmer, *The Age of the Democratic Revolution: A Political History of Europe and America, 1760-1800*, 161; Gordon S. Wood, *The Creation of the American Republic, 1776—1787*, 342.

[2] Jonathan Elliot ed., *The Debates in the Several State Conventions of the Adoption of the Federal Constitution*, Washington(1836), III, 37.

[3] 关于光荣革命时特别议会的详情，参见本书第九章。

[4] 参见 J. P. Sommerville, *Royalists and Patriots: Politics and Ideology in England, 1603-1640*, Routledge(2014), 96-100; [美] 小詹姆斯·R. 斯托纳著，姚中秋译：《普通法与自由主义理论：柯克、霍布斯及美国宪政主义之诸源头》，北京大学出版社 2005 年版，73。

是随意指定案件的管辖法院，那其实就是由国王自己来裁判他的命令是不是合法。这就等于说国王可以不受法律的约束。在与詹姆士一世对答时，科克还引用了布拉克顿（Bracton）说过一句话："国王不应受制于任何人，但应受制于上帝和法律。"布拉克顿是与大宪章同时代的十三世纪英国大法官和法学家，曾参与撰写一部四卷本法律巨著《英国的习惯和法律》，其中有些论述经常被后人引为限制王权的依据。[1]

詹姆士一世是一个好研究政治理论的人。在年轻的时候，他的书房就藏有博丹的《共和六书》。[2] 他自己也写过一些政治小册子，并时常以匿名的方式参与当时的重大政治辩论。[3] 他的《自由君主国的真正法则》和《王室礼物》这两部著作，不但在当时有不小的影响，而且在西方政治思想史上也有一定的地位。[4]

在1603年成为英国国王后，詹姆士一世试图谋求不受限制和高于法律的绝对王权。[5] 他为此诉诸经由新教改造后的君权神授原则，认为君主是上帝在尘世中的代理者，"他们是由上帝亲自和直接选定的"。[6] "君主制是神性的真实表现"，君主就像上帝统治宇宙一样统治自己的王国。[7] 就自身的统治行为而言，君主只对上帝负责，而不用对任何人间的力量负责，也不受任何人间力量的约束，臣民们应

---

[1] 对布拉克顿法律思想的深入分析，参见 Gaines Post, *Studies in Medieval Legal Thought: Public Law and the State, 1100-1322*, Princeton University Press(1964), 163-238。关于布拉克顿著作中不同内容对后世的不同影响，参见 Charles H. McIlwain, *Constitutionalism: Ancient and Modern*, Cornell University Press(1947), 67-92。

[2] King James VI and I, *Political Writings*, ed. J. P. Sommerville, Cambridge University Press(1994), 'Introduction', xxviii.

[3] King James VI and I, *Political Writings*, 'Introduction', xx-xxi.

[4] King James VI and I, *Political Writings*, 'Introduction', xvii-xix.

[5] J. H. M. Salmon, 'Catholic Resistance Theory, Ultramontanism, and the Royalist Response, 1580-1620', in J. H. Burns ed., *The Cambridge History of Political Thought, 1450-1700*, Cambridge University Press(1991), 247-253; Corinne C. Weston and Janelle R. Greenberg, *Subjects and Sovereigns: The Grand Controversy over Legal Sovereignty in Stuart England*, Cambridge University Press(1981), 13-15.

[6] King James VI and I, *Political Writings*, 65, 67.

[7] King James VI and I, *Political Writings*, 64.

在各方面对君主表示服从和尊敬,不得以任何理由抵抗君主(哪怕是暴君)的命令。[1] 1616 年 6 月 20 日,詹姆斯一世在对星宫法庭全体法官讲话时说:"争论上帝能做什么是无神的和渎神的:好的基督徒应当满足于上帝通过他的言语所显明的意志。同样,臣民争论国王能做什么,或者说国王不能做这、不能做那,也是放肆的和极为不敬的:臣民只需服从国王通过他的法律所表明的意志。"[2]

詹姆士一世还诉诸博丹以立法权为中心的主权观念,认为国王是统治整个王国的主权者,一切法律都源于国王的意志,国王本身则居于法律之上。在国王及其支持者看来,虽然英国的实践是国王要在议会中制定法律,但这不是说国王要与议会分享立法权,而只是说议会可在立法上为国王提供咨询和建议,议会若是有些什么权力,也是源自国王的意志,是从王权中衍生而来的。[3] 而且,国王所享有的"绝对特权"(absolute prerogative),又使他可以在自认为必要时免于遵守法律(to dispense the law)。[4] 对詹姆斯一世来说,法律和国家并不是在有国王之前就已产生,而是由国王制定和建立的。他写道:"国王是法律的作者和制定者,而不能说法律是国王的创造者。……由于国王高于法律,所以,当国王遵守法律时,并不是因为他受法律的约束,而是出于他的自愿与善意。"[5]

当然,詹姆斯一世在主张和追求绝对王权的同时,也一再强调好国王和坏国王之间的区别,并表示国王有责任依照法律和为着臣民们的共同利益而施行统治,尽管没有人可以强迫国王履行这些职责。不过,这些旨在缓解英国人顾虑的好话,总是要向王室现实的财政需要让步。依照自大宪章以来所形成的传统,国王若要开征新税,需要先得到议会的同意,但詹姆士一世和他的儿子查理一世却一再单方

---

[1] King James VI and I, *Political Writings*, 27, 68, 70-71, 79.

[2] King James VI and I, *Political Writings*, 214.

[3] Corinne C. Weston and Janelle R. Greenberg, *Subjects and Sovereigns: The Grand Controversy over Legal Sovereignty in Stuart England*, 4.

[4] 对十七世纪初英国国王之绝对特权和法律豁免权的深入分析,参见 Corinne C. Weston and Janelle R. Greenberg, *Subjects and Sovereigns: The Grand Controversy over Legal Sovereignty in Stuart England*, 8-34。

[5] King James VI and I, *Political Writings*, 73-75.

面向臣民征收新的税费，由此便引发了议会和王室之间的政治冲突。十七世纪英国的贝特案（Bate's Case, 1606）、五骑士案（Five Knights' Case, 1626）和船舶费案（Ship Money Case, 1637）等一系列著名案件，就是因詹姆斯一世父子单方面征收税费或向臣民们强制贷款所引发的。他们的主张和做法，让不少英国人感到自己的财产权和人身权不再像此前都铎王朝时那样有保障。

斯图亚特王朝前两位国王谋求绝对王权的企图，首先遭到了以科克为代表的普通法专家们的抵制。科克等人将普通法的起源追溯至"不可追忆的过去"，视法律为逐渐而长久形成的习惯，是无数代人智慧和经验不断累积的结果，同时也是普遍正义和理性的体现。国王的特权和臣民的权利，皆属普通法的产物，并须以普通法为依据，法律界定了它们各自的范围，使它们可以并行不悖，互不侵犯。[1] 这种曾被英国学者波考克称为"普通法心智"（common law mind）的论述，认为法律不是任何特定的个人或团体意志的产物，也不能追溯至某些人在某个时刻的命令或创制。[2]

在科克等人的阐述中，普通法的权威既高于国王，也高于议会，它高于王国之内的任何个人或团体。他们这样做，是试图消解作为最高立法权的主权观念，或者像梅特兰所说的，"是要将法律本身视为主权者"，以便将包括国王在内的所有人皆置于法律之下，皆受到法律的约束。[3] 对科克来说，英国是一个"由法律所统治"的国家，每个政府机构在某种意义上都是"法院"，它们的作用都是在自己管辖的事务上施行和适用法律，连国王的命令也不能违反普通法，否则就

---

[1] William Klein, 'The Ancient Constitution Revisited', in Nicholas Phillipson and Quentin Skinner ed., *Political Discourse in Early Modern Britain*, Cambridge University Press(1993), 23-44; J. P. Sommerville, *Royalists and Patriots: Politics and Ideology in England, 1603-1640*, 81-104; Corinne Weston, 'England: Ancient Constitution and Common Law', in *The Cambridge History of Political Thought, 1450-1700*, 374-395.

[2] [英] J. G. A. 波考克著，翟小波译：《古代宪法与封建法：英格兰17世纪历史思想研究》，译林出版社2014年版，28-50。

[3] 参见 [英] F. W. 梅特兰著，李红海译：《英格兰宪政史》，中国政法大学出版社 2010 年版，193；J. P. Sommerville, *Royalists and Patriots: Politics and Ideology in England, 1603-1640*, 83。

不应该得到强制执行。[1]

如果普通法是约束所有人的最高规范,那么,谁拥有解释和适用普通法的最终权威?依照科克等普通法专家们的看法,普通法的内容和规则有哪些,这应是由普通法法官来回答的问题。在担任王座法院(Court of King's Bench,属于普通法法院)首席大法官时,科克不但认为王座法院高于王国之内的任何其他法院,可以决定它们的案件管辖范围,并审查和改正它们的判决结果,而且还认为王座法院有权从法律上审查一切政府机构的行为,因为这些机构均被科克视为某种意义上的"法院"。[2] 不过,科克并不是从政治权力,而是从法律智慧(legal wisdom)的角度,来看待普通法法官的地位。法官享有解释和适用法律的权威,是因为他们具备足够的法律知识和实践经验。[3] 普通法法官在解释和适用法律时,他们并不是在制定和颁布法律,而是在发现、宣布和澄清本已存在的法律。也就是说,普通法法官并不是制定法律和高于法律的主权者。

王室方面肯定不愿认同科克等人的主张。在当时的英国,法官都是由国王任意任免的。在国王眼里,法官的审判权完全是王权的派生物,而派生的权力必然低于原生的权力,因此,国王很难接受让自己受到由法官所诠释的普通法的约束。况且,这也与国王自己所理解的"绝对特权"相抵触。实际上,在经过几次与詹姆斯一世的对抗之后,科克本人便被免去大法官的职务。后来,科克被选为下院议员,并在《权利请愿书》的起草和表决的过程中发挥了重要的领导作用。这份《权利请愿书》既可视为对大宪章的发展,也可视为光荣革命时产生的《权利法案》的先导。

在与王室的对抗过程中,议会方面也逐渐放弃普通法专家们试图回避主权问题的立场。议会党人已不大相信,那些由国王随意任免

---

[1] Ian Williams, 'Edward Coke', in D. J. Galligan ed., *Constitutions and the Classics: Patterns of Constitutional Thought from Fortescue to Bentham*, Oxford University Press(2014), 95-96.

[2] Ian Williams, 'Edward Coke', in *Constitutions and the Classics: Patterns of Constitutional Thought from Fortescue to Bentham*, 96-98.

[3] Ian Williams, 'Edward Coke', in *Constitutions and the Classics: Patterns of Constitutional Thought from Fortescue to Bentham*, 103.

的法官，真能对国王的权力施加有效的法律约束。事实上，在若干因国王单方征税或任意拘捕臣民而引发的诉讼中，法官几乎都作出了有利于王室的判决。在议会党人看来，面对王室方面的专断统治，普通法法官显然无力保障英国臣民的财产权和人身自由。

更为深层和根本的问题是，对于当时正在向现代社会迈进的英国来说，无论是王国的内部治理，还是对外贸易与交往，都迫切需要更多的法律来规范。人们已无法再像平静的中世纪那样，耐心地等待法律经由习惯的积累和法官的诠释缓慢形成，而是需要经常和频繁地制定法律。[1] 也就是说，立法已经成为一种日常的政府活动。在这种情况下，作为政治共同体最高立法权的主权问题，已经无法予以回避了。关键在于，这样的主权应归属于谁，以及主权本身是否也有一定的限度。

到了查理一世时期，一些议会党人借助普通法专家所阐发的古代宪法（ancient constitution）理论，主张英国自古以来实行的是混合政体（mixed constitution），它同时包含君主制、贵族制和民主制等三种不同的政体元素。国王、上院和下院共同组成了一个协同的立法机构（co-ordinative legislature），王国的最高立法权（或主权），应由下院（平民代表）、上院（僧俗贵族代表）和国王共同行使，法律（特别是征税的法律）的生效必须得到相互平等的三方一致同意，并且，由两院组成的议会对人民的安全和共同利益负有首要责任，议会比国王更有资格代表整个国家。[2] 当政体问题成为政治论战的焦点后，所谓的"普通法心智"作为一种政治理论便开始衰落，因为人们已开始提出普通法专家一直极力避免的问题：国家到底应该由谁来统治？法律到底应该由谁来制定？

随着议会和国王之间冲突的激化，议会提出了更多的权力要求。1641年11月，在爱尔兰发生叛乱时，议会要求国王任命顾问与大臣

---

[1] William Klein, 'The Ancient Constitution Revisited', in *Political Discourse in Early Modern Britain*, 29.

[2] 对协同立法理论简明而精要的分析，参见 Corinne Weston, 'England: Ancient Constitution and Common Law', in *The Cambridge History of Political Thought, 1450-1700*, 396-404。

须得到它的同意。次年春，内战迫在眉睫，议会要将军队置于自身的控制之下，这在传统上一直属于国王的权力范围。议会为此制定的条例并未得到国王的认可，但议会仍宣称条例具有法律效力。在这种情况下，议会方面再诉诸古代宪法便过于牵强，议会内部也开始出现分裂，并形成了一个支持国王的党派。此时，便轮到国王及其支持者来指控议会违反英国古老的根本法了。[1]

为了对议会的主张加以正当化，一些议会党人开始突破混合政体理论，提出了更加激进的政治主张。[2] 这其中最突出的是亨利·帕克（Henry Parker）。帕克认为，"人民的安全（Salus Populi）是使一切人为法得以成为法律的最高法（paramount law），规定国王特权的法律也必须服从这一最高法。……征服并不能让君主取代人民，成为一切法律的作者或目的，因为单是强力并不能改变自然的进程或妨碍法律的要旨"。国王的权力是为服务于共同体而创设的，共同体却不是为服务于国王而建立的。在一个政治共同体中，人民是一切权力的来源，国王的统治权亦源自人民的授予。帕克借用中世纪经院哲学中"原因大于结果"的观念，认为"国王虽大于每一个个体的臣民，但却小于作为一个整体的人民"。[3]

当帕克提出上述主张时，他需要回应对人民主权长久以来的质疑：为数众多，分散居住，且因不断生老病死而变动不居的人民，也就是被柏拉图称为"多头的怪兽"（many-headed monster）的人民，怎么可能行使主权和实行统治？[4] 事实上，直到法国大革命之后，约瑟夫·德·梅斯特（Joseph de Maistre）仍在坚持这一质疑。在他看来，把主权归于人民是荒谬的，因为这等于说"人民是不能行使主权

---

[1] J. W. Cough, *Fundamental Law in English Constitutional History*, Oxford University Press(1961), 81-82.

[2] Lorenzo Sabbadini, 'Popular Sovereignty and Representation in the English Civil War', in Richard Bourke and Quentin Skinner ed., *Popular Sovereignty in Historical Perspective*, Cambridge University Press(2016), 167.

[3] H. Parker, *Observations upon some of his Majesty's late Answers and Expresses*, London(1642), 1-3.

[4] Edmund S. Morgan, *Inventing the People: The Rise of Popular Sovereignty in England and America*, Norton(1989), 36-38; Plato, *The Republic*, ed. G. R. F. Ferrari and Tom Griffith, Cambridge University Press(2000), 588c.

的主权者"。为了解决这个问题,帕克主张人民的利益和议会的事业是同一的,并将议会主权与人民主权等同视之。在帕克的论述中,关键不在于议会成员是由选民选举产生的,而在于他们来自英国的每一个选区,他们的来源和分布,使得他们能够真实体现人民的利益和意志。在帕克看来,人民的代表机构就是被代表的人民本身,议会的集会就是全体人民在集会,全体议会成员作为一个整体可直接等同于人民,因而是主权的掌管者和行使者。[1] 他甚至认为,"议会既不受先例的约束,也不受制定法的约束",它享有"一种绝对的、无可争辩的权力…国王和人民的权利都要任它处置",它无需就自己的行为向任何人负责。[2] 这样一来,帕克所提出的就不只是议会主权(parliamentary sovereignty)的主张,而且也是议会绝对主义(parliamentary absolutism)的主张。[3]

帕克的上述主张遭到了王权党人的强烈质疑。在王权党人看来,依照君权神授的原则,国王的权力是上帝直接授予的,虽然国王不需要向任何人世间的力量负责,但仍需要就自己的统治行为向上帝负责,因为任何权力都必须对它的来源负责。现在,既然议会党人主张说,人民享有原初的、固有的主权,人民是一切统治权力的源泉,那么,由人民的代表所组成的议会,又怎么能成为主权的掌管者,怎么能无需对人民负责?[4] 当然,王权党人提出这样的质疑,并不是要维护人民主权原则。他们是要向世人表明:人民主权原则是很荒唐的,因为人数众多、分散居住和变动不居的人民,根本就不适合享有主权

---

[1] 对帕克议会主权理论的新近分析,参见 Allan Cromartie, 'Parliamentary Sovereignty, and Henry Parker's Adjudicative Standpoint', in *Popular Sovereignty in Historical Perspective*, 142-163。

[2] H. Parker, *Observations upon some of his Majesty's late Answers and Expresses*, 16, 45.

[3] Michael Mendle, *Henry Parker and the English Civil War: The Political Thought of the Public's "Privado"*, Cambridge University Press(1995), 70.

[4] Martin Loughlin, 'Constituent Power Subverted: from English Constitutional Argument to Britain Constitutional Practice', in Martin Loughlin and Neil Walker eds., *The Paradox of Constitutionalism: Constituent Power and Constitutional Form*, Oxford University Press(2007), 34; Lorenzo Sabbadini, 'Popular Sovereignty and Representation in the English Civil War', in *Popular Sovereignty in Historical Perspective*, 174.

和进行统治；只有君主才是主权的享有者，作为一个自然人的君主，可以赋予王国以统一而明确的意志，可以像上帝统治宇宙一样统治一个王国。

在英国内战期间，出现了一个主要是由手工业者、小商人、下层士绅、少数教派牧师和新模范军下层军官组成的政治派别。这些人一方面受过不错的教育，具有明确的政治意识，另一方面又和普通英国人有着密切的接触和联系。面对当时动荡不安的政治局势，他们难免要关心英国的前途和命运，并站出来表达自身的政治主张。这些人在当时被人们称为"平等派"（Levellers）。这是一种带有污名化色彩的称呼。其实，这些人并不主张"拉平"（level）人们的社会和经济地位。他们主张人民是主权的享有者，并主张扩大选举权的范围，同时亦认为人们生来都平等地享有某些不可让渡的权利，包括宗教自由、人身自由和私有财产权，而政府的主要目的就是保护这些权利。[1] 平等派的政治主张，已非常接近现代的自由民主主义，他们因此被不少政治思想史学者视为洛克的先驱。[2]

这里要注意的是，在平等派的论述中，人民不再是一个抽象的实体，而是由众多拥有意志和权利的个人所组成，人民和议会之间是一种权力委托关系。他们由此发展了帕克的人民主权理论，并否定了议会主权的主张。[3] 一直以来，英国人都认为，他们的权利和自由容易受到国王的侵犯，议会的权力则不会成为一种威胁，因为议会是人民的代表机构，不可能会侵犯人民自身的权利与自由。但是，长议会（Long Parliament）的统治经验却表明，议会一旦掌握了的专断权力，甚至可能表现得比国王更暴虐。这是平等派抨击议会主权理论的

---

[1] 对平等派社会背景和政治思想的系统介绍，参见 David Wootton, 'Leveller Democracy and the Puritan Revolution', in *The Cambridge History of Political Thought, 1450-1700*, 412-442。

[2] Andrew Sharp ed., *The English Levellers*, Cambridge University Press(1998), Introduction, xii, xvi; J. W. Cough, *Fundamental Law in English Constitutional History*, 116.

[3] Lorenzo Sabbadini, 'Popular Sovereignty and Representation in the English Civil War', in *Popular Sovereignty in Historical Perspective*, 165, 175.

现实动因。[1] 约翰·利尔伯恩（John Lilburne）曾一再批评长议会"严重违反根本的原则"，认为它的许多行为就像它所谴责的国王一样专断。[2] 对平等派而言，议会作为人民的代表机构，本身并不是主权的享有者，议会行使的只是人民委托的一些权力，相对于人民原初的、固有的权力，议会权力只是派生的、受托的权力。正如理查德·欧文顿（Richard Overton）在写给下院议员的一本小册子里所说的，议会的权力"只是一种受委托的权力（这种委托完全是可以撤回的），这一权力的目的只能是人民自身的福利…如果议会行使人民未曾委托的权力，那就完全属于篡权和压迫"。[3]

长议会方面曾宣称，议会的权力不受任何限制，它可以任意处置人们的财产、自由和生命，它的任何立法和命令都不容争辩，都可以约束所有人，且无需向任何人负责。威廉·沃尔温（William Walwyn）对此批评道："人民选出议会成员，并将权力委托给他们，只是为了人民自身的利益、安全和自由，因此，议会的行为若是让人民变得更不安全或更不自由，那就不可能是公正的。"[4] 在平等派眼里，议会虽然是必要的（他们并不主张人民的直接统治），但它的权力却是派生的、有限的，议会需要向人民负责并由人民定期选举产生，它的任期不能超过既有宪法确定的期限。

在阐述人民主权原则时，平等派同样要面对一个问题：人数众多且分散居住的人民，如何能够行使主权和施行统治？在内战中支持查理一世的菲尔默就曾写道："人类就像是大海，不断地涨落和流动，时刻都有人出生，有人死去。这一刻组成人民的那些人，和下一刻的人民就不同了。每时每刻都在发生变化。"[5] 事实上，直到临死

---

[1] D. J. Galligan, 'The Levellers, the People, and the Constitution', in *Constitutions and the Classics: Patterns of Constitutional Thought from Fortescue to Bentham*, 123.

[2] D. J. Galligan, The Levellers, the People, and the Constitution, in *Constitutions and the Classics: Patterns of Constitutional Thought from Fortescue to Bentham*, 138.

[3] Andrew Sharp ed., *The English Levellers*, 33-34.

[4] 引自 J. W. Cough, *Fundamental Law in English Constitutional History*, 109。

[5] Filmer, *Patriarcha and Other Writings*, ed. Johann P. Sommerville, Cambridge University Press(1991), 142.

前一刻,查理一世仍在否定由人民行使主权的可行性。他在就刑前的演说中表示:"我必须告诉你们,人民想要自由和解放,就必须拥有某种形式的政府,以及保障他们生命和财产的法律。但这并不意味着他们可以来分享政府的权力,这根本是与他们毫不相关的事。先生们,人民和君主是完全不可相提并论的,因此,如果你们坚持这么做,我的意思是说,如果你们让人民拥有我所说的那种权力,他们是永远不可能幸福的。"[1]

为了解决这一问题,平等派提出了一种主张,即人民可以事先制定一部规定政府形式、机构和权力的根本法,也就是用一部成文的法律将人民的政治意志固定下来,从而使"无形"的人民获得"有形"的存在,并且这一法律是议会无权变动的。这样一来,他们就表达了一种用来创设,限制、规范和约束政府权力的现代宪法观念:用一种固定的法律文本,将人民的政治意志稳定化和长期化,从而解决众多的人民无法直接进行统治的问题。[2] 人民虽然存在于政府之外,但政府却是人民主权意志和制宪权的产物。

如果说此前反对专断权力的英国人,只是从传统的个人财产权和人身自由的角度看待根本法,平等派则开始明确将根本法看作是规定政府组织结构及权力范围的宪法,并将保护人民的权利和自由视为政府的根本目的。[3] 他们还起草了一份叫做"人民协定"(Agreement of the People)的文件,并希望由所有成年英国人来签署,以使它发生效力。这份《人民协定》不但规定了政府机构的组成与权限,而且还规定了一系列议会不可染指的事务,后者实质上就是一份个人基本权利清单。[4]

在我们今天看来,平等派所起草的《人民协定》,其实是一部初

---

[1] [英]杰弗里·罗伯逊著,徐璇译:《弑君者》,新星出版社 2009 年版,200。

[2] Martin Loughlin, 'Constituent Power Subverted: from English Constitutional Argument to Britain Constitutional Practice', in *The Paradox of Constitutionalism: Constituent Power and Constitutional Form*, 36.

[3] D. J. Galligan, 'The Levellers, the People, and the Constitution', in *Constitutions and the Classics: Patterns of Constitutional Thought from Fortescue to Bentham*, 125.

[4] 《人民协定》有若干不同的版本,最初和最终版本的内容请参见 Andrew Sharp ed., *The English Levellers*, 92-101, 168-178。

具雏形的、用来创设和限制政府权力的成文宪法,尽管与后来成熟的现代宪法相比,它的内容还不够详尽、精确与完整。不过,在当时的条件下,他们要让英国所有成年人都来签署这份文件,这在技术上似乎是很难操作和不太可行的。由于种种此处无法详述的现实原因,平等派的政治主张最终失败了,但他们提出的成文宪法和人民制宪观念,却在后世得以保留和改进,并对人类政治生活产生了深远的影响。[1]

后来,一些人在继受平等派的成文宪法和人民制宪观念的同时,亦对他们的主张进行了发展与改进,其中影响较大的是《神圣政体和世俗政体》的作者乔治·劳森(George Lawson)。[2] 劳森借用财产法上的概念,将主权分为"不变主权"(real majesty)和"可变主权"(personal majesty),并认为有必要将宪法和一般的法律区别开来。不变主权是指"创设、废除、改变和重塑政府形式的权力",这种"塑造政体的权力"始终保留在社会或共同体(community)手中,是共同体固有和不可分离的权力。可变主权则是"已经被创设出来的政府所拥有的权力"。对劳森来说,"制宪的权力"高于议会的权力,后者只是一种可变主权,"必须以一种已经创立的政府形式为前提"。议会"不得染指作为根本法的宪法",因为议会一旦破坏了宪法,它自身就失去了存在的依据。[3]

劳森认为,在政府已经解体的情况下,共同体仍可以完整存续,"人民可以利用一个类似议会的集会,来改变原有的政府或创设新的政府"。不过,这样的集会就不能再以普通议会视之,而是具有与

---

[1] 关于平等派政治主张失败的原因,参见 David Wootton, 'Leveller Democracy and the Puritan Revolution', in *The Cambridge History of Political Thought, 1450-1700*, 414-415; Andrew Sharp ed., *The English Levellers*, Introduction, xix-xxii; D. J. Galligan, 'The Levellers, the People, and the Constitution', in *Constitutions and the Classics: Patterns of Constitutional Thought from Fortescue to Bentham*, 123-124, 132-136, 142.

[2] 对劳森主权和制宪思想的精要分析,参见 Lawson, *Politica Sacra et Civilis*, ed. Conal Condren, Cambridge University Press(1992), 'Introduction'; Julian H. Franklin, *John Locke and the Theory of Sovereignty*, Cambridge University Press(1978), ch.3: 'George Lawson', 52-86; Edmund S. Morgan, *Inventing the People: The Rise of Popular Sovereignty in England and America*, 56-58。

[3] Lawson, *Politica Sacra et Civilis*, 47-48.

议会不同的性质，应该被视为"社会的直接代表"。这种性质的机构，可以制定宪法和"创设新的政府"，因而不同于须以宪法为存在依据的议会。[1] 也就是说，一个政治共同体若要制定一部宪法，并不一定要所有成员直接参与，而是可由全体选民选出一个特别的会议机构来完成这一任务。不过，这种有权决定和改变政府形式的会议机构，就不再是一个日常的立法机构，而是一个专门的、特别的制宪机构，它的任务和地位与日常的立法机构有着根本的区别。

在1660年王政复辟和1689年光荣革命时，都是由一个特别的会议机构代表整个王国共同体，邀请某个人登上英国的王位。它们一方面是依照普通议会的选举程序产生的（虽然这一程序因缺乏国王的召集而存在缺陷），另一方面却要从事"恢复"或"修补"政体的特别任务，因而又像是在行使共同体的主权。因此，这两次事件中的会议机构都不被视为普通的 Parliament（议会），而是被称为"Convention Parliament"（特别议会）。[2] 由此可见，由美国人在十八世纪加以贯彻的人民制宪权和制宪会议的观念，在十七世纪的英国不但已得到清晰和明确的阐述，而且在某种程度上已被运用于政治实践之中。

三

前面的分析已表明，在美国联邦宪法的制定过程中，人民主权（制宪权）原则得到了自觉的坚持和强调。人民通过制宪会议来行使制宪权，以确立某种政府形式和创设某些政府机构，并将一定的权力授予给这些机构，这是人民行使主权的基本方式之一。人民是制宪权的主体，是宪法秩序的创造者，这一理念在美国建国时期是人们普遍熟知和认同的。

值得强调的是，这样一种理念绝不只是美国特殊环境下的特殊产物，它在美国的实践是某种普遍原理的一种具体表现。考察现代宪法和人民制宪的观念，是如何在十七世纪英国逐渐发展出来的，有助

---

[1] Lawson, *Politica Sacra et Civilis*, 48.
[2] Lawson, *Politica Sacra et Civilis*, 'Introduction', xxvii.

于人们更好地理解这一普遍原理：一个国家之所以需要一部宪法，就在于全体国民作为主权者不能够或不便于直接进行日常治理，因而有必要用一份成文的法律文件，来创设和限制政府权力，并规范和约束政府权力的行使。

全体国民的主权，主要表现为决定政府形式和制定宪法的权力。一旦宪法被制定出来，作为主权者的国民就隐身了，人们开始以个体公民的身份，在宪法之下行使各种个人的或公民的权利，同时也要履行一定的义务。正是代议制政府所体现的人民主权与政府治理权的分离，使得现代宪法成为必要的和可能的。美国联邦宪法序言中"我们人民…制定和确立了这部宪法"的表述，其宪法政治学的含义即在于此。假如全体国民再次现身并制定一部新的宪法，那就意味着政治共同体中发生了一场政治革命。在《独立宣言》中，"当某一形式的政府开始危害这些目的，人民就有权改变或废除它，并建立新的政府"，这一表述的政治哲学含义即在于此。

当我们说现代宪法和人民制宪权密不可分，或者说现代宪法必须以人民主权为政治根基，这不只是进行一种抽象的理论表述，而是有着充分的现实依据。在所有实行宪政体制的国家，这一普遍原理都是得到认同和践行的。除了美国联邦宪法的序言，在法国、德国、日本、韩国等宪政国家的宪法序言中，都可以看到对人民制宪权的明确承认和清晰表达。

上述普遍原理也体现在各国宪法的修改程序之中：在决定是否修改宪法时，人民应当有一定的发言权，这是人民主权和制宪权的体现。[1] 依照美国联邦宪法第五条的规定，宪法修正案先要由参、众两院各以三分之二多数票通过，然后再由四分之三的州议会或制宪会议批准。在加拿大，宪法修改先要由参、众两院作出决议，然后再由三分之二的省议会批准，且批准的各省人口之和要超过全国总人口的百分之五十。由于美国和加拿大都是实行联邦制，人民主权的要求和联邦制的要求结合起来，所以宪法的修改便交由各联邦组成单位（各州或各省）来决定，由宪法所创设的中央政府机构既无权独自修

---

[1] [英] K. C. 惠尔著，翟小波译：《现代宪法》，法律出版社 2006 年版，79。

改宪法,也不是使修正案得以生效的权威机构。同样是基于人民制宪的原理,法国宪法第89条规定,宪法的修改须通过公投程序进行;澳大利亚宪法第128条规定,宪法修改必须经过选民的裁决;意大利宪法第138条规定了宪法修改的公投程序;日本宪法第96条和韩国宪法第130条也规定了关于宪法修改的国民投票制度;在台湾地区,依照"中华民国宪法2005年增修条文"的规定,宪法修改必须由全体选民通过投票来决定……[1]

有人可能会质疑说:依照德国基本法第79条的规定,如果联邦议院和参议院均以三分之二多数通过,不就可以对基本法加以修改吗?说得没错。但我们也要注意,该条款同时规定,基本法第1条和第20条所规定的内容是不能作为修宪对象的。依照基本法第1条的规定,"人的尊严不可侵犯,尊重和保护人的尊严是一切国家权力的义务,且个人的基本权利直接有效地约束立法,行政和司法权力"。基本法第20条则是关于民主制、联邦制、人民主权原则和公民选举权、投票权的规定。一旦将这些规定排除在修宪对象之外,那就意味着基本法的某些内容,是日常的立法机构所不能染指的。[2] 这些内容表达了主权的人民的政治意志,而且人民不同意由通常的立法机关来改变它,从而体现了制宪权和宪定权相区分的原则,以及人民制宪权高于一般立法权的观念。在2009年判决的一起与里斯本条约有关的案件中,德国联邦宪法法院表示,通过将第1条和第20条设为永久条款,以防"修改宪法的立法机构"动摇其中规定的若干原则,"德国人在行使制宪权为自身制定基本法的同时,也为未来的任何政治发展确立了不可逾越的界限"。[3]

---

[1] 新西兰似乎是个例外。在新西兰,宪法可以通过普通立法程序加以修改。当宪法可由立法机关修改时,它就不具有高于立法机关的根本法地位。出现这种情况,多是因为宪法不受尊重。但也有另一种可能,即宪法受到了极大的尊重,立法机关只有在和人民进行充分协商后,才会审慎地修改宪法,并且立法机关的成员要定期经受选民自由选举的考验,新西兰就被认为属于这种情况。参见K. C. 惠尔著:《现代宪法》,8。

[2] 对德国基本法修改的限制及其理由,参见[德]康拉德·黑塞著,李辉译:《联邦德国宪法纲要》,商务印书馆2007年版,530-536。

[3] *Lisbon Case*, BVerfG, 2 Bve 2/08.

在理解现代宪法和人民主权不可分离的关系后，我们就不难明白：如果在一个国家，由一位君主或一个特定的政治团体垄断着所有的政治权力，那么，人们就很难在正常的意义上使用"宪法"一词。这位君主或这个团体一方面在事实上掌握着国家的主权，另一方面又在进行日常的国家治理，此时，国家主权和政府治理权并没有分离，而是集中在一个人或一个团体身上。在这种情况下，就不存在由主权者来约束日常治理者的问题，因而也就不存在对一部宪法的需要。即使这位君主或这个政治团体，也炮制出一份叫做"宪法"的文件，并将它加于整个国家，那也只是他们贯彻自身统治的功能框架，而不能算是一部真正的宪法。

至此，我们便可总结出现代宪法的第二大基本功能，那就是落实人民的主权，并以和平方式持续地产生和更新政府权力。宪法不但要通过对个人基本权利的承认和规定，来划定政府权力的外部边界，而且还要规定政府机构如何组建、政府权力如何产生，以及政府应以何种方式行使权力。宪法必须从内部结构上对政府权力进行规范和约束，而不是先存在一种当然的政府权力，然后再用一部宪法对这些权力施加外部的约束。宪法对政府权力的约束必须是严密的，是没有任何缺口的。一切政府权力都必须以宪法本身为依据，任何在宪法之中找不到依据的政府权力，都可以说是不正当和不合法的。这就意味着，一切政府权力产生、运行和更替，都应该是宪法的规范对象。宪法不允许存在任何在它自身之内找不到依据的政府权力，也不允许任何政府机构以它未认可的方式行使权力。甚至可以说，恰恰是因为宪法具有构建和持续产生、更新政府权力的功能，它才能真正起到限制政府权力的作用。

美国宪法思想史学者爱德华·科温曾在他的名作《美国宪法的"高级法"背景》中写道："宗教改革用一部无错的圣经取代了一位无错的教皇，美国革命则用一部文件的统治取代了国王的统治。"[1] 这句话的后半部分准确地捕捉到了现代宪法的上述基本功能：在人们用人民主权取代君主主权后，为解决人数众多且分散居住的国民

---

[1] Edward S. Corwin, *The "Higher Law" Background of American Constitutional Law*, Cornell University Press(1955), 1.

无法亲自和直接治理的问题，就有必要用一种书面的文件，将全体国民的政治意志固定下来，然后将它作为政府权力产生的依据，同时也作为限制和约束政府权力的规范。这样的书面文件就是成文宪法。我们完全可以说，现代宪法和人民主权不可分离，一旦否定了人民主权（即否定了人民的制宪权），或者人民主权被少数人所篡夺，那么，宪法就失去了它存在的空间和作用。

第四章

"某些不可让渡的权利"
现代宪法与个人自由

1792 年，因求职未成而心怀不满的詹姆斯·卡伦德四处宣称，时任美国总统托马斯·杰斐逊（Thomas Jefferson，1743-1826）不但曾主动向已婚女士伊丽莎白求爱，而且还和家中的女奴萨利·海明斯有着长期的性关系。杰斐逊承认了前一指控并公开道歉，但矢口否认后一指控。不过，1998 年进行的一项基因检测表明，杰斐逊就是萨利所生孩子的父亲。杰斐逊是幸运的：要是这件事在他生前被证实，将会严重损害他的声望，但到了二十世纪末，这件事反而被用来表明，他在两百年前就具有跨越种族隔阂的博爱精神。[1]

他的幸运远不止于此。1775 年，由于佩顿·伦道夫要回弗吉尼亚领导本州的革命运动，32 岁的杰斐逊被选为他的替补者，前往费城出席大陆会议。杰斐逊一来资历较浅，二来个性羞涩，不善言辞，所以在会上很少发言。[2] 在 20 岁时，他曾迷恋上丽贝卡·伯韦尔，后者是一个容貌艳丽、风情万种的女人。在一次舞会上，他鼓起勇气向丽贝卡表白，但因过于紧张而忘了事先想好的台词。杰斐逊最终收获的，只有丽贝卡尴尬而又不失礼貌的微笑。[3]

不过，在出席大陆会议前，杰斐逊已因写作《英属美利坚权利综述》这本小册子而颇有文名。1776 年 6 月，大陆会议认为有必要用

---

[1] [美]约瑟夫·J. 埃利斯著，杨彬、卢晶译：《杰斐逊传：美国的斯芬克斯》中信出版集团 2008 年版，278-281、395-399。

[2] 参见 John Ferling, *Adams vs. Jefferson: The Tumultuous Election of 1800*, Oxford University Press(2004), 24; 约瑟夫·J. 埃利斯著：《杰斐逊传：美国的斯芬克斯》，39、51。

[3] Jefferson to John Page, Oct. 7, 1763, in Julian P. Boyd ed., *The Papers of Thomas Jefferson*, Princeton(1950-), I, 11-12.

一份文告来阐述北美独立的正当性，并选出由富兰克林、亚当斯、杰斐逊等 5 人组成的起草委员会。随后，该委员会又授权亚当斯和杰斐逊负责起草工作。[1]

约翰·亚当斯（John Adams）也很有文采，且比杰斐逊更有资历和声望，但他觉得自己指导各州制定宪法的工作，远比起草一份文告更重要，并将会更有历史地位，所以便主动提出让杰斐逊执笔。随着美国独立革命的成功，《独立宣言》的地位变得越来越重要，杰斐逊也越来越受到民众的敬仰。在革命成功后的几十年里，亚当斯曾无数次问自己："我为什么要把这样的好事让给杰斐逊去做？"[2]

1943 年，杰斐逊纪念堂在哥伦比亚特区的潮汐湖畔落成。在纪念堂四周的大理石墙壁上，有一些题刻了文字的嵌板。第一块嵌板上所刻的，是美国历史上最广为人知的一句话："我们认为以下真理是不证自明的：人人生而平等，他们被造物者赋予了某些不可剥夺的权利，其中包括生命、自由和对幸福的追求。"我们这一章的讨论，就将围绕《独立宣言》中的这句话而展开。

一

在美国联邦宪法的序言中，"我们人民……制定和确立了这部宪法"的表述，是对人民制宪权的明确宣示，同时也表明宪法是人民政治意志的体现。依照该宪法第 6 条第 2 款的规定，联邦宪法是整个美利坚合众国的最高法律。这就意味着，联邦宪法作为"我们合众国人民"政治意志的表达，在整个国家的法律体系中有着至高无上的地位。

同样值得注意的是，1791 年 12 月 15 日，联邦宪法第一至第十修正案经各州批准生效，附于宪法原有的条款之后，成为宪法的组成

---

[1] [美]卡尔·贝克尔著，彭刚译：《论<独立宣言>：政治思想史研究》，商务印书馆 2017 年版，1-2.

[2] Lyman Butterfield ed., *The Diary and Autobiography of John Adams*, Cambridge(1961), III, 335-337; John Ferling, *Adams vs. Jefferson: The Tumultuous Election of 1800*, 25.

部分。这十条修正案主要是关于个人权利保障的规定,因此又被称为"权利法案"。[1] 其中第九修正案规定:"在本宪法中列举某些权利,不得解释为否定或轻视人民保留的其他权利。"该规定特别使用"列举"(enumeration)而非"规定"(provision)一词,是为了表明:宪法只是承认而不是创设了这些个人权利,并且,这里的列举是不完备的,除了已列举的权利外,人民还有其它一些权利,它们虽未被列入宪法之中,但同样应受到承认、尊重和保护。

1965年,在格里斯沃尔德诉康涅狄格州案的协同意见中,美国联邦最高法院大法官戈德伯格写道:"第九修正案的语言和历史表明,宪法制定者相信,在前八条修正案特别提及的基本权利之外,还有其他一些政府不得侵犯的基本权利。……这一条修正案差不多完全是詹姆斯·麦迪逊的作品。它由麦迪逊在国会中提出,几乎未经辩论和修改便在众、参两院获得通过。提出这一修正案,是为了消除人们所表达的如下担忧:一份具体列举的权利清单,不足于广泛到涵盖所有的基本权利,而对某些权利的特别提及,有可能被理解为否定对其他权利的保护。"[2]

的确,权利法案正是在麦迪逊的主导下产生的。联邦宪法实施后,麦迪逊当选为联邦众议院议员。1789年6月8日,他在众议院提议将一份权利法案加入宪法,并将自己起草的文本提交会议讨论。[3] 在介绍第九修正案的规定时,麦迪逊说道:"反对制定权利法案的另一理由是,列举某些政府权力不得干预的事项,有可能会贬低那些未被列举的权利,且有可能被认为,那些未被提及的权利是有意留给联邦政府去处置的。在我所听到的反对在宪法中加入权利法案的论据中,这是最貌似有理的论据之一。但我认为,这一顾虑是可以消除的。我现在提请诸位先生注意的条款,就是为了实现这一目的。"[4]

---

[1] John J. Patrick, *The Bill of Rights: A History in Documents*, Oxford University Press(2003), 69.

[2] Justice Goldberg concurring, in *Griswold v. Connecticut*, 381 U.S. 479(1965).

[3] John J. Patrick, *The Bill of Rights: A History in Documents*, 68.

[4] *Annals of Congress 439*, ed. Gales and Seaton(1834).

第九修正案的规定所体现的政治和法理意涵是：人们以个人身份所享有的这些已列举或未列举的权利，并不需以宪法作为自身存在的依据；它们不但先于宪法所创设的政府权力而存在，而且还先于人民的制宪权而存在。也就是说，这些权利并非出自任何人间立法者之手，它们相对一切人间法律的优先性，是源于它们自身固有的价值与特性，而不依赖任何个人或团体的意志。正如《独立宣言》所阐明的，它们是人人生来就有的权利。

在费城制宪会议上，几乎没人考虑过权利法案的问题。直到1787年9月12日会议已进入尾声时，弗吉尼亚代表乔治·梅森（George Mason）才匆匆提议，要在宪法中加入一份个人权利清单。当时的十三州中，有八个州的宪法含有"权利法案"或"权利宣言"，梅森本人就是《弗吉尼亚权利宣言》的作者。杰斐逊起草《独立宣言》时，对这份权利宣言亦有所借鉴。梅森的提议最终被各州代表一致否决，他因此拒绝在宪法草案上签字，并从制宪活动的积极推动者，变成了宪法草案一位颇有分量的反对者。[1]

当联邦宪法草案公开时，杰斐逊远在巴黎。他当时是邦联派驻法国的外交代表，所以未参加费城制宪会议。不过，麦迪逊在会后第一时间便给杰斐逊寄去一份宪法草案稿。杰斐逊和托马斯·潘恩一样，对一切形式的政府权力都怀有深刻的怀疑和警惕。潘恩曾在《常识》中说过："在最好的情况下，政府也只是一种必要的恶；在最坏的情况下，它就是一种无法忍受的恶。"[2] 1787年12月20日，杰斐逊在巴黎给麦迪逊回信说："我承认我不是积极有力的政府的朋友。这样的政府总是压迫性的。"[3] 一开始，杰斐逊并不赞成用一部新宪法取代原有的《邦联条例》，并对一个强有力的联邦政府（有征税权）持高度的保留意见。他曾写信对亚当斯说："新宪法的优势或许可以

---

[1] [美]凯瑟琳·德林客·鲍恩著，郑明萱译：《民主的奇迹：美国宪法制定的127天》，新星出版社，2013年版，248、266。

[2] Paine, *Political Writings*, ed. Bruce Kuklick, Cambridge University Press (1989), 3.

[3] Thomas Jefferson, *Political Writings*, ed. Joyce Appleby, Cambridge University Press(2004), 362.

总结为三、四个条款,并加入老条例之中。老条例很好很珍贵,甚至应该像宗教遗迹一样保存下来。"[1]

不过,杰斐逊和费城会议的大多数出席者一样,认为原有的邦联体制存在很多缺陷。在欧洲办外交的经验,也让他感到十三州应该形成更加紧密和牢固的联盟,否则,将难以得到欧洲各国的信任与尊重。因此,杰斐逊对新宪法并非持完全反对的态度。在收到宪法草案后,他曾向他的政治门徒麦迪逊表示:"我喜欢这一想法,即组建一个可自主行动的政府,而不是事事都诉诸各州立法机关。我喜欢将这一政府分为立法、行政和司法三个部门。我喜欢立法部门具有征税的权力,并因此同意众议院由人民直接选举产生。"[2] 在与麦迪逊沟通后,杰斐逊决定对新宪法采取一种"负责任的批评态度",即在总体赞同的同时提出了两点批评意见:一是草案缺乏对总统任职次数的限制,二是草案缺乏一份个人权利清单。在第一个问题上,杰斐逊的态度曾有所松动。但在第二个问题上,他的态度一直很坚定:"一份权利法案是人民应得的东西,以抗衡世上一切一般或具体的政府;这是任何正当的政府都不应拒绝或等闲视之的东西。"[3]

在由新宪法所引发的全美范围内的大辩论中,对加入一份权利法案的坚定主张,最能够体现杰斐逊本人的自然权利理念。在1774年所写的《英属美利坚权利综述》中,他已提出一些在当时算是相当激进的观点。在他看来,各殖民地是"冒险前来的居民们用自己的生命、劳动和财富所获取和建立的",英国根本无权对殖民地行使权力和制定法律,而不只是无权对殖民地课征税费。当时北美地区的大多数人(甚至包括激进派人士),都只是在责怪所谓的"国王手下邪恶的大臣们",杰斐逊却已将英王乔治三世斥责为侵犯殖民地人民权利的共犯。这比潘恩在《常识》中对英王的谴责还要早一年多时间。杰斐逊认为,国王不是什么天生的统治者,而仅仅是依据法律的授权才成为人民的官长;国王在人民建立的政府里工作,有着明确的职权范围,并应受到人民的监督和约束。在这本小册子中,杰斐逊除了表示

---

[1] Jefferson to John Adams, Nov. 12, 1787, in *Political Writings*, 360.
[2] Thomas Jefferson, *Political Writings*, 360.
[3] Thomas Jefferson, *Political Writings*, 361.

"美利坚居民享有自然赋予所有人的一种权利"外,还构建了一种历史论述。他认为,在诺曼征服之前的撒克逊时代,英格兰人民彼此和谐的生活在一起,各自享受着天赋的自由,没有君王或领主在统治他们;只是在诺曼征服之后,人们才开始处在专制王权的压迫之下,失去了原有的天赋自由。[1] 杰斐逊的这一论述与历史事实并不相符,但却预示了他在《独立宣言》所表达的自然(天赋)权利思想。

在晚年时,杰斐逊曾向友人表示,他不赞同"霍布斯的原则",而是像洛克一样认为:"人是为社会交往而生的,但社会交往又需以正义感为前提,因此人必定是生来就有正义感的。"在杰斐逊看来,当时的印第安人仍处于自然状态中,没有实在的法律和公认的官长,"每个人都自由地服从自己的意愿"。如果有人侵犯了他人的权利,轻则受到舆论的谴责,重则被视为危险的敌人予以斩杀。人们分别追随不同的部落领袖,只是受到后者品性和智慧的吸引,而不是因为后者有当然的政治权威。杰斐逊据此认为,人类最初的政府形式不会是家长制或君主制,而当时彻罗基族人通过选举创建代议制政府的尝试则表明,人类一开始建立的只能是共和制政府。杰斐逊进一步表示:"立法者的真正职责,是宣布和强化我们的自然权利……认为在进入社会时,我们会放弃任何自然权利,这种观点是毫无根据的。"[2]

有意思的是,反对在宪法中加入权利法案的联邦党人,甚至更有力地诉诸自然权利理念以及与之相关的人民主权原则。詹姆斯·威尔逊在谈到这一问题时,曾将新宪法的序言与英国大宪章的序言加以比较。在威尔逊看来,国王约翰在大宪章序言中说,"我等赋予所有主教,贵族和自由民"这样那样的自由,即意味着王国的主权归属于国王,臣民的自由或权利只是源于国王的恩赐。威尔逊认为,正是因为如此,英国人民才会急切地谋求权利清单,并尽量争取扩展他们所享有的自由的范围。但就美国宪法而言,国家的最高权力(或者说主权)始终是保留在人民手中,政府及其各个分支机构,只能行使宪法

---

[1] Thomas Jefferson, *Political Writings*, 64-80.
[2] Jefferson to Francis W. Gilmer, Jun. 7, 1816, in *Political Writings*, 142-144.

明确赋予它们的权力。威尔逊表示，在这种情况下，如果还要在宪法中加入一份个人权利清单，那就不但是荒谬而且是危险的，因为这会让人们误以为，大家只能享有宪法列举的这些权利，此外则全是政府权力的支配和管辖范围。对威尔逊来说，更可取的方式是列举政府可以行使的权力，此外则全是人民可以自由活动的范围。虽然对政府权力的列举也可能会不完全，从而影响到政府的效能，但政府权力若是有所欠缺缺，至少不会有什么危险，人们可以慢慢地加以补充。[1]

威尔逊还诉诸格劳秀斯、普芬道夫等政治思想家的权威，以强调人民主权的完整性。他将政府分为两大类型。一种是把普遍的或所有的权力交给立法机构。这就意味着主权和人民完全分离，人民不再保留任何权利，只能够享有立法机构愿意赋予他们的权利。在这种情况下，个人的权利只能是法律规定的产物。另一种是在宪法中将立法机构的权力列举出来，除宪法规定的权力外，立法机构不得行使任何其它的权力。在第二种情况下，人民保留的权力和赋予给政府的权力，共同构成人民的完整主权，政府的权力只是一种暂时的、受委托的权力，人民可以定期或在必要时将它收回来，并可将它委托给另一批官员行使。[2]

汉密尔顿亦认为，在宪法中加入权利法案不但是不必要的，而且是很危险的。汉密尔顿表示，权利法案就其起源而论，乃是君主与臣民间的约定，用以削减君主权力和扩展臣民自由，并保留不拟交付给君主行使的权力。约翰国王时的大宪章、查理一世时的《权利请愿书》以及奥伦治亲王时的《权利宣言》，均属此种情况。汉密尔顿认为，这种做法不应适用于美国宪法，因为宪法已公开宣称政府权力源于人民，以人民的权力为基础，政府官员只是人民的代表和公仆。严格地说，人民并不交出任何权利。既然人民保留全部权利，当然无需再宣布保留任何个别的权利，否则，反而会让人误以为，未在权利法案中列举的权利都已被人民放弃，从而鼓励政府谋求原本未被授予的权力。在汉密尔顿看来，相比一份权利法案，宪法序言中"我们合

---

[1] [美] 詹姆斯·威尔逊著，李洪雷译：《美国宪法释论》，法律出版社 2014 年版，20-22。
[2] 詹姆斯·威尔逊著：《美国宪法释论》，42。

众国人民…为确保我等及我等子孙得享自由之福佑,特制定并确立美利坚合众国宪法"这一表述,是对民众权利更好的承认与保障。[1]他还用另一种说法表达了同样的意思:"在任何理性的意义上,以及对任何有益的目的而言,宪法本身就是权利法案"。[2]

一些联邦党人认为,在一个组织良好的社会,即使没有权利法案,法院也可以界定立法机关的权力范围和保障人们的权利。马萨诸塞州的西奥菲勒斯·帕森斯(Theophilus Parsons)表示:"宪法并未赋予国会权力,让它可以侵犯任何一项人民的自然权利,如果它试图在缺乏宪法授权的情况下这么做,它的立法就是无效的和不应实施的"。康涅狄克州的奥利弗·埃尔斯沃斯(Oliver Ellsworth)说道:"如果合众国超越它的权力范围,如果它制定未经宪法授权的法律,这样的法律就是无效的,地位独立、不偏不倚的司法机关和联邦法官,也将宣布它们无效。"[3]

正如威尔逊和汉密尔顿的上述意见所揭示的,在权利法案的支持者中,十八世纪英国的辉格党政治观有着很大的影响力。[4] 依照这一政治观,政府一开始大多是征服者用刀剑强加给被征服者的,其中统治者的利益和野心,与被统治的人民的利益和自由始终处于冲突之中。历史经验亦表明,统治者总是不遗余力地扩大自身的权力和削减人民的自由。辉格党人珍视人民的自由与权利,故不断提醒人们警惕统治者对自由的压制与侵蚀。在他们看来,权利法案可以在统治者的权力和被统治者的自由之间划下明确的界限,并构成一道限制政府权力的壁垒。就像纽约州的罗伯特·耶茨(Robert Yates)所言,"只有明确为人民保留那些重要的、不需要让渡的权利,政府才有可能建立在真正的辉格党原则之上"。[5]

---

[1] Hamilton, Madison, and Jay, *The Federalist Papers*, ed. Clinton Rossiter, Signet Classics(1961), No.84, 512.

[2] *The Federalist Papers*, No.84, 514.

[3] Jonathan Elliot ed., *The Debates in the Several State Conventions of the Adoption of the Federal Constitution*, Washington(1836), II, 162, 196.

[4] 关于辉格党政治观对美国建国一代的影响,参见 Gordon S. Wood, *The Creation of the American Republic, 1776-1787*, University of North Carolina Press(1993), 3-45.

[5] 引自 Gordon S. Wood, *The Creation of the American Republic, 1776-1787*, 537。

虽然辉格党政治观以自由为核心诉求,甚至认为政府存在的根本目的,就是保护人们的自由和权利,但它仍将共同体的成员划分为统治者和被统治者。在英国,统治者包括王室和贵族两个阶层,所有的平民则都是被统治者(常常统称为"人民")。由平民阶层代表组成的下院,并不被视为统治机构,而是被视为一种表达人民诉愿的机制和约束统治行为的力量,其作用是防范统治者侵害被统治者(人民)的自由与权利。在辉格党人看来,统治者和被统治者之间存在着契约关系,依此契约前者负有保护后者安全与自由的责任,后者则负有服从前者的义务。如果统治者违背契约,无视和侵犯被统治者的自由与权利,他们的统治就可能沦为暴政,被统治者则可从服从义务中解脱出来,并有权对暴政进行抵抗。宾夕法尼亚州的约翰·斯迈利(John Smilie)曾表示:"正因为宪法是统治者和被统治者之间的政治契约,所以,一种清晰的、牢固的和准确的标准[即权利法案]是首要的,以便人民可以随时确定自身的权利在何时以何种方式被侵害,否则,新宪法将是不可接受的。"[1]

在这种辉格党政治观的影响下,批评新宪法缺乏权利法案的人,一时还难以适应联邦党人彻底的自然权利和人民主权主张。帕特里克·亨利就曾不解地评论道:"在这个世界上,还没有别的哪个国家将政府视为明示的权力委托的结果。所有的国家都认为,任何未曾明确保留给人民的权利,都被默示和附带地让渡给了统治者。在不列颠就是这样,因为任何可能的权利,只要未通过某种明确规定或约定保留给人民,就被视为属于国王的特权范围。在西班牙、德意志和世界其他地方也是如此。"[2]

联邦党人敏锐地洞察到宪法反对者主张的弱点,开始用社会契约观念反对统治契约观念,并在辩论中获取了更大的主动性。北卡罗莱纳州的詹姆斯·艾尔德尔(James Iredell)表示:"那些先生们将政府看作是统治者与被统治者之间的契约,但这肯定不是我们政府

---

[1] McMaster and Stone ed., *Pennsylvania and the Federal Constitution, 1787–1788*, Historical Society of Pennsylvania(1841), 225.

[2] Jonathan Elliot ed., *The Debates in the Several State Conventions of the Adoption of the Federal Constitution*, III, 445.

的原则"。在他看来，美利坚的政府"建立在更高贵的原则之上，它是由人民自身所创建的；那些行使权力的人也是人民的一部分，他们都是人民的公仆和代理者，人民无需他们的同意，就可以重新塑造自认为合适的政府"。[1] 联邦党人认为，包括国会立法权在内的政府权力，是人民彼此之间订立契约（社会契约）的产物，其目的是保障人民的安全、自由和福利，人民并未因此放弃任何权力，所以一份传统的权利法案完全是不必要的。威尔逊曾表示，"如果在统治者和被统治者之间存在有约束力的契约，那么，这一契约只有在双方都同意时才能变更"，但美利坚宪法承认人民是一切权力的来源，宪法是由人民单方面创造的，它所规定的权力都是由人民部分和暂时授予的，所以不存在保留人民之权利的问题。[2]

不过，支持在联邦宪法中加入权利法案的人，并不是杞人忧天。他们从殖民地和英国的经验中看到，如果不以成文的方式加以明确规定，无论是人们的自然权利，还是普通法上的权利，都难以得到可靠的保障。政府制定法律的权力，总是具有削减和侵蚀个人权利的内在倾向。在缺乏权利法案的情况下，法院也不大可能只是依据抽象的政治原理，去推翻立法机关通过的法律。如果宪法在创设立法机关的同时，却不明确保留和规定公民的个人权利，那就形同赋予立法机关不受限制的立法权，个人权利的保障将会变得极其脆弱。就像约翰·斯迈利所担忧的，若不以权利法案确定一些清晰的准则，以便在宪法上明确政府权力的界限，并便于判断政府是否超越权限，那么，"《独立宣言》中那些承认人民权利的原则，就只是有名无实的空文"。[3]

正如杰斐逊所预见的，缺少一份权利法案将成为新宪法获得各州批准的一大障碍。不少联邦党人亦认为，最好是以成文方式明确人

---

[1] Jonathan Elliot ed., *The Debates in the Several State Conventions of the Adoption of the Federal Constitution*, IV, 9-10.

[2] McMaster and Stone ed., *Pennsylvania and the Federal Constitution, 1787–1788*, 384-385.

[3] McMaster and Stone ed., *Pennsylvania and the Federal Constitution, 1787–1788*, 250-251.

民的各项基本权利与自由。麦迪逊起先不同意在宪法中加入权利法案，但在知悉杰斐逊的立场后，他开始回避这个问题。聪明的麦迪逊很清楚，在年迈的华盛顿退出历史舞台后，杰斐逊将成为美国人心目中最重要的政治偶像。他打定主意在政治上追随杰斐逊。正是在杰斐逊的督促下，麦迪逊最终成为在首届国会中推动制定权利法案的人。在说服国会接受权利法案时，麦迪逊强调了杰斐逊曾向他提示过的一项理由：在宪法中加入一份权利法案，将使司法机关获得一件用来保障人民权利的有力武器。[1] 在杰斐逊做了两届美国总统后，麦迪逊也做了两届。在麦迪逊之后连任两届总统的门罗，同样是杰斐逊的政治门徒。在十九世纪前四分之一的时间里，美国联邦政府一直都处于杰斐逊主义者的控制之下。那段时间是美国政治文化发展和定型的重要时期。可以说，正是杰斐逊主义决定性地塑造美国人重视个人自由和警惕政府权力的政治传统。

在美国革命和建国时期，自然权利观念已被人们广泛接受。全体国民制定一部宪法，并用宪法创建、授权、规范和约束政府，主要是为保护《独立宣言》载明的"生命，自由和追求幸福"等一系列天赋权利。将保护个人的权利视为国民制宪的根本目的，这其中有两层重要的含义。第一，在宪法被制定出来之前，人们便已经享有一系列个人权利和自由，它们优先于宪法所确立的政府权力和法律秩序。第二，既然人民制定宪法的目的，是为更好地保护个人权利，那么，依照手段服从于目的原则，个人权利便构成对制宪权本身的约束。虽然制宪权是一个国家的最高政治权力，可以创设全部的实在法秩序，但人们的个人权利始终是制宪权不可逾越的界限。也就是说，哪怕是作为主权者的全体国民，当他们在制定宪法的时候，也不得以侵犯、压制或剥夺个人权利为目的，而应以更好地保护个人权利为目的。在决定政府结构与体制的时候，应始终优先考虑对个人权利的尊重与保障。

宪法通过对个人权利的列举或规定，可以将人们天赋的、自然的权利，转化为实在法上的权利（即得到实在法承认的权利），进而为

---

[1] Jefferson to James Madison, Mar. 15, 1789, in *Political Writings*, 367.

它们提供更明确、更可靠的司法保护。宪法创设法院并建立相应的司法制度，就是为了让人们在自身权利被他人或公权力侵害时，可以将相关争议提交到法院，以使自己的权利得到应有的救济。这样一来，宪法就把人们与生俱来的自然权利，转化为在法律上可救济的基本权利。

人们常说，美国的独立革命是美国人用英国人所发明的若干政治原则，来反抗英国政府统治的一场革命。这种说法在很大程度上是对的。就像现代宪法和人民制宪的观念可追溯至十七世纪的英国一样，一种先于任何政府权力而存在的自然权利观念，也是在十七世纪的英国最早得到清晰而系统的阐述。

二

自大宪章时代以来，随着普通法体系的演进和发展，英国人一方面在自然法思想的影响下，倾向于将普通法视为"普遍的理性和正义之法"（law of common reason and justice），另一方面又将它视为英国人独特历史和传统的产物。[1] 前面已谈到，在十七世纪初，以爱德华·科克为代表的普通法专家们，既将普通法看作一代又一代英国人智慧和经验的积累，因而在根本上属于人为之法，又认为它不能溯源至任何人的意志或命令，因而对最高统治者也有约束力。由此得出的结论是，英国人应该享有一些连最高统治者（国王）也必须尊重的权利与自由。这些权利与自由，是英国普通法的产物，它们不是普遍的人的权利，而是英国人所特有的权利，并且人们因等级的不同而分别享有不同的权利。[2]

科克等人的普通法思想，试图否定任何高于法律的主权权力。这就难怪亨利·帕克在论证议会至高无上的主权地位时，要对普通法进

---

[1] Edward S. Corwin, *The "Higher Law" Background of American Constitutional Law*, Cornell University Press(1955), 26; J. P. Sommerville, *Royalists and Patriots: Politics and Ideology in England:1603-1640*, Routledge(1999), 88.

[2] 与此相关的分析，参见[美]迈克尔·扎科特著，王崇兴译：《自然权利和新共和主义》，吉林出版集团有限责任公司2008年版，第11-15页。

行"极为无情的批判"。[1] 随着英国内战的爆发，议会不但行使着它以前从未行使过的权力，而且它的统治也变得越来越专断，王党人士则一再指责议会违反大宪章、权利请愿书等"众所周知的法律"。[2] 帕克对这一指责的反驳，不是否认议会违法的事实，而是宣称议会的做法是正当和必要的。他认为，自查理一世即位以来的事实表明，法律根本不足以保障人们的自由或满足人们的宗教及政治需要。帕克表示，在普通的法律之上，还有"更高位阶的法律"（further law），即国家理性（reason of state）。在他看来，法律仅关涉国家的利益，国家理性则关涉国家的安全，因此，"国家理性是比法律更庄敬和更威严的东西…政治家登场之际，即是律师退场之时"。[3] 对帕克来说，议会是人民主权的承当者，负有保障国家安全与生存的责任，为履行这一最高责任，议会不但有权颁布任何新的法律，而且有权废止、修改或搁置任何既有的法律。与科克对普通法的推崇形成鲜明对比，帕克以一种轻蔑的态度表示，包括普通法在内的任何人为的法律，"都不过是特定团体的约定"，都只是"一个国家的利益或偏见的体现"。[4]

帕克甚至不否认议会的统治是专断的。他认为，专断权力在任何国家都是存在的，并且也是必要的，"就像每个人都对他自身拥有绝对权力，每个国家也对自身拥有专断权力"，关键是这种权力掌握在谁手里：如果掌握在一个人或少数人手里，就难免会有危险；如果掌握在议会手里，就不会有危险，因为"议会就是国家本身，国家不会危害它自身，就像个人不会憎恨和伤害他自身一样"。[5] 这样一来，帕克对议会主权的主张，不但支持议会对国王的优越地位，而且允许议会拥有压倒一切个人权利的绝对权力。既然议会做任何事情，都不

---

[1] 关于帕克对普通法的批评，参见 Michael Mendle, *Henry Parker and the English Civil War: The Political Thought of the Public's "Privado"*, Cambridge University Press(1995), xv, 111-136。

[2] Michael Mendle, *Henry Parker and the English Civil War: The Political Thought of the Public's "Privado"*, 112-115.

[3] Henry Parker, *The Contra-Repliant*, London(1642/3), 19.

[4] Henry Parker, *The Contra-Repliant*, 6.

[5] H. Parker, *Observations upon some of his Majesty's late Answers and Expresses*, London(1642), 34.

能认为对国家或人民有害，它的权力当然就是没有限制的，任何人的任何权利或自由，都不再是议会必须尊重的。帕克写道："议会拥有一种专断的权力，可以无限地削减臣民的自由或扩大国王的特权；只要它愿意，它可以废除我们的大宪章、林苑宪章和权利请愿书；只要它愿意，它可以将整个王国置于像法国一样的专断统治之下。"[1] 对科克来说，普通法是臣民自由和国王特权的共同根据；对帕克来说，两者都是议会主权可随意处置的东西。在帕克这里，普通法的权威和神秘性已不复存在。[2]

平等派的人民主权思想在否定议会主权的同时，亦否定了普通法的至高权威。对平等派来说，人民主权是以人与人之间的自然平等为前提的。利尔伯恩曾表示，"每个活在世上的人⋯在权力、尊严、权威和威严方面，在自然上（by nature）都是平等和相同的"，任何正当的统治权力都应出自人们的"相互协定或同意"（mutual agreement or consent）。[3] 依照科克等人的普通法思想，国王、贵族和平民分属不同的等级，分别享有不同的权力、特权或权利。但在平等派看来，国王和上院的权力都因违反平等原则和未经人民同意而缺乏正当性，只有经人民选举产生的下院才算是正当的统治机构。即使是大宪章和权利请愿书，也被认为"不足于体现人民固有主权的壮丽与光辉"，因为它们承认贵族和国王享有未经人民同意的等级特权。科克否认普通法可追溯至任何个人或团体的意志，平等派则认为，英国的普通法纯属诺曼征服的产物，是征服者威廉套在英国人民身上的枷锁。正如利尔伯恩所言："普通法的主流，以及它的实践，都来自诺曼底⋯因此我要说，它出自一位暴君的意志。"[4]

---

[1] Henry Parker, *The Contra-Repliant*, 29-30.
[2] Lorenzo Sabbadini, 'Popular Sovereignty and Representation in the English Civil War', in Richard Bourke and Quentin Skinner ed., *Popular Sovereignty in Historical Perspective*, Cambridge University Press(2016), 172.
[3] Andrew Sharp ed., *The English Levellers*, Cambridge University Press(1998), 31.
[4] 引自 David Wootton, 'Leveller Democracy and the Puritan Revolution', in J. H. Burns ed., *The Cambridge History of Political Thought, 1450-1700*, Cambridge University Press(1991), 427-428。

值得注意的是，对平等派来说，人民并非一个抽象和拟制的团体，而是众多具有独立意志的个人的集合，人民主权也可分解为每个人的"自我所有权"（self-propriety）。欧文顿在《射向所有暴君和暴政的箭矢》中写道："自然中的每个人，都被自然赋予了一项个人财产权，任何人都不得侵犯或篡夺；因为每个人都是他自己，所以都享有自我所有权，否则他就不是他自己。任何人都不能剥夺他的这一权利，否则就违反了自然的原则以及人与人之间的公平和正义规则。"[1] 欧文顿认为，"基于自然的原则，没有人会侵犯、打击、折磨或伤害自己"，所以，也没有人可以将伤害自己的权力让渡给他人。[2] 结论就是，每个人都被自然赋予了"某些不可让渡的权利"（certain inalienable rights），议会权力系出自每个人自愿和有条件的同意，必须受到个人自然权利的内在限制。[3] 正是在英国平等派的论述中，"不可让渡的权利"的观念开始进入宪政主义的政治话语之中。[4]

在平等派起草的《人民协定》中，列举了一系列为人民所保留、议会不得染指的权利，其中包括良心与信仰自由、表达自由、拒服兵役的自由、不因负债而被囚、不自证其罪、获取于己有利之证言、自我辩护及委托他人辩护的权利，等等。这是人类历史上第一部以不可让渡的自然权利为基础的成文宪法草案。[5] 如果说帕克对普通法的批判，是为了消除个人权利对议会权力的限制，平等派对普通法的批判，则是为了提升个人权利的地位。对平等派来说，个人权利不再是普通法的产物，而是先于一切人为法的自然权利；个人的自然权利不但先于法律，而且还先于人民主权，是人民主权的基础和源头。虽然平等派的自然权利和人民主权思想在内战时的英国难以被广泛接

---

[1] Andrew Sharp ed., *The English Levellers*, 55.
[2] Andrew Sharp ed., *The English Levellers*, 56.
[3] Lorenzo Sabbadini, 'Popular Sovereignty and Representation in the English Civil War', in *Popular Sovereignty in Historical Perspective*, 178-180.
[4] Martin Loughlin, 'Constituent Power Subverted: from English Constitutional Argument to Britain Constitutional Practice', in *The Paradox of Constitutionalism: Constituent Power and Constitutional Form*, 34.
[5] David Wootton, 'Leveller Democracy and the Puritan Revolution', in *The Cambridge History of Political Thought, 1450-1700*, 412.

受，但却启发了同时代的霍布斯，并对后来的洛克产生了显著影响。[1]

霍布斯（Thomas Hobbes，1588-1679）在《利维坦》中阐述了一种不可分割和不受限制的绝对主权，并点名批评了科克对普通法的看法。[2] 他认为"法律是国家颁布并命令社会成员服从的、用以区分对错的规则"。[3] 不经由主权者的代表，国家便不具有人格，也没有能力做任何事，所以，国家的意志只能体现为主权者的意志，"主权者便是唯一的立法者"。[4] 在国家成立后，臣民的权利都来自法律的赋予，臣民能享有多少权利都取决于主权者的意志。主权者高居于法律之上，本身不受法律的约束。古老的习惯能够获得法律的权威，并不像科克所说的是因为时间的长久和人们的遵行，而是因为得到了主权者的默认。[5] 在《一位哲学家与英格兰普通法学者的对话》中，霍布斯从"法律知识乃技艺理性而非自然理性"的说法开始，更为系统、深入地批判了科克的普通法思想。对霍布斯来说，普通法既不是自存的东西，也没有自身的权威。无论是普通法还是制定法，都是立法者（主权者）意志的体现，它们的效力皆源于主权者的权威。用霍布斯的话说："制定法律的不是智慧，而是权威。"[6] 当霍布斯将法

---

[1] 关于平等派对霍布斯的启发，参见 Quentin Skinner, 'Hobbes on Persons, Authors and Representatives', in Patricia Springborg ed., *The Cambridge Companion to Hobbes's Leviathan*, Cambridge University Press(2007), 157-180; 关于平等派对洛克的影响，参见 Richard Ashcraft, *Revolutionary Politics and Locke's Two Treatises of Government*, Princeton University Press(1986),149-165.

[2] Thomas Hobbes, *Leviathan*, ed. Richard Tuck, Cambridge University Press(1996), 187.

[3] *Leviathan*, 183.

[4] *Leviathan*, 184. 关于霍布斯的代表理论及其在霍布斯政治学说中的作用，参见 Hanna F. Pitkin, *The Concept of Representation*, University of California Press(1967), 14-37; Quentin Skinner, *Visions of Politics, Volume 3: Hobbes and Civil Science*, Cambridge University Press(2002), 177-208; David Runciman, 'Hobbes's Theory of Representation: Anti-democratic or Proto-democratic', in Ian Shapiro & others ed., *Political Representation*, Cambridge University Press(2009).

[5] *Leviathan*, 147, 184.

[6] [英]托马斯·霍布斯著，毛晓秋译：《一位哲学家与英格兰普通法学者的对话》，上海人民出版社2006年版，17-18.

律视为主权者所颁布并强制臣民们服从的命令时,他就开创了由奥斯丁、凯尔森和哈特等人所延续的法律实证主义传统。[1]

不过,在霍布斯的学说中,主权者及其绝对权力却是社会契约的产物,而社会契约又是拥有某种自然权利的众多个人缔结的。人们在自然状态下就已具有的自然权利,是霍布斯全部政治学说的起点。在传统的自然法思想向近代自然权利学说的转变中,霍布斯所起的作用是至关重要的。[2] 在《利维坦》中讨论自然法时,他一开始便对自然法与自然权利进行了明确区分:"尽管讨论这一主题的人,经常混淆 jus 和 lex,即权利和法律,但它们应当被区分;因为权利在于做什么或不做什么的自由,法律则决定和约束人们该做或不该做什么;所以,法律和权利的区别,正如义务和自由的区别,两者在同一事物中是不一致的。"[3]

霍布斯写作《利维坦》一书,是要系统地阐述正当的统治权力应如何产生,并分析它的目的、性质和范围。他的论述是从自然状态(即还没有任何政治权力的状态)开始的。霍布斯认为,保存自身的生命是每个人最强烈的欲望,人们自我保存的欲望,使人人都可利用身外的任何事物,包括在必要时支配他人的身体和生命,而是否有这种必要,则应由每个人自行判断。也就是说,一个人为了活下去,就什么事都可以做。他可以去抢夺别人的财物。如果别人反抗他,他可以伤害或杀死别人。在自然状态中,任何行动都可能被判断为是自我保存所必需的,所以任何行动都是可以允许的。[4]

对霍布斯来说,为自我保存而任意支配一切身外之物的自由,即"依照自己所愿意的方式,用自己的力量保全自己生命的自由",就

---

[1] 关于霍布斯对法律实证主义的开创性贡献,参见 William E. Conklin, *The Invisible Origins of Legal Positivism: A Re-Reading of a Tradition*, Kluwer Academic Publishers(2001), 73-121。

[2] 就此进行的深入分析,参见[美]理查德·塔克著,杨利敏、朱圣刚译:《自然权利诸理论:起源与发展》,吉林出版集团 2014 年版,177-212。

[3] *Leviathan*, 91.

[4] Hobbes, *On the Citizen*, ed. Richard Tuck and Michael Silverthorne, Cambridge University Press(1998), 27-28; *Leviathan*, 87.

是每个人所享有的自然权利。[1] 霍布斯曾在《论公民》中写道:"每个人都渴望对他有利的事,并躲避邪恶的事,首先是躲避最严重的自然邪恶,即死亡。他凭借一种必然的自然本能躲避死亡,完全就像一块石头向下坠落一样必然。所以,一个人用尽他最大的努力,保存并保卫他的身体及器官,使之不受死亡和不幸事件的侵害,这既不荒谬,也不应受到指责,且不违背正确理性的命令。……自然权利的首要基础就在于,每个人都尽其所能,努力保护自己的生命和身体器官。"[2]

在霍布斯的学说中,基于自我保全欲望的自然权利并非源于人的理性,而是源于一种非理性的情感,即对死亡的恐惧。不过,当每个人都可以用一切手段(包括杀死他人)保全自己时,这一自然权利就并不使别人负有承认和尊重它的义务。就像一只老虎为了自己的生存,可以吃掉任何碰巧倒霉的路人,老虎虽有保全自我的自然"权利",但人们并没有承认这一权利的道德义务。[3] 这样的自然权利更像是生物的本能,是一种纯粹的自然力量。对这种自然力量的限制,只能是更大的自然力量,而不是任何伦理性的道德规范。[4] 普芬道夫曾认为,霍布斯所说的一切人对一切物的"权利",根本就不是一项权利,"原因在于,对于我们试图加以行使的力量,如果其他人都有一项对等的'权利'来妨碍或阻却,那么,称这种力量为权利是荒唐且毫无意义的"。[5]

当每个人都不择手段地保存自我时,结果却是所有人都朝不保夕,随时都要暴死的可能,因此,人类的自然状态只能是"每个人对每个人的战争状态"(a war of every man against every man)。至此,我们便读到《利维坦》中最著名的一段话:"在这种状况下,产业是

---

[1] *Leviathan*, 91.
[2] *On the Citizen*, 27.
[3] 关于霍布斯的自然权利的非道德性,参见 David Boucher, *The Limits of Ethics in International Relations: Natural Law, Natural Rights, and Human Rights in Transition*, Oxford University Press(2009), 12.
[4] *The Invisible Origins of Legal Positivsm: A Re-Reading of a Tradition*, 92.
[5] 引自[英]詹姆斯·塔利著,王涛译:《论财产权:约翰·洛克和他的对手》,商务印书馆2014年版,101.

无法存在的，因为其成果不稳定。这样一来，举凡土地的栽培、航海、外洋出口商品的运用、舒适的建筑、移动与卸除须费巨大力量之物体的工具、地貌的知识、时间的记载、文艺、社会等等都将不存在。最糟糕的是人们不断处于暴力死亡的恐惧和危险之中，人的生活孤独、贫困、卑污、残忍而短寿。"[1]

这种每个人对每个人的战争状态，与人们的自我保全是不相容的，而出于自然的必需，每个人又都想要寻求自身的保全与好处，所以，人与人之间的相互恐惧便驱使人们设法走出自然状态。依照霍布斯的论述，自然状态下的人们为摆脱人人各自为战的状态，需要共同订立一项契约，其中每个订约者都同意使自己臣服于某一个人或某一群人的意志。也就是说，每个订约者都向其余的订约者承诺，自己将不会违抗这个人或这群人的意志。通过这样的社会契约，人们就建立了可称为"公民社会"或"国家"的联盟，每个人都同意服从的那个人或那群人就是主权者，其余所有的人都是主权者的臣民。基于每个人经由契约所作的授权，主权者可以运用大家托付给他的权力与力量，通过惩罚及威慑来规范人们的言行，对内谋求和平，对外抵御敌人。[2]

对霍布斯的社会契约理论，须注意以下几个要点：（1）人们通过社会契约建立公民社会或国家时，须同时指定一个主权者，只有通过主权者来代表国家的人格，国家才有可能产生，否则，人们就仍只是自然状态下的群众，而不是政治意义上的人民。依照霍布斯的看法，如果没有这样一个主权者，人们就不可能建立国家。[3]（2）人们在订立社会契约时，要将自己原有的自然权利完全而彻底的让渡给主权者，也要将自己拥有的全部力量交由主权者来支配和使用。[4]（3）社会契约是每个人和其他每个人所签订的，主权者本身并不参与社会契约的订立。这就意味着，主权者本身并不是社会契约的当事人，

---

[1] *Leviathan*, 89.
[2] *Leviathan*, 120-121.
[3] *Leviathan*, 114.
[4] *Leviathan*, 120.

因而不受社会契约的约束。[1] 在社会契约订立后，每位社会成员都要受到它的约束，都要依自己的承诺服从主权者的统治，但主权者并无需要信守的承诺。

从主权者一方来说，他的权力是不受限制和约束的，是一种绝对的主权；从臣民一方来说，因为他们都已完全让渡了自己的自然权利，因而不再享有任何可构成对主权权力之限制的个人权利。至于臣民们还能享有哪些权利和自由，则完全由主权者的法律和命令来决定。法律就是主权者的意志，主权者是一切法律的制定者，臣民们（被统治者）无论有什么权利与自由，都是法律规定的结果，都是主权者通过法律创设和赋予的。主权者本身不受法律的约束，可随意制定、变更、搁置或撤销任何法律，即可随意减少或剥夺臣民的权利与自由。在霍布斯的自然权利之树上，结出的是法律实证主义的果实。

依照霍布斯的观点，人们通过社会契约建立国家后，所有的成员就组成了一个可称为"人民"的团体，但人民一刻都不曾拥有过任何权力，因为人们在通过契约组成人民这一集合体时，每一个人也都通过同一契约将自己的全部权利让渡给了主权者。主权者的权力不是由作为一个团体的人民授予的，而是由每一个单个的订约者让渡的。到这里，我们不难看出霍布斯的理论意图。在十七世纪的英国，君权神授原则难以得到广泛的认同，不足以支撑绝对君权的主张，霍布斯则试图运用当时较为流行的契约理论，来证成绝对君主统治的正当性。[2] 同时，为了对抗在英国正日渐盛行的人民主权学说，他又必须否认君主的统治权力源自人民的委托。在他的社会契约理论中，人民从来就没有取得过任何权力。在十六世纪，因为目睹国内宗教战争的惨烈，法国政治思想家博丹放弃原有的宪政主义立场，转而构建了一种关于绝对主权的理论，以消除人们对统治者行使抵抗权的正当性。霍布斯也是因为目睹英国内战的可怖景象，认为和平与秩序应是一切政治社会的最高目的，为了实现这一目的，必须赋予统治者不受约束和不可抗拒的绝对权力。

---

[1] *Leviathan*, 122.
[2] [美]列奥·施特劳斯著，申彤译：《霍布斯的政治哲学》，译林出版社2012年版，79。

霍布斯的国家建立在众多个人一致同意的契约之上，但在国家成立后，国家意志就不能再从众多的个人意志中产生，而是必须通过人民的代表者（即主权者）来表达。人民（作为一个政治共同体）必须借由主权者的人格而获得统一的人格，也必须借由主权者的意志获得统一的意志。霍布斯曾表示，主权者可以是一个人（君主制）、少数人（贵族制）或全体人民（民主制）。但依照他关于国家必须有统一人格和意志的说法，最终只有君主制才是唯一正当的政体。在贵族制和民主制下，主权者都是由多个自然人组成，这些人要么能够形成国家意志，要么不能形成国家意志。若是前一种情况，那就意味着这些人（像霍布斯自己所承认的那样）需要采用多数决规则。但如果人们可以通过多数意见形成共同意志，霍布斯意义上的主权者就不是必须的，因为全体人民也可依多数意见形成共同意志，这就意味着，由社会契约的全体参与者组成的人民当然就是主权者，而不需要在契约中特别指定由谁来做主权者。若是后一种情况，即多个自然人无法形成共同意志，那么，贵族制和民主制就都是不可行的，只有君主制才是可行的。

虽然霍布斯是绝对君主制的支持者，但他对现代自由主义的贡献却是巨大的。第一，尽管在他的学说中，人们在自然状态下自我保全的权利，并不是具有道德含义并可要求他人尊重的权利，但他的政治学说毕竟是以每个人的自然权利为起点的，个人的权利（而不是服从义务）既是分析人类政治生活的出发点，也是一切正当或合法政治权力的基础。政治思想从以义务为取向，到以权利为取向的根本性转变，在霍布斯的学说中得到了最为明确的表达：他直截了当地将一项无条件的自然权利，作为一切道德、政治和法律义务的基础。第二，在霍布斯看来，社会契约需要每个人依照自身的意愿决定是否同意或加入，国家及其全部权力是基于众多个体的意志或承诺而产生的。他的政治学说将个人的意志视为人类政治生活的源头，因而包含了一种个人主义的分析方法。[1] 第三，虽然对霍布斯来说，统治权力必

---

[1] 关于霍布斯对个人主义政治思想的贡献，参见 Alan Ryan, *The Making of Modern Liberalism*, Princeton University Press(2012), 186-203。

须是绝对和不受限制的，但这样的权力却是源自生而平等的众多个人的事先同意（社会契约），因而归根结底是建立在一种民主原则之上的（同时意味着对君权神授原则的否定）。在《论公民》中，霍布斯甚至表示，"当人们聚在一起建立国家时，他们差不多通过这一集会行为形成了一种民主制"，然后由每个人投票，并依多数意见决定将主权赋予何人。[1] 难怪同时代的君权神授论者罗伯特·菲尔默，以及后来的"第三帝国桂冠法学家"卡尔·施米特都认为，霍布斯看似在为绝对王权辩护，但却从最根本的层面"摧毁了君权神授这一君主制的传统正当性基础"。[2] 由于霍布斯已将自然权利、个人主义和民主原则综合到同一个理论体系中，从他的政治学说过渡到洛克的学说就比较容易了。

洛克的政治学说也是从对自然状态的描述开始的，但他与霍布斯的差异在各自理论的起点便出现了。在洛克看来，自然状态并非完全放任、暴力和无序的状态，因为有一种起支配作用的自然法始终在教导理性的人类：所有人都是平等和独立的，"任何人不得侵害他人的生命、健康、自由和财物"。[3] 霍布斯认为，自然状态就是人人随时都可能暴死于他人之手的战争状态。洛克则将自然状态与战争状态加以区分，认为"它们之间的区别，正像和平、善意、互助和安全的状态，与敌对、恶意、暴力和相互毁灭的状态之间的区别一样明显"。[4] 对霍布斯来说，自然状态就是人与人之间的战争状态；对洛克来说，战争状态是自然状态的变异，即当一些人蓄意侵害另一些人，而后者被迫进行自卫时，战争状态才出现在双方之间。

在霍布斯的政治理论中，自我保全的权利是先于自然法的，自然法的第一准则"寻求和平和信守和平"，是从每个人自我保全的权利

---

[1] *On the Citizen*, 94.

[2] 参见 Filmer, *Patriarcha and Other Writings*, ed. Johann P. Sommerville, Cambridge University Press(1991), 187-197; 施米特著，应星、朱雁冰译：《霍布斯国家学说中的利维坦》，华东师范大学出版社 2008 年版，121。

[3] John Locke, *Two treatises of Government*, ed. Peter Laslett, Cambridge University Press(1988), 271.

[4] *Two treatises of Government*, 280.

中推论出来的。对霍布斯来说，自然法算不算是严格意义上的法律都是成问题的。他表示："自然法是理性所发现的准则或一般法则，一个人依此被禁止去做毁灭自己生命的事，或剥夺保存自己生命的手段，或忽略他认为最有利于保存自己生命的东西。"[1] 霍布斯认为，法律是处于发布命令之地位的人的言辞，而自然法作为理性得出的规则，并非通常意义的法律。在他看来，自然法更适合被称为"定理（theorems）"："人们一向都将理性的规定称为法律，这是不恰当的；因为，它们不过是关于什么有利于人们的保全、防卫的结论或定理；恰当地说，法律只是有权命令他人者所说的话。"[2] 如果自然法只是人类通过理性所认知到的定理，那就意味着，一个人若想要实现某种结果，就必须要做某些事情，但他并没有做这些事情的道德义务。

洛克将自然法视为上帝基于创造者的权威对人类发出的命令，人类作为被造物具有服从命令的义务。上帝颁布的自然法先于人类自我保存的权利，前者是后者的依据。由于霍布斯认为在自然状态中，人们不可能作出任何具有道德意义的行为，这就使他的理论面临一个重大的困难：既然在自然状态中，人类并不具有任何上帝或自然赋予的道德特性，他们怎么可能具有足够的相互信任，通过彼此的同意订立具有约束力的社会契约，并以此作为政府（主权者）产生的依据？在洛克的政治理论中，这一难题获得了一种基于基督教神学的解决方案：人类作为上帝的作品，具有内在的道德意识和道德能力，因而不但具有相互友爱的倾向，而且还有信守承诺的特性。在洛克看来，整个人类就是一个"伟大和自然的共同体"，因为依照自然法，"所有的人彼此都是朋友并由共同的利益连结在一起"。[3] 他认为，人们之所以能够通过契约组成政治社会，是因为他们在自然状态下，"彼此就已经有了某些了解、友爱和信任"，也就是说，在政治社会出现之前，人们就已经习惯运用契约安排某些共同的事务，比如货币

---

[1] *Leviathan*, 91.
[2] *Leviathan*, 111.
[3] *Two treatises of Government*, 271, 383.

就是人们在自然状态通过"同意"而设定的。[1]

对霍布斯来说，每个人的自然权利使得自然状态恐怖而不可忍受，所以人们必须放弃和让渡这一权利，以换取在政治社会中的秩序与安全，主权者就是这一权利的受让者，他的权力因而也像人们的自然权利一样是没有限制的，社会成员不再享有主权者不得侵犯的权利。洛克则认为，人们自愿进入政治社会的目的，只是为了更好地保护在自然状态就已经享有的人身和财产权利。人们放弃并转让给政府的，并不是一切原有的自然权利，而只是各自执行自然法的权力，即自行裁断他人是否有犯罪行为，以及对犯罪者进行惩罚的权力。人们的自然权利不但先于政府权力而存在，而且在政府权力产生后仍继续存在，并应受到政府权力的尊重和保护。

洛克和霍布斯的社会契约，都是自然状态下的众人在彼此之间达成的，它不是人民与政府（或主权者）之间的契约。霍布斯这样安排的目的，是为了排除人民依据契约去约束和问责主权者的可能，洛克则是为了排除政府依据契约向人民主张任何权利的可能。在洛克这里，人们不需要指定一个人或者少数人作为主权者，一旦完成了社会契约，所有人就直接形成了一个国家，所有的成员也组成了一个可以称为人民的政治团体，人民自身享有和行使整个共同体的最高权力（即主权权力），并且，人民完全可通过多数决的方式作出政治决定和采取政治行动。

洛克认为，人们缔结契约时所放弃的对自然法的执行权，并不是让渡给某个主权者，而是让渡给由所有人共同组成的人民，然后再由人民将一定的权力授予依人民意愿组建的政府。人民与政府之间存在着一种委托关系，政府权力的产生有赖于人民的委托。人民与立法机构之间的"委托—代表"关系，意味着政府权力的来源及利益归属，与政府权力的行使分属两个不同的主体，前者属于由全体社会成员组成的人民，后者属于受人民委托而任职的政府官员。

在霍布斯那里，主权者的权力是绝对的，主权者掌握所有的政府

---

[1] *Two treatises of Government*, 300. 就此进行的分析，参见 Richard Ashcraft, *Locke's Two Treatises of Government*, Routledge(2010), 108, 157-158; 詹姆斯·塔利著：《论财产权：约翰·洛克和他的对手》，71。

权力,不与任何人分享这一权力,并有权控制人们生活的各个方面。主权者对臣民所做的任何事情,都不存在不公正的问题,因为主权者所做的一切事情都已得到臣民的授权,都可视作臣民自己所做的事情。主权者可以裁判臣民间的一切争议,但本身却凌驾于法律之上,不受法律拘束,不接受任何人的裁断。臣民不享有独立于主权者的财产权,主权者可以夺走任何臣民的任何财产,因为臣民的财产权都是从主权者那里来的,也都要仰赖于主权者的保护。[1] 霍布斯曾直言不讳地表示,做公民不过就是做主权者的奴隶,"公民与公民可以相互主张权利,但都不能对主权者主张权利,就像奴隶与奴隶可以相互主张权利,但都不能对主人主张权利"。[2]

在洛克这里,个人权利为政治权力设定了目标,并作为政治权力永久的指南和限制而存在。洛克曾表示,若是像霍布斯那样,认为人们竟会设立可随意处置自身生命与财产的绝对权力,"那就是认为人们竟会如此愚蠢,他们为了避免狸猫或狐狸的可能搅扰,却甘愿被狮子所吞食,并且还认为这是安全的"。[3] 对霍布斯来说,人们通过契约确立主权者,并让主权者专断地处置自己的生命与财产,是因为自然状态比任何类型的政府都更加糟糕。洛克则认为,谁企图将他人置于自己的绝对权力之下,谁就同他人处于战争状态,比之专断而无法无天的政治统治,自然状态反而更为可取。在霍布斯看来享有正当的绝对权力的主权者,在洛克看来就像豺狼和狮子一样人人皆可得而诛之。[4]

在洛克的政治学说中,人们通过社会契约组成政治社会和建立政府,从而形成自然状态所不具备的政治和法律秩序,是为了更好地保护每个人原有的自然权利。在《政府论》下篇,洛克将政治权力定义成"为规范和保护财产,而制定包含死刑和一切较轻处罚之法律的权利,以及使用共同体的力量执行法律和保卫国家不受外敌侵害的

---

[1] *Leviathan*, 139, 124, 224.
[2] *On the Citizen*, 104.
[3] *Two treatises of Government*, 328.
[4] *Two treatises of Government*, 279. 关于洛克与霍布斯对自然状态及战争状态的不同看法,参见[美]迈克尔·扎克特著,石碧球等译:《洛克政治哲学研究》,人民出版社 2013 年版,4-8。

权利"。¹ 这样的权力必然是有限的，因为它在来源、目的和范围等方面都已被严格限定。对洛克来说，个人的自然权利是公共权力的源泉，一切公共权力和政府权力都是从个人权利派生出来的，个人权利既提出了对政治和法律秩序的需要，也包含了创建政治和法律秩序的权威。在洛克这里，就像在平等派那里一样，个人的自然权利甚至比人民主权更根本、更优先，因为前者是后者的来源、基础和目的。

三

洛克的自然权利学说与美国制宪运动中被广泛接受的自然权利理念是很一致的。对洛克和美国的建国者来说，政府权力都是由个人的自然权利所派生出来的，自然权利先于政府权力，而且在政府产生之后个人的自然权利继续存在，政府存在的目的就是更好地保护人们的自然权利。更重要的是，人民主权本身就是从每一个体的自然权利中派生出来的，也是以更好地保护人的自然权利为目的，因而也要受到个人自然权利的限定。个人权利不但先于和高于各种政府权力，而且先于和高于人民的主权（制宪权），这些权利既是人民行使主权（制宪权）的目的，也是人民行使主权（制宪权）的界限。

我们再回到《独立宣言》中最广为人知的那句话："人人生而平等，他们被造物者赋予了某些不可剥夺的权利，其中包括生命，自由和对幸福的追求……"紧跟这句话后面的是："为了保障这些权利，政府在人们之间建立，政府的正当权力应来自被治理者的同意。"从这里也可看出，人们生来就有的一系列不可剥夺的权利，不但先于政府及其权力而存在，而且先于人们建立政府的权力（制宪权）。并且，无论是政府的权力，还是人民的制宪权，都是为了保障这些不可剥夺的权利。个人权利不但构成对政府权力的限制，而且也构成对人民制宪权的限制。

在《独立宣言》中，对幸福的追求亦被列为一项自然权利，这同

---

1 *Two treatises of Government*, 268. 这里的"财产"（property）一词是广义的，包括人们对自身生命、身体和财物所享有的权利。

样与洛克的思想密切相关。洛克认为,人是理性的行为体,他们在建立政治社会时,只会放弃他们觉得可以和有必要放弃的权利,以换得对自己所保留的权利的更好保障。比如,确定自己宗教信仰的权利就是不必放弃的,对宗教的许可、禁止或指定,也不是政府权力的分内之事。霍布斯基于对英国内战的观察,认为各种不同宗教的传播是造成国内冲突的根源,因此主张应由主权者决定是否许可或禁止民众传播何种宗教与学说。[1] 但在洛克看来,信仰或宣扬何种宗教本身不是问题所在,对他人信仰的压制与强加才是国内冲突的根源。宗教希求的是来世,与国内现世秩序的维护并无冲突,对宗教的压制或强加,等于迫使人们放弃对自我幸福的理解与追求,只会引发无以复加的反抗,从而破坏国内和平与秩序。相反,如果国家权力保障宗教宽容与自由,那么,所有的人都可以在自己的国家安心地思考与追求幸福,因而也都会将国内秩序之维护视作与自身幸福紧密相关。[2]

这就涉及洛克与霍布斯政治学说的另一重大区别。在霍布斯的政治学说中,恐惧占有极为重要的地位。在自然状态下,正是人们自我保存的需要以及对他人侵害的恐惧,使人们不断地追求优势地位,从而导致大家陷入"所有人对所有人的战争状态",然后又是对朝不保夕的恐惧,促使人们从自然状态进入政治社会。在进入政治社会后,主权者还是利用人们对惩罚的恐惧,来维持国内的秩序与和平。人们出于相互的恐惧而将绝对权力赋予某个主权者,从而建立了国家,此后便生活在对主权者惩罚力量的恐惧之下:他们用一种比较可预见、可测度甚或可避免的危险,取代了一种不可预见、不可测度和不可避免的危险。[3] 在洛克这里,占主导地位的是人们对幸福的渴望与追求:政治权力对财产权的保护,可以让人们没有后顾之忧地积累财富,努力谋求现世的幸福;对宗教的保护与宽容,则可以让人们自由地思虑与追求来世的幸福。这也正是为什么洛克会说,"如果[政

---

[1] Leviathan, 124, 127.

[2] 对洛克宗教宽容与自由思想的深入分析,参见迈克尔·扎克特著:《洛克政治哲学研究》,9-14、158-180。

[3] 关于恐惧在霍布斯政治学说中的地位,参见列奥·施特劳斯著:《霍布斯的政治哲学》,第80-81页。

府和]法律不能让人们更幸福的话,那么,它们就会作为无用之物而消灭"。[1] 可见,《独立宣言》将"追求幸福"列为一项不可剥夺的自然权利,实属洛克的政治学说和幸福主义伦理观在北美地区引发的历史性回应。

在某种意义上,柏拉图和亚里士多德的伦理观也是幸福主义的。对柏拉图来说,通过哲学思考获取真正的知识是最幸福的。亚里士多德更是明确将幸福视为人生的目的,并认为在政治实践中发展和完善自身(作为政治动物)的本性,是人的幸福所在。他们都认为,那些获得最高幸福的人,才是真正明了幸福是什么的人。这就使得幸福像是某种可以"客观"认知或衡量的东西,人们主观的幸福感受则有可能是错误的。

与亚里士多德一样,洛克亦明确将幸福视为人生的目的。他认为,"人们总是专一地、恒常地追求幸福"。[2] 与亚里士多德和柏拉图不同的是,在洛克看来,幸福并没有什么客观标准,而是由每一个人自行定义和体验的:"由人们追求幸福的多种途径来看,我们可以说,人们所认的幸福的对象并不一样,所选的达到幸福的途径也不一样。"[3] 洛克不赞同"古代哲学家"追问"幸福到底在于财富、德性、知识还是身体的快乐"的做法。[4] 在他看来,幸福在根本上就是主观的感受,不同的人可以在不同的活动中得到幸福:"我们可以说,有的人爱研读、爱知识,有的人爱打鹰、爱打猎,有的人爱奢华、爱纵欲,有的人爱清明、爱财富,并不是因为有些人希求的不是幸福,而是因为他们幸福的对象是各不相同的。……人们所选择的事物虽然各不相同,可是他们所选择的都是正确的。"[5]

在了解洛克对人生幸福的看法后,就更能理解他为什么会如此重视个人自由,并将对个人自由的保护视为政府的首要目的。如果幸福在根本上是每个人的主观感受,那么,为了让人们实现"追求幸

---

[1] *Two treatises of Government*, 305.
[2] [英]洛克著,关文运译:《人类理解论》,商务印书馆1997年版,230。
[3] 《人类理解论》,238。
[4] 《人类理解论》,239。
[5] 《人类理解论》,238-239。

福"的人生目标,就必须承认、尊重和保护每个人自由生活的空间,以便每个人都可以根据自己对幸福的理解,来追求自己所认同的、所向往的那种幸福。正如 2003 年美国联邦最高法院在劳伦斯诉德克萨斯州案的判词中所言:"自由的核心在于,一个人可以自行定义关于存在、意义、宇宙以及人生幸福或不幸的概念。如果人们在这方面的信念需要在国家的强制下形成,那么,人们就无法自主决定和形成自身人格的特征。"[1]

不过,洛克并不认为对幸福的任何看法或选择都是合乎理性的。因为,"我们以现在的痛苦或快乐与将来的相比较时(意志的许多重要决定都是这样的),由于我们的尺度往往是按照距离远近而有所变化的,所以我们常常对它们形成错误的判断"。例如,有些人通过损害健康的活动(如酗酒或吸毒),来获取一时的快乐,等到身体出现长期而严重的痛苦时又后悔不迭。[2] 在洛克看来,"要想使我们的行为趋向于达到真正幸福的正确方向,我们就委实不能仓促地顺从我们的各种欲望,而且,我们应对自己的情感加以调理与限制,因为只有这样,我们的理性才可以自由考察和作出了无偏颇的判断"。也就是说,人们需要着重发展和完善自己的理性,"努力使自己的心理趣味适合于事物真正的、内在的善"。[3]

对洛克来说,不同的幸福甚至不是没有高低之分。在他看来,相比大多数人将感官享受视为幸福,少数人将荣誉视为幸福则更为高尚一些,而对知识或真理的追求则是最高的幸福。洛克表示:"人的理解可以说是心灵最崇高的官能,因此,我们在运用它时,比在运用别的官能时,所得到的快乐要更大一些,更持久一些。"[4] 但洛克同时认为,"不同的人在理解、领会和推理方面,委实有很大的差异……在一些人与另一些人之间理解的差异,甚至比一些人与一些野兽的差异更大"。[5] 这就意味着,并不存在一种适合于每个人的幸福,不

---

[1] *Lawrence v. Texas*, 539 U.S. 558(2003).
[2] 《人类理解论》,244-255。
[3] 《人类理解论》,237-238。
[4] 《人类理解论》,9。
[5] 《人类理解论》,710。

同的人各自都有适合于自己的幸福，人们追求幸福的途径和方式也各不相同。[1]

就人的幸福而言，有一些东西对所有的人都是必要的，比如生命、人身自由和财产。但在具备这些共同的条件时，一个人如何才能生活得幸福，则只能由每个人根据自身情况去安排。在洛克看来，人类在分享某些共同特性的同时，彼此之间也有各种各样的差别："意见的多样和利益的冲突，在所有由人组成的集合体中都是不可避免的。"[2] 考虑到人在观点和生活方式上的多样性，洛克认为，"试图将所有人的心灵和生活方式塑造成同一个模式，是一种非常愚蠢的想法"，政府形式的设置和政策的制定，都必须适合于人类生活的多样性。

这一看法完全契合他的政治学说中的一项基本主张，即政府的权力必须是有限的。政府的基本作用是保护每个人的生命、自由和财产，至于人们如何才能得到幸福，则应留给每个人自己去思考和选择，这就意味着每个人都有一些政府权力不应干预的私人生活领域。政府的恰当责任，是为每个人的权利提供平等的保护，并提供解决社会成员之间利益冲突的公正规则。如果由政府来决定人们该如何追求幸福，那就是让它去做完全不适合它的事情，结果只会造成普遍的不幸。这样一来，政府权力就从一种保护性的力量，沦落为一种压迫性的力量。洛克在《论宽容》中写道："因此，为保护自身的财富、天赋等获得物，或诸如人身自由、体力等可增进它们的东西，人们必须与他人共同进入社会，以便通过互助和共同的力量，使每个人都可对这些有益于生活的东西，进行私人的和安全的享有……对这些东西的保护以及相应的权力，乃是由社会委托给政府官员的。立法权，即每个共同体的最高权力，即来源与此，为此用处而创设，并被限制在此范围之内。"[3]

---

[1] 参见 Thomas G. West, 'The Ground of Locke's Law of Nature', in Ellen Frankel Paul & others ed., *Natural Rights Individualism and Progressivism in American Political Philosophy*, Cambridge University Press(2012), 33-38.

[2] *Two treatises of Government*, 332.

[3] John Locke, *A Letter Concerning Toleration*, trans. William Popple, eBooks@Adelaide(2007), 17-18.

基于人们在理智和德性上的差异，柏拉图和亚里士多德都赞同政治上的等级制，认为应由理智或德性优越的人以自认为合适方式统治他人。洛克则不认为这些差异可以改变人们平等的政治地位。既然一般来说，人与人之间有着理智和德性上的差异，那么，在不同的统治者之间也会出现这些差异。在《政府论》下篇中，洛克先是让步似的承认："依照表明绝对君主制是最佳政体的论点，这种神一般的君主的确应该享有专断的权力，就像上帝以专断的权力统治宇宙一样，因为这些君主带有上帝的智慧和善德。"但他立即提醒读者注意："好君主的统治对人民的自由总是最危险的。因为，他们的继任者会以不同的想法管理政府，并将好的统治者的做法引为先例，作为自身特权的标准，仿佛以前只为人民利益而做的事情，在继任者就成了权利，可随心所欲地用来危害人民，这就经常引发纷争，有时还破坏公共秩序，直到人民恢复自身的原初权利，并宣布那些特权并不存在。"[1]

对洛克来说，以全体社会成员的政治平等为前提，以被统治的同意为基础，并依照法律行使的统治权力，是唯一正当的权力。这样的权力必定是有限和受约束的。既然统治者有好有坏，那么，假定统治者是坏人，并围绕这一假定来限定和约束权力，就是一种必要的审慎。在某种意义上，现代宪政主义就是以此假定为出发点的。就像休谟所归纳的："在设计任何政府体制，以及确定宪法中的若干制约和控制机制时，必须把每个人都设想成无赖，并假定他的一切行为都是为了私利，此外别无他求。我们必须通过这种私利来控制他，并以此使他与公益合作，尽管他本来贪得无厌且野心勃勃。不然的话，我们夸耀任何宪法的优势都是枉然的，并且最终会发现，除了统治者的善心，我们的自由和财产都毫无保障；这也就是说，我们根本就没有保障。"[2]

就严格的政治学说而言，洛克的论述既是以人的自然权利为起点，也是以人的自然权利为目的。在《政府论》下篇中，洛克几乎完

---

[1] *Two treatises of Government*, 378.
[2] Hume, *Political Writings*, ed. Knud Haakonssen, Cambridge University Press(1994), 24.

全没有讨论人的幸福和道德完善问题。这绝不是说他不关心人的幸福和道德完善。对洛克来说，促进人的幸福和道德完善，更有赖于以说服为手段的教育和社会舆论，而不是以强迫为手段的政府权力。这也是他重视人的教育的原因所在。在洛克看来，利他的行为远比利己的行为更高尚，但他同时认为，"意见或声誉的法律"，而不是由政府强制实施的法律，才是最有力量的道德法："那些冒犯了同伴意见和时尚的人，都无法逃脱同伴的谴责和反感所带来的惩罚…绝大多数人主要依照时尚的法律来规范自己，并愿意做那些在同伴中保持自身声誉的事情。"在论教育的著作中，洛克建议父母利用"时尚的法律"来培养孩童的荣辱感，并认为这是让他们获得道德品性的最有效方式。

如果人的道德完善主要依赖于教育和社会舆论（以承认人的自主性为前提），那它无疑属于社会自治的范围，个人权利或自由因而就是道德完善的必要条件。公共权力本身的任务，并非创造或促进一种有德性的生活，而是要保护每个人的权利。正如罗尔斯所准确概括的，自洛克以来的政治自由主义哲学均视"权利优先于善"。不过，自由主义（或个人主义）绝不是鼓励自私自利的政治学说。个人主义是就个人与国家关系而言的，即认为相对于国家而言，个人的存在和福祉是基础性的，是国家存在的目的。在不损害他人的前提下，个人行使自己的自由和权利，既可以做利己的事，也可以做利他的事。只有一个人自由地而不是被迫做利他的事，才能算是一种值得赞许的德性。因此，与其说是权利与德性相互冲突，毋宁说是没有权利就没有德性。

如前所述，霍布斯是法律实证主义传统的开创者之一。这一传统在后来由英国的奥斯丁和德国的拉班德、凯尔森等人承续和发展。法律实证主义通常否认在一切法律秩序之先，存在着个人的自然权利，并认为一切个人权利皆是国家立法权力（主权）的产物，或是既有法律秩序的结果。比如，对奥斯丁来说，主权政府是不受任何法律限制的，因此根本就不存在与政府权力相对立的个人权利。奥斯丁反对"将政治或公民自由树为偶像"，认为政府存在的目的是尽可能促进公共福利，而不是保护个人的政治或公民权利。在他看来，"政治或公民权利只是免于法律义务的自由"，因此，一切所谓的政治或公民自由都是由主权政府赋予给臣民的，并且，政府可以任意增加或减少人们的自由。[1]

在凯尔森的纯粹法律理论中，法律所称的"人"，并非包含精神与肉体的完整的人，而只是一系列行为（作为和不作为）的共同归属点，法律规范则将某些权利及义务归属于这些行为。[2] 个人不过是一组法律义务和权利之统一体的人格化表达，个人权利都是根据组成法律秩序的规范所取得的。这就意味着，在概念上不存在先于宪法和国家权力的个人权利。凯尔森认为，人们的主观权利仅仅是据以起诉政府或他人违法行为的权利，这些权利的目的在于消除非法状态，从而起到维护法律秩序的作用。他始终不承认独立于法律秩序的权利主体，也不承认个人享有先于法律秩序并可与国家对抗的个人权利。[3] 对凯尔森来说，这样的个人权利都是自然法思想的产物，必须从法律理论中彻底清除出去。

法律实证主义思想对魏玛宪法的制定与实施有过较大的影响。[4] 虽然魏玛宪法试图体现自由和民主的原则，也有关于个人基本权利的规定，但个人权利并未被视为先于和高于国家权力（主要是议会立法权）的价值。在这部宪法中，一般的立法机关（议会）可以三分之二多数修改宪法，包括修改其中的基本权利条款。这样一来，魏玛宪法不但取消了制宪权与宪定权的区分，而且还使基本权利成为一般立法机关（宪定权）任意支配的对象。也就是说，无论是马列主义政党，还是法西斯主义政党，只要能在议会选举中获得足够的席位，都可以在宪法的框架下"合法地"废除自由民主体制，从而导致魏玛宪

---

[1] Austin, *The Province of Jurisprudence Determined*, ed. Wilfrid E. Rumble, Cambridge University Press(1995), 223-4.
[2] ［奥］凯尔森著，张书友译：《纯粹法理论》，中国法制出版社 2008 年版，68、74-75。
[3] 凯尔森著：《纯粹法理论》，67-68、71-72、76。
[4] 关于法律实证主义与魏玛宪法之间的复杂联系，参见［美］彼得·C. 考威尔著，曹晗蓉、虞维华译：《人民主权与德国宪法危机：魏玛宪政的理论与实践》，译林出版社 2017 年版。

法自身的死亡。

二战后，德国著名法哲学家拉德布鲁赫曾对法律实证主义进行深入的反思。在他看来，法律实证主义所持的"法律就是法律"的信条，使得人们无力抵抗具有暴政和犯罪内容的法律，因而对极权主义具有一种特殊的亲和力。[1] 虽然希特勒上台不能说是法律实证主义造成的，但法律实证主义拒绝将个人权利置于国家权力之上，而是将个人权利视为法律规定的结果，因而根本无力防止随意侵犯个人权利的纳粹政权上台，也无法为人们抵抗纳粹政权提供正当化的依据。对法律实证主义传统的反思，在战后德国的基本法中也有所反映。依照基本法第 1 条的规定，人的尊严不可侵犯，尊重和保护人的尊严是一切国家权力的义务，且个人基本权利是一切正义的基础，直接有效地约束立法、行政和司法权力。

在二战前的日本，法律实证主义的影响也很大，并在明治宪法中有所体现。这部宪法不但明确承认天皇的所谓"制宪权"（从而否定了人民主权原则），而且还将各项公民权利视为国家法律规定的产物。比如，该宪法第 29 条规定："日本臣民在法律规定范围内，有言论、著作、出版、集会及结社之自由。"[2] 应该说，自明治维新以降，日本在追求现代化的过程中取得了多方面的成功，但由于在宪制上未能贯彻个人权利优先和人民主权原则，最终走上了一条自杀式的军国主义扩张道路。[3] 二战后，日本人同样进行了深刻的反思。日本现行宪法第 97 条规定："本宪法对日本国民所保障的基本人权，是人类为争取自由经过多年努力的结果。这种权利已于过去几经考验，被确信为现在及将来国民之不可侵犯的永久权利。"这一规定与德国基本法第 1 条的规定均表明，个人基本权利被视为最高的和永久的价值，是任何国家权力都不可推翻和废除的。

---

[1] [德] G·拉德布鲁赫著，王朴译：《法哲学》，法律出版社 2005 年版，附录三："法律的不公正和超越法律的公正"，232。

[2] 引自 [日] 伊藤博文著，牛仲君译：《日本帝国宪法义解》，中国法制出版社 2011 年版，21。

[3] 对明治宪法特点的简要分析，参见 [日] 芦部信喜著，林来梵等译：《宪法》，清华大学出版社 2018 年版，14-16。

事实上，二战后对法律实证主义的反思是世界范围内的现象。这一广泛反思的结果，集中体现在联合国的《世界人权宣言》之中。这份宣言"承认人类家庭所有成员的固有尊严、平等和不可剥夺的权利"，从而重申了曾被法律实证主义所排斥的自然权利思想。考虑到不同国家有不同的宗教、文化和传统，《世界人权宣言》不再保留十八世纪自然权利学说可能具有的神学前提，因为一份跨越国界的、普遍的权利宣言，应是"一份容纳不同哲学、不同宗教信仰乃至不同社会政治理论的框架性文件"。[1] 这份文件最终将个人权利建立于"人的固有尊严"之上，对个人权利的超验根据则有意保持沉默，视之为应由每个人自己去探究的问题。由此，便出现了从自然权利（natural rights）到人权（human rights）的概念转变。

无论是"自然权利"还是"人权"的说法，都意味着个人权利（自由）优先于国家权力。政府权力也好，国民制宪权也好，都是从每位国民的个人权利中派生出来的，并应以保障个人权利为根本目的。个人权利、人民制宪权（主权）、宪法和政府权力的关系和顺位是：（1）从个人权利派生出人民主权，人民主权主要表现为制宪权；（2）全体国民行使制宪权，制定一部成文宪法；（3）宪法创设、限制、规范和约束政府机构及其权力；（4）政府机构保护国民的个人权利，并提供必要的公共服务。可见，个人权利既是一切公共权力的起点和来源，也是公共权力存在的目的和归宿。公民的基本权利不是宪法创设的，而是在宪法之前就存在。宪法只是以明文方式承认了每个人生来就有的各项权利，同时设置相互分立与制衡的立法、行政和司法机构，来保障人们的基本权利。

至此，我们便可归纳出现代宪法的另一项基本功能：即通过对个人自由的保障，实现社会利益与价值的多元化。当平等地享有一系列基本权利的全体国民，为保障自身权利而制定一部宪法，并通过宪法设置、限制和规范政府权力，这就意味着一切政府权力皆是个人权利的派生物，政府权力不再是建立在某种不可质疑或不可动摇的真理

---

[1] ［美］玛丽·安·葛兰顿著，刘轶圣译：《美丽新世界：<世界人权宣言>诞生记》，中国政法大学出版社2016年版，77。

之上，而只是国民同意和授权的产物。政府的作用也不是规定幸福的标准和追求幸福的方式，而是保障每个人都可基于自身对幸福的理解，自主安排各自的生活。就像孟德斯鸠所说的，"自由不是幸福，但却是人们获得各种欢乐的必要前提"。当每个人都可自由追求自己珍视的利益和价值时，这些利益和价值也必然是多元和丰富的，而不是整齐划一的。

在意大利导演罗伯特·贝尼尼执导的经典影片《美丽人生》中，男主人公奎多和他的妻子多拉、儿子约书亚都被关进了集中营。为了让自己的儿子免受心灵的伤害，奎多就跟约书亚说，这一切都是为庆祝约书亚的生日所安排的一个游戏。奎多尽力利用集中营里残存的一点行动空间，以便让自己的儿子多感受到一些快乐，最后还为拯救家人而付出了自己的生命。在整个过程中，约书亚对自己的真实处境是无知的，可以说处于一种被蒙骗的状态，但这一点都不影响他当时感受到的快乐和幸福是真实的。因为当一个人在主观上感到快乐和幸福时，他在那个时候就确实是快乐和幸福的。等约书亚长大后，他一定会知道事情的真相，但他曾感受到的快乐和幸福并不会因此而失去意义。相反，他可能会更深刻地体认到父母对他的爱是多么的伟大。

集中营最能代表试图消灭一切个人自由的极权体制。但就是在这种极端艰险的情况下，人们仍希望以自己想要的方式来安排自己的生活，并让自己所爱的人感受到快乐和幸福。人们利用残存的一丁点行动空间追求幸福的努力，恰恰最能表明个人的自由是多么的重要，个人的尊严是多么的高贵。就像在最暗黑的夜晚，哪怕是最微弱的一丁点星火，也会显得无比的光彩夺目。

第三部分　现代宪法的制度构造

第五章

"一个共和国可以扩展至很大的疆域"
现代宪法与代议制政府

　　1778 年 4 月，刚满 30 岁的西耶斯（Emmanuel Joseph Sieyes，1748-1836）在信中对他父亲说："我的主教耍弄了我。只要不是对他自己有好处，他就不会有真心帮我办事。他的打算是让我在特雷吉耶给他打杂。正是这个原因使他不愿帮我在索菲夫人处获得职位……我仰人鼻息，自己却无计可施。我的前途取决于我的主教，他却没有什么可给我的。"[1]

　　西耶斯生于地中海沿岸小镇弗雷瑞斯一个不算富裕的家庭，他父亲是一名负责征收皇家印花税的低级官员。虽然对宗教事务毫无兴趣和好感，他还是选择去教会谋职。在当时的法国，这可能是唯一能让平民稍有前途的工作。在神学院读书和在教会工作期间，他的时间和精力主要用于研读哲学、经济学、政治学、历史、物理学、数学乃至音乐方面的书籍，并就孔狄亚克、博内、格劳秀斯、洛克、爱尔维修、魁奈、老米拉波和杜尔哥等人的著作撰写了大量的笔记和评述。[2]

---

[1] 引自 William H. Sewell, *A Rhetoric of Bourgeois Revolution: The Abbe Sieyes and 'What Is the Third Estate?'*, Duke University Press(1994), 14-15.

[2] Emmanuel Joseph Sieyes, *Political Writings,* ed. Michael Sonenscher, Hackett Publishing Company(2003), 'Introduction', xxii; William H. Sewell, *A Rhetoric of Bourgeois Revolution: The Abbe Sieyes and 'What Is the Third Estate?'*, 9.

由于他父亲的竭力奔走，西耶斯在工作中的晋升并不算慢（考虑到他的平民身份）。不过，待遇优厚的高级职位总是保留给同在教会任职的贵族子弟，平民子弟则很早就要触及职业上升的天花板。[1] 看到平庸不堪的人捷足先登，自己的前途却要仰赖某些贵人的意外垂青，这在敏思、博学而孤傲的西耶斯心中，催生出对贵族特权的强烈不满。

尽管在自己的个人前途上无能为力，但在 1788 年法国旧制度的危机激化时，西耶斯连续写作和发表了三本小册子（此前他从未公开发表过任何文字），不但极大地激发了法国人的革命情绪，而且还教科书般地规划了革命的开启方式，并使他从一位籍籍无名的低级教士，一跃成为举国闻名的政治思想家。[2]

在革命前夕的法国，涌现了成千上万的政治小册子。西耶斯的作品却以对现实问题的精准把握、论述的清晰、思想的深刻、理论的系统化和高超的修辞，使他"比任何人都更有资格成为法国大革命政治理论的阐述者"。[3] 在这些作品中，西耶斯不但首次提出了制宪权的概念，而且还构建了一种完备的政治代议制理论（他的制宪权思想正是以他的代议制理论为基础的），他也因此被视为现代政治代议制的建基者之一。

西耶斯最核心的革命主张，是要用国民主权取代君主主权。西耶斯并不反对国王的存在，但他认为国王绝不是主权者和制宪权的行使者，而只是政府行政分支的最高负责人，是全体国民在行政领域的代表，国王的行政权力只能来自国民的委托，只能是一种宪定权。最初两年，法国大革命的进程几乎完全是依照西耶斯主张进行的。后来，随着丹东、罗伯斯庇尔、马拉、圣茹斯特等人领导的山岳派、雅各宾派相继崛起，西耶斯的制宪主张（即用一部稳定的宪法关闭革

---

[1] Raymond Kubben, 'L'Abbe de Sieyes: Champion of National Representation, Father of Constitution', in D. J. Galligan, ed., *Constitutions and the Classics: Patterns of Constitutional Thought from Fortescue to Bentham*, Oxford University Press(2014), 290。

[2] Emmanuel Joseph Sieyes, *Political Writings*, 'Introduction', xxii-xxiii。

[3] Murray Forsythe, *Reason and Revolution: The Political Thought of the Abbe Sieyes*, Leicester University Press(1987), 3; Emmanuel Joseph Sieyes, *Political Writings*, 'Introduction', viii。

命）和强调代议机构之作用的主张被抛在一边。在雅各宾派恐怖统治期间，西耶斯不但成了一名边缘人物，而且还成了罗伯斯比尔最忌恨的人之一，连生命都曾受到过严重的威胁。[1]

西耶斯被公认为"法国大革命的开启者"，卢梭（Jean-Jacques Rousseau, 1712-1778）的学说又对法国大革命的发生和激进化起过一定的作用，因此不少人曾将西耶斯视为卢梭思想的信徒。但过去近一个世纪的研究成果表明，两者的政治思想其实有着根本的区别。西耶斯一直都在隐蔽地批评卢梭的学说。在一定意义上，西耶斯的政治代议制思想，正好构成了卢梭反代议制思想的反题，所以，在讨论西耶斯的代议制主张之前，我们有必要先分析一下卢梭对代议制看法。

一

1749-50年，法国狄戎科学院举办了一次有奖征文活动，题目是"科学和技术的复兴是否有助于道德的提升"。卢梭提交的论文获得头奖。在这篇后来被称为"论科学和艺术"的论文中，卢梭表示，科学、文学和艺术的发达不但没有提升人类的道德水平，反而让人类的生活变得腐败、堕落和悲惨。[2]

卢梭以德性的名义攻击科学、文学和艺术。他所说的"德性"主要是政治德性，是爱国、尚武和为公的公民德性。在卢梭看来，一个国家就是一个特殊的、非开放的公民社会，须有自己的独特性，而国家或民族的特性又须由独特的制度与风俗来培育。他认为，一定的公共舆论或者说流行的偏见，是任何共同体保持团结的基础，一种民族的偏见逐渐被另一种偏见所取代，尚不至于破坏这样的团结，但对科学知识的追求会助长人们的怀疑精神，从而削弱人们对独特生活方

---

[1] 乐启良著：《现代法国公法的诞生：西耶斯政治思想研究》，浙江大学出版社2017年版，56-58。

[2] 关于"论科学与艺术"的写作过程及主题，参见 Helena Rosenblatt, *Rousseau and Geneva: From the First Discourse to the Social Contract, 1749-1762*, Cambridge University Press(1997), 41-45.

式和风俗的依恋。[1] 科学的知识和艺术的审美都具有普遍性，会让不同国家的人们形成共鸣，因而不利于培养与敌人势不两立的爱国精神。用卢梭的话说，"对科学的研究更可能软化和弱化，而不是强化和激发人们的勇气"，人们将"不再残忍地对待敌人…民族仇恨将会消失，但随之消失的还有对祖国的热爱"。[2]

对科学、文学和艺术的投入需要足够的闲赋，从而浪费人们原本应用于公共事务的时间，而"浪费时间是一种大恶"。文学和艺术还会导致更大的恶果，"其中之一就是源自人的悠闲和虚荣的奢华"。在卢梭看来，"奢华虽是财富的某种象征，甚至有助于财富的增长"，但它却是与德性相对立的，因为对财富和私利的追逐，也会占用人们的时间和精力，使人们对公共利益态度冷漠，从而削弱人们的公民德性。他写道："古代政治家总是谈论道德和德性，我们的政治家却总是谈论商业和金钱……金钱可以买到一切，除了道德和公民。"在卢梭这里，德性总是与农业及简朴的生活相伴的："法兰克人征服高卢，撒克逊人征服英格兰，凭借的是他们的勇武和贫穷，而不是任何别的财宝"。[3]

卢梭将批判的矛头指向倡导文明与进步的启蒙运动。他认为，不能将文明人的文化、礼貌和精致的生活方式，与道德和德性混为一谈。在他看来，这些都是"以德性的名义加以伪装的恶习"，大家"获得了所有德性的表象，却未拥有任何[真正的德性]"，人们"性格的柔和""精细的品味"和"城市风格的习俗"，只不过是伪善的炫耀。在这种文明与精致的社会生活中隐藏着无数的罪恶："不再有真诚的友谊；不再有真正的尊严；不再有牢固的信任。怀疑、冒犯、恐惧、冷漠、提防、仇恨和背叛，始终隐藏在周到和欺骗性的礼貌面纱之下，隐藏在我们这个世纪的启蒙所带来的被大肆吹嘘的城市生活之下。"[4]

---

[1] 就此进行的分析，参见[美]列奥·施特劳斯著，彭刚译：《自然权利与历史》，三联书店 2003 年版，262。

[2] Rousseau, *The Discourses and Other Early Writings*, ed. Victor Gourevitch, Cambridge University Press(1997), 8, 21.

[3] *The Discourses and Other Early Writings*, 18-19.

[4] *The Discourses and Other Early Writings*, 7-8.

卢梭的获奖论文在整个欧洲引发了广泛而激烈的争论。不少人对他的观点进行了批评，其中包括戈蒂耶、博德和波兰国王斯坦尼斯拉斯。卢梭对这些批评意见进行了回应，并因此做好了写作"第二篇论文"的准备。[1] 1753年，狄戎科学院又举办了一次征文活动，论题为"人与人之间不平等的起因是什么，它是否为自然法所容许？"卢梭提交了一篇题为"论人与人之间不平等的起因和基础"的论文。这篇论文没有获奖，却足以让卢梭在人类思想史上获得不朽的地位。

在《论科学和艺术》中，卢梭已经暗示了德性与自由以及两者与政府体制之间的关系："各国的政府与法律给人们提供安全与福利，科学、文学和艺术则给人们身上的枷锁戴上了花环，同时扼杀了人们对天生的原初自由的向往，使人们爱上了受奴役的状态"。[2] 这就预示了《社会契约论》中"人生而自由，却无往不在枷锁之中"的说法。在当时的法国乃至全欧洲，各国大都实行少数人统治多数人的君主制，在卢梭看来，当人们缺乏政治参与权利，只能服从他人统治时，那就是身披"枷锁"的不自由（受奴役）状态。

在《论人与人之间不平等的起因和基础》的献词中，卢梭明确地肯定了爱国主义和政治参与等古典共和主义价值。他表示，他愿意选择"一个立法权由所有公民共有的国家"作为他的祖国，因为只有当人们"除了自己制定的并由自己选派正直官员执行的法律外，就不再有别的主人"时，才可以算得上是自由的。另外，"人民和主权者必须是一体的"，只有这样"主权者和人民的利益才会是同一的，国家机关的活动才会始终以共同福祉为宗旨"。[3] 卢梭将人民的主权、自我治理和自由连在一起，勾勒了一种关于理想民主国家的理论概略。

在卢梭的政治学说中，自由是一个极为关键的概念。[4] 它与公民身份紧密相连，主要是指公民在政治上的自我统治（或者说不受他人

---

[1] 相关批评意见及卢梭的回应，参见 Helena Rosenblatt, *Rousseau and Geneva: From the First Discourse to the Social Contract, 1749-1762*, 60-61, 68-76.
[2] *The Discourses and Other Early Writings*, 6.
[3] *The Discourses and Other Early Writings*, 114-115, 116, 118.
[4] Matthew Simpson, *Rousseau's Theory of Freedom*, Continuum(2006), ix; Patrick Riley, 'Rousseau's General Will', in Patrick Riley ed., *The Cambridge Companion to Rousseau*, Cambridge University Press(2006), 124.

的统治）。[1] 对卢梭来说，自由和德性几乎是一回事，都表现为公民对公共事务的关心和参与，并将公共利益置于比私人利益更优先的地位。[2]

为了探究人类的不平等关系是如何发生的，卢梭像格老秀斯、霍布斯、普芬道夫和洛克曾做过的那样，也觉得有必要先考察一下人们在自然状态下的生存境况。卢梭同意霍布斯的看法，即在自然状态下，自我保存对每个人都是最重要的，但他同时认为，对他人的同情或怜悯也是人类与生俱来的天性。因此，他不认同霍布斯将自然状态视为所有人对所有人的战争状态。卢梭认为，人的怜悯心使人们不至于动不动就相互伤害，为满足自身的生存需要，人们有时或许会以强欺弱，甚至做出很残忍的事情，但这并非原初的自然状态下人类生活的常态。在卢梭看来，"可以肯定的是，怜悯是一种自然的感情，它能缓和每个人出于自爱的行为，从而有助于人类整个物种的相互保存"。[3]

在原初的自然状态下，人们的需求很少，也很简单，因而很容易得到满足。卢梭认为，霍布斯将人们为满足社会造成的种种欲望而产生的需要，与野蛮人自我保存的需要混为一谈。他表示，以前所有的自然法哲学家"不断地谈论需要、贪婪、压迫、欲望和骄傲，将社会状态才有的观念放到自然状态中去；他们谈论野蛮人，描述的却是文明人"。[4] 卢梭还挑战格老秀斯、普芬道夫和洛克等人的现代自然法思想。[5] 依照他的看法，在原初的自然状态下，人的智力很不发达，并无足够的理性去认识所谓永恒的自然法，"野蛮人之所以不是恶人，恰恰是因为他们不知道什么是善，因为防止他们作恶的，既不是

---

[1] 这种意义上的自由，接近于后来邦雅曼·贡斯当所称的"古代人的自由"或以赛亚·柏林所称的"积极自由"。参见 Christie Mcdonald and Stanley Hoffmann ed., *Rousseau and Freedom*, Cambridge University Press(2010), 'Introduction', 2。

[2] 列奥·施特劳斯著：《自然权利与历史》，284-285。

[3] *The Discourses and Other Early Writings*, 154.

[4] *The Discourses and Other Early Writings*, 132, 151. 就此进行的分析，参见 Ioannis D. Evrigenis, 'Free man from Sin: Rousseau on the Natural Condition of Mankind', in *Rousseau and Freedom*, 12-14.

[5] Helena Rosenblatt, *Rousseau and Geneva: From the First Discourse to the Social Contract, 1749-1762*, 164.

智慧的发达，也不是法律的约束，而是欲念的平静和对恶事的无知；对恶行的无知远比对德性的认识，更有利于防止他们作恶"。[1] 在卢梭的描述中，野蛮人智慧和虚荣心都不发达，他居无定所，自给自足，只感知与自我保存有关的真正需要，单靠自己就能生活，"既无害人之心，也不需要任何一个同类"。[2]

卢梭认为，自然人与动物的区别不在于人有理性，而在于人有自由意志，"使人区别于其他动物的，与其说是人的智力，不如说是因为人是自由的主体"，"动物凭本能决定取舍，人则可以自由地选择"要什么或不要什么"。卢梭还认为，"自然人与动物的另一个区别，是人有完善自我的能力"。正是人的可完善性与外界偶然因素的结合，促进了人类理性的发展与增长，同时也导致人性的败坏与堕落。人类原初的需要很容易满足，这导致人口的巨大增长。人口增长反过来使简单欲望的满足变得困难，并迫使人们为了生存而思考。思维的发达和人与人之间的频繁接触，在人身上激发了各种新的激情和欲望，人们不但要自己劳动，而且还要利用他人的劳动来满足自身的需要。曾经自由而独立的人们成了各种新需要的奴隶，"奴役的绳索完全是由人们的相互依赖和彼此需要所形成的，若不先让一个人处于不得不需要别人的地步，就不可能奴役他"。[3]

依照卢梭的考察，到了自然状态的后期，人类们有了各种新的需求，并开发出各种劳动工具和新的劳动方式。随着冶金、农耕技术的发明和大规模土地耕种现象的出现，劳动分工日益发达，财物的分配和归属也越来越不均等，并催生出富人和穷人两个不同的群体。由于自然状态尚不存在政治权力和法律秩序，所以也没有财产权的概念。穷人为了满足自身的生存需要，时常单独或连同他人去抢夺富人的财物，人与人之间的侵害和压迫也越来越普遍，这就使自然状态逐渐接近于霍布斯意义上的战争状态。在这种情况下，为了自身的财产安

---

[1] *The Discourses and Other Early Writings*, 151-152. 就此进行的分析，参见 Natasha Lee, 'Making History Natural in Rousseau's Discourse on the Origins of Inequality', in *Rousseau and Freedom*, 25-29.

[2] *The Discourses and Other Early Writings*, 157.

[3] *The Discourses and Other Early Writings*, 140-141, 159, 162.

全，富人便努力说服穷人，让大家一起通过某种社会契约来设立公共权力。这就是人类从自然状态走向政治社会的历史过程。在卢梭看来，这一过程"给弱者带上了新的枷锁，使富人获得了新的权力，并一劳永逸地摧毁了天然的自由，制定了保障私有财产和承认不平等现象的法律"。[1]

在卢梭看来，这种社会契约是富人诱骗穷人的结果。首先，这是不平等者之间的契约，主要是为了保护富人的利益，即为富人的财产提供法律上的保护。其次，这一契约建立在错误的原则之上，它由私人利益所主导，而不是为了促进公共利益。另外，如果说自然状态下的劳动分工，就已经使人们需要依赖他人而生存（这意味受他人意志的支配），就已经偏离了原初的自由，这种契约则要求人们放弃自由，即人们必须在政治上服从他人的统治，屈从他人的意志。卢梭认为，自由"是人作为人而得自上天的礼物"，放弃自由就是对人格的贬低，"与自然和理性都是想违背的"。[2] 这里须注意的是，对卢梭来说，自由的丧失与政治上的不平等密切相关。在契约订立之后，情况还会越变越糟，最终使合法的权力变成专制的权力，统治者沦为暴君，臣民则"什么也不是"。此时，"不平等现象达到了顶点⋯直到新的革命使政府完全解体，或者使它更接近于正当的体制"。[3]

卢梭写作《社会契约论》，正是要解决"如何使政治统治成为正当"的问题。[4] 在《论人与人之间不平等的起因和基础》中，他描绘了一种自由、独立和与他人平等的野蛮人形象，这一原初的自由与平等状态，是他衡量政治统治是否正当的自然标准。[5] 卢梭认为，人的天性本来是善的，但在文明和进步的过程中败坏了，人们对理性的错

---

[1] *The Discourses and Other Early Writings*, 168-173.
[2] *The Discourses and Other Early Writings*, 179. 与此相关的分析，参见 *Rousseau and Geneva: From the First Discourse to the Social Contract, 1749-1762*, 168-169.
[3] *The Discourses and Other Early Writings*, 182, 185.
[4] Rousseau, *The Social Contract and Other later Writings*, ed. Victor Gourevitch, Cambridge University Press(1997), 41.
[5] 参见列奥·施特劳斯著：《自然权利与历史》，284。

误运用造成了普遍的政治奴役。他写道:"人是恶劣的,这是可悲而持续的经验足以表明的;但人在天性上是善良的,我相信我已经证明了这一点。"[1] 在《社会契约论》中,卢梭试图阐述一种与人的原初自由相吻合的政治秩序:"要发现一种联合,以便用全部的共同力量保护每一位成员…同时又让他只服从自己并像从前一样自由。"[2]

虽然卢梭认为人类从野蛮走向文明的过程,就是人性败坏和自由丧失的过程,但他不认为人类可返回原始的自然状态。已经发展了的理性,不可能再回复到未发展时的状态,现在只能在人们已有的理性水平上重建新的政治秩序。卢梭沿袭霍布斯和洛克的做法,认为正当的政治权力必须出自天生自由、独立和平等的众多个体,经由每个人与每个人相互同意的契约。[3] 在订立这种一致同意的社会契约之前,没有人有统治别人的权力,就连"多数决规则本身也是由公约确立的,并以至少一次全体一致为前提"。[4] 可见,卢梭理想中的政治秩序,亦是以自然权利和社会契约理论为基础的。

卢梭和霍布斯一样认为,社会契约让原本没有政治意义的"群众"(multitude),变成了作为政治共同体的"人民"(people):"在考察人民选举一位国王的行为前,最好先考察使人民成为人民的行为。因为,后者必定先于前者,是社会的真正基础。"与霍布斯不同的是,卢梭认为,由所有订约者组成的人民是当然的主权者,人们无需另行指定主权者。这一结合形成的共同体,用它的公共人格"立即取代了每个订约者的私人人格",并获得了"它自己的统一、共同自我、生命和意志"。卢梭将人民(主权者)的意志称为"公意"(general will),法律就是公意的体现。每个人都是人民的成员,都以"公民"(citizen)的身份参与公意的形成和法律的制定,又以"臣民"(subject)的身份服从公意或法律。[5]

在卢梭的学说中,社会契约要求"每位成员向整个共同体完全让

---

[1] *The Discourses and Other Early Writings*, 197.
[2] *The Social Contract and Other later Writings*, 49-50.
[3] 参见 Patrick Riley, 'Rousseau's General Will', in *The Cambridge Companion to Rousseau*, 128.
[4] *The Social Contract and Other later Writings*, 49.
[5] *The Social Contract and Other later Writings*, 49-51.

渡他的所有权利…每个人都将自己全部奉献出来",并"将自己的人身和全部力量共同置于公意的最高指导之下…每个人都成为全体之不可分割的一部分"。在自然状态,每个人都是一个独立而完整的个体。在政治社会,人们都被完全地"集体化"或"非自然化"了,每个人都变成一个更大整体的一部分。依照卢梭的说法,"正如自然赋予每个人支配其肢体的绝对权力一样,社会契约赋予政治体支配其成员的绝对权力"。在这里,完全不存在与公共权力相对峙,并对公共权力形成限制的个人权利,也不存在用来约束公共权力的宪法:"这里不存在,也不可能存在任何一种根本法,可用来约束人民这一团体。"[1] 这是与霍布斯相同、与洛克不同的地方。在洛克的契约学说中,人们交出自然权利的很少一部分(即自我裁判权),以便更可靠地保存和享有余下的权利,个人权利始终是对公共权力(包括人民主权)的最高限制。

在霍布斯和洛克那里,政治权力纯属工具性的人为之物,从自然状态进行政治社会,人性并未发生什么道德上的转变。在霍布斯看来,这只是为了让大家生活得更安全,在洛克看来,则是为了让大家的既有权利得到更好的保护。但在卢梭这里,通过社会契约建立政治秩序,意味着契约参与者都经历了一次深刻的道德改造:"从自然状态进入政治社会,在人身上引发了最为显著的变化,这意味着在人的行为中用正义取代本能,并赋予人的行为前所未有的道德性。只要当义务的呼声胜过生理冲动且正义胜过欲望时,原本一直只知道照顾自己的人,才可能发现自己不得不依照另外的原则行事,在听从自己的欲望之前,先要请教自己的理性。……他的能力得到了锻炼和发展,他的思想开阔了,他的感情高尚了,他的整个灵魂都得到了极大的提升……"[2] 在自然状态下,每个人都是天生自由的,都是自我保全所需手段的裁判者。在政治社会中,每个人都要放弃个人的自我判断,不得再诉诸自身的自然权利,而是必须完全听命于公意。人们必须放弃不受限制的自由,习惯于毫不勉强的服从,并时刻将公共利益

---

[1] *The Social Contract and Other later Writings*, 50, 52, 61.
[2] *The Social Contract and Other later Writings*, 53.

置于自己的私人利益之上。[1]

现代宪政主义将人性视为是大致恒定和不变的，并通常对之持一种悲观的态度。这促使人们努力探寻各种约束人性之恶的手段，由此便产生了某些具有普遍适用性的原则、制度和规则。卢梭却将人性视为变动和可塑的：从自然状态过渡到政治社会的人类历史，就是人的道德特性不断变化的过程；经由新的社会契约所创建的政治秩序，不但要求人在道德上发生根本改变，而且也是人类道德完善的必要条件。在这里，亚里士多德等古代思想家的影响是显而易见的。对人性可变的看法，还使卢梭明确接受"孟德斯鸠所确立的原则"，认为没有一种政府形式可适合于每个国家，"自由并不是每种气候之下的产物，也不是每个民族都力所能及的"。[2] 一种自由的政体要求人们具有很高的道德水准，能始终让私人利益服从公共利益。为维持这样的政体，必须防止人们在道德上的退化和腐败，对公民进行正确的道德教育（或卢梭所称的"公民宗教"）因此就至关重要，个人的道德状况相应也成了公共事务。在卢梭理想的共和国中，不存在任何不受公共权力干预的私人生活领域，一部旨在限定公共权力的管辖范围，并为个人生活空间树立屏障的宪法，当然也就没有存在的必要了。

对卢梭来说，自由是最高的价值，是人性中不可或缺的东西："放弃自己的自由，就是放弃做人的资格，放弃人的权利……这种放弃和人的本性是不相容的，剥夺自己意志的一切自由，就是取消自己行为的一切道德性。"这里的问题是：几乎没有任何受保障的私人生活空

---

[1] 原本一群只关心一己之私的自然人，如何一举成为在私人利益和公共利益之间毫不犹豫选择后者的公民，这是一个卢梭已充分注意到的难题："让初生的人民能够理解健全的政治准则和遵循国家理性的根本规则，就得让结果反过来变成原因，社会精神本来是制度的产物，现在却必须先于制度本身，人们也必须在法律出现之前，成为法律要使他们成为的那种样子。"（*The Social Contract and Other later Writings*, 71.）为解决这一问题，卢梭诉诸具有非凡才智和威望的"伟大立法者"，但这又引发了新的难题：由一名半神的立法者创制的法律，与人民的主权及公意的自愿性，这两者的关系该如何协调？就此进行的分析，参见 Ruzha Smilova, 'The General Will Constitution: Rousseau as a Constitutionalist', in *Constitutions and the Classics: Patterns of Constitutional Thought from Fortescue to Bentham*, 269-273。

[2] *The Social Contract and Other later Writings*, 100.

间的公民，怎么还能算是自由的？卢梭认为，社会契约让人们从私利导向的"愚昧的和局促的动物，变成有智慧的人"，并得以参与政治生活，人们放弃的是"只受个人力量限制的自然自由"，得到的是"只受公意限制的公民自由"。由于每位公民都平等地参与公意的形成（和法律的制定），对公意的服从就是对自我意志的服从，因此，人们确实是"像从前一样自由"，即像野蛮人一样不依赖他人，也不受他人意志的支配。[1] 在至高的公意中，公民的自由和服从得到了统一，就像基督徒的自由就在于对上帝意志的服从。[2]

在卢梭这里，公民自由与政治参与密不可分，自由就是公民的自我统治，是不依赖他人和不受他人意志的支配。这样的自由也意味着公民间的彼此平等，"没有平等，自由便不能存在"。在卢梭看来，人们经由契约进入政治社会，与其说是一种权利让渡，不如说一种有利的交换，因为公民的、道德的自由要胜过自然的自由："唯有公民国家中的道德自由，才能使人真正成为自己的主人，因为仅有欲望的冲动仍是奴役，服从自己为自己制定的法律则是自由"。这样一来，全体公民的频繁集会便是正当政治秩序的应有之义，因为公民自由就在于政治参与，而"自由的丧失是任何东西都无法补偿的"。卢梭以古希腊和共和时期的古罗马为例，说明公民频繁集会在过去是常有的事："罗马人民很少连着几个星期不集会，甚至还要集会好几次。……在希腊，人民亲自做他们必须要做的事情；他们经常在公共广场集会。"他严厉批评今人不再有古人的政治热情："低劣的灵魂不相信有伟大的人；卑鄙的奴隶嘲笑着自由这个词。"[3]

至此，就不难理解卢梭强烈反对代议制的态度。卢梭认为，主权是不能被代表的，就像它不能被让渡一样，"它的实质就在于公意，而意志是不能被代表的"。公意若由部分社会成员来代表，就会沦为这些人的特殊意志。"由于法律不外乎对公意的宣布"，所以，人民

---

[1] *The Social Contract and Other later Writings*, 45, 48, 53.
[2] 关于卢梭用公意概念对自由和服从（公共权力）的协调，参见 Stanley Hoffmann, 'The Social Contract, or the Mirage of the General Will', in *Rousseau and Freedom*, 113-117。
[3] *The Social Contract and Other later Writings*, 45, 54, 78, 110, 115.

的立法权是不能被代表的,"任何未经人民亲自批准的法律都是无效的,甚至根本就不是法律"。在他看来,"人民一旦给自己设了代表,就不再是自由的":既然自由就在于服从自己为自己制定的法律,如果人们要服从一群代表制定的法律,那就不是服从自己制定的法律,当然就没有自由可言了。我们由此便读到卢梭对英国议会体制的著名评论:"英国人民自以为是自由的,他们真是大错特错。他们只有在选举议会成员时才是自由的;议员一旦选出,他们便被奴役,便什么也不是了。"[1]

卢梭注意到,人们选举代表从事政策审议和立法等事务,可让大家有更多的闲赋从事私人事务。对卢梭来说,公民的自由和德性,就在于对公共事务的关心与参与,人们对政治生活失去热情就意味着国家的衰败:"只要公共事务不再是公民们的首要关切,他们更愿意掏钱包而不是亲自服务,国家就已经近于毁灭。"他重申《论科学和艺术》中的观点,认为正是"商业和艺术的熙攘、对私利的渴求以及对舒适的贪图",让人们将公共事务托付给代表们处理,从而"给自己套上了枷锁",而"在真正自由的国家,公民们亲手做一切事情……公共事务在公民心中远比私人事务更重要…人人竞相奔赴公民大会"。[2] 就这样,卢梭在现代自然权利和社会契约理论的基础上,复活了德性、政治参与、公共利益和爱国精神等古典共和主义的价值。

这种古典共和主义的自由观,可追溯至亚里士多德在《政治学》中的某些说法。亚里士多德将"政治统治"定义为"对自由和平等之人的统治"。[3] 他认为,在任何政治共同体中,如果有些人与其他的差别,"就像神明或英雄与普通人的差别一样",那么,前者就应该始终统治后者,但如果情况并非如此,"那就很明显,且有很多理由,有必要让所有人同样地轮流统治和被统治"。[4] 只有这样,才是对每个人都公正的,并让每个人的德性得到完善,"只有进行统治的人,

---

[1] *The Social Contract and Other later Writings*, 114-115.
[2] *The Social Contract and Other later Writings*, 113.
[3] Aristotle, *Politics*, trans. C. D. C. Reeve, Hackett Publishing Company(1998), 1255b20.
[4] *Politics*, 1332b16-27.

才能有完善的德性，因为统治活动是最高的活动，统治的理性也是最高的理性"。[1]

当这些自由和平等的公民都积极参与政治事务时，就需要另外一些人来从事生产以满足他们的生活所需。亚里士多德注意到，除非有人被奴役，否则，自由的公民就没有必要的闲暇参与共和统治，以实现他们作为公民的美德。[2] 对反对公民间的专业分工和代议制的卢梭来说，这也是一个需要面对的难题。他得出了与亚里士多德相同的答案："什么！自由只有借助奴役的帮助才能得到维系？不是冤家不聚头。一切非自然的东西都有其不便，公民社会尤其如此。在有些不幸的情况下，人们只能牺牲他人的自由，才能保全自身的自由。只有奴隶彻底被奴役，公民才能完全得自由。这就是斯巴达的情形。至于你们现代人，你们没有奴隶，但你们自己就是奴隶。你们用自己的自由为他们的自由买单。你们很可能为此而洋洋自得，我却在其中看到了软弱，而不是人性。"[3]

卢梭对代议制的拒斥，至少包含两个宪法学上的结论。第一，如果一切立法权都由人民直接行使，那么，作为根本法的宪法与一般法律之间的区分就不存在了。在人民制定的一切法律中，最新的法律才是效力最高的法律，任何与新法相抵触的旧法，都可视为已被人民废除："在任何情况下，人民永远都可以作主改变自己的法律，哪怕是最好的法律；因为，人民若是愿意损害自身，谁又有权阻止他们这样做呢？"。[4] 第二，本来，正是因为主权的人民不便于亲自进行日常治理，不便于时常为直接立法而集会，所以才需要用一部宪法来创设、规范和约束政府机构，并由若干被选任者代表人民进行议事和立法；如果主权的人民总是要亲自集会和直接立法，那就意味着政府的代议职能和立法权力，都完全被人民的主权所吸收，用来创设和约束代议制政府的宪法也就没有存在的必要。

在《关于波兰政府及其改革计划的思考》中，卢梭考虑到王国的

---

[1] *Politics*, 1260a17.
[2] *Politics*, 1255b35, 1269a34.
[3] *The Social Contract and Other later Writings*, 115.
[4] *The Social Contract and Other later Writings*, 80.

规模，建议在波兰设立两级议会：一是由当地全体公民组成的地方议会（Dietines），一是由地方议会选派的代表组成的全国议会（Diet）。这一建议看似表明卢梭软化了他反对代议制的立场，但毋宁说他的反对态度在此表现得更加鲜明。在这部作品中，卢梭重申了他对英国议会的批评，并警告波兰人千万不要效仿英国人允许议员自主审议和表决的做法。在他看来，波兰的"地方议会才是自由的真正保卫者"，全国议会则是容易腐化的。他认为应采用当时被称为"强制指令"（imperative mandates）的制度，地方议会不但须频繁更替出席全国议会的代表，而且还须以明确而详尽的指令，严格约束代表们在全国议会中的发言和投票，对于不遵从指示的代表，地方议会"如果觉得有必要的话，甚至可以砍掉他们的脑袋"。[1] 卢梭反对代议制的立场，与他对人性、道德、自由和政治社会之作用的更深层看法是分不开的，只要这些看法没有改变，他对代议制的态度也很难改变。

卢梭对代议制的反对，也有其特定的历史背景。他准确地意识到，通过选举产生代表的做法，更多是源于中世纪封建传统，而不是古代共和主义传统。在中世纪，隶属于同一领主的封臣们时常会在同侪中选出若干代表，在表达封臣们的共同诉愿的同时，也要向领主进行效忠宣誓。对卢梭来说，一个人对他人表示效忠和服从，几乎是对人类整个物种的羞辱。他在《社会契约论》中写道："代表的观念是现代的：它是从封建体制中来的，在这种邪恶而荒唐的体制下，人类被贬低了，人的名义也蒙羞了。"[2]

卢梭沿袭自亚里士多德以来的看法，认为抽签与民主制相关联，选举则是与贵族制连在一起的，因为后者总是会选出一些杰出人士出任公职。在卢梭的学说中，立法权必须始终由人民直接行使，政府只是执行法律的机构。在这种情况下，政府实行贵族制（即由少数人掌管政府和行使执法权）是没有问题的，关键是不能让政府行使立法权。假如人民选出少数人来行使立法权，由于立法权就是主权，这些人就成了事实上的主权者和统治者，其他人则都沦为失去自由的被

---

[1] *The Social Contract and Other later Writings*, 201-203.
[2] *The Social Contract and Other later Writings*, 114. 另请参见 Bernard Manin, *The Principles of Representative Government*, Cambridge University Press(1997), 90.

统治者。在卢梭的时代，尚未形成一种在政府之外休眠着的主权观念，人们仍习惯以"统治者与被统治者"的两分法，来看待政府掌管者与人民之间的关系。

在《社会契约论》中，卢梭除了阐明防止政府篡夺人民主权的各种方法，还特别强调在主权的人民与政府之间并不是一种契约关系，而是前者对后者的委任关系。政府并不是统治人民的机构，而只是人民借以将自己制定的法律适用于自身的机构，是人民实行自我治理（self-government）的中介和工具。用"人民－政府－人民"三分法的分析框架，取代传统的"统治者－被统治者"两分法的分析框架，从而建立人民自我治理的政治图式，这是卢梭对现代政治理论所作出的重大贡献之一。此后，人们只需在承认人民主权的同时，赋予政府以日常的立法权，就产生了现代政治代议制。

由于卢梭坚决反对代议制，他理想中的政治秩序就只能建立在规模较小的国家。在《论人与人之间不平等的起因和基础》的献词中，卢梭表示："若能选择自己的出生之地，我愿它的规模以人的能力所及的范围为限，即以有效治理的可能为限⋯在这个国家，所有的人都相互认识，无论恶行多么隐蔽，德性多么谦逊，都逃不过公众的眼睛和评判……"[1] 在《社会契约论》中，他再次表示："将一切考虑在内，我认为只有在很小的国家，主权者才有可能保持对自身权利的行使。"[2] 另外，让全体公民始终保持对公共事务的热情，始终将政治参与视为人生的首要任务，还要求公民们习惯和满足于一种在物质上极其简朴的生活。所以，对卢梭来说，理想的政治共同体就只能是一个小型的、以农耕为主的城邦社会，比如古代的斯巴达或卢梭所处时代的日内瓦。事实上，在他所写的几篇重要论文中，他的署名都是"日内瓦公民"。

二

对卢梭来说，人在生活上的需要是对自由的腐蚀和威胁。他在第

---

[1] *The Discourses and Other Early Writings*, 114.
[2] *The Social Contract and Other later Writings*, 115-116.

一篇论文中写道:"心灵有需要,就像身体有需要。……[人的]需要树立王权,科学和艺术则使王权强大。"他在第二篇论文中写道:"原本自由而独立的人,现在却要受制于大量新的需要…因而在某种意义上成为同类的奴隶……"[1] 对西耶斯来说,人类"生来就是有需要的生物…需要是人类行动的首要动力","人的权利正是起源于人的需求"。他曾对卢梭进行不点名的批评:"假如人是没有需求的存在,只是永久静止和单纯沉思的存在,那么,自由对人而言无疑就仅仅是不依赖任何东西……但我们人类并非这样的存在。"[2] 对人的需要的不同看法,决定了西耶斯和卢梭政治学说的其他重大差别,包括两人对代议制截然不同的态度。

人类生来就有的需求,是西耶斯整个政治学说的起点。他认为,人的一生就是努力满足自身需要(这些需要是不断发展和丰富的)的过程,即努力"让自己生活得更好"的过程。在一则题为"人的权利"的笔记中,他表示:"在自然中,一切有需要的东西(一切活着的东西都有需要),都有权利满足自身的需要,因而也有权运用相应的手段。每一个活着的东西,都是一个吞噬适合其本性的东西的系统…并竭力搜寻和消耗别的东西。"但他同时认为,"人类因其理智和意志能力的优越,有其自身适当的行为准则",因为,人们通过这些能力的运用,"发现通过交换相互满足彼此的需要,远比相互吞噬要好得多"。人类和其他动物的根本区别,就在于人类具有这种彼此理解和达成协议的内在能力,因此,"从人类的需要中产生的不是相互吞噬,而是相互交换的权利"。[3] 西耶斯既不同意霍布斯关于人类自然状态乃战争状态的看法,而是认为人类与别的物种可能处于"自然的战争状态",但人与人之间却并非如此;也不同意卢梭关于人类在自然状态下各自孤立、互不依赖的看法,而是认为人们会通过协商与交易来满足彼此的需要。

---

[1] *The Discourses and Other Early Writings*, 6, 170.

[2] 引自 Murray Forsythe, *Reason and Revolution: The Political Thought of the Abbe Sieyes*, 120.

[3] 此则笔记的完整内容,参见 Emmanuel Joseph Sieyes, *Political Writings*, 'Introduction', xv, fn24.

西耶斯认为，在自然状态下，人们基于自身需要而拥有的对他人的权利，只有自愿交易的权利。他写道："这些权利可归结为一项权利：不对另一个人使用强力，让他自由决定自己的意愿，用他更想要的东西，换取你想从他那里得到的东西。因此，人的权利相当于一种允许双方交易者自由协商的平等关系。"[1] 自愿的协商与交换，当然要以尊重彼此的人身和财产权利为前提。西耶斯像洛克一样认为，人们在自然状态下就已对自己的身体，享有他人应予尊重的所有权，而基于各自的身体所有权，人们对自己的劳动成果也享有财产所有权。[2] 值得一提的是，西耶斯的政治学说在世俗化方面比洛克的学说更为彻底：前者中的人的需要取代了后者的上帝意志，成了人类自然权利的根基。

至此，可看到西耶斯与卢梭学说之间的三大区别。第一，对卢梭来说，在自然状态下，人们尚不享有具有道德意义、可要求他人尊重的人身或财产权利。他在《社会契约论》中写道："在自然状态下，一切都是公共的，对我不曾承诺过什么的人，我不负有任何义务。只有对我无用的东西，我才会承认它是别人的。在公民社会就不一样，此时所有的权利都被法律所固定。"[3] 对西耶斯来说，就像对洛克一样，自然状态已经是一个权利和道德的世界，人们已经平等地享有一系列人身和财产权利，且这些权利对理性的人类具有道德上的约束力。他在《论特权》中写道："自由和权利先于一切别的东西。人们联合起来结成社会，是为了让各自的权利得到可靠的保障……公共权威被创立，不是为了赋予人们权利，而是为了保护人们[已有]的权利。"[4] 第二，西耶斯认为，在自然状态中，人们并非像卢梭所说的那样独来独往、自给自足，而是基于各自的自由和权利，已在进行平等和自愿的交易，因而在生活上是相互依赖的。

第三，在卢梭看来，劳动分工和相互交换意味着，人们须依靠他

---

[1] Emmanuel Joseph Sieyes, *Political Writings*, 'Introduction', xv, fn24.
[2] 对西耶斯自然权利思想所作的深入分析，参见 Murray Forsythe, *Reason and Revolution: The Political Thought of the Abbe Sieyes*, 105-127。
[3] *The Social Contract and Other later Writings*, 66.
[4] Emmanuel Joseph Sieyes, *Political Writings*, 70.

人来满足自身的生活需要，致使自己受到他人意志的束缚，因而是不自由的。西耶斯则表示："说一个人是自由的，就是说他可以不受侵扰地行使他的人身权利和利用他的财产权利。因此，每个人都有权利停留、行走、思考、说话、写作、出版、工作、生产、存储、运输、交换和消费，等等。个人权利的界限应该划在它们可能侵害他人自由的地方。法律的作用就是承认和表明这些限度。"[1] 他认为，人与人之间基于劳动分工和自愿交换而形成的相互依存，不但没有让人失去自由，反而扩展了人的自由，人们也因此而生活得更好。[2] 正如他在《论人和公民的权利》中所言："咋看起来，一个人与他人订立合同，好像让自己失去了一部分自由，因为他要受到合同的约束，要履行合同义务，但实际上，他是在以自认为最合适的方式行使自由；并且，在任何一项自愿的交易中，参与者都是在用某种已有的东西，来换取自己更中意的东西，从而可以改善了自己的生活状况。"[3]

对西耶斯来说，劳动分工和相互交换就是人与人之间的"代表"（representation）关系："劳动分工、职业分工，等等，同时也是代表制自身的建立；它和它所推动的社会进步是携手并进的；它对财富生产、交易便利和商业的普遍发展是最为有利的。它几乎支配着所有的人类活动。"[4] 人们在生活中无需每件事都亲力亲为，而是可以专心做自己最擅长的工作，并用自己的劳动成果与他人交换，这是西耶斯在亚当·斯密的《国富论》发表前，就已形成的颇具原创性的思想。[5] 他曾在一则笔记中以贵妇和鞋匠的关系为例，对此加以说明。虽然地位低微的鞋匠与生活奢华的贵妇，两者的社会地位相距甚远，

---

[1] 引自 Murray Forsyth, *Reason and Revolution: The Poliical Thought of the Abbe Sieyes*, Leicester University Press(1987), 115。

[2] 就此进行的深入分析，参见 William H. Sewell, *A Rhetoric of Bourgeois Revolution: The Abbe Sieyes and 'What Is the Third Estate?'*, 94-102。

[3] 引自 Murray Forsythe, *Reason and Revolution: The Political Thought of the Abbe Sieyes*, 115-116。

[4] 引自 William H. Sewell, *A Rhetoric of Bourgeois Revolution: The Abbe Sieyes and What Is the Third Estate?*, 93。

[5] William H. Sewell, *A Rhetoric of Bourgeois Revolution: The Abbe Sieyes and 'What Is the Third Estate?'*, 69, 79; Murray Forsythe, *Reason and Revolution: The Political Thought of the Abbe Sieyes*, 141.

但就鞋匠制作贵妇所穿的皮靴而言，鞋匠就是贵妇的"代表"，因为鞋匠是在"为贵妇"而工作。这种代表关系大大便利了贵妇的生活：假如没有鞋匠的"代表"行为，贵妇须自行制作皮靴，"那就要付出更高的成本，结果却得到更差的皮靴"。[1] 在西耶斯看来，现代社会就是人们相互代表的社会：每个人都在为其他人而工作，并在此意义上是其他社会成员的代表。所有人都是别人的代表，同时又被别人所代表。

在《第三等级是什么？》中，西耶斯将人们从自然状态进入政治社会的过程分为三个阶段。第一阶段是大家通过契约联合成（作为一个团体的）国民（a nation），并拥有国民的全部权利。[2] 这种经由社会契约进行的联合，也是人们自愿交易的一种表现，虽然这是一种较为特别的交易：它的目的是让大家得到更好的保护，让大家可以更安全、更方便地追求自身需求的满足，也就是让大家都比联合之前过得更好。在这一联合过程中，人们并未放弃自身的自然权利。相反，更好地保护和促进人的自然权利，正是这一联合的目的和任务。[3]

在第二阶段，全体国民直接集会和共同商议，并以多数决的方式形成共同意志。这是全体社会成员实行直接民主和共同行使权力的阶段。后来，随着加入联合的人越来越多，以直接民主的方式作出公共决策，就变得越来越不可行。此时，就需要由国民委托一部分成员专门行使公共权力，并建立专门的公共决策和管理机构，由此便进入了第三阶段，即实行"基于代理的政府"。那些受国民委托进行政府管理工作的人，就是全体国民的"代表"，由他们所组成的政府就是代议制政府。[4]

在西耶斯的学说中，政治代议制只是人类社会普遍的代表关系的一种表现，代议制政府只是更广泛的劳动分工的一个组成部分，尽管它是一个比较独特和重要的组成部分："劳动分工像适用于所有其

---

[1] Emmanuel Joseph Sieyes, *Political Writings*, 'Introduction', xxix, fn47.
[2] 在西耶斯的宪法理论中，国民是一个纯政治意义的团体，没有任何种族或文化上的含义。参见 Illan rua Wall, *Human Rights and Constituent Power: Without Model or Warranty*, Routledge(2012), 46。
[3] Emmanuel Joseph Sieyes, *Political Writings*, 134.
[4] Emmanuel Joseph Sieyes, *Political Writings*, 134.

他类型的生产劳动一样,也适用于政治劳动;共同利益以及社会状态本身的改进,要求我们让政府管理成为一门独特的职业。"他在一次关于共和三年宪法的演讲中说道:"社会状态中的一切都是代表。代表普遍存在于私人和公共秩序之中;它既是生产性和商业性行业之母,也是自由和政治进步之母。我甚至要说,代表与社会生活的本质密不可分。"[1]

在卢梭看来,当人民受到代表们制定的法律管辖时,就是服从他人的意志,因而是不自由的。在西耶斯看来,既然代表们的立法、行政或司法职权系源自国民的委托,那么,代议制政府本身就是国民自由意志的产物。此时,国民的政治自由就在于选任专门的公职人员,并在他们不称职时替换更合适的人选。他在一则笔记中再次对卢梭进行不点名的批评:"有些人认为,政治自由就是持续地行使政治权利,即不间断关心公共事务。事情并不是这样的。自由始终在于用最小的成本获得最大的收益,也就是以让人承受更少艰辛和获得更多享受的方式将事情做好。"[2]

西耶斯特别强调,国民在设立政府机构时并不让渡自身固有的权力,而只是将部分权力委托给后者,并由后者代表国民行使,该部分权力仅以保障公共秩序和提供公共服务为限,且政府自身无权改变其权力的限度。他表示:"必须牢记在心的真理是,赋予给代表们的任务,绝不涉及共同体原初权力的让渡或放弃。这些任务本质上是由授权者所支配的,始终是可以撤回的,在时限和事项上,都要依照授权者的意志而受到限制。"[3] 这样一来,代议制政府就必然是有限政府。在西耶斯的代议制思想中,宪法起着关键的作用,因为代议机构就是由宪法确立的,它们的权力也是由宪法所赋予、所限制和所规范的,政治领域的劳动分工,正是借助于宪法才得以形成和合法化。用西耶斯的话说,"宪法就是为政府而制定的"。[4]

---

[1] 引自 William H. Sewell, *A Rhetoric of Bourgeois Revolution: The Abbe Sieyes and What Is the Third Estate?*, 93.
[2] 引自 Murray Forsythe, *Reason and Revolution: The Political Thought of the Abbe Sieyes*, 123.
[3] Emmanuel Joseph Sieyes, *Political Writings*, 12.
[4] Emmanuel Joseph Sieyes, *Political Writings*, 134-136.

西耶斯的宪法思想一开始就与代议制政府紧密相连。在《第三等级是什么？》中，正是在讨论了"基于代理的政府"之后，西耶斯接着提出了制宪权的概念，并将它与宪定权严格区分开来。制宪权是属于国民的权力，是国民用来制定一部宪法的权力，宪定权则是由宪法所创设的、属于政府的立法、行政和司法权力。[1] 在这里，西耶斯虽未使用主权概念，而是用制宪权取而代之，但他区分制宪权和宪定权的目的，也是要贯彻国民主权原则：因为，作为主权者的国民既不便于也无必要进行直接治理，需要借助于代议制政府进行治理，所以才有必要制定一部成文的宪法。

依照洛克等人和《独立宣言》中的社会契约观念，人民具有决定和改变政府形式的权力，但在十七和十八世纪的各种社会契约理论中，人们组成政治共同体的行为和设立政府机构的行为并未得到明确的区分。对两者的明确区分是西耶斯的重大贡献之一。[2] 他将制定宪法的行为，置于人们从自然状态向政治社会演进的第二阶段，从而与人们组成政治共同体的第一阶段区分开来。[3] 这样一来，宪法就可由国民在政治共同体已经存在时加以制定或更改，西耶斯号召法国国民制定一部新宪法的革命主张由此也得到了正当化。

西耶斯认为，宪法必须是国民意志的体现，它是制宪权的产物，而不是宪定权的产物，即不能由任何常设的政府权力（宪定权）制定或变动。在他看来，宪法"被说成是根本法，不是说它可以独立于国民的意志，而只是说，那些只能依据宪法而存在和行动的机构不能去触碰宪法"。[4] 不过，西耶斯同时认为，即使是宪法也不一定要由全体国民直接制定，而是可由国民专门选出一定数量的代表来制定。西耶斯将这些代表称为国民的"特别代表"，以区别于常设政府机构中的"普通代表"。这里的关键是不要混淆制宪权和宪定权。这些特别代表组成的议事机构，其实就是任务特定且临时存在的制宪会议。正

---

[1] Emmanuel Joseph Sieyes, *Political Writings*, 135.

[2] 参见 Raymond Kubben, 'L'Abbe de Sieyes: Champion of National Representation, Father of Constitution', in *Constitutions and the Classics: Patterns of Constitutional Thought from Fortescue to Bentham*, 300。

[3] Emmanuel Joseph Sieyes, *Political Writings*, 136.

[4] Emmanuel Joseph Sieyes, *Political Writings*, 136.

如西耶斯所言："这种特别代表受[国民]委托，在有限的时间内处理单一的事务。"[1]

卢梭坚持人民主权原则，但否认代议立法的正当性，这就意味着主权的人民必须成为日常的立法者，从而使作为根本法的宪法和一般法律之间的区别不复存在。卢梭把由人民直接制定的法律分为政治法、刑法和民法，只是依照适用领域的不同所进行的分类，它们彼此之间并没有位阶和效力上的区别。[2] 这可从反面表明现代宪法和代议制政府之间的联系。西耶斯一方面坚持人民主权原则，另一面也承认代议制政府的正当性和必要性，并强调一个日常的立法机构是政府最重要的组成部分。[3] 这就意味着主权的人民有必要制定一部宪法，来创建、规范和约束代表人民进行日常治理（包括日常立法）的政府。在西耶斯这里，宪法是由国民制定的根本法，刑法、民法和行政法则都是"通常意义上的法律"，它们"都是依照宪法条款而形成和行动的立法机构的作品⋯在优先顺位上[相对宪法而言]是第二位的"。[4] 这就是说，由立法机构制定的一般法律，在位阶和效力上要低于由国民制定的宪法。

西耶斯对强制指令的态度也与卢梭截然对立。卢梭将代表观念视为封建体制的产物而加以拒斥，但有意思的是，他建议波兰王国采用的强制指令制度，却恰恰是与法国旧制度中三级会议的代表观念相契合的。[5] 在旧制度中，国王被视为整个王国的代表，国家的统一只能在国王的身上得到体现，众多的民众只有通过国王的自然人格

---

[1] Emmanuel Joseph Sieyes, *Political Writings*, 139.
[2] 出于对公民德性的重视，卢梭还将道德、习俗和舆论视为第四种法律，并认为这是最重要的法律，这些法律"刻在公民的心中，是一个国家真正的宪法"。参见 *The Social Contract and Other later Writings*, 80-81。
[3] Emmanuel Joseph Sieyes, *Political Writings*, 49. 就此对卢梭和西耶斯进行的比较，参见 Joel Colón-Ríos, *Constituent Power and the Law*, Oxford University Press(2020), 67.
[4] Emmanuel Joseph Sieyes, *Political Writings*, 136.
[5] 对此进行的分析，参见 Keith M. Baker, *Inventing the French Revolution: Essays on French Political Culture in the Eighteenth Century*, Cambridge University Press(1990), 237.

才能获得统一的人格。三级会议不能代表统一的国家，只能代表各个不同等级、不同团体的特殊利益，它只能依照国王的敕令而召开，并只有依靠国王的在场而获得统一性。由于三级会议并无公共人格，因而也没有立法权力，它的任务只是为国王提供咨询与帮助，它的代表们只是在国王面前表达各个不同等级、不同团体的诉愿和利益，以便国王最终作出符合整个王国共同利益的决定。与三级会议的多头特性相应的，是针对代表们的强制指令制度。这一制度严格限制了代表们的权力，使得他们仅仅是选区意见的呈送者，或只是便于国王了解各等级、各团体之特殊意见与利益的工具。[1]

在一个将民众划分为法律地位各不相同的等级或团体的封建社会，或许有必要实行强制指令制度，但它与由平等公民联合而成的国民观念是不相容的。在大革命前夕，西耶斯希望三级会议或其中的第三等级代表，自行转变为代表国民统一意志的集会，这就必须先否定和废除强制指令制度。在《论1789年法兰西的代表们可用的执行手段》中，西耶斯呼吁人们给予三级会议成员更大的信任和授权，让他们成为"真正的代表"，可"通过集会、商讨和妥协形成共同意志"。他认为，如果坚持采用强制指令制度，将使代表们沦为单纯的选区指令传达者，并可能导致他们无法形成多数意见，"因为一名立法机构成员的观点而惩罚他，无论他的观点是什么，都是野蛮之举"。[2]

在西耶斯看来，强制指令与代议制的原则根本就是不相容的："假如每个投票者都不能改变他发表过的看法，那还能做成什么？代议机构的成员…聚在一起，就是要平衡彼此的观点，并依照他人的观点修改、提炼自己的观点，最终从所有观点的启发中形成多数意见，即形成制定法律的共同意志。各种个人意志的混和，以及它们在这一过程中的酝酿，对产生良好的结果是必要的。因此，让各种观点相互协调、让步和修正是很重要的，否则，就不成其为审议机构，而

---

[1] 就其实际作用而言，强制指令制度亦成了各等级、各团体抵制专制王权的重要工具。通过严格限制代表们的决策权，并允许各选区撤回和更换违反委托的代表，这一制度使王室不容易通过威胁或收买代表来实现自身的意图。参见 Keith M. Baker, *Inventing the French Revolution: Essays on French Political Culture in the Eighteenth Century*, 227。

[2] Emmanuel Joseph Sieyes, *Political Writings*, 11-12, 43.

只是单纯投票的场所……"[1]

对西耶斯来说，废除强制指令并不等于对代表们的放任，因为代表们仍须受到集会目的和议事范围的限制，只是在这一限度内，他们才可自由地审议和表决，以便制定出他们的能力与判断所允许的最好法律："国民之代议机构的任务受其集会目的的限制。代表们只就他们受托的任务履行代议职责，仅在他们的任务范围内，他们的权力是完全和不受限制的。委托他们就某些事务审议和立法，又剥夺他们制定良好法律的手段与自由，那显然是很荒唐的。[代表们的]权力不受限制，是说他们有权将你们委派的任务尽力做到最好…是就同一事务范围内的权利而言的，而不是说可以扩展到所有事务上，它不能扩展到你们委派的任务以外的事务。"[2]

西耶斯反对强制指令制度（主张赋予代表们相对于选区的必要独立性）的另一重要理由是，这一制度将破坏国民共同意志的完整性。他认为，一个特定选区的代表并非仅代表其所在的选区，而是被召集来代表全体公民，为整个国家进行议事和投票，因此，必须要有若干共同的规则和条件（即使它们不为某些选区所喜），以保障国民的完整性不受某些选举人之任性的损害。[3] 他表示，"当整个共同体能够集会并选举代表时，没有人会质疑他们是全社会的代表"，而在全体公民无法在同一场所集会，整个国家需分为多个选区选举代表，且各地区彼此承认选举的效力时，各地的选举便都是整个共同体的事务："一个选区的代表是直接由他的选区选出的；但他也是间接地由全部选区选出的。这就是为什么每一位代表都是整个国民的代表。"[4]

类似的观点在十七世纪的英国就已出现。在该世纪初，爱德华·科克曾表示："尽管一个人是由某个特定的郡或选区选出的，但

---

[1] 引自 Murray Forsythe, *Reason and Revolution: The Political Thought of the Abbe Sieyes*, 134。

[2] 引自 Murray Forsythe, *Reason and Revolution: The Political Thought of the Abbe Sieyes*, 133-134。

[3] 参见 Keith M. Baker, *Inventing the French Revolution: Essays on French Political Culture in the Eighteenth Century*, 248。

[4] Emmanuel Joseph Sieyes, *Political Writings*, 12-13.

当他来到和坐进议会时,他服务的是整个王国,就像选举诏令所显示的,他是为了普遍的目的来到议会的。"[1] 在该世纪后期,阿尔杰农·西德尼(Algernon Sidney)在《论政府》中写道:"议员们从各地被选入议会后,他们可以朋友或邻居的身份听取选民的意见,以获得作出判断所需的信息…但除非他们所服务的全体国民能够集会,他们在严格的和实际的意义上,无需就自己的行为对任何人负责。由于全体国民集会是不现实的,如果他们违背了委托,他们所受到的唯一惩罚,就是他们再次寻求这一[成为议员的]荣誉时,将要承受的蔑视、骂名、憎恨和确定的拒绝。"[2]

当每一位代表都被视为是在代表全体国民时,多数意见即可视为国民的共同意见。如果他们只被视为所在选区的代表,且每个地区都可否决它所不赞成的意见,那就将导致立法机构无法形成有普遍约束力的多数意见,因而失去存在的意义。对西耶斯来说,这样的否决权"是真正反政治的,因而是不能被认可的"。[3] 1774年,埃德蒙·伯克在对布里斯托尔的选民发表演说时,也表达过类似的观点。他表示,虽然他应该听取自己所在选区的选民们的意见,但他认为选民无权对他强加指令,因为,尽管他是从布里斯托尔选出的议员,但他有义务为整个国家的最佳利益而行动。[4] 西耶斯(及伯克)反对强制指令,以及将代议机构成员视为全体国民之代表的思想,已成为现代政治代议实践中的主流做法。各国宪法对议员在议院中的发言和

---

[1] 引自 Edmund S. Morgan, *Inventing the People: The Rise of Popular Sovereignty in England and America*, Norton(1989), 27。

[2] Algernon Sidney, *Discourses concerning Government*, vol.2(Edinburgh: Hamilton & Balfour, 1750), 370.

[3] Emmanuel Joseph Sieyes, *Political Writings*, 12.

[4] 参见 Martin Loughlin, 'Constituent Power Subverted: from English Constitutional Argumeng to Britain Constitutional Practice', in Martin Loughlin and Neil Warlker(eds.), *The Paradox of Constitutionalism: Constituent Power and Constitutional Form*, Oxford University Press(2007), 47. 须注意的是,由于伯克过于强调"国家利益"相对于选民(或特定选区)意见的独立性和客观性,所以不认为议员应该重视自己所在选区选民的看法。这就有可能导致代议机构缺乏对选民的回应性(responsiveness)。参见 Hanna F. Pitkin, *The Concept of Representation*, University of California Press(1967), ch.8, 'Representing Unattached Interests: Burke'。

表决予以责任豁免的规定,即含有否定强制指令的意旨。德国基本法第 38 条第 1 款更是明文规定:"德意志联邦议会…议员为全体人民之代表,不受命令和指令的约束,只服从自己的良心。"

西耶斯的代议制主张,以他强调劳动分工的政治经济学思想为基础。在他看来,代议制民主不只是一种在规模较大的国家贯彻国民主权的技术手段,不只是在无法实行直接民主时的权宜之计,而是比直接民主更发达、更优越的民主模式。在 1789 年所写《论法国的新组织》这本小册子中,西耶斯表示,民主政体是唯一正当的政体,但"它可体现为两种不同的形式",即直接(或纯粹)民主制和代议民主制。他把直接民主制称为"不成熟的民主制"(raw democracy),并将它比作未经加工的原材料,认为它是劳动分工不发达的表现。在劳动分工发达的社会,政治劳动成为一种专门的职业活动,与其他行业的劳动区分开来,由此便产生了代议制政府。西耶斯写道:"因此,与代议制[民主]政体相比,纯粹民主政体不但在大的社会无法实行,而且连在最小的国家也远难满足社会的需要,远难实现政治联合的目的。"[1]

在一篇未发表的论文中,西耶斯除了阐述代议体制与劳动分工之间的联系,还点名批评卢梭所谓"主权不能被代表"的说法,并认为卢梭对直接民主制的坚持"混淆了制宪权和宪定权"。他在文中列举了代议民主制优于直接民主制的若干理由,其中包括:(1)经代议制民主遴选出的政府官员,通常是专门从事公共管理的人,他们的治理比人民直接治理更专业、更高效。(2)与人民直接集会时匆匆做出的决定相比,由代表们进行的审议将会更加慎重,通过各种不同观点的交流、竞争、修改和妥协,亦可制定更稳健、更成熟和更合理的政策;(3)代表们耐心和冷静的审议,可避免人民直接集会时常有的冲动与激情,因而更有利于保护少数派的权利和自由。[2]

在西耶斯的代表理论中,政治劳动只是代表性劳动的一种,是劳

---

[1] William H. Sewell, *A Rhetoric of Bourgeois Revolution: The Abbe Sieyes and 'What Is the Third Estate?'*, 90-91.

[2] Murray Forsythe, *Reason and Revolution: The Political Thought of the Abbe Sieyes*, 142-143.

动分工发展到一定阶段后的产物。这就意味着,政治生活只是人们更广泛的社会生活的一部分,或者说,在政治生活和政府权力管辖范围之外,存在着一个广大的社会生活空间,人们可以在这一空间自由活动和追求各自的利益。政府权力以社会空间的存在为前提,并以保障这一空间的和平与秩序为目的。政治代议制具有双重的功能,其中之一就是将公民的政治生活与非政治生活分别开来,以使国家权力与人们的私人生活相互区隔。在直接民主制下,政治生活和社会生活之间缺乏这样明确的分隔。这既是因为所有的公民都必须持续地参与政治决策和行动,从而压缩了人们从事其他活动的时间与资源,也是因为全体公民的政治决策范围无法通过实在法加以限制(全体公民本身就是一切实在法的来源),从而让人们难以保有独立于政治权力之外的生活空间。西耶斯曾表示:"在原初的[直接]民主制中,激情容易走在前头……当较不开明的多数同时意识到他们拥有全部的权力,就可能滥用自己的力量,并通过压制少数而一举毁掉一切"。[1]

政治代议制的另一重功能是维持国民与政府之间的联系,实现国民对政府权力的控制。西耶斯在将私人和公共代表纳入同一代表体系的同时,也特别注意两者之间的区别。为满足不同的需要,人们须利用不同的代表性劳动,而政治活动作为代表性劳动的一种,与私人间的代表性劳动有很大的不同。私人间的代表性劳动是为了满足人们各自的个人需要,人们可在不同的供应者中进行选择,更换这些供应者也是较容易的事。比如,人们不会觉得改用另一个品牌的牙膏,是什么复杂和困难的事情。政府管理则是为了满足全体国民的共同需求,这种代表全社会而进行的公共劳动,它的提供者在任何特定的时候都是独一无二的,不能任由个人自行选择。政治劳动和公共职能的独特性还在于,它们不能从人类交往中自发地产生,而是要由国民特意地创建和组织起来。一方面,全体国民是原初和最高权力的享有者,为确保政府能为人们提供公正而合理的服务,有必要时常更换政府组成人员,否则,国民就被它的代表们篡夺了原初的权力,基于

---

[1] 引自 Murray Forsythe, *Reason and Revolution: The Political Thought of the Abbe Sieyes*, 143。

国民委托的代表关系就变成了脱离国民意志的统治关系。另一方面，对政府组成人员或执政者的更换又须以平稳的方式进行，并尽量减少对社会生活的影响。这就是为什么代议制政府必须要有一部宪法，以便国民可以定期、有序地选任和更换政治代表，持续地设立和更新政府权力，并对政府权力进行周密的规范和约束。

在政治代议制问题上，孟德斯鸠对西耶斯有过不小的影响。[1] 孟德斯鸠在《论法的精神》中表示，由人民集体行使立法权，"在大国是不可能的，在小国也有许多不便，因此人民必须通过他们的代表来做一切他们自己所不能做的事情"。他认为，代表们比人民更有能力和更适合讨论事情："代表们的巨大优势是，他们有能力讨论公共事务。人民完全不适合进行这样的讨论；这是[直接]民主制的巨大缺点之一。"他也反对强制指令制度："已接受选民一般指示的代表，不必在每一件事情上在接受特别指示"。不过，孟德斯鸠对代议制的阐述是以等级制社会为背景的：贵族和平民均有各不相同的世袭身份，并由各不相同的集会来代表，结果是贵族和平民的代表分别组成不同的议院。[2] 对西耶斯来说，主权的国民由彼此平等的公民组成，立法、行政和司法机构的官员都是全体国民的代表，而不是任何某个阶层、等级或团体的代表。在某种意义上，可以将西耶斯关于代议制民主的论述，看作是对孟德斯鸠的代议制思想和卢梭的人民主权理论的综合。

西耶斯和洛克一样，认为政治社会和政府权力的根本目的，是为了更好地保护个人的自由和财产权。这是他在公开或非公开的著述中一再强调的主题。在《第三等级是什么？》中，他将法律比作一个球体的中心，每一位公民都在球面占有平等的地位，并与球体中心保持同等的距离。法律平等地保护每一个人的自由，人们在法律的保护下彼此交往，相互交易。西耶斯认为，只要一个人不侵害别人的权利，法律就应在各方面保障他可以自主生活，"法律既不禁止任何人以自身天生或习得的能力，利用各种机运增积自己的财产，也不阻止

---

[1] Emmanuel Joseph Sieyes, *Political Writings*, 'Introduction', xlvii
[2] Montesquieu, *The Spirit of the Laws*, ed. Anne M. Cohler, Cambridge University Press, 159-160.

任何人追寻合乎自身品味的幸福"。[1]

显然,西耶斯的自由观与卢梭的自由观有重大的区别。对卢梭来说,自由是指公民对政治生活的直接参与和不受他人制定的法律的约束,实行代议制当然会导致被代表者自由的丧失。对这种自由的保持,要求公民总是将公共事务看得私人事务更重要,因而必须具备强烈的爱国心和极高的道德水准。对西耶斯来说,自由是指不受他人和公权力的侵害,是由个人依照自身意志来支配自己的生活空间,只要代议机构的代表由国民自由选任和定期更换,且须受到国民的监督与制约,那么,人们服从代议机构制定的法律,就是服从自己间接制定的法律,因而不存在自由丧失的问题。正是因为对政治社会之目的、自由的概念和代议制的看法,与卢梭有着深刻的分歧,西耶斯曾在自传中表示,卢梭的学说"在细节上有多丰富,在根基上就有多糟糕"。[2]

三

在北美殖民地与大英帝国之间的争端中,代表问题一开始就是双方分歧的关键所在。[3] 殖民地方面认为,由于英国议会没有殖民地选派的代表,因此它无权对殖民地征收印花税或就殖民地内部事务立法。独立之后,对此问题的讨论仍在各州持续,并在联邦宪法大辩论时达到了新的理论高度。

在当时的北美地区,一方面在辉格党政治观的影响下,人们对政府权力极为警惕,另一方面在传统共和主义自治观的影响下,人们亦特别重视公民对公共治理的参与。在很多人看来,各州的领土面积就已经太大,使得人民对政府的参与变得困难,人民主权原则难以得到充分的贯彻。因此,各州在实行代议治理的同时,也采取了若干措施

---

[1] Emmanuel Joseph Sieyes, *Political Writings*, 156.
[2] Murray Forsythe, *Reason and Revolution: The Political Thought of the Abbe Sieyes*, 60.
[3] 就此进行的深入研究,参见 J. P. Reid, *The Concept of Representation in the Age of the American Revolution*, London(1989)。

加强选民对政府的控制：(1) 立法机构的任期很短，大多是一年（有的甚至是半年）就得改选一次；(2) 有些州的法官也是由选民选举产生，并且有任期限制，不得终身任职；(3) 不少州的行政长官（州长）须由州议会选出，并须对议会负责，似乎只是议会决定的单纯执行者（在当时只有议会被视为人民的代表机构）。

在反联邦党人看来，由本来就不小的十三个州组成一个庞大的国家，必将使共和主义原则更加难以贯彻。他们援引孟德斯鸠的权威观点，认为大的国家只适合由君主依靠军事力量进行统治，不适合实行有赖于公民爱国心的共和政体；在一个幅员辽阔的国家，人们很难"感受"和"认识"整个国家的共同利益，只会关心局部的特殊利益，因而难以培育对共和政体极为必要的公民德性。[1] 布鲁图斯（Brutus）写道："如果我们尊重最伟大和最有智慧的政治科学作家的观点，就一定会得出结论说，在整个合众国这样幅员辽阔、人口众多且快速增长的土地上，自由的共和国是不可能成功的。"在他看来，罗马共和国正是由于对外征服导致领土扩张，最终变成由君主依靠常备军进行专制统治的帝国，罗马人也因此失去了原有的自由。[2] 反联邦党人认为，既有的邦联体制倒是符合孟德斯鸠的主张，即由多个较小的、独立的共和国为保障共同安全而结成更大的联盟。[3] 北卡罗莱纳的威廉·勒诺（William Lenoir）表示："所有的政治学权威均主张，疆域广大的国家不可能实行共和主义原则，这样的大国必将沦为专制国家，除非它是由多个更小的国家结成的联盟，每个小国都对内部管理享有完全的权力。"[4]

在《联邦党人文集》第 10 和 14 篇文章中，麦迪逊对上述反对意见进行了回应，并对代议民主政体进行了深入而系统的阐述。借鉴大卫·休谟的新颖见解，麦迪逊反驳了"大国不适合实行共和政体"

---

[1] 孟德斯鸠的相关论述，参见 *The Spirit of the Laws*, 124。

[2] Brutus, 'To the Citizens of the State of New York', Oct. 18, 1787, in Ralph Kethcham ed., *The Anti-Federalist Papers and the Constitutional Convention Debates*, Signet Classics(2003), 288-289.

[3] 孟德斯鸠的相关论述，参见 *The Spirit of the Laws*, 131-132。

[4] Jonathan Elliot ed., *The Debates in the Several State Conventions of the Adoption of the Federal Constitution*, Washington(1836), IV, 202.

的惯常看法。[1] 在《论完美共和国》一文中，休谟表示："我们要…注意到这种普遍看法是错误的，即诸如法兰西和不列颠这样的大国都不可能建成共和国，这一形式的政府只能在城邦或小的领土上出现。相反的看法倒可能是对的。虽然在大的国家比在城邦更难以形成共和政体，但一旦形成，却有更多的便利保持它的稳定和统一，并免受动荡与派系之害。"[2] 麦迪逊将代议制原则和国家领土的大小结合起来考虑，认为合众国的辽阔疆域更有利于共和政体的实行和成功。[3]

麦迪逊与反联邦党人一样认为，在美利坚实行的政体下，"政府的所有权力均应直接或间接源自人民这一伟大团体…而不是源自其中的小部分人或某个优等阶级"。[4] 但他表示，这样的"大众政府"（popular government）有两种不同的模式，一是直接民主制，一是代议民主制。他将直接民主制称为"纯粹民主制"（pure democracy），有时也简称为"民主制"（democracy）。在纯粹民主制下，人民直接集会并亲自进行治理。对实行代议制的政体，他则称之为"共和国"（republic）。麦迪逊承认，如果大众政府只有直接民主制一种模式，那它确实只能在较小的地域范围内实行，比如古希腊和近代意大利的城邦。但他同时认为，通过代议制的实行，即使是在幅员辽阔的国家也可贯彻大众政府的原则。在这种情况下，"人民无需亲自集会和进行政府治理，而是通过他们的代表和代理人进行议事和治理"，从而使得"一个共和国可以扩展至很大的疆域"。在麦迪逊看来，有些人是因为混淆了"民主制"和"共和国"，才会觉得大众政

---

[1] 关于休谟在此问题上对麦迪逊的影响，参见 Douglass Adair, "'That Politics May Be Reduced to a Science': David Hume, James Madison and the Tenth *Federalist*", *Huntingdon Library Quarterly*, 20(1956-57), 343-60。

[2] Hume, *Political Writings*, ed. Knud Haakonssen, Cambridge University Press(1994), 232.

[3] Colleen A. Sheehan, *The Mind of James Madison: The Legacy of Classical Republicanism*, Cambridge University Press(2015), 28-29。

[4] Hamilton, Madison, and Jay, *The Federalist Papers*, ed. Clinton Rossiter, Signet Classics(1961), No.39, 237.

府"只能建立在生活于小块领土上的少量人中间"。[1]

麦迪逊将代议制比作一种"巨大的机械力量",认为它可以在一个很大的国家对全社会的力量加以集中和整合,从而做到小的政治体无法做到的事情。[2] 与西耶斯一样,麦迪逊不只是将代议制政府看作是在一个大国,为贯彻人民主权原则不得不采用的一种技术手段,而是将它视为在实质上优于直接民主制的做法。他认为,代议机构的成员不只是简单传递选民的声音,而是通过专业而慎重的审议,来制定符合共同体长远利益的政策和法律。在实行代议制民主的情况下,由公众选举的代表们所组成的代议机构,可以起到某种"过滤"的作用,公众的意见可经由代表们的审议而得到"精炼和提升"(refine and enlarge),从而将纷纭复杂、良莠不齐的公众意见,转化为公正而成熟的政策。[3] 汉密尔顿在《联邦党人文集》第九篇提出,北美多个州本身就比孟德斯鸠认为适合的国土面积大很多,但各州仍成功地建立了共和政体。[4] 麦迪逊则进一步表示,由十三州组成一个更大的国家,将使不合格的候选人更难通过不光彩的手段胜选,人们更有可能选出德性和才能突出的代表们。[5]

麦迪逊认为,在一个广大的国家采用代议民主制(即他所说的"真正的共和制"),可以降低派系斗争的有害影响,并保障少数人免受多数人的专横压迫。他注意到,一些赞同君主制的人为说明它的优越性,总是喜欢将它与共和制进行比较,并强调后者的缺陷和危害。这些人一再提醒人们,古希腊和近代意大利城邦正是因为实行共和制,才会一再出现分裂和混乱。麦迪逊表示,这些人显然混淆了直接民主制和代议民主制(共和制),并将前者特有的缺陷归到后者身上。[6] 在他看来,那些城邦是因为实行直接民主制,才会难以摆脱派

---

[1] *The Federalist Papers*, No.14, 95. 对麦迪逊此处所用术语的分析,参见 Mark A. Graber, 'James Madison's Republican Constitution', in *Constitutions and the Classics: Patterns of Constitutional Thought from Fortescue to Bentham*, 327-332.
[2] *The Federalist Papers*, No.14, 95-96.
[3] *The Federalist Papers*, No.10, 76-77.
[4] *The Federalist Papers*, No.9, 68.
[5] *The Federalist Papers*, No.10, 77.
[6] *The Federalist Papers*, No.14, 95.

系斗争的顽疾，内部也总是动荡不安和混乱无序。在人民集会和亲自治理的地方，因共同的激情和利益而形成的多数，若要侵害或牺牲少数人的权利，几乎没有任何力量可与之抗衡，大家的人身安全和财产权利都无法保障，民主政体本身也将因不同派系间的强烈敌意而难以持久。当共和政体经由代议制扩展到一个大国时，人们就难以像在广场集会时一样感受的共同的激情和利益，也很难为追求不正当的利益而形成跨地区的固定多数。在领土辽阔和人口众多的国家，必定会出现更多的党派，它们的相互竞争也可防止一党独大的局面。另外，由人民选出的代表们就公共事务进行审议和决策时，亦可避免人民集会时常见的激情和冲动。这一切都将为人们的自由提供更可靠的保障。[1]

在联邦宪法的批准过程中，众议院的规模是争论的焦点之一。反联邦党人并非十八世纪意义上的"民主分子"，他们也承认代议制的必要性。正如布鲁图斯所言，"纯粹民主制……在任何稍大的领土上都不可能实行。"[2] 不过，反联邦党人认为，相对于各州选民数量而言，新宪法规定的联邦众议员人数太少，不足于充分代表人民中不同地域、阶层和行业的利益。他们一再强调代表者与被代表者之间的相似性，认为议会成员所持有的观点、立场、感情和所代表的利益，与全体选民的观点、立场、感情和利益分布应是一致的，就像一张地图要准确反映一个地区的地貌一样。

纽约州的梅兰克顿·史密斯（Melancton Smith）在宪法批准会议上说："当我们谈到代表时，我们自然会想到，代表们应与被代表者是相似的；他们应是人民的真实图画；他们应该知晓人民的情况和需要，同情人民的疾苦，并致力于谋求人民的真实利益。"[3] 联邦农夫（the Federal Farmer）表示："一个自由和良好政体的重要内容是，人民在立法机构得到全面和平等的代表……即代议机构所具有的利

---

[1] *The Federalist Papers*, No.10, 76-78.
[2] Ralph Kethcham ed., *The Anti-Federalist Papers and the Constitutional Convention Debates*, 289.
[3] Melancton Smith, 'Speech at the New York Ratification Convention', in Storing ed., *The Complete Anti-Federalist*, VI, 12, 15.

益、感情、观点和看法，要像人民自身集会时所具有的一样。"[1] 布鲁图斯认为，考虑到美利坚人口的多样性，众议院必须大到一定程度才能具有足够的代表性："农民、商人、技工和其他各个阶层的人民，都应依照他们相应的分量和人数而得到代表……任何国家的议会若要与人民真正相似，就必须具有相当大的规模"。[2]

在麦迪逊看来，实行代议制的国家越大，就越可能选出才能和德性杰出的代表。在反联邦党人看来，这恰恰显露了新宪法中最应谴责的贵族制倾向：在众议员人数太少的情况下，只有那些在财富、地位或天赋等方面超拔常人的"自然贵族"才可能当选。梅兰克顿·史密斯曾说道："我相信，[联邦]政府如此构造，众议员将主要来自社会中的第一阶层，我愿将该阶层的人士称为自然贵族……在任何社会，该阶层的人士都会得到最大程度的尊敬，如果只有少量的人被允许进入政府行使权力，那么，依照事物的自然进程，权力必将落到这些人手里。"[3] 布鲁图斯亦表示，"依照人类事务的共同趋向，这个国家的自然贵族将会当选[为众议员]"。[4]

在回应反联邦党人的批评时，麦迪逊特别强调，新宪法并未对众议院选民和候选人资格设置任何不合理的限制。他在《联邦党人文集》第57篇中写道："谁是联邦众议员的选举者？富人不比穷人更有资格；有知识的人不比无知识的人更有资格；显赫家族的高傲后裔不比卑微寒门的平凡子弟更有资格。选举者应是合众国人民这一伟大团体……谁是大众选择的对象？在这个国家因自身美德而得到尊敬和信任的每一位公民。没有设置财产、出身、宗教信仰或社会职业方面的限制，来束缚人民的判断或阻碍人民的喜好。"在此，麦迪逊表达了一种不同于反联邦党人的代表观念。他认为，代议制的关键不在于代表与被代表者之间的相似，而在于前者系由后者所选任："任何政治体制的目标首先都是或都应是，挑选最有谋求社会共同利益

---

[1] Letters from the Federal Farmer, II, in *The Anti-Federalist Papers and the Constitutional Convention Debates*, 276.
[2] Brutus, Essay III, in *The Complete Anti-Federalist*, II, 9, 42.
[3] Storing ed., *The Complete Anti-Federalist*, VI, 12, 16.
[4] Storing ed., *The Complete Anti-Federalist*, II, 9, 42.

之智慧和德性的人担任治理者…以选举方式挑选治理者是共和政体的政治特征。"[1]

麦迪逊认为，如果议员们是由他们的公民同胞选举产生且任期有限，其中就已包含了多项促使他们忠于选民的保障措施：（1）既然议员是由选民依照自身偏好选出的，就有理由相信他们确实具有选民所看好的品格；（2）由于议员明白自己的职权出自选民，他们多少会对选民怀有感恩之情，并尽量有所回报；（3）甚至人的自私心也可能会强化议员和选民之间的纽带，因为那些在大众政府中依靠人民的好感而升迁的人，通常都会珍视人民对自己的好感，而不是发明新的政府形式去剥夺人民的权威；（4）有限的任期和定期的选举，可时常提醒议员对选民的依赖关系，因为议员想连任的话就需要选民的肯定，即使不再连任，也还要回到选民中去生活；（5）议会制定的法律将像适用于公众一样，适用于议员自身以及他们的亲友，这也有利于维系他们与选民之间的感情与联系。[2]

麦迪逊认为反联邦党人误解了代议制的实质，并暗示他们偏离了共和主义和大众政府的原则，因为他们显然在怀疑人民选任治理者的权利和判断候选人优劣的能力："有些人自称对共和主义政体怀有最强烈热情，却又大胆怀疑它的基本原则；假装拥护人民选任治理者的权利和能力，却又认为人民只会选择一些必将背叛人民信托的治理者，对这些人我们还有什么好说的？"在他看来，真正的代议制不应像反联邦党人所主张的那样，议员的数量越多越好，或者每位议员所代表的选民人数越少越好。他认为，无论国家是大是小，议会成员一方面不能太少，否则就难以预防少数人的阴谋，另一方面也不能太多，否则就难以进行高质量的审议和立法。[3]

在麦迪逊看来，大众政府的所有权力都源自人民，它要求法律和政策应依多数人的意见而制定，这就使保护公共利益和个人权利免

---

[1] *The Federalist Papers*, No.57, 349-349.

[2] *The Federalist Papers*, No.57, 349-350. 对选举政治中的所谓"精英统治"的最新分析，参见 John Ferejohn and Frances Rosenbluth, 'Electoral Representation and the Aristocratic Thesis', in Ian Shapiro & others ed., *Political Representation*, Cambridge University Press(2009), 271-301.

[3] *The Federalist Papers*, No.57, 351; No.10, 77.

受多数党派之害，成为实行大众政府的最大难题。¹ 通过代议制的采用，大众政府可避免直接民主制的不足，因而将比君主制和贵族制更可靠地保护财产权、宗教自由和言论自由等个人权利，并更有效地促进商业繁荣、国内安宁和国家安全等共同利益。² 麦迪逊表示，代议制是贯穿于联邦宪法中的基本原则之一，"代议制原则是美利坚共和国运行的枢轴"，美国人民将代议制和承认人民主权的大众政府结合起来，"建造出地球上尚未有过的政府架构"。³

麦迪逊因对代议制原理的系统阐述，与西耶斯一样对现代政治代议制的确立做出了重大贡献。⁴ 两人对代议制的公开论述，都是在1788年开始的。无论是所处的家庭状况、社会背景和政治环境，还是个人性格和所受的教育，两人之间都有巨大的差别，但他们对政治代议制的论述却是惊人的一致，并且，他们都是为支持在自己国家制定一部宪法而写作的，这在一定程度上也反映出现代宪法和代议制政府之间的内在联系。

四

当主权属于全体人民，而人民又不直接从事日常的治理时，就需要组建专门机构，并遴选专门人员代表人民从事公共治理，由此便产生了代议制政府。由人民中的部分成员，基于人民的授权和委托，以人民之代表的身份，为人民的利益进行政府治理，这就产生了如何保障治理者（代表们）对人民负责的问题。在美国联邦宪法批准辩论中，这是各方关注的核心问题。⁵ 一位自称"马里兰州农夫"的反联邦党人表示，"负责任（responsibility）是良好政府的唯一标准"。⁶ 麦迪逊在关心选出优秀治理者的同时，也强调要防止"他们

---

1 *The Federalist Papers*, No.10, 75.
2 Mark A. Graber, 'James Madison's Republican Constitution', in *Constitutions and the Classics: Patterns of Constitutional Thought from Fortescue to Bentham*, 330.
3 *The Federalist Papers*, No.14, 100; No.63, 384.
4 Bernard Manin, *The Principles of Representative Government*, 1.
5 *The Federalist Papers*, 'Introduction', xxii.
6 Letters of Centinel, I, 2.7.9, *The Complete Anti-Federalist*, II, 138-139.

的堕落",并让他们"真正对人民负责任"。[1]这里的负责任包括两方面的含义:(1)治理者要有责任感,要公正而勤勉地履行职责;(2)治理者若是失职就要被问责,要承担相应的责任。[2]

约翰·密尔(John S. Mill)在《关于代议制政府的思考》中认为,设立代议制政府应遵循的两大原则是:(1)代表们要对选民负责,因为对代表的选任和授权都是为服务于选民的利益;(2)在政府治理中最大程度地发挥代表们的知识、经验和能力。[3]一方面,代表们的身份和职权系出自被代表者的意志,依赖于被代表者的认可和授权,因而有必要尊重被代表者的意见和偏好,另一方面,代表们又需要依照自身的最佳判断进行决策,以最有效的方式促进被代表者的利益,如何协调这两种似乎有所对立的要求,一直是政治代议制理论和实践中最关键的问题。[4]依照伯纳德·马南在《代议制政府的原则》中的研究,一个既有效能又负责任的代议制政府,至少需满足四个基本条件。[5]

第一,那些进行日常治理的代表们,须通过自由和定期的选举产生。由全体社会成员选举立法代表或其他政府官员,首先意味着后者的治理权力是基于被治理者的同意而产生的,因而才有要求被治理者服从的正当性。[6]洛克曾在《政府论》中写道:"所有人天生都是自由、平等和独立的,除非得到他自身的同意,没有人可被剥夺这一地位并受制于他人的政治权力。"[7]在美国联邦宪法的批准辩论中,各方都认为《独立宣言》中的下列说法是"不证自明"的:"政府…从被治理者的同意中获得它们的正当权力。"1964年,美国联邦最

---

[1] *The Federalist Papers*, No.57, 348.
[2] *The Federalist Papers*, 'Introduction', xxx-xxxi.
[3] [英]J. S. 密尔著,汪瑄译:《代议制政府》,商务印书馆2010年版,173。
[4] Hanna F. Pitkin, *The Concept of Representation*, ch.10, 'Political Representation'; Jaroslaw Szymanek, *Theory of Political Representation*, Peter Lang GmbH(2015), 19.
[5] 马南就此进行的深入研究,参见 Bernard Manin, *The Principles of Representative Government*。
[6] Bernard Manin, *The Principles of Representative Government*, 79-93.
[7] John Locke, *Two treatises of Government*, ed. Peter Laslett, Cambridge University Press(1988), 330.

高法院在威斯伯利诉桑德斯案的判词中写道:"在一个自由国家,没有什么权利,比在选举那些制定法律的人时表达意愿的权利更宝贵,因为我们作为好公民必须生活在这些法律之下。如果选举权被削弱,其他权利,即使是最基本的权利,也将是虚幻的。"[1] 代议制政府是人民实行自我治理的手段,人民服从代表们制定的法律,是因为人民通过自由选举对法律间接表达了同意,如果人民的选举权被侵害,法律就不再具有要求人民服从的正当权威。

现代政治代议制是为确保人民对政府的控制而设计的。[2] 定期选举可使代表们的职位受到任期限制,并允许选民审查他们的履职情况,以决定是否让他们连任。这不但让选民有机会更换表现不佳的代表,而且也可激励那些想连任的代表善尽职守。[3] 麦迪逊曾表示,定期选举对代议制的成功尤为重要,可提醒议员们牢记自己对选民的依赖,以免因行使权力而得意忘形:"他们不得不预见自己权力结束的时刻,届时,他们对权力的行使将被审查,他们必须回到被提拔前的地位,并永远留在那里,除非他们对选民所托事务的忠实尽职让自己得以连任。"[4] 西耶斯也表示:"代议制…这一术语本身,就必然包含了由被代表的人们进行自由选举的观念。"[5]

代议制政府的效能有赖于治理者的能力和德性,但这种能力和德性不应是治理者自封的,而应由承受治理后果的选民来判别。选举让选民有了甄别治理者优劣的机会。生活于十五至十六世纪的奎恰迪尼(Guicciardini),是一位偏爱贵族制的佛罗伦萨政治思想家,但正是他最早指出,虽然人民并不适合直接进行统治,但却善于判别谁适合进行统治,且一个人是否有德性,本就不应由私人个体而应由人民来判断。他写道:"要发现谁是最有德性的人,并据此选其担任高级职务,由大量的人来判断,比由很少的人判断更诚实、更不腐败且

---

[1] *Wesberry v. Sanders*, 376 U.S. 1(1996).
[2] Philip Pettit, 'Varieties of Public Representation', in *Political Representation*, 61.
[3] Bernard Manin, *The Principles of Representative Government*, 178.
[4] *The Federalist Papers*, No.57, 350.
[5] Emmanuel Joseph Sieyes, *Political Writings*, 61.

更少犯错。"[1] 孟德斯鸠也表达过类似看法:"虽说很少人能精确地了解一个人的能力,但一般来说,每个人都知道,自己所选的人是否比其他大多数人更有见识。"[2]

另外,定期和重复进行的选举,让人们具有参与政府治理的平等资格,为每一位有此志向的公民提供了服务公众的通道。即使是无意参政的公民,也可以在重复进行的选举中积累经验和知识,选举因此也是所有选民进行学习和自我教育的机会。约翰·密尔将代议制政府视为"理想上最好的政府形式",理由之一就是代议制以及与之相关的选举过程,可以让公民的知识、实践和道德能力得到充分的发展。[3]

第二,代表们在履行职责时,特别是在进行立法审议和投票时,应具有一定程度的相对于选民的独立性。十八世纪末以来,在各国建立代议制政府的过程中,很少再实行"强制指令"的做法,很少允许相关选区推翻代表们的投票结果,也很少允许选民任意撤换在任的代表。[4] 选民约束或影响所选代表的主要手段,是他们在下一次选举中的投票权。政府治理需要一些特别的知识、经验和判断力,选民在择优选出代表们的同时,又完全剥夺他们作出独立判断的权力,这就难免陷入自相矛盾。密尔认为,全体选民作为一个主权的团体及代表选任权的行使者,当然可以在宪法规定上(即通过制宪权的行使),或者在选举过程中运用自己的投票权,将代表们的职责限定为单纯传递选民们的意见,但他同时认为,"选民这样做是不明智的"。在他看来,如果代表们总是和选民的看法一致,他们的知识、经验和能力就毫无作用,"如果目的是要选出在智识方面高于普通选民的代表,就应该预见到代表有时会形成不同于多数选民的看法"。[5] 另外,就像马克斯·韦伯所指出的,政府治理需基于不断变化甚至意外出现的情况而决策,这也要求治理者具有必要的独立性,而不只是选民意

---

[1] Guicciardini, *Dialogue on the Government of Florence*, ed. Alison Brown, Cambridge University Press(1994), 128.

[2] *The Spirit of the Laws*, 160.

[3] J. S. 密尔著:《代议制政府》,37-55。

[4] Bernard Manin, *The Principles of Representative Government*, 163.

[5] J. S. 密尔著:《代议制政府》,171-174。

见的传声筒。[1]

第三,公民作为政府治理的对象,必须有权表达自己的政治观点,有权对政府机构和官员进行批评,且无需担心因此受到惩罚。表达自由是人们在争取宗教自由的过程中产生的一项个人权利,它的目的是保护人们的思想不受政府干预,因而有着内在和独立的价值。后来,它又逐渐演变为一项同时具有公共功能的自由。美国联邦宪法第一修正案规定:"国会不得制定关于下列事项的法律:确立国教或禁止信教自由;剥夺言论自由或出版自由;或剥夺人民和平集会和向政府请愿伸冤的权利。"其中的集会权和请愿权,显然就是旨在影响政府政策,因而是具有公共意义的表达自由。在国会就此修正案草案进行辩论的过程中,麦迪逊曾表示:"人民有权表达和交流他们的观点和愿望…人民可以公开向代表们表达意见,也可私下提供建议,或以请愿的方式向全体代表表明他们的态度;通过所有这些方式,他们可以传递他们的意愿。"[2]

"代议制是为被代表的人而设的"。[3] 人们自由地表达自己的政治观点,不但可让治理者更清楚被治理者的意见、愿望与诉求,从而在决策时对之加以考虑,而且也是主权的人民影响和约束政府的手段之一。只有当每位公民都可自由表达和沟通政治观点时,人们才有可能发现或形成较广泛的主张和诉求,并通过必要的组织和联系共同对政府施加压力,以促使后者积极回应民众的诉求。在施特龙伯格诉加利福尼亚案中,美国联邦最高法院表示:"保障进行自由的政治讨论的机会,以便政府及时回应人民的诉求,且使改革可以合法的方式进行…这是我们宪法体制的一项根本原则。"[4] 在罗斯诉合众国案中,该法院认为宪法对表达自由的保护,作用之一是"为了保障不受

---

[1] Max Weber, *Economy and Society: An Outline of Interpretive Sociology*, ed. Guenther Roth and Claus Wittich, University of California Press(1978), Vol. II, 1128.
[2] Philip Kurland and Ralph Lerner ed., *The Founders' Constitution*, Liberty Fund(2000), 415.
[3] Emmanuel Joseph Sieyes, *Political Writings*, 54.
[4] *Stromberg v. California*, 283 U.S. 359 (1931).

阻碍的观点交流,以促成人民期望的政治和社会改革"。[1] 在著名的纽约时报诉沙利文案中,布莱克大法官在他的协同意见中写道:"我们国家要选举很多重要的官员,各州、各市、各郡甚至各警区也是如此。这些官员应就他们的履职行为对人民负责。…讨论公共事务和批评公共官员的自由,在第一修正案所要保护的表达自由中无疑具有首要地位。"[2] 衡量一个政府是不是代议制(具有代表性的)政府,最关键的不是看它能否得到被治理者的服从,不是看政府能否有效地控制被治理者,而是要看被治理者能否有效地控制政府。[3]

第四,代议机构的决策须经必要的辩论考验,且开会的过程应尽可能公开,以保障选民对辩论和决策过程的知情权。自诞生时起,代议制政府就与"开会"(assembly)和"讨论"(discussion)的概念连在一起,代议制政府也时常被称为"基于讨论的政府"(government by discussion)。[4] 密尔曾雄辩地说明讨论对代议机构的重要性:"代议机构经常被它的敌人讥笑为清谈和空谈的场所。很少有比这更大的误会了。当讨论的问题涉及本国的巨大公共利益时,我不知道代议机构怎么能比在讨论中工作得更好:讨论中的每一句话,不是代表本国某个重要人群的意见,就是代表该重要人群所信赖的人的意见。在这一场所,国家中的每一种利益和意见,都能在政府面前以及在其他一切利益和意见面前,甚至是热烈地申明自身的理由,迫使人们听取并要么同意,要么清楚说明不同意的理由。这样的场所本身就是任何地方可能存在的最重要政治机构之一,也是自由政府最大的好处之一。"[5]

现代代议制作为一项政治技术被提出来,一开始就是为了建立属于全体人民的政府。由于人民是由地位平等但成分多样的个人所构成,一方面,不同代表体现着不同的利益、观点和诉求,另一方面,代表的平等地位又排除了彼此之间意见的强加,因此,所有的代表都

---

[1] *Roth v. United States*, 354 U.S. 476 (1957).
[2] *New York Times Co. v. Sullivan*, 376 U.S. 254 (1964).
[3] Hanna F. Pitkin, *The Concept of Representation*, 232.
[4] Bernard Manin, *The Principles of Representative Government*, 183-184.
[5] J. S. 密尔著:《代议制政府》,81。

只能通过说服和辩论来赢得他人的同意，以便获得形成多数意见所需的共识。洛克虽未对代议制进行详细的论述，但也发表过一些深刻的见解，包括谈及在同意的基础上形成多数意见对任何团体的重要性。他曾在《政府论》中表示："既然任何团体都只能基于各个成员的同意而行动，而作为一个团体又必须朝某一方向行动，那么，一个团体就有必要依照较大力量的意向[即多数意见]而行动，否则，它就无法作为一个团体而行动或存续……"[1]

西耶斯的《论1789年法兰西的代表们可用的执行手段》是现代政治代议制的建基著作之一。他在其中详述了代议机构通过自由讨论达成一致的必要性。他写道："在每一次审议中，都有某个问题要解决。就是要弄明白，在既定的情况下，怎样做才符合共同利益。在讨论开始时，还不可能确切知道从什么方向去寻找结果。毫无疑问，共同利益如果不是某个人的利益，那就什么也不是。它只能是不同的个人利益中，最大多数选民共有的一种利益。你们认为会遮蔽一切的混杂和混乱，是通往明智的必不可少的起步。所有的个人利益，都应被允许相互挤压和较量，用一个又一个观点去抓住问题，每个观点都以自身的力量朝着某个目标推动问题的解决。在这种考验中，有用的观点和有害的观点会得到区分，有些观点被放弃，有些观点被保留，后者继续以自身的力量相互较量，在相互交流中得到改进和提炼，并通过相互妥协最终结合为单个的观点……"[2]

为了让代议机构成员进行有效的辩论，就要充分保障他们在会场里的言论自由。就像西耶斯所言："对每一位在立法机构中发言的成员来说，最完全的表达自由是一项固有的、无庸置疑的和神圣的权利。只有在影响到会场内部秩序时，才可能有滥用权利之嫌，如果出现这种情况，也应依照立法机构的纪律规则予以处理。"[3] 美国联邦宪法第1条第6款第1项规定，参议员和众议员"不因在两院中的任何发言或辩论，而在任何其他场合受到质询"；法国宪法第26条第1款规定，"任何议员不因在行使职务时的发言或投票，而受到起

---

[1] *Two treatises of Government*, 331-332.
[2] Emmanuel Joseph Sieyes, *Political Writings*, 39-40.
[3] Emmanuel Joseph Sieyes, *Political Writings*, 43.

诉、搜查、逮捕、拘禁或审判"；德国基本法第 46 条第 1 款规定，"对于议员在联邦议院及其委员会中的投票和发言，任何时候均不得予以法律或职务追究，也不得在联邦议院外追究其责任"；日本宪法第 51 条规定，"两院议员在议院中所作之演说、讨论或表决，不得在院外追究其责任"；韩国宪法第 45 条规定，"国会议员在国会所作的职务发言和表决，在国会外不负责任"，等等，都是为了保障代表们在开会时的表达自由。

在代议机构中，任何一项提议都只有在经由辩论的检验，并得到多数成员的同意后，才能成为具有约束力的决议。这并不是说，任何可能成为决议的提议，都只能起源于代议机构之内。提议可源自代议机构之外的任何地方，包括源自任何选民个人或由选民组成的团体。向代议机构及其成员提出建议，是作为被代表者和被治理者的选民影响政策的重要途径。这一影响作用的实现，须以选民能获取充分的政策信息为前提，因此，代议机构的辩论和决策过程应尽可能对选民公开。美国联邦宪法第 1 条第 5 款第 3 项规定，"两院均应有本院会议记录，并不时予以公布"，且议员对任一问题的赞成票或反对票，均应载入会议记录"。第一届联邦参议院曾决定它的议事过程应秘密进行，但这种做法在四年后被抛弃。德国基本法第 42 条规定"联邦议会应公开举行会议"；法国宪法第 33 条规定"国会两院会议公开举行"；日本宪法第 57 条规定"两议院的会议均为公开会议"；韩国宪法第 50 条规定"国会的会议公开举行"，等等，其原理均在于此。

代议制政府是主权和治权分离的产物。主权的人民作为一个整体，始终处于政府之外，不直接参与政府治理，治理工作交由代表们组成的政府机构去完成。在这里，主权表现为一种"进行授权的权力"（power to delegate power），治权则是一种"被授予的权力"（delegated power）。[1] 主权的人民制定一部宪法，并经由宪法所创设的代议制政府进行自我治理：一方是享有主权权力的全体国民，一

---

[1] B. Ackerman, 'The New Separation of Powers', in *Harvard Law Review*, vol.3(2000), 633.

方是行使治理权力的政府,宪法则是两者之间必要的中介,并是人民控制政府的基本法律手段。[1] 可以说,代议制政府是现代宪法不可缺少的内在要素之一。[2]

我们已看到,在卢梭的政治学说中,由于代议制政府被排斥,人民既是主权者又是治理者(日常立法者),这就使治权被主权所吸收,宪法便没有存在的必要,就像河道被填塞便无需桥梁一样。从另一方向看,如果政府不是建立在人民主权原则之上,宪法也没有存在的必要。如果在一个国家,政治权力被某一位国王或某一个政党所垄断,人们失去表达自身政治意志的自由和渠道,那就意味着主权被这位国王或这个政党所篡夺。在这种情况下,原本属于全体国民的主权,就被少数人的统治权所吸收,作为主权和治权之中介的宪法,也同样失去了存在的空间。即使这位国王或这个政党煞有介事地颁布一部"宪法",那也只是有名无实的伪宪法。

大家不妨做个思想实验。假如美国的民主党与军警力量合作,废除现行的联邦宪法,并建立由军队、警察等强力部门支持的政权,同时不再举行自由的选举,也不允许公民进行自由的政治表达,那么:(1)这个政权完全可通过一项接一项的特别政令,来实行和贯彻它的统治;(2)出于效率和便利的考虑,它也可以制定一份《民主党永久政权组建和运作规程》,以使自身的统治更加常规化;(3)为了让自身显得像个现代政权,它也可以给这份规程取名"美利坚民主主义共和国联盟宪法";(4)它甚至可以豢养一大帮学者,来论证这部宪法是多么的先进,多么的适合美国国情……久而久之,不少美国人就可能会相信,这确实是一部宪法,尽管这是与真正的宪法完全不同的东西。

如果说这只是假想的情形,大家可看看前苏联的实例。在前苏联,先是苏共通过武力夺取了政权,并继续用武力维持自身的统治。

---

[1] 关于代议制和人民主权同为现代宪法的基本原则,以及两者之间的关联,参见 Jaroslaw Szymanek, *Theory of Political Representation*, 123-124。

[2] Denis J. Galligan, 'The People, the Constitution, and the Idea of Representation', in Denis J. Galligan & Mila Versteeg ed., *Social and Political Foundations of Constitution*, Cambridge University Press(2013), 136.

随后，该政权也颁布了一部"宪法"。但是，维持苏联政权运作的根本手段，并不是这部叫作"宪法"的文件，而是掌控着暴力机器的各级苏共组织。苏共政权垮台的过程表明，当各级苏共组织失去垄断权力和施行统治的地位时，苏联"宪法"既无力维持原有的政治秩序，也无法建立新的政治秩序，而是很快就被废弃了。这部"宪法"不可能有比苏共政权更长的寿命，因为，它本来就不是一国人民用来创建和维持政治秩序的根本法，而只是一个政党用来修饰自身暴力统治的遮羞布。

每一种具有一定持久性的政权，都必须寻求自身或真或假的正当性基础，也都会以一定的社会秩序的形式表现出来，并体现为依赖某些规则进行的治理。依赖现代宪法进行的治理，当然也会体现为某些书面规则的运用，但我们不能反过来说，只要运用某些书面规则进行治理，就都是宪法之治。现代宪法是主权的人民组建代议制政府的法律手段，由此产生的政权的正当性，是建立在被治理者的同意之上的，通常表现为政治地位平等的社会成员，通过定期选举对某些人员或政党进行治理授权。

前苏联政权寻求的是根本不同的正当性。苏共统治的正当性根据，并不在于人民的同意和定期的授权，而是在于苏共对"真理"的掌握。基于真理的统治，与基于同意的治理是完全对立的：如果苏共的确是真理的掌握者，肩负着不可抗拒的历史使命，那么，苏联人民的同意就是毫无必要的，任何不同意苏共统治的人，都是在与真理为敌。可以说，苏共政权与宪法之治是根本对立的。这一政权的运行也要依赖一定的规则，这些规则也可能被规定在一部成文的法律中，但无论这样的法律是否冠有"宪法"之名，都不能被认为是一部真正的宪法。[1]

---

[1] 同理，如果一位主权的君主钦定一部"宪法"，并在其中宣示王室至高无上和万世一系的统治地位，那也只是一部名不副实的伪宪法。这样的君主统治的正当性基础，并不是人民的同意，而是上帝的恩典或其他神秘的东西。

第六章

"必须用野心对抗野心"
现代宪法与分权制衡[1]

1748 年,《论法的精神》首次出版。孟德斯鸠在给朋友的一封信中写道:"我可以说,我整个一生都在写这本书。当我[于 1708 年]离开学堂时,便被送去学法律。为寻求法律的精神,我努力钻研,却未获得任何有价值的东西。直到二十年前,我才发现了我的原则:它们非常简单,任何像我一样努力的人都可以做得比我更好。但我发誓,这本书几乎要了我的命。我现在该休息了,不会再写作了。"[2]

这本书的出版,确实是孟德斯鸠著述生涯的结束。他就像之前的拉布利耶尔和蒙田一样,将自己的一生所学都写进一本书里。在经过较长时间的阅读、考察和思考后,他于 1731 年开始《论法的精神》的写作,并用了十七年的时间完成此项工作。

---

[1] 现代国家的分权体制包括两个方面:一是横向分权,即某一层级政府内部不同分支之间的权力分立;一是纵向分权,即不同层级政府之间的权力分配。詹姆斯·麦迪逊曾在《联邦党人文集》第 41 篇的开头部分表示,费城制宪会议提议的宪法草案可从两个方面去看待:一是联邦政府和州政府之间的权力分配(不同层级政府之间的权力划分);二是联邦政府本身的内部构造和不同分支之间的权力分配。本书并未专门讨论纵向分权问题。值得简要说明的是,在纵向分权的安排上虽有联邦制和单一制之分,但从各国宪法实践来看,它们之间的区别已有相对化之趋势:在联邦制国家出现了中央权威加强的态势,在单一制国家则出现了地方自治扩展的态势,两者之间的差别已越来越小。这一趋势的内在动力和政治原理是:在一个民主与法治的宪政框架下,各种政府权限的分配会通过不断的调整而渐趋合理,因而使不同的权限逐渐分属于最适合行使它们的层级和机构。法国宪法第 72 条第 2 款的表述,很好地体现了这一原理:"对那些在其层次能以最佳方式行使权力的所有事项,地方组织得自行作出决策。"

[2] Montesquieu, *The Spirit of the Laws*, ed. Anne M. Cohler, Cambridge University Press(1989), 'Introduction', xi.

在开始写作前,孟德斯鸠曾在英国度过了两年时间。当时,"首相"罗伯特·沃波尔(Robert Walpole)领导的辉格党,与博林布鲁克领导的托利党之间的政争极为激烈。孟德斯鸠与这两位党魁乃至英王乔治二世都相熟。他深入观察了英国议会政治的运作过程,并特别关注议会、内阁及国王之间的互动与平衡,以及人们关于三方行为之宪法性质的争论。英国的学术和政治自由给他留下了深刻印象,并对他后来的思想发展产生了重大影响。[1]

在《论法的精神》中,孟德斯鸠将政体分为三种,即共和、君主和专制政体,它们各自的原则分别是德性、荣誉和恐惧。在共和政体下,人民全体或其中一部分享有最高权力(民主制或贵族制);在君主政体下,由一个人依照固定和确立的法律进行统治;在专制政体下,则既没有法律也没有规则,由一个人依照他自身的意志和任性指挥一切。[2]

在该书最著名的第 11 卷第 6 章,他又以英国政体为参照对象,分析了一种"以政治自由为直接目的政体",它的权力归属和所遵循的原则,与前述三种政体都不相同。[3] 孟德斯鸠将英国称为"在君主国形式掩盖下的共和国",但它的原则却既不是君主国的荣誉,也不是共和国的德性。他并未明言英国政体的原则是什么,只是分析其中的分权与制衡机制,以及这一机制对自由的保障作用。[4] 正是在这一章,他对分权制衡原则进行了比前人更完备的阐述,并使它获得了前所未有的重要性和影响力。[5]

---

[1] Judith N. Shklar, *Montesquieu*, Oxford University Press(1987), 21; Thomas Chaimowicz, *Antiquity as the Source of Modernity: Freedom and Balance in the Thought of Montesquieu and Burke*, Transactions Publishers(2008), 19.

[2] *The Spirit of the Laws*, 10, 21-30.

[3] *The Spirit of the Laws*, 156.

[4] Thomas Chaimowicz, *Antiquity as the Source of Modernity: Freedom and Balance in the Thought of Montesquieu and Burke*, 1; *The Spirit of the Laws*, 'Introduction', xxv.

[5] M. J. C. Vile, *Constitutionalism and the Separation of Powers*, Liberty Fund(1998), 83.

一

孟德斯鸠先将国家权力分为三种：（1）立法权，即"制定、修改和废止法律的权力"；（2）"与依赖国际法的事物有关的执行权"，包括"宣战或媾和、派出或接受大使、确保安全和防止入侵"的权力；（3）"与依赖市民法的事物有关的执行权"，即"惩罚犯罪和审判私人间争端"的权力。[1] 这显然是来自洛克的权力划分方式，尽管孟德斯鸠并未像洛克那样，将关涉对外事务的执行权称为"对外权"（federative power）。至此，与国内事务有关的权力，仍是依十七世纪的通例被分为立法权和执法权。

不过，孟德斯鸠接着又将与对外事务有关的执行权，即洛克所称的"对外权"，专门称为"执行权"，并将与国内事务有关的执行权称为"审判权"。[2] 到十八世纪三十年代，英国的司法权力已经获得了显著的独立性。孟德斯鸠似乎觉得，有必要将这一现实与洛克的权力划分方式加以协调。但这样一来，与国内事务有关的执行权却未得到考虑。[3]

然而，孟德斯鸠很快又再次定义了三种不同的权力：（1）"制定法律的权力"；（2）"执行公共决定的权力"；（3）"审判犯罪或私人争端的权力"。[4] 在这里，第二种权力同时涵盖了对外及对内事务的执行权。由于孟德斯鸠明确将执行权定义为"将法律付诸执行"的权力，并将"审判犯罪和私人争端"的权力从传统的执行权中剥离出来，这就使司法权成为立法权、行政权之外的第三种权力。依照孟德斯鸠对立法、行政和司法权力的定义，他的权力三分法便从功能上涵盖了几乎所有的国家权力，并成为现代政府权力分类的基础。

在将政府权力依功能的不同区分为三类后，孟德斯鸠亦区分了三种不同的政府分支机构，即立法、行政和司法机构，并且，各分支机构的组建方式，也应适合于它们各自行使的权力的功能和性质。他

---

[1] *The Spirit of the Laws*, 156-157.
[2] *The Spirit of the Laws*, 157.
[3] 参见 M. J. C. Vile, *Constitutionalism and the Separation of Powers*, 95.
[4] *The Spirit of the Laws*, 157.

认为，"在一个自由的国家⋯人民作为一个团体应行使立法权"，但除在很小的国家外，"人民必须由他们的代表来做他们自身无法做的事情"。由于"在一个国家，总有一些人在出身、财富和荣誉等方面高于常人"，所以，"立法权须交由贵族组成的团体和人民所选代表组成的团体共同行使，该两团体须分开集会与审议，并体现不同的看法和利益"。[1]

与立法权不同，"行政权应交到一位君主手里，因为这种权力的行使几乎总是需要立即采取行动，由一个人行使比由很多人行使更好"。在孟德斯鸠看来，出于对效率的需求，行政权应由单个的人来掌管和行使，"不像立法权经常是由很多人行使更合适"。[2]

孟德斯鸠关于司法机构设置方式的建议，与当时英国的实际情况有显著的不同。他认为，司法权不应由一个常设的元老院（如英国的上院）行使，而是应该"在每年的某些时候依照法律规定的方式，从人民中选出一些人"，组成仅临时存在一段时间的法庭。在孟德斯鸠看来，立法和行政权力可以由专门的官员或常设的团体行使，因为它们一是表达普遍意志，一是执行普遍意志，并非针对任何个人，而司法权力则总是针对个人行使的。依照他的建议，司法权力虽然独立于另外两种权力，但却不需要职业化的法官，审判案件的人类似于英国的陪审员，只是这里的"陪审员"需要同时裁决事实和法律问题。对孟德斯鸠来说，法律应该始终是清楚和明确的，并不要求审判者具有专业的法律知识，"如果判决有赖于法官的个人意见，人们将生活在一个无法准确预见自身行为后果的社会"。[3]

在孟德斯鸠的分析中，另外两种权力分别由人民（通过代表）、贵族和君主行使，它们都体现了现实的社会阶层和力量，但"司法权⋯对人类来说是如此可怕"，所以"不应与某一阶层或某一职业连在一起"。他认为，司法权应该既代表所有人又不代表任何人，它应成为一种"隐身和无形的"权力："法官不应持续出现，人们害怕的应是司法权力，而不是司法官员。"不过，他同时接受了中世纪封建

---

[1] *The Spirit of the Laws*, 159-160.
[2] *The Spirit of the Laws*, 161.
[3] *The Spirit of the Laws*, 158.

社会的同侪审判观念，认为"法官应与被指控者处于相同条件，或是他的同侪，这样他就不用担心落到想要伤害他的人手里"，比如，对贵族的审判应在由贵族组成的上院（系常设立法机构的一部分）进行。[1] 孟德斯鸠对司法独立的阐述，对现代分权原则的形成和发展做出了重大对贡献。[2] 在美国的制宪运动中，孟德斯鸠关于非职业化法官的建议影响甚微，但他对司法独立的强调却得到了广泛的认同。

孟德斯鸠对司法权力的重视，与他长期在波多尔高等法院担任刑事法官的经历不无关系。在《论法的精神》中，他一再强调司法程序对个人的保护作用：对案件的快速审判虽可让程序简易和便利，但冗长的调查和繁琐的程序，却是"每位臣民为其自由必须付出的代价"。孟德斯鸠认为，在剥夺一个人的荣誉、财产乃至生命之前，必须经过若干不可省却的司法程序，并应允许刑事案件的被告穷尽各种可能的机会来证明自己的无辜。[3] 虽然孟德斯鸠并未使用在十七世纪的英国就已普及的"正当程序"概念，但他所表达的思想是与之相似的。

在区分不同的权力和政府分支机构时，孟德斯鸠亦表示，每一种权力都应由适当的分支机构行使，且不同的分支机构应相互独立，并由不同的人员掌管；任一分支机构都不应行使两种或两种以上的权力，或是侵夺别的分支机构的权力。他写道："当立法权和行政权掌握在单个人或单个公共团体手中，就没有自由可言，因为人们会害怕这个君主或元老院将制定暴虐的法律，并以暴虐的方式执行。如果司法权不与立法权和行政权分开，也没有自由可言。如果它与立法权合在一起，那么，管辖公民生命和自由的权力将会是专断的，因为法官同时也是立法者。如果它和行政权合在一起，法官将拥有压迫者的力量。如果同一些人，或无论是贵族还是人民的代表组成的同一团体，同时行使这三种权力，那就一切都完了……"[4]

将政府权力分为三类并由三个不同的分支机构行使，这本身就

---

[1] *The Spirit of the Laws*, 158-159, 163.
[2] M. J. C. Vile, *Constitutionalism and the Separation of Powers*, 97.
[3] Judith N. Shklar, *Montesquieu*, 89-91.
[4] *The Spirit of the Laws*, 157.

意味着每一机构的权力都是有限的,并且都要受到另外两个机构的制约。但孟德斯鸠进一步提倡积极的制约与平衡机制,认为应让各分支机构拥有一些控制其他机构的权力。需注意的是,在他所阐述的制约与平衡理论中,积极的制约关系只存在于立法权和行政权之间,司法权则是完全独立的,既不受其他机构的制约,也没有制约其他机构的权力。对孟德斯鸠来说,"法官…只是宣读法律之言词的嘴巴",不代表任何社会阶层和力量,既不适合去制约其他机构,也没必要由其他机构去制约:"在我们谈到的三种权力中,司法权在某种意义上是无形的。因此,就只剩下两种权力,它们需要受到别的权力的节制……"[1] 这与美国联邦宪法中的制衡机制有所区别:在后者,联邦法官可由国会进行弹劾,而随着司法审查制度的确立,法院又可审查国会和总统的行为是否合乎宪法。

依照孟德斯鸠的论述,在立法机构内部,由平民代表组成的下院享有制定法案的权力,由贵族代表组成的上院则享有否决法案的权力,两者相互制约以使两个阶层的权益都有所保障。立法机构不应自行决定集会,而应由行政首脑召集开会并确定会期,否则,立法机构"将变得专横,因为它将消灭所有别的权力,并让自身拥有它所能想象的一切权力"。立法机构不能对行政权进行类似的支配,因为"法律的执行就其本性而言就是有限的",但有权对法律执行的方式进行审查。无论审查结果如何,立法机构都不能对行政首脑及其行为进行问责,而只能问责他的"邪恶的顾问们(即大臣们)"。在对相关大臣或官员进行问责(弹劾)时,应由下院进行起诉,然后再由上院进行审判。[2]

行政首脑应享有对法案的否决权,以防他的权力被立法机构所剥夺,但他不能以制定法案的方式积极地参与立法工作,他甚至不应参与公共事务的讨论或主动提出议案。反过来,立法机构每年制定有关公共预算和军事开支的法案,也是对行政权的一种制约。另外,孟德斯鸠还沿袭洛克在《政府论》中的说法,认为立法机构不适合且不

---

[1] *The Spirit of the Laws*, 160, 163.
[2] *The Spirit of the Laws*, 160-163.

应该长期开会,行政权则必须一直存在。[1] 孟德斯鸠总结道:"这就是我们所讨论的政府的基本宪法。立法机构由两部分组成,它们各有自身的特权并互相制约。它们都要受到行政权的约束,而行政机构也要受到立法机构的约束。"他似乎考虑了不同权力相互制约是否会造成政府僵局的问题,但并未就此提出特别的预防或化解措施,而只是简短地表示:"这三种权力的状态原来应是静止或无为的。但由于事物的必然运动迫使它们行动起来,它们也就不得不协调行动了。"[2] 在美国的宪法体制下,这一问题是通过联邦最高法院的宪法解释权来解决的。

孟德斯鸠对立法与行政机构之关系的分析,显然源自英国平衡或混合政体理论中的制约与平衡观念。依照这一理论,国王、上院和下院分别代表不同的社会阶层,由三者共享立法权可防止任何一方变成专断的统治力量。在孟德斯鸠分析中,有两点值得注意的变化。第一,他不再将国王视为立法机构的组成部分,国王只是行政权的掌管者,只能从外部对立法行使否决权。这一点显然影响了美国联邦宪法关于总统否决权的规定。第二,虽然他仍关心不同社会阶层在立法机构中的代表问题,但在他这里,制约与平衡主要出现在不同的政府权力(立法权和行政权)之间,而不是不同社会阶层的代表团体之间。这样一来,孟德斯鸠便将制衡观念从混合政体理论中分离出来,将它与更完备的分权学说结合在一起,从而使分权制衡原则成为立宪政府的一项普遍准则。

孟德斯鸠的分权制衡观念,与他对权力的看法是分不开的。[3] 他将权力与法律分离开来,使权力脱离了所有的附加物,成了一种除了自身的扩展便没有其他目的的强力。这种高度还原的权力观,对现代权力观念的形成有很大的贡献。在孟德斯鸠所阐述的专制政体中,这

---

[1] *The Spirit of the Laws*, 161-162; John Locke, *Two treatises of Government*, ed. Peter Laslett, Cambridge University Press(1988), 369.
[2] *The Spirit of the Laws*, 164-165.
[3] 就此进行的深入分析,参见 Brian C. J. Singer, 'Montesquieu on Power: Beyond Checks and Balances', in Rebecca E. Kingston ed., *Montesquieu and His Legacy*, State University of New York Press(2009), 97-112.

种还原论的权力观是最显明的。在这一政体下，专制君王凭他的意志和他的任性支配一切，"既没有法律也没有规则"。[1] 这一离开法律而存在（当然也不受任何法律约束）的权力，只为实现君王的意志而行使，由于人的意志本身是没有界限的，这一权力因而也没有任何限制。这样的权力只能属于一个人，因为被分享的权力必定是有限的权力。从理论上说，生活在专制统治下的人们毫无安全可言，他们言行全受恐惧这一激情所支配。

在传统上，人们根据统治人数的多寡，区分君主制、贵族制和民主制这三种不同的政体。它们各有自身的法律，并附有各自的善的观念。当统治权力不再维护法律，或偏离自身的目的（善的观念），权力便被视为腐败了，这三种政体也分别蜕变为僭主制、寡头制和暴民制。但在孟德斯鸠这里，专制统治是与君主制、共和制并列的基本政体类型，它与君主制的区别在于是否依照法律施行统治。政治权力的概念并不以法律的存在为内涵，即使是在君主制下，君主也只是依照法律行使权力，法律和权力各有自身独立的存在。如果说以前人们只是认为权力有腐败的危险，孟德斯鸠则认为权力本身就是危险的：只要有权力存在，且没有受到约束，就一定是专制的。问题不再是组建好的权力，而是如何限制权力。孟德斯鸠提出的方案是，将统治权力从功能上分为三种，并让它们相互抗衡，因为"每个掌握权力的人都倾向于滥用它…从事物的性质来看，要防止权力被滥用，只有以权力制约权力"。在这里，十八世纪机械物理学的影响是显而易见的。对孟德斯鸠来说，政治运作"就像物理运动，一种作用力总是伴随着反作用力"。[2]

在《论法的精神》中，孟德斯鸠试图将政治作为一门科学来研究。他几乎探讨了影响人类政治生活的所有因素，并努力阐述各国的法律如何受到政体形式、政治原则、气候、土壤、地理位置、经济、习俗和生活方式等因素的影响。他表示："我提出了首要的原则，并发现各种具体情形与它们相契合，似乎各国的历史都只是它们的结果，

---

[1] *The Spirit of the Laws*, 27.
[2] *The Spirit of the Laws*, 42, 155.

且每一具体的法律都与别的法律相联系，或是依赖于一些更一般的法律。"这种科学的方法，即"考察所有原因以了解结果"的方法，需要排除个人的好恶，确保各种结论都"出自事物的本性"，以便"每个国家都能发现它们的准则赖以建立的理由"。[1] 由于注重将政治体制置于相关的社会结构与环境中加以分析，孟德斯鸠也被视为政治社会学的创建者之一。[2]

孟德斯鸠对分权制衡机制的分析，也是他对不同政体的因果关系所作考察的一部分。这一机制与特定的政体紧密相连，而"这一政体又将政治自由作为它的直接目的"。对孟德斯鸠来说，三权分立与制衡机制的主要作用是保障个人自由。他将"政治自由"视为英国政体的目的。这里的政治自由不仅是指各个政府分支机构不受其他机构的压制，而且也包括个人的安全。他表示："对一位公民来说，政治自由就是认识到自己的安全所带来的内心平静，要让他享有这种自由，政府的运行必须让一位公民不用害怕另一位公民。"[3] 对他来说，个人自由依存于特定的政治和法律体制，是某些政府机构的设置和运行为个人所提供的安全生活空间。二百六十年后，美国联邦最高法院在布迈丁诉布什案中表达了同样的看法："制宪者对政府权力固有的不信任，是将权力分配给三个独立分支这一宪法方案的驱动力。这一方案不但要让政府成为可问责的，而且也是为了保障个人自由。"[4] 该法院还注意到，"与权力分立和制衡有关的司法判决，主要是源于个人而不是政府部门提起的诉讼。"[5] 因此，它认为："当一部门侵犯另一部门的领地时，无论后者是否同意这种[权力]侵夺，都应认定宪法中的三权分立原则被违反了。"[6]

不过，孟德斯鸠认为，"自由必须与独立区分开来，自由就是做

---

[1] *The Spirit of the Laws*, 'Preface', xliii-xliv.
[2] Giovanni Grottanelli de'Santi, 'Montesquieu', in D. J. Galligan, ed., *Constitutions and the Classics: Patterns of Constitutional Thought from Fortescue to Bentham*, Oxford University Press(2014), 253; *The Spirit of the Laws*, 'Introduction', xxii.
[3] *The Spirit of the Laws*, 157.
[4] *Boumediene v. Bush*, 553 U.S. 723 (2008).
[5] *Bond v. United States*, 131 S. Ct. 2355, 2365(2011).
[6] *New York v. United States*, 505 U.S. 144, 182(1992).

一切法律所允许之事的权利"，而不是先于政治社会的自然权利。用他的话说："在一个国家，也就是说在一个有法律的社会，自由只在于有权做一个人应该想做的事，而不会被迫去做一个人不应该想做的事。"[1] 在他的学说中，自由与独立的分离，意味着不存在与政府权力相对峙的个人基本权利。在《论法的精神》第11卷第6章，孟德斯鸠对英国的政体颇为称道，但在第19卷第27章，他又觉英国人的性格、品行和习俗令人费解，而这两者似乎又是不可分割的。他表示，在这个国家存在两种可见的权力，即立法权和行政权，"由于每位公民都依照他的品味重视他的独立"，大多数人都在两种权力中偏爱其中的一种。[2] 孟德斯鸠似乎尚未意识到，这正是英国个人主义的表现。当国家权力分为不同部分，且人们可以选择支持某一部分时，那就意味着人们是独立于这些权力的。否认人们的这种独立性，就等于在观念上否认人们享有独立于政府权力的个人基本权利。[3]

孟德斯鸠也注意到，"由于法律对所有人都是平等的，每个人都视自己为君主，这个国家的人更像是合伙者，而不是公民同胞"，但是，在他们的自由或国家受到威胁时，英国人却能作出"连最专制的君主也不敢要求他的臣民承受的牺牲"。在英国，"为了享受自由，每个人必须能说出心中所想，为了保存自由，每个人更必须能够说出心中说想"，没有人愿意为他人而改变自己的信仰，因为"如果有人能够剥夺人们的信仰［自由］，就能更容易地剥夺别的自由"。如果有人试图"推翻根本法"，则"一切都会团结起来反对违法的权力"，而在"有外敌威胁国家并使它的命运和光荣处于危险中时，一切又会团结起来支持行政权力，让小的利益为更大的利益让步"。[4] 在这里，孟德斯鸠将英国保障个人自由的宪法体制与公民爱国精神联系起来，从而预示了二十世纪在德国出现的宪政爱国主义思潮。[5]

---

[1] *The Spirit of the Laws*, 155.
[2] *The Spirit of the Laws*, 325.
[3] Brian C. J. Singer, 'Montesquieu on Power: Beyond Checks and Balances', in *Montesquieu and His Legacy*, 106.
[4] *The Spirit of the Laws*, 326-332.
[5] 关于宪政爱国主义的内涵及其在德国的产生与发展，参见［德］扬-维尔纳·米勒著，邓晓菁译：《宪政爱国主义》，商务印书馆2012年版。

虽然孟德斯鸠并未承认人的基本权利,但他对限制权力之必要性的强调(保障个人自由是其目的之一),以及他在刑事法领域所提出的一系列旨在保护被告的改革建议,仍使他成为人类历史上最伟大的自由思想家之一。[1] 就本章的主题而言,孟德斯鸠最大的思想贡献,就是阐明分权制衡机制如何为自由的保障提供最好的条件,并使个人自由与特定的政府类型内在地结合起来:个人自由不能寄望于统治者的恩赐,而只能通过分权制衡的立宪政体加以保障。[2]

二

麦迪逊曾经评论说:"在这个[即三权分立]问题上,一直被参考和提及的权威是著名的孟德斯鸠。即便他不是这一无价的政治科学准则的发明者,但至少最有效地展示和推荐,并让世人注意到这一准则,算是他的功劳。"[3] 这一评论在承认孟德斯鸠的贡献的同时,也指出他对分权制衡原则的阐述,是对前人思想成果的继受与综合。为了更好地理解这一原则,我们有必要梳理一下它的思想源流。

依照公元前五世纪古希腊历史学家希罗多德在《历史》中的记载,大流士、欧塔涅斯和美伽比佐斯等人在推翻伪司美尔迪斯的统治后,便开始讨论应该在波斯实行何种形式的统治。[4]

欧塔涅斯认为,不应再实行一个人的统治。在他看来,一位权力不受约束的国王,哪怕原本是最好的人,也难免会变得刚愎、骄傲、残暴、嫉妒和好听谗言,最后什么恶事都做得出来,包括强奸妇女和任意诛杀民众。相反,人民(多数人)的统治则可让人人平等,"一切职位都由抽签决定,任职的人对他们任上所做的一切负责,而一切

---

[1] Judith N. Shklar, *Montesquieu*, 89; Brian C. J. Singer, 'Montesquieu on Power: Beyond Checks and Balances', in *Montesquieu and His Legacy*, 99.
[2] Giovanni Grottanelli de'Santi, 'Montesquieu', in *Constitutions and the Classics: Patterns of Constitutional Thought from Fortescue to Bentham*, Oxford University Press(2014), 257, 260.
[3] Hamilton, Madison, and Jay, *The Federalist Papers*, ed. Clinton Rossiter, Signet Classics(1961), No. 47, 298.
[4] 希罗多德著,王以铸译:《历史》(上册),商务印书馆 2010 年版,231-234。

意见均交由人民大众裁决",所以不会产生一位国王易犯的任何错误。

美伽比佐斯同意欧塔涅斯对一人统治的批评意见,但不赞同人民大众的统治。在他看来,群众比暴君更愚蠢、更横暴无礼、更肆无忌惮;暴君不管做什么坏事,至少是心中有数的,人民大众则是完全盲目的,像一条泛滥的河流一样盲目奔流。他认为应将权力交给少数最优秀的人物,这些人可以实行最高明的统治。

最后发言的大流士既不赞同人民(多数人)的统治,也不赞同少数人的寡头统治。他表示,虽然少数优秀的人都愿意为国家做好事情,但这种愿望会在他们之间引发分歧,因为每个人都想让自己的意见占上风,从而导致激烈的派系冲突和倾轧。大流士认为,没有什么比一个最优秀人物的统治更好,也只有一个人的统治能给人们带来自由,因为他可利用自己的判断力,完美无缺地统治人民,他为对付敌人而拟定的计划也可隐藏得更严密。

希罗多德的上述记述,是西方历史上最早对依统治人数划分的三种政体进行比较分析的文字资料。[1] 这一记述并未涉及不同政体的混合问题,但却预示了后期古希腊关于君主制、贵族制和民主制之论述的要点。

依照修昔底德在《伯罗奔尼撒战争史》中的记载,由于特拉门尼等人的努力,一个由 5000 人组成的会议取代了原来的"400 人会议",成为雅典的最高权力机构。参与范围的扩大,使得雅典的统治方式恢复了一定的"民主"元素,而对出席会议者的财产要求和禁止担任公职者领取报酬的做法(降低了穷人任职的可能性),又有一定的"寡头"成分。修昔底德写道:"这个政体在它的早期,是我记忆中雅典人所拥有的最好政体。因为,寡头和平民混合的政体是温和的,它使得雅典在遭遇许多灾难后又恢复起来。"[2] 这是西方历史上

---

[1] Richard Winton, 'Herodotus, Thucydides and the Sophists', in Christopher Rowe and Malcolm Schofield ed., *The Cambridge History of Greek and Roman Political Thought*, Cambridge University Press(2005), 108.

[2] [古希腊]修昔底德著,谢德风译:《伯罗奔尼撒战争史》,商务印书馆 1978 年版,633。

最早有人明确谈到将不同元素"混合"到同一政体之中。[1]

柏拉图是第一位对混合政体进行详细分析的思想家。[2] 在《理想国》中，柏拉图阐述了他心目中的理想政体，即由少数掌握绝对和永恒知识的哲学家进行统治的贵族政体。到了晚年，他对人类政治生活有了更务实的看法，也更关心如何在现实世界建立和维持次好的政治秩序。[3]

在晚期著作《法律篇》中，柏拉图通过一位"雅典人"之口表示："将过多力量赋予任何事物，比如给船舶配太大的帆、给身体喂太多的食物、给一个人太多的权威…都会造成混乱或非正义"。在谈及斯巴达政体时，这位"雅典人"表示，曾有一位神明守护着斯巴达，让它有了两位国王，使得王室权力有所节制；后来，带有某种神圣力量的人类智慧，发现它的政体仍是激动不安的，便让它有了二十八位元老，他们在重大问题上享有与国王同等的决定权，以节制世袭国王的权力与骄傲；再后来，第三位拯救者又让它有了五位以抽签方式产生的监察官（Ephors），使它的统治权力得到了更多的制约。[4] 这样一来，斯巴达就有了一个由君主制、贵族制和民主制这三种元素构成的混合政体。

柏拉图在此讨论的，不是将三种不同政体的优点融合在一个政体之中，而是要让政体内部的不同元素相互节制（tempering）。[5] 认为政府内部不同组成部门之间的相互节制，可以使政治统治的变得温和或适度（moderate），并可持久存续，这一观念具有巨大的历史

---

[1] James M. Blythe, *Ideal Government and the Mixed Constitution in the Middle Ages*, Princeton University Press(1992), 14; Richard Winton, 'Herodotus, Thucydides and the Sophists', in *The Cambridge History of Greek and Roman Political Thought*, 121.

[2] Kurt Von Fritz, *The Theory of the Mixed Constitution in Antiquity: A Critical Analysis of Polybius' Political Ideas*, Columbia University Press(1954), v; James M. Blythe, *Ideal Government and the Mixed Constitution in the Middle Ages*, 15.

[3] *The Laws of Plato*, trans. Thomas L. Pangle, University of Chicago Press(1980), 'Interpretive Essay' 376-377.

[4] *The Laws of Plato*, 75-76.

[5] James M. Blythe, *Ideal Government and the Mixed Constitution in the Middle Ages*, 16.

重要性，也是《法律篇》在政治理论上的主要贡献。[1] 二千多年后，孟德斯鸠在《论法的精神》中将政权分为两大类：温和的（the moderate）和非温和的（the immoderate）。[2] 所谓温和政权，就是统治权力通过一定的社会或政治机制得到限制与约束的政权，包括有德性的贵族政体、依照法律行使权力的君主政体和分权制衡的自由政体。在这里，柏拉图对孟德斯鸠的影响是显而易见的。

柏拉图在《法律篇》中还表示，民主制和君主制均为"政体形式之母，所有其他的政体都可视为出自两者"，并且，"只要政体缺乏其中之一，任何城邦都不可能有良好的政治生活"。[3] 这就传递出混合政体的另一要点，即不同的社会阶层都应在政体构成中得到体现，以便每个阶层都能参与政府决策，以免自身利益受到忽略或侵害。

亚里士多德同样关心如何建立适度、公正和稳定的政体，但他比其他人更重视城邦社会的阶层构成，所以经常根据是富人还是穷人在统治，将政体分为寡头制和民主制两种。[4] 在他看来，由富人和穷人共同参与统治的混合政体，可让不同阶层的意愿和利益均得到照顾，这不但符合比例平等和分配正义的要求，而且也有利于城邦的和谐与政体的稳定。[5]

对亚里士多德来说，混合政体主要是不同阶层的混合，而不是不同政体形式的混合。[6] 他也不关心政体内部的权力平衡问题。在分析斯巴达的混合政体时，他看重的并非不同元素之间的相互节制，而是不同阶层都有参与的机会："两位国王满足于这一政体给予的光荣；贵族和贤人满意，是因为可进入元老院（这是他们因德性而获得的回

---

[1] R. F. Stalley, *An Introduction to Plato's laws*, Basil Blackwell Publisher Limited(1983), 75.

[2] Judith N. Shklar, *Montesquieu*, 85.

[3] *The Laws of Plato*, 78.

[4] Aristotle, *Politics*, trans. C. D. C. Reeve, Hackett Publishing Company(1998), 1279b17.

[5] *Politics*, 1298b1-40. 就此进行的分析，参见 Christopher Rowe, 'Aristotelian Constitutions', in *The Cambridge History of Greek and Roman Political Thought*, 378-384。

[6] James M. Blythe, *Ideal Government and the Mixed Constitution in the Middle Ages*, 24.

报);平民们满意,则是因为有监察官制度(人人都有机会担任监察官)。"他认为,"一种政体若要长久存续,必须让城邦的各个部分均有参与统治的机会,因而都希望它能延续下去"。否则,那些与官职和权力无缘的人,就会觉得自己受到了不公正的对待,他们将因此结成派系并试图改变政体。[1]

不过,对现代政治理论和实践影响最大的,还是波利比乌斯(Polybius)对混合政体的论述。[2] 正如更早的柏拉图以斯巴达政体,以及后来的孟德斯鸠以英国政体为分析对象,波利比乌斯也是通过对特定的、实际存在的政体(即古罗马的共和政体)的考察,来阐述他的混合政体理论。

在他的《历史》一书的第六卷,波利比乌斯先是通过对希罗多德和柏拉图等人的政体蜕变学说的简化,提出了一种所谓的"政体循环"(cycle of constitutions)理论。[3] 在这一理论中,最先出现的是基于勇武和力量的一人统治,然后变为世袭的君主制;君主制蜕变为僭主制,然后让位于贵族制;贵族制蜕变为寡头制,然后让位于民主制;民主制蜕变为暴民制,然后又被一人统治所取代,如此周而复始,循环往复。波利比乌斯认为,君主制、贵族制和民主制这三种简单和常态的政体都不是最好的,只有"将所有这三种政体结合在一起的政体,才无疑是最好的政体"。[4] 在他看来,罗马共和国之所以长盛不衰,即使遭受严重打击后也能迅速恢复起来,就是因为它拥有类似于斯巴达那样的混合政体。

在波利比乌斯看来,三种不同的政体依次消亡并被另一种所取代,是一种人力无法阻止的自然过程,是由它们各自的内在特性所驱动的,"就像锈蚀是铁的内在腐化的结果"。他认为,在罗马共和时

---

[1] *Politics*, 1270b17-28; 1316b20.

[2] Polybius, *The Histories*, trans. Robin Waterfield, Oxford University Press(2010), 'Introduction', by Brian McGing, xxxiv; Kurt Von Fritz, *The Theory of the Mixed Constitution in Antiquity: A Critical Analysis of Polybius' Political Ideas*, vi.

[3] 波利比乌斯的政体循环理论与修昔底德、柏拉图的政体蜕变学说之异同,参见 Kurt Von Fritz, *The Theory of the Mixed Constitution in Antiquity: A Critical Analysis of Polybius' Political Ideas*, 61-75.

[4] *The Histories*, 372-378.

期的混合政体中，执政官是君主制元素，元老院是贵族制元素，护民官（以及由护民官召集的平民大会）是民主制元素，这三种不同元素之间的制约与平衡，可以防止任何一种元素向它的变态形式转化，从而使混合政体比任何简单政体都更为稳定和持久。他写道："当某一部分超出与其他部分的比例关系，试图谋求至高权力并可能变得过于强势时，基于前面提到的（三者中任何一方都不能获得绝对权力）理由，它的企图会遭到其他部分的对抗和阻止，所以，任何一部分都不会变得过于强大并可轻视其他部分。"[1] 可以说，注重政体内部的制约与平衡，是波利比乌斯的混合政体理论最突出的特点。[2]

罗马共和时期的执政官由公民大会选举产生，任期通常为一年，其地位、权力和作用都与国王有很大的差别。[3] 波利比乌斯将执政官视为罗马混合政体中的君主因素，是因为他更注重执政官"一人"行使权力的形式因素，以及执政官与元老院、护民官之间的制衡关系，而不是亚里士多德那样注重混合政体中的社会阶层因素。因此，他的理论更接近美国联邦宪法中的权力制衡机制，而不是孟德斯鸠的分权学说，后者仍认为不同功能的政府权力，须由不同社会阶层的代表来行使。另外，波利比乌斯试图以一种"实证"的考察，去分析混合政体不同元素的制衡作用，而不是像亚里士多德那样关心它是否正义的问题。波利比乌斯与柏拉图、亚里士多德不同，他关心的不是各种政体的道德等次，而是什么样的政体最稳定、最有利于维持国内和平。他表示，人们对不同政体的考察和评判，应"避免受到愤怒或憎恨等偏见的影响"。[4] 后来孟德斯鸠也试图进行一种"实证"的考察，并希望他的读者能以不带偏见的眼光，来看待各种不同的政体。[5] 不过，在波利比乌斯这里，对混合政体内部制衡机制的分析，仍没有与

---

[1] *The Histories*, 378-379, 382-385.
[2] Kurt Von Fritz, *The Theory of the Mixed Constitution in Antiquity: A Critical Analysis of Polybius' Political Ideas*, 184.
[3] Kurt Von Fritz, *The Theory of the Mixed Constitution in Antiquity: A Critical Analysis of Polybius' Political Ideas*, 191.
[4] *The Histories*, 378.
[5] *The Spirit of the Laws*, xliv.

政府权力的功能划分结合起来。[1]

波利比乌斯的《历史》据说原有 40 卷,都是用希腊文写成,但除十世纪拜占庭学者摘录的部分内容外,其它内容都已失传。十六世纪初,该书第六卷被翻译成拉丁文。随后,马基雅维利在《论李维》中复述了波利比乌斯的混合政体理论,从而使它再次被世人所注意。[2] 人们先是将它用于分析佛罗伦萨、威尼斯等意大利城邦的政体。在法国的宗教内战期间,胡格诺派理论家亦用它来说明王权的有限性,并为新教徒的抵抗权辩护。到了十七世纪,混合政体理论在英国取得了主导地位,并对英国所谓"平衡政体"(balanced constitution)的理论和实践产生了巨大的影响。

在十七世纪初,约翰・福蒂斯丘爵士(Sir John Fortescue 1395-1477)关于平衡政体的观点在英国已被广泛接受。[3] 福蒂斯丘将王国分为两种,一是王室的统治(dominium regale,即绝对君主制),一是政治且王室的统治(dominium politicum et regale,即后人所谓的平衡政体)。在他看来,法国实行的是前者,因为国王可随意制定法律和征缴税赋,无需人民的同意;英国实行的是后者,国王未得到人民的同意,不得改变法律或开征新税。[4] 他认为,英国的制定法"不单要根据君主的同意,还要根据整个王国的同意",因而可以保障人民的利益不受损害。它们也"包含了必要的审慎和智慧,因为它们……出自三百个以上被选举出来的人物"。[5] 与波利比乌斯不同的是,福蒂斯丘对平衡政体的论述,重点不在于政体内部不同部分之间的相

---

[1] Kurt Von Fritz, *The Theory of the Mixed Constitution in Antiquity: A Critical Analysis of Polybius' Political Ideas*, 205.

[2] Niccolo Machiavelli, *Discourses on Livy*, trans. Harvey C. Mansfield & Nathan Tarcov, The University of Chicago Press(1996), 11-14; *The Histories*, 'Introduction', xxxiv.

[3] Arihiro Fukuda, *Sovereignty and the Sword: Harrington, Hobbes, and Mixed Government in the English Civil War*, Clarendon Press(1997), 19.

[4] [英]约翰・福蒂斯丘爵士著,袁瑜琤译:《论英格兰的法律与政制》,北京大学出版社 2008 年版,81。

[5] 《论英格兰的法律与政制》,28。就此进行的深入分析,参见[英国]J.G.A.波考克著,冯克利、傅乾译:《马基雅维里时刻:佛罗伦萨政治思想和大西洋共和主义传统》,译林出版社,10-32。

互制衡，而在于国王不能什么事都一个人说了算，因为无论一位国王如何英明，他的智慧和经验总是有限的，所以须借助议会的智慧进行统治。对福蒂斯丘来说，罗马人是因为拥有元老院这一"伟大的议会"才得以昌盛的，"他们靠着议会的智慧统治了世界的很大一部分"。[1]

依照福蒂斯丘的论述，"政治且王室的统治"制度化地体现在议会和御前会议中，但这些会议须根据国王的命令而召集，因而从属于国王的意志。结果是，整个共同体没有国王的意志就不得行动，但国王如不尊重人民的意愿就不能实施公正的统治。[2] 一方面，国王的特权维护了王国的统一，另一方面，人民通过对立法的制度化参与，亦让自身的利益有所保障。对波利比乌斯来说，混合政体的优点是它能保持政体的稳定和国内的和平，对福蒂斯丘来说，平衡政体（及英国法律）的优点是它能防止潜在的暴政和保障臣民的自由，或者说能保持君主权力和臣民自由之间的平衡。[3] 正是由于这种在国王和议会之间保持"平衡"的特点，使得十七世纪英国的政治作家们纷纷对"政治且王室的统治"，做出有利于自身立场的解释，以确定国王和议会各自的权力范围。[4] 对反对绝对王权的人来说，法律的制定必须得到议会的同意，否则，臣民的自由（主要是财产权和人身自由）便不可能有保障。[5] 对政体性质的讨论，由此便与个人自由紧密地连在一起。

不过，在内战前的英国，波利比乌斯的混合政体理论也已出现在政治辩论中。比如，在1641年5月发表的《论教会改革》中，约翰·弥尔顿（John Milton）将波利比乌斯的理论用于对英国政体的理解："尽管斯巴达和罗马都在这方面得到过波利比乌斯的高度赞扬，但没有任何公民政府像英格兰政体一样，被正义之手如此神圣与和谐

---

[1] 《论英格兰的法律与政制》，155。参见 Charles H. McIlwain, *Constitutionalism: Ancient and Modern*, Cornell University Press(1947), 90。

[2] 《论英格兰的法律与政制》，"导论"，29。

[3] Arihiro Fukuda, *Sovereignty and the Sword: Harrington, Hobbes, and Mixed Government in the English Civil War*, 18-19.

[4] 《论英格兰的法律与政制》，"导论"，2。

[5] J. P. Sommerville, *Royalists and Patriots: Politics and Ideology in England:1603-1640*, Routledge(1999), 134-137.

地加以调节,以及如此平等地加以平衡:在这里,由一位自由和纯洁的君主所领导,一批最高贵、最富裕和最审慎的人,得到了人民的认可与投票,有权对最重大的事务做出最高的和最终的决定。"[1]

霍布斯则觉得有必要对此加以反驳。在1641年11月写成的《论公民》中,他将批评的矛头指向那些宣扬混合政体理论的人:"他们认为,有一种由三种政体混合而成,却又与它们都不相同的政体;他们称之为混合君主制、混合贵族制或混合民主制,全看三种元素中何种占主导。"他随后提出的例证表明,人们已在用波利比乌斯的混合政体理论诠释英国的政体:"例如,如果任命官员和决定战争或和平的权力属于国王,如果法院掌握在贵族手里,如果缴纳税款是人民的责任,且立法权由三方分享,他们就将这种情况称为混合君主制。"[2]

当然,真正使混合政体理论在英国广为流行的,还是国王查理一世于1642年6月18日发表的《对议会两院十九项提议的答复》。此前,两院在《十九项提议》中主张议会有权提名国王的顾问、大臣和法官,并有权控制军队,同时要求进行有议会参与的教会改革。更早前,议会还主张,国王依照加冕誓言有义务对议会通过的法案表示同意,也就是说,国王不能否决议会的法案。[3] 这些主张都是要剥夺在传统上属于国王的权力。为反驳议会的主张,查理一世在答复中诉诸波利比乌斯的混合政体理论,并表达了他对英国政体的看法:"在人们之中有三种政体,即绝对君主制、贵族制和民主制,它们全都有独特的便利和不便。你们的祖先(在人类审慎的最大限度内)通过对三者的混合锻造了现有的政体,只要三个等级能保持平衡,并在各自的恰当渠道运行(促使两边草木的青翠和繁茂),各自的漫溢不在任何一边引发洪水或涝灾,就可以获致三者的便利,又避免三者的不便。绝对君主制的害处是暴政,贵族制的害处是派系和分裂,民主制

---

[1] Don M. Wolfe ed., *Complete Prose of John Milton*, New Haven(1953-82), I, 599.
[2] Hobbes, *On the Citizen*, ed. Richard Tuck and Michael Silverthorne, Cambridge University Press(1998), 93.
[3] Corinne C. Weston and Janelle R. Greenberg, *Subjects and Sovereigns: The Grand Controversy over Legal Sovereignty in Stuart England*, Cambridge University Press(1981), 35-36.

的害处是混乱、暴力和放纵。君主制的好处是让国家团结在一人之下,以对抗国外侵略和国内叛乱;贵族制的好处是让国内杰出人士为公共利益而共同商议;民主制的好处是自由以及自由带来的勇气和勤勉。"[1] 这里对三种简单政体各自利弊的描述,与希罗多德在公元前五世纪的分析几乎毫无二致。

为了捍卫自己对立法的否决权,查理一世进一步表示:"在本王国,法律由国王、上院和人民选出的下院共同制定,三方都可自由投票并各有自身的特权。"这一明确无误的表态,不但放弃了君权神授原则,也等于承认两院在立法权的行使上与国王处于平等的地位,从而无可挽回地损害了国王对主权的要求。议会方面则不失时机地对此加以利用。查理一世的上述答复以及它所引发的广泛讨论,使混合政体理论在英国迅速成为深入人心的权威学说。到1648年,强烈反对该理论的罗伯特·菲尔默不由得感叹:"连民众中最下等之人,现如今也无不认为,英格兰王国的政体是有限和混合君主制。这也不奇怪,因为这个纷乱时代的所有争议和论辩,无论是在讲道坛上还是在出版物中,都倾向于得出这一结论。"[2]

须注意的是,在此时的混合政体理论中,相互制衡的并非不同性质的权力,而是共同行使立法权的不同机构(下院、上院和国王):不是立法权和执行权之间的制衡,而是整个立法系统不同组成部分之间的制衡。为了避免专断的统治,有必要设立一些彼此分离的政府机构,以防权力集中到某个人或某一机构手中,这是混合政体理论的要义所在。这些不同的机构代表着不同的社会利益,它们对统治权力的分享,以及它们的彼此制衡,可防止各自代表的利益被忽视,但这些不同机构尚未与不同性质的权力对应起来。混合政体理论所包含的权力制衡观念,还需要与一种将政府权力进行功能区分的观念相结合,才能形成现代分权制衡学说的完整框架。

---

[1] 'The King's Answer to the Nineteen Propositions', June 18, 1642, in J. P. Kenyon ed., *The Stuart Constitution 1603-1688: Documents and Commentary*, Cambridge University Press(1986), 18.

[2] Filmer, *Patriarcha and Other Writings*, ed. Johann P. Sommerville, Cambridge University Press(1991), 133.

在《理想国》中，柏拉图构想了一种由爱智者（哲学家）统治的理想城邦，他们被赋予了完全不受限制的权力。法律可以是他们的统治手段，但不能成为他们发挥统治才智的障碍。"对于优秀的公民，将许多法律强加给他们是不恰当的。"[1] 关键是要教育出理想的统治者，而不是用法律去约束他们。[2] 但在《法律篇》中，公民的德性和幸福不再有赖于对统治者的服从，而在于对法律的服从，城邦的生存或灭亡，取决于统治者愿不愿做"法律的奴隶"。只有在法律具有至高权威和管束统治者的地方，才可能有安全和"神可能给予城邦的一切好东西"。在这里，法律被视为对神的理性的表达（尽管是不完美的），同时也是对人类理性的表达，因为人也有辨识所求对象之好坏的能力。法律的统治因此就是"理性[本身]的统治"，远胜于必朽之人的统治。[3]

柏拉图的《政治家篇》成书于《理想国》和《法律篇》之间。在这部作品中，与"年轻的苏格拉底"对话的"异乡人"一方面认为，理想的统治者（政治专家）不应受到法律的约束，另一方面亦表示，在缺乏理想统治者时，让统治者服从法律是次优的选择。[4] 在他看来，相比政治专家所掌握的技艺，法律缺乏针对各种不同情形的灵活性："法律就像一个顽固和愚蠢的人，不允许对他自身规则的最轻微偏离，也不允许提出任何质疑，即使情况实际已发生变化，对规则的偏离会导致更好的结果，也是不允许的。"法律也不能让不同的人，在各种情况下都得到最好的结果："立法绝不能作出准确地合乎每个人最佳利益的完美规定，也不能确保同时对每个人都公平。人和情况都各不相同，且人类事务几乎总是处于不稳定的状态，因而不可能为任

---

[1] Plato, *The Republic*, ed. G. R. F. Ferrari and Tom Griffith, Cambridge University Press(2000), 425d.

[2] Julia Annas, 'Virtue and Law in Plato', in Christopher Bobonich ed., *Plato's "Laws": A Critical Guide*, Cambridge University Press(2010), 71-72.

[3] *The Laws of Plato*, 24, 98, 102. 参见梅耶尔著，徐健译："柏拉图论法律"，载程志敏、方旭编：《哲人与立法：柏拉图<法义>探义》，华东师范大学出版社 2013 年版，131; R. F. Stalley, *An Introduction to Plato's laws*, 80-81; Julia Annas, 'Virtue and Law in Plato', in *Plato's "Laws": A Critical Guide*, 72-73。

[4] M. S. Lane, *Method and Politics in Plato's Statesman*, Cambridge University Press(1998)146-147.

何给定的情况，制定可永远适用于每个人的规则。"[1] 不过，柏拉图也承认，政治专家是很罕见的（如果不是完全不存在的话），如果统治者并非政治专家，统治者受法律约束则要胜过不受法律约束；并且，在不受法律约束的统治中，实行统治的人数越少就越糟糕。[2] 在这一点上，孟德斯鸠与柏拉图的看法是一致的：不受法律约束的一人统治是最糟糕的。

法律的普遍适用性（一般性）相对于理想统治者的不足，涉及立宪主义的核心问题：既然与专断统治相比，立宪政府的行动总是显得迟缓与软弱，为什么还要用宪法和法律去约束政府权力？经过很多世纪的实践、观察和思考，人们发现在现实世界中，不受约束的统治者总是倾向于成为暴君而不是哲学王，且不受约束的绝对权力不但有不断扩张的本性（就像孟德斯鸠所总结的），而且必然会趋于腐败（就像阿克顿勋爵所总结的）。这就是人们为什么最终选择了立宪主义，并使人类的政治生活进入现代阶段。无差别的普遍适用性（一般性）被"异乡人"视为法律的固有缺陷，但这也正是法律最重要和最有价值的特性：恰恰因为法律具有一般性，它才有可能防止权力行使的任意与专断。[3] 在1952年判决的扬斯敦案中，美国联邦最高法院大法官法兰克福特在协同意见中写道："一个只能行使有限的权力，且要在法院受到挑战的政府，无疑只能处于别的政府所没有的限制之下。但是，羡慕后一种政府并不是我们的传统。无论如何，我们的政府就是被设置了这些限制。考虑到这些限制对自由的保障作用，这并不算是太高的代价。"[4]

晚期柏拉图著作中的"法治"思想，被他的学生亚里士多德所继受。在《政治学》中，亚里士多德表达了一种法治优于人治的观念：

---

[1] Plato, *Statesman*, ed. Julia Annas and Robin Waterfield, Cambridge University Press(1995), 294a11-c3.

[2] *Statesman*, 302e4-303b6. 参见 Xavier Márquez, *A Stranger's Knowledge: Statesmanship, Philosophy & Law in Plato's Statesman*, Parmenides Publishing(2012), 254-259.

[3] Charles H. McIlwain, *Constitutionalism: Ancient and Modern*, 31。

[4] Justice Frankfurter, concurring in *Youngstown Sheet & Tube Co. v. Sawyer*, 343 U.S. 579(1952).

"谁要是让法律来统治，那就等于让神明和理性来统治；而谁要是让某个人来统治，那就等于加入兽性的因素。因为欲望就像是一头野兽，即使统治者是最好的人，也会被激情所控制。这也正是为什么说，法律是没有欲望的理性。"他也对法律的一般性和高于统治者的权威进行了表述："法律应在每件事情上都有最高的效力，官员和公民团体只应对具体情形作决定。"[1] 这种对法律普遍适用性的强调，也体现在古罗马十二铜表法的规定中："不能针对特定的个人制定任何法律。"

法律的一般性总是意味着，在制定或明确法律的活动之外，还有一种将普遍的法律规则应用于具体情形的活动。从法律的一般性和依法统治的观念中，本来很容易发展出将制定法律的权力与执行法律的权力加以区分的观念。但在漫长的中世纪，由于深受古罗马形式的斯多葛派自然法思想和基督教信仰的影响，人们一直将法律视为是与神的意志有关的一套永恒和普遍的法则。这些被称为神法（自然法）的法则或规范，在不同的地方或有不同的表现，但它们本身是不能被更改或违反的。统治权力主要被看作一种司法性的权力，也就是将普遍的规则应用于各种具体的情形。在中世纪，提供司法服务是统治者的中心任务，国王的职责除抵御外敌侵扰以保障臣民们的安全外，就是以明智而公正的统治在国内施行正义。[2] 在加冕仪式上，国王通常要承诺维护和平并为臣民间的争端提供公正裁判。[3] 人们心目中理想的统治者，在战时能够驰骋疆场、杀敌制胜，在平时则手持正义之剑，定纷止争，让每个人都得到他应得的东西。

在十二世纪，萨尔兹伯利的约翰（John of Salisbury）曾写道："君主们不应认为，这样的信念——即上帝的正义是永恒的正义，上帝的法律就是公平，上帝的正义胜过他们自己的制定法的正义——是对他们的贬低。公平（如法律专家所称）是关于何为恰当的问题，为了公平，理性平等地对待一切，在不平等的事物中寻求平等；对所

---

[1] *Politics*, 1287a28-32; 1292a32-35.
[2] ［英］约翰·哈德森著，刘四新译：《英国普通法的形成：从诺曼征服到大宪章时期英格兰的法律与社会》，商务印书馆2006年版，38。
[3] Wickham Legg, *English Coronation Rituals*, Westminster(1901), 30-31.

有人公平，就是将每个人的东西归于每个人。…所有的法律都是一种发现和神的恩赐……统治者必须始终将上帝的法律记在心里和放在眼前。"[1] 十三世纪的布莱克顿写道："要实施良好的统治，国王需要两样东西，即武器和法律，借此，不论是战时还是享有和平，便都有正义的秩序。……王权的实质就是施行正义和维持和平，否则，王权就无法存在或持续。……国王作为上帝的辅佐者和代理者，他行使审判权，将属于每个人的东西分配给每个人。"[2] 到了十五世纪，福蒂斯丘仍引用圣经上的话表示："一位国王的职责就是为他的人民征战，并用公义为他们裁判。"[3]

在这一时期，与立法活动较少的社会现实相应的是，人类的立法权威尚未在原则上得到肯定，用副蒂斯丘的话说，"所有的人的法律都归于神圣…所有靠人施行的法律都是神定的"。[4] 即使统治者有时颁布一些法令，也通常不被认为是在创造（creating）法律，而只是在发现（discovering）、宣布（declaring）和澄清（clarifying）永恒的自然法。这些颁发法令的行为，本身也常被看作是一种司法性的行为。国王的咨询机构或议会，通常被看作是最高的法院，国王在其中做出的正式的、可普遍适用的声明，也被看作是在明确自然法的规则，或确认王国古已有之的习惯法，因而仍是在履行政府的司法功能。[5] 这也是为什么到了十七世纪，爱德华·科克仍认为，所有的政府机构都是某种意义上的法院。

不过，这里所说的"司法性的权力"是对统治权力的总体看法，不同于现代意义上的司法权（即专门的司法机构在具体争端中解释和适用法律的权力）。今天，我们根据权力性质和功能的不同，将政府权力分为立法权、行政权和司法权，这是一种试图涵盖一切政府权力的分类。在中世纪，人们对统治权力的划分，远没有达到如此抽象

---

[1] John of Salisbury, *Policraticus*, ed. Cary J. Nederman, Cambridge University Press(1990), 30, 41.
[2] 引自 Charles H. McIlwain, *Constitutionalism: Ancient and Modern*, 75-76。
[3] 《论英格兰的法律与政制》，32。
[4] 《论英格兰的法律与政制》，35。
[5] M. J. C. Vile, *Constitutionalism and the Separation of Powers*, 27.

和一般化的程度，而是根据政府的各种具体任务来列举统治者的权力（有时多达几十种），包括征税权、铸币权、任免下级官员的权力、接受臣民效忠的权力，授予荣誉和头衔的权力、宣战与媾和的权力、对外签订条约的权力，等等。一种以立法权为核心的主权观念的出现，对现代分权思想的形成是非常关键的一步。这种主权观念肯定人类的立法权威，法律在原则上可视为人的意志和命令的表达。

十四世纪二十年代，帕多瓦的马西利乌斯（Marsiglio of Padua）为否定教会对世俗权力的要求，在《和平的保卫者》中发展了"人民乃所有法律之来源"的罗马法思想，并阐述了一种初步的人民主权原则。[1] 他将法律分为神法（divine law）和人为法（human law），前者是与人的来世有关的神的命令，后者则是"共同体的公民或其中的多数所发布的命令"。人为法是人们为了此世的目的，就人的行为而作出的、以惩罚为后盾的强制命令。马西利乌斯曾用"公民体"（civic body）、"人民"（people）及"人类立法者"（human legislator）等不同的名称，来称呼人为法的制定者。实施法律只需要一个或少数一些统治者，他们得到立法者的授权，如果疏于职责也将得到立法者的纠正或惩罚。[2] 在这里，人民的立法权力与统治者（或政府）实施法律的权力被初步区分开来。

十六世纪法国思想家让·博丹（Jean Bodin）对主权（政治共同体中的最高权威）的精确定义，在政治思想史上具有重大的意义。[3] 虽然他仍受中世纪传统做法的影响，列举了主权的八种表现（marks），其中包括征税、铸币和确定度量衡、接受臣民效忠、任免官吏、案件终审、宣战与媾和，等等，但是，他不仅将立法权作为主权的首要表现，而且还认为立法权实际上涵盖了其他权力，因为它们都可以通过立法加以处置，"严格地说，主权只有立法这一项权

---

[1] Quentin Skinner, *The Foundations of Modern Political Thought: Vol. One: The Renaissance*, Cambridge University Press(1978), 18-21, 62-65.

[2] Marsiglio of Padua, *Defensor minor and De Translatione Imperii*, ed. Cary J. Nederman, Cambridge University Press(1993), 1-2, 6.

[3] Bodin, *On Sovereignty*, ed. Julian H. Franklin, Cambridge University Press(1993), 'Introduction', xii.

力"。¹ 主权的君主与上帝相类似，在后者所有的权力中，也是以立法权最为重要。² 根据博丹的说法，"主权的要点就是无需他人同意而任意制定、修改、撤销法律的权力"。³ 这种经由博丹界定的以立法权为核心的主权，在十七世纪的英国成为王室和议会激烈争夺的对象。

在《对议会两院十九项提议的答复》中，查理一世在承认国王、上院和下院分享立法权的同时，也认为三方依照法律各有一些其他的权力。在国王方面，这些权力包括政府管理（the government）、订立关于战争与和平的条约；任命国家官员和顾问、法官及要塞和城堡司令官；招募士兵对外作战、抵御侵略或镇压国内反叛；创设贵族；以及特赦，等等。⁴ 随着内战的爆发，支持议会的政治作家们试图降低国王在立法中的作用，并将他的权力仅限于法律的执行，由此便导致对立法权和执行权的更明确区分。比如，查尔斯·赫尔（Charles Herle）认为，下院的广泛代表性使其对立法权享有"最大的份额"，两院的地位则无疑要高于国王。菲利普·亨顿（Philip Hunton）甚至认为，国王对两院通过的法律不应行使否决权，他同时表示，"管理和执行既有法律"是专属于国王的权力，王国中的任何臣民"都应服从他依照既有法律发布的命令"。弥尔顿更是宣称："在所有明智的国家，立法权和对法律进行司法执行的权力都是分开的，并交由不同的人行使…如果人们设立国王是为了执行法律（这确实是他的最高职责），他就不应制定法律或阻止议会制定任何法律，就像代表国王［执行法律］的其他下级法官不应这样做一样。"⁵

随着议会在内战中的胜利，议会内部的派系冲突日益激烈。优势派系利用议会权力威胁其他派系的做法，使人们意识到议会也可能

---

1   *On Sovereignty*, 56, 58.
2   Howell A. Lloyd, *Jean Bodin: 'This Pre-eminent Man of France': An Intellectual Biography*, Oxford University Press(2017), 148(fn93).
3   *On Sovereignty*, 23.
4   'The King's Answer to the Nineteen Propositions', in *The Stuart Constitution 1603-1688: Documents and Commentary*, 18-19.
5   参见 M. J. C. Vile, *Constitutionalism and the Separation of Powers*, 43-47.

变得像国王一样专断。此时的议会（即所谓的长议会）设立了一系列的委员会，全面处理各种国家事务，包括没收财产和对人员进行传唤及简易审判。人们开始认识到，为保障个人自由免受侵犯，议会的权力也必须受到限制，即仅限于制定一般的法律，而不能参与法律的执行。比如，平等派的领袖利尔伯恩就表示："议会本身从来没有（现在没有，以前任何时候也没有）被授予执行法律的权力，而只有制定法律的权力。"他认为，"任何由通常的法院所审理的案件，无论是刑事还是其他案件，都不应由议会或它的任何委员会审判"。在他看来，议会虽可通过法律设立必要的法院，但法律授予给法院的权力应是一般性的审判权，不得针对特定的个人或案件设立法院，也不得由议员充任法官。在这里，利尔伯恩不但强调了法律的一般性，而且还要求议会只负责制定法律，不能染指法律的执行或实施。

在国王被处死以及上院被废除后，混合政体理论便失去了适用的空间。在所谓的护国体制下，人们只能依靠权力分立来防止政府的专断和保障个人的自由。依照1653年《政府协约》的规定，最高立法权由护国公和代表人民的议会共同行使，但前者的否决权只能让议会通过的法案延迟20天生效；20天后，议会可不经前者同意直接宣布法案生效。因此，立法权等于完全掌握在议会手中。该协约还规定，"政府管理的权力由护国公在一委员会的协助下行使"，且议会不得改变政体的基本结构。至少在纸面上，《政府协约》将立法权和执行权严加区分，并使两者各有一定的独立性，从而体现了对立法权和执行权的双重警惕态度。为该协约辩护的人宣称，将两种权力予以分开并交由不同的机构行使，是"自由和良好政体的伟大秘密"。

到了洛克写作《政府论》时，立法权和执行权应该分开的观念已被英国人广泛接受。他将对外权从执行权中分离出来，加上立法权，就出现了三种不同的政府权力。不过，此时王政已经复辟，上院也已恢复，与此相应的是混合政体理论的回归。洛克当然不会忽视这一现实。他在强调立法权高于行政权的同时，也表示，由于国王分享立法权，他作为执行权的行使者可免于从属于立法机关："如果执行权不是属于同时分享立法权的人，而是归属于别的地方，那么，它显然是隶属于立法机关并对之负责的，且可由立法机关随意变动和更换。因此，最高执行权本身并不能免于隶属更高的立法机关并对之负责，只有当最高执行权属于分享立法权的人时才是如此。既然他同时分享立法权，则除他参与和同意的立法机关外，他并不隶属于任何别的立法机关。"[1] 在这里，政府分权学说与混合政体的制衡机制结合起来了（尽管洛克本人更重视权力的分立）。

在结合英国政体讨论立法权和执行权的关系时，洛克也表达了一种权力之间积极制衡的观念。在他看来，由于掌管执行权的人（在当时的英国就是国王）享有对立法的否决权，所以，尽管执行权本应从属于立法权，他仍有可能抵御立法权对执行权的侵夺："他只有在自认为合适的情况下，才会让自己从属于立法权［即对立法表示同意］。"[2] 到孟德斯鸠访游英国时，这种积极制衡的观念已被视为政治常识。互为政敌的博林布鲁克和沃波尔，都曾在政治辩论中竞相诉诸这一观念。1730 年，当博林布鲁克表示，"在我们的政体中…各部分之间的平衡有赖于它们之间的相互独立"时，沃波尔反驳道："显而易见的常识和全世界的经验都表明，这种独立纯属幻想。从来就没有这种事。如果不同的权力绝对分开和绝对独立，就什么事也做不了，连政府也无法存续。"翌年，当沃波尔一方强调下院的独立性时，又轮到博林布鲁克进行反驳："一个独立的下院，或独立的上院，就像独立的（也就是绝对的）国王一样，都是与我们的政体不相符的…下院作为立法机构的一部分，不应该完全独立于其他部分（上院和国王）。"[3]

另需注意的是，在英国内战期间，人们在强调职业法官独立性的同时，也开始注意到法院审判权的独特性。有人甚至表示，议会的功能"只是制定法律"，国王"只是最高的执法者"，两者都不应对法律个案进行裁决，因为"这些事务…是本王国法官的职责"，应由"法官宣布国王依照什么法律进行治理，以使国王和人民都受到既有法律的规范"。在《政府论》下篇，洛克也已提到刑事和民事案件应由

---

[1] *Two treatises of Government*, 368-369.
[2] *Two treatises of Government*, 369.
[3] Thomas Chaimowicz, *Antiquity as the Source of Modernity: Freedom and Balance in the Thought of Montesquieu and Burke*, 52-53.

专门的人来审判，并将这些人称为"依照法律裁决争议的超然且正直的法官"和"已知的得到授权的法官"。[1] 不过，一种将法官的司法权与立法权、执行权（行政权）明确分开的思想，在十七世纪的英国尚未形成很大的影响，立法权和执行权的两分法仍是主流。似乎注定要等到十八世纪，由"不朽的孟德斯鸠"将前人的各种思想资源，整合成一套系统而完备的分权制衡学说，并通过他的著作的巨大影响力，使它有机会经由美国的制宪实践登上世界历史的舞台。

三

1776年7月，离《论法的精神》首次出版已有28年，北美各殖民地正式宣布从大英帝国分离出去，并准备"建立新的政府……为其未来的安全提供新的保障"。[2] 此时，分权学说在北美地区已被人们广泛接受。

1775年11月15日，亚当斯在一封致理查德·亨利·李的信中写道："立法权、行政权和司法权，包含了政府所意味的一切。只有让每种权力与另外两种相平衡，人性中趋于暴政的图谋才能够被制约和管束，某种程度的自由才能够在宪法中得到保障。"[3] 此前一年，大陆会议在《告魁北克省人民书》中诉诸"不朽的孟德斯鸠"的权威，并宣称："许多国家的历史均表明了一个简单的真理：生活在一个人或一批人的意志之下，只会导致所有人的不幸。将不同的权力分开并交由不同的人行使，是人类智慧所发明的促进自由和繁荣的唯一有效方式。"[4] 1776年5月，波士顿选民在给出席马萨诸塞总议会的代表的指示中称："政府的立法、司法和行政权力尽可能相互独立和分开，对自由是至关重要的，因为，当它们集中在同一些人手中时，

---

[1] *Two treatises of Government*, 353, 358.
[2] 此处引语出自《独立宣言》。
[3] 引自 David T. Konig, 'John Adams, Constitution Monger', in *Constitutions and the Classics: Patterns of Constitutional Thought from Fortescue to Bentham*, 399-400.
[4] 'Address to the Inhabitants of the Province of Quebec', Oct. 26, 1774, Ford ed., *Journals of the Congress*, I, 106.

就会缺少自然的制约,这种制约是防止制定专断法律和胡乱执行法律的首要保障。"[1] 在宣布独立后,各州纷纷开展制宪工作,分权原则在各州宪法中均有不同程度的体现。[2]

尽管如此,在联邦宪法批准过程中,反联邦党人和联邦党人仍就政府分支的权力分配发生了重大分歧。需先说明的是,双方其实都认为,联邦政府的组建必须遵循分权原则,即它的立法、行政和司法等三个部门的权力应该相互分立。就像麦迪逊所承认的,反联邦党人的意见所依据的分权原则本身,"无疑是具有最高的内在价值的政治真理"。他表示:"将全部权力,也就是立法权、行政权和司法权,都集中在相同的人手里,无论是一个人,少数人或者是多数人,也无论这些人是世袭的、自封的或选举产生的,都可以说是不折不扣的暴政……对个人自由的保护,要求政府三大分支的权力必须是分开的和有区别的(separate and distinct)"[3]

那么,反联邦党人批评的是什么呢?在反联邦党人看来,联邦宪法并未严格遵循分权原则,因为(依照麦迪逊的概括),它"让三个政府分支的权力相互混杂(blended),这就不但破坏了良好政体的匀称和美感,而且还将使政府的某些重要部分,有被权力过大的其他部分所摧毁的危险"。[4] 在联邦宪法中,这种权力混杂的主要表现是:(1)总统作为行政部门的首脑,可对国会通过的法案行使否决权,从而涉足立法权的行使;(2)总统虽有权缔结条约,但条约要在国内生效,又须征得参议院出席议员三分之二多数赞同;(3)总统对行政官员的任命亦须征得参议院的同意;(4)法官应独立行使审判权,但联邦法官的任职却须由总统提名并得到参议院批准;(5)国会、总统和联邦法院是各自独立的部门,但国会却有权弹劾总统和联邦法官,使得参议院像个审判机构……

---

[1] 'Boston's Instructions to Its Representatives', May 30, 1776, Handlin ed., *Popular Sources*, 95.
[2] Gordon S. Wood, *The Creation of the American Republic, 1776-1787*, University of North Carolina Press(1993), 158; *Constitutionalism and the Separation of Powers*, 147.
[3] *The Federalist Papers*, No. 47, 298.
[4] *The Federalist Papers*, No. 47, 298.

现代宪法的政治思想基础

在反联邦党人看来,联邦宪法的上述内容,导致了"政府权力不恰当和危险的混合,让同一个机构[即参议院]拥有立法、行政和司法权"。[1] 布鲁图斯认为,参议院同时拥有的这些权力,不但是"一种奇怪的混合",而且还可能彼此冲突。比如,当参议院审理弹劾案件时,弹劾对象可能是它曾同意任命的官员,这就意味着参议院既是法官又是当事人。[2] 乔治·梅森则表示,参议院与总统对任命官员和缔结条约权力的分享,会让双方形成"众议院无法抗衡的结合",并将"摧毁所有的平衡"。[3]

对于反联邦党人的上诉意见,麦迪逊在《联邦党人文集》中进行了回应。在麦迪逊看来,反联邦党人对分权原则的理解是不完整的。他的回应既涉及某些具体问题,也讨论了分权原则的哲学和理论基础。在具体问题上,麦迪逊表示,假如要让三种政府权力严格分离,那就意味着所有官职的任命都得由人民以选举方式进行,因为人民是一切立法、行政和司法权力的源泉。但是,有些职位由人民直接选任并不合适。比如,法官的任命,主要考虑的是候选人的专业资历,因而并不适合通过选举进行:受选民欢迎的人,在专业上不一定是杰出的。况且,法官是终身任职的,无论由谁来任命,任命一旦完成,他们都将独立于任命者的意志。[4]

就一般原则而言,麦迪逊表示,权力分立的本来目的,是要让不同的权力相互制约与平衡,以避免人民主权被少数掌管政府的人所篡夺,并保障个人自由免受政府权力的侵犯。假如联邦政府的三个部门之间没有任何联系,没有任何权力上的交叉或混杂,它们也就没有了相互制衡的手段。任何权力都有压迫和扩张的天性,都时刻想要超越自身的界限。只有在不同的政府权力之间设置某些联系、交叉和混

---

[1] 'The Address and Reasons of Dissent of the Minority of the Convention of Pennsylvania to their Constituents', Dec. 18, 1787, in Ralph Ketcham ed., *The Anti-Federalist Papers and the Constitutional Convention Debates*, Signet Classics(2003), 259.

[2] Brutus, 'To the Citizens of the State of New York', Apr. 10, 1788, in *The Anti-Federalist Papers and the Constitutional Convention Debates*, 357.

[3] Mason, in Elliot ed., *Debates*, III, 493.

[4] *The Federalist Papers*, No. 51, 318

合，它们才能具备必要的手段，去抵御其他方的越权图谋。联邦宪法一方面让立法、行政和司法权力各自分立，另一方面也让它们有一定程度的联系和混合，正是要为它们提供一些法律机制，以防别的部门扩张自身权力或侵夺他方权力。如果缺少这些制衡机制，连权力分立原则本身都不可能在实践中得到维持。[1] 在扬斯敦案的协同意见中，杰克逊大法官呼应了麦迪逊的说法："宪法在更好地保障自由的同时，也希望这些分立的权力在实践中能够组成一个行得通的政府。宪法让各个政府分支既相互分立又相互依赖，既自治又互动。"[2]

在关于分权原则的论辩中，反联邦党人和联邦党人竞相诉诸孟德斯鸠的权威，但麦迪逊认为，反联邦党人对孟德斯鸠分权学说的理解是不准确的。在麦迪逊看来，当孟德斯鸠主张三种权力应分别由不同的机构行使时，他并不是说这些权力之间不应有任何联系和交叉，而是说"如果一部门的全部权力，都交由掌握另一部门全部权力的人行使，自由政体的根本原则便被推翻了"。麦迪逊表示，孟德斯鸠是通过对英国政体的分析来阐述分权学说的，而不同权力之间的制约与平衡，恰恰是该政体主要特点："对英国政体稍加注意，我们就一定可看出，立法、行政和司法部门根本不是彼此完全分开的。行政首长（国王）是立法权力的组成部门。他可以单独与外国订立条约，且条约一旦签订（虽有某些限制）即有立法的效力。他任命司法部门的所有成员，并可应议会两院的要求罢免他们，且只要他愿意向他们咨询，他们便可组成他的一个顾问机构。议会中的上院也是行政首长的一个顾问机构，且独享弹劾案件的审判权，同时又对所有案件享有最高上诉管辖权。法官们出席和参与立法部门的审议，尽管他们并无立法投票权。"[3]

麦迪逊还依次分析了美国各州的宪法，以便向他的读者表明：在已有的各州宪法中，不同的政府权力也不是彻底分离和毫无联系的。在麦迪逊看来，认为联邦宪法草案违反了对自由政府不可或缺的三

---

[1] *The Federalist Papers*, No. 48, 305.
[2] Justice Jackson, concurring in *Youngstown Sheet & Tube Co. v. Sawyer*, 343 U.S. 579(1952).
[3] *The Federalist Papers*, No. 47, 299.

权分立原则,这样的说法既不符合孟德斯鸠对此原则的阐述,也不符合北美人民对此原则的理解。[1]

麦迪逊认为,除了必要的宪法机制外,还应尽量让各部门的官员,都具有抵制其它部门权力扩张或滥用的个人动机。人们不能指望,不同部门的政府官员会仅仅为了公共利益而这样做。比如,就总统对立法的否决权而言,当国会通过的法案侵犯了总统的行政权力时,即使总统缺乏维护宪法体制的意愿,他仍可能为守住自己手中的权力而否决相关的法案。又比如,联邦最高法院的法官们在审查国会立法或总统命令是否违宪时,出于让自己名留青史的个人动机,他们也会尽力让自己的意见具有说服力。要知道,这些大法官们平时得不到多少人的关注,若是好不容易来了个大案子,他们一定会大显身手,认真审查相关法案或命令中是否有违宪的因素,以彰显法官的地位和权威。实际上,马歇尔大法官确立司法审查权的努力,在一定程度上就是出于提升司法机构之地位的动机,而亚当斯在总统任期即将结束时,将还在国务卿任上的马歇尔任命为联邦最高法院首席大法官,本身也是出于党争的考虑。

麦迪逊一再强调,在政治制度的设计上,人的利己心是必须考虑到的重要因素。就不同政府权力的相互制约而言,有必要让各部门任职者的私人利益,与抗衡其他部门权力扩张和滥用所要保障的公共利益尽可能一致。这样一来,那些任职者的私人利益,就会成为公共利益的"哨兵"。努力获取和喜欢行使权力的人,通常都有强烈的个人抱负,让这些人相互竞争和制约,正好有利于促进政府权力的合理分配和公正行使。由此便有了麦迪逊在《联邦党人文集》中最著名和被引用最多的说法:"必须用野心对抗野心。"[2]

在这里,亦可看到道德哲学在近代的转向,对政治科学所产生的影响。古代哲学家比较喜欢探究,有哪些道德准则和正义原则是有理性的人都应自觉遵循的,并时常用它们来劝导人们弃恶从善。近代哲学家则倾向于认为,理性并无足够的能力约束人们的欲望和激情,不

---

[1] *The Federalist Papers*, No. 47, 304.
[2] *The Federalist Papers*, No. 51, 319.

足以使人们自觉遵从道德和正义的要求。培根曾表示，古代哲学家"极尽坐而论道之能事，壁垒森严，顽强固守德性与义务的立场，以对抗腐蚀的和取悦人的观点"，但是，"只凭借精巧的论证，来说明德性是符合理性的，这种做法…与人的意志完全不向投契"。他认为，单是理性不足以约束人们的激情，理性必须与激情联手，使人的不同激情或欲望相互制约，才有可能让道德准则和正义原则得到遵循。比如，为了压制人们侵夺他人财物用作自己享受的欲望，就有必要唤起人们对相应惩罚的恐惧。培根写道："我们必须观察到，激情是如何彼此抵抗、互相残杀的……这在道德事务和公民社会事务中具有特殊的功能。我所说的是，如何在各种感情之中，挑动鹬蚌相争，以期渔翁得利。这就如同我们行猎，要用野兽捕捉野兽，用飞禽捕捉飞禽。"[1]

新宪法所规定的国会两院制，也是反联邦党人批评的重点。在他们看来，参议院拥有的庞大权力会让新政体"在事实上成为永久的贵族制"，总统将与参议院联合，并"要么成为该机构中的贵族集团的领袖，要么成为它的杂役"，相比之下，直接代表人民的众议院则显得过于弱小。[2] 联邦党人对此看法的回应，导致了对混合政体理论的深刻改造：将混合政体中的制约与平衡机制建立在人民主权的基础上，而不再建立在对共同体成员进行阶层划分的基础上。联邦党人认为，联邦政府的每个分支都是人民的机构，总统、参议院甚至法院，都和众议院一样代表着人民的意志，行使着人民授予的权力。纳撒尼尔·奇普曼（Nathaniel Chipman）表示，"参议员事实上和众议员一样，也是人民的代表"。[3] 约翰·杰伊（John Jay）认为，新宪法所要创设的联邦政府是人民的政府，它的所有职位都是人民的职位，"一切合乎宪法的权力行为，无论是行政还是司法部门作出的，都和

---

[1] 引自[美]列奥·施特劳斯著，申彤译：《霍布斯的政治哲学》，译林出版社2012年版，109-110。
[2] 'Centinel' I, Oct. 5, 1787, in *The Anti-Federalist Papers and the Constitutional Convention Debates*, 241-242.
[3] Chipman, *Sketches of the Principle of Government*, Rutland(1793), 150.

立法部门作出的一样具有法律效力和约束力"。[1]

依照布莱克斯通的阐述，十八世纪英国平衡政体的根基是议会主权，而不是人民主权。由于全体英国人被分为三个不同的等级（只有下院被视为人民的代表机构），因而不存在一个享有主权的统一的人民体，主权只能由分别代表不同阶层的三个机构（下院、上院和国王）共同行使，即由所谓的"王在议会"行使。[2] 在威尔逊看来，由于英国人不承认人民的主权，因而无法理解连最高立法机构也要受到制衡的做法，但英国政体并不适合美国，因为它是以"将人分为不同的等级"为前提的，而新宪法所创设的联邦政府却是"完全民主的"，它的"各类权力机构都以代议制的形式源于人民，民主原则被贯彻到政府的每个部分"。[3]

亚当斯是英国平衡政体的赞颂者，并希望将其适用于美国。尽管他自称共和主义者，但与麦迪逊不同，他心目中的共和主义并不是以人民主权为基础的。[4] 亚当斯认为，有必要设立贵族与平民分开的两院制议会，与一位独立的、类似国王的行政官员共同行使立法权，主权属于三方组成的立法机构，人民只能分享其中的三分之一。1790年10月18日，他给塞缪尔·亚当斯写信说："每当我以认同的态度使用'共和国'一词时，我都是指人民集体或通过代表，对主权享有基本份额的政体。"[5] 麦迪逊则认为，英国政体混合了世袭的贵族制和君主制，因而不符合共和主义原则，这一原则是"独立革命的基本原则"，也是唯一适合"美国人民天性"的原则。[6] 在1792年所写的一篇短文中，麦迪逊曾批评过亚当斯的如下主张：即为了让政治生活有更多的制衡，有必要将人们人为地区分为国王、贵族和平民。[7] 可

---

[1] *The Federalist Papers*, No. 64, 392.
[2] Colleen A. Sheehan, *The Mind of James Madison: The Legacy of Classical Republicanism*, Cambridge University Press(2015), 91.
[3] [美]詹姆斯·威尔逊著，李洪雷译：《美国宪法释论》，法律出版社2014年版，71、115。
[4] David T. Konig, 'John Adams, Constitution Monger', in *Constitutions and the Classics: Patterns of Constitutional Thought from Fortescue to Bentham*, 400.
[5] 引自 Gordon S. Wood, *The Creation of the American Republic, 1776-1787*, 585.
[6] *The Federalist Papers*, No.39, 236-237.
[7] Colleen A. Sheehan, *The Mind of James Madison: The Legacy of Classical*

以说，抛弃混合政体中的阶级划分，只保留其中的制衡观念和形式元素，并将它们与分权原则结合起来，这是美国建国者对政治科学所做的独特贡献之一。[1]

美国联邦宪法中的分权制衡体制，一方面有着传统混合政体的形式元素：掌握行政权的总统体现了君主制元素；国会中的参议院体现了贵族制元素；众议院体现了民主制元素（在英国的混合政体中，体现贵族制元素的上院还是最高的司法上诉机构，美国的参议院则只能审理弹劾案件，最高司法权另设联邦最高法院来行使）。就像威尔逊所认为的，这一体制吸收了三种简单政体各自的优势。[2] 行政部门的权力行使，需追求效率和灵活性，且应责任明确，因此适合交由单个的人（总统）负责。人数较多的众议院直接代表人民，结合参议院成员的年资与经验，可让各种不同的利益在立法中得到全面的考虑和审慎的均衡。司法的首要价值是公正，因而须由独立（终身任职）的法官通过繁复的程序审理案件。为了让不同的权力相互制衡，不但应由不同机构分别行使不同功能的权力，而且还应尽量避免这些机构之间的人员重合。正如美国联邦宪法第1条第6款第2项所规定："在合众国担任任何公职者，在任职期间不得担任国会任何一院之议员"。

另一方面，用麦迪逊的话说，美利坚合众国是利用"伟大的代议制原则"所建立的"非混合的和广阔的共和国"。[3] 它的分权制衡体制并非真是以社会阶层划分为基础，而是为了从内部控制政府权力所进行的人为构造，是有意从相互平等的国民中选拔一些人，组成各自分立的政府权力中心，以让它们相互制约与平衡。如果一定要将联邦政府看作是"混合的"，那也是"一种完全民主的混合政府"。[4] 国会的议员也好，白宫的总统也好，法院的法官也好，所有的联邦政

Republicanism, 33, 56, 249.

[1] M. J. C. Vile, *Constitutionalism and the Separation of Powers*, 147; Gordon S. Wood, *The Creation of the American Republic, 1776-1787*, 453.

[2] 詹姆斯·威尔逊著：《美国宪法释论》，115。

[3] *The Federalist Papers*, No.14, 96.

[4] Christoph Möllers, *The Three Branches: A Comparative Model of Separation of Powers*, Oxford University Press(2013), 32.

府官员,都是由相互平等的选民选举产生,或是由选举产生的官员加以提名和批准。就像威尔逊所说的,"如果你检视这个政府的各个部分,就必定会发现,它们都保留了自由政府必不可少的特征:一条与人民的联系之链。"[1] 一旦从职位上退下来,所有官员都要恢复普通公民的身份,并不能享有任何阶层或等级特权。威尔逊曾雄辩地问道:"本宪法在什么时候,为哪个阶级保留了什么特定的权利吗?即便是合众国总统,他独享了任何一项不延及每个人的特权或保障了吗?有哪一个职位是不准某一类人担任的吗?本宪法中的任何职位不是对富人和穷人同样开放吗?受人尊敬、薪酬丰厚的职位只为少数人保留了吗?"[2]

洛克的分权学说亦是以人民主权为基础,在他看来,议会和国王都是受人民委托而行使立法或执行权力的政府机构。[3] 就抛弃阶层划分的因素而言,美国联邦宪法中的分权制衡体制对孟德斯鸠的学说有所修正,并更接近洛克的学说。

有些反联邦党人认为,既然美国不存在英国那样的不同等级,那么,这种人为的制衡机制就不会有作用,因为不同的政府机构并未体现不同的、相互冲突的社会利益。在他们看来,这种复杂的政府机构设置,"只会让人民感到困惑,难以看清政府滥权和失职到底是哪个机构造成的"。他们认为国会应采用一院制而不是两院制,并主张建立"一个简单的政府结构",以便政府能及时回应人民的诉求并对人民负责。[4] 反联邦党人的这一主张,建立在一个更为根本的观念之上:对自由的保障应主要依靠人民自身,而不是依靠复杂的政府机构设置。[5]

麦迪逊对上述主张的回应,最能体现了他对政治科学的深入研

---

[1] 詹姆斯·威尔逊著:《美国宪法释论》,115。
[2] 詹姆斯·威尔逊著:《美国宪法释论》,114。
[3] *Two treatises of Government*, 412-413.
[4] 'Centinel' I, Oct. 5, 1787, in *The Anti-Federalist Papers and the Constitutional Convention Debates*, 236-237.
[5] Thomas Pangle, *The Great Debate: Advocates and Opponents of the American Constitution*, The Teaching Company(2007), 28.

究和思考。在美国的建国一代中，麦迪逊的资历相对较浅，但却被公认为是在政治学知识上准备得最充分的人。他曾孜孜不倦地研究自古以来的西方政治理论与实践，试图寻求一种宪制方案，既可确保政府是稳定、强健和有效能的，又可保障个人自由免受政府的侵犯和压制："在设计一种由人来治理人的政府时，最大的困难在于：你首先必须让政府有能力控制被治理者，其次又要迫使政府控制它自身。"他表示："假如人类是天使，就不需要任何政府；假如由天使来治理人类，就不需要对政府施加任何外部或内部的控制。"但遗憾的是，人世间的一切政府，都是由人类来治理人类，而从人性的表现和人类的历史经验来看，一切权力都有被滥用的可能和不断扩张的特性。为防止政府权力从一种保护性的力量蜕变为压迫性的力量，就有必要使之受到控制和约束。[1]

麦迪逊一再承认，对政府进行外部控制是非常必要的。他表示："人民是一切权力的唯一正当来源，宪法出自人民，政府的各个分支只能在宪法下行使权力。"[2] 基于人民主权原则，一切政府权力均源于人民的授予和委托，均应受到人民的监督和制约。宪法保障这种监督和制约的途径，主要是由选民通过定期的选举，来决定相关政府官员的人选和更替。在选举的间隙，人们也可通过建议、批评、报道、出版、游行、示威等表达权的行使，来对政府权力进行监督和敦促。这些都是从外部对政府权力施加的控制。但麦迪逊亦表示："依靠人民自身来控制政府固然是首要的，但经验告诉人们，也有必要采取其他辅助措施。"[3] 他在这里所说的"其他辅助措施"，主要是指政府内部不同部门之间的制约与平衡。

与反联邦党人不同的是，在麦迪逊看来，由于立法机构的庞大和广泛的代表性，它更有可能压制行政和司法机构，因此有必要将它分为两部分，以求在立法分支内部形成一种制衡。他一方面承认，众议院与人民的直接联系，使它最能体现共和主义的原则，另一方面亦认为，频繁的选举、议员的年轻与缺乏经验，以及人员众多等因素，也

---

[1] *The Federalist Papers*, No. 51, 319.
[2] *The Federalist Papers*, No. 49, 310.
[3] *The Federalist Papers*, No. 51, 319.

使它"容易被突发和暴烈的激情所影响,并在派系领袖的操纵下做出草率和有害的决定"。一个规模较小的参议院,由于其成员更年长、更有经验、性格更稳定、任期更长且具有代表更大选区(整个州)的广阔视野,因而可用来"抵御[众议院]不恰当的立法行为"。[1]

对麦迪逊来说,不但直接代表人民的众议院需要制约,连人民本身也需要受到一定的制约,"以免人民伤害他们自身"。在他看来,虽然"人民绝不会成心背叛自身的利益",但却难免因一时激愤或被人误导而犯错。因此,在政府设置参议院这样的机构,可在必要时搁置人民的错误意见,防止人民采取"他们事后一定会后悔和诅咒的措施"。这样的安排,并不是要篡夺人民的主权,而只是为了让人民三思而后行,毕竟,"在所有的自由政体中,整个共同体冷静而审慎的意见,最终总是应该高于它的治理者的看法"。[2] 麦迪逊认为,如果人民是明智的,就一定会同意在宪法中做出这样的安排。[3]

在为新宪法辩护时,麦迪逊既需要诉诸人民主权(制宪权)以确立它的正当性,又希望在它实施后能保持宪法秩序的稳定。依照他的看法,在不同的政府机构出现争端时,应尽量避免直接由人民来裁断。因为,每次诉诸人民都表明政府存在缺陷,经常这样做会使人们失去对政府的尊重,而"缺乏这样的尊重,哪怕是最明智、最自由的政府也不可能具备起码的稳定和效能"。另外,将宪法问题诉诸人民,很容易使问题的处理变成党派之间的斗争,并将使"公众的激情(passions)而不是理性(reason)成为裁判者"。麦迪逊认为,公众的情感不应被用于对宪法问题的处理,而应被用于培育人们对政府的尊重。"时间是让任何事物获得尊重的要素",政府只有具备必要的稳定性,才能在时间中持存,从而获得人们在情感上的尊重。"[4] 这样一来,麦迪逊便从宪法秩序稳定性的角度,呼应了汉密尔顿对司法审查之必要性的论证。

---

[1] *The Federalist Papers*, No. 62, 376-377.
[2] *The Federalist Papers*, No. 63, 382-384.
[3] Thomas Pangle, *The Great Debate: Advocates and Opponents of the American Constitution*, 25.
[4] *The Federalist Papers*, No. 49, 310-314.

在阐述制约众议院甚至人民本身的必要性时，麦迪逊已触及在宪政体制下自由与民主之间的张力问题：宪政体制一方面以尊重和保障个人自由为根本任务，另一方面又要以多数意见作为公共决策的根据，这就产生了如何对两者加以协调的问题。在论及政府权力的设置与制衡时，麦迪逊特别重视防止少数人的权利遭受多数人的侵害。这不是因为他要否定民主原则（即他所说的"共和主义原则"），而是因为他明白，"依照共和主义原则，如果一个派系未能形成多数，多数通过常规投票就可击败它的有害意见"，因此，关键是要保护少数人的自由免受多数意见的侵害。[1] 在某种意义上，分权制衡机制的基本作用之一，就是让个人自由和公共决策之间可能发生的冲突，能够得到制度化的表达、协调和缓解。[2]

虽然分权制衡作为对政府权力进行内部控制的机制，它的主要作用是保障个人自由，但它也有助于遏制任何政府机构篡夺人民的主权。在讨论参议院与众议院的关系时，麦迪逊表示，"那些掌管政府的人可能会忘记他们对选民的义务，违背他们所受的委托"，不同权力的分立与制衡，将使任一政府部门的篡权和背叛图谋都更加难以得逞。[3] 在为总统的有限否决权辩护时，威尔逊也表达了类似的观点。他认为，这种否决权并未使总统成为立法机构的组成部分，因为最终还是由国会决定总统反对的法案能否生效，但"如果法律在施行过程中出现了困难或产生了压迫，那么，人民就可能在总统的反对意见中发现困难或压迫的根源"。[4] 也就是说，总统和国会之间的争议，可提醒人民对相关政策事务加以关注，并对相关政府机构及官员的表现进行审视。

从美国联邦宪法的安排来看，一项法案在众议院通过后，有可能在参议院遭到反对；在参议院通过后，也可能被总统否决；在法案生效后，又可能受到法院的违宪审查……其中的每个环节，都是分权制

---

[1] *The Federalist Papers*, No.10, 75.
[2] Christoph Möllers, *The Three Branches: A Comparative Model of Separation of Powers*, 4.
[3] *The Federalist Papers*, No. 62, 376-377.
[4] 詹姆斯·威尔逊著:《美国宪法释论》，35。

衡机制现实运作的体现。在每个环节,选民都可从不同部门的争议中获得关于政府决策的知识和信息,并对不同部门的立场进行评判,然后在投票中支持自己所认同的立场;在必要时,甚至对修改宪法的方案予以支持,以改变在既有宪法规定下无法改变的政府决策。

二十世纪三十年代,罗斯福总统及其党派控制的国会,曾与联邦最高法院在对宪法的理解上发生对抗。在法院裁定一系列新政法案违宪后,罗斯福总统威胁要通过"填塞法院"(即增加大法官名额)来改变最高法院的立场,参议院的民主党领袖则希望通过对宪法的修改,来削弱最高法院的司法审查权,或推翻最高法院关于新政法案的判决。在此过程中,美国选民在一次又一次的选举中,通过投票表达对罗斯福总统及民主党的支持和授权,最终迫使最高法院改变了原有的立场。[1] 正如罗尔斯所言:"在立宪政府中,最终权力并不属于立法机构,甚至也不属于最高法院,后者只是宪法的最高司法解释者。最终的权力属于彼此处于适当关系中的三个分支机构,且每个分支机构都需要对人民负责。"[2]

现代宪法中的分权制衡机制,是建立在人民主权这一基石之上的。[3] 作为主权者的全体国民,将政府权力从功能上区分为立法权、行政权和司法权,并设立三个不同的政府分支机构,分别行使这三种不同的权力,其目的是要让不同的权力相互制约和平衡,既防止政府权力侵犯个人自由,也防止少数人篡夺人民的主权。权力分立是现代宪法的核心要素之一,所有的宪政民主国家都采纳了某种形式的分权体制,而司法的独立和自治是其中最关键的内容。[4] 例如,德国基

---

[1] 就此进行的深入分析,参见[美]布鲁斯·阿克曼著,田雷译:《我们人民:转型》,中国政法大学出版社 2014 年版,314-426。
[2] John Rawls, *Political Liberalism*, Columbia University Press(1996), 232.
[3] Donald P. Kommers & others, *American Constitutional Law: Vol. 1: Governmental Power and Democracy*, Rowman & Littlefield Publishers, Inc.(2010), 106.
[4] Eric Barendt, 'Separation of Powers and Constitutional Government', in Richard Bellamy ed., *The Rule of Law and the Separation of Powers*, Routledge(2005), 275; Donald P. Kommers & others, *American Constitutional Law: Vol. 1: Governmental Power and Democracy*, 121.

本法第 20 条第 2 款同时对人民主权和三权分立原则进行了规定："所有国家权力均来自人民。国家权力由人民以选举和公民投票，并以彼此分立的立法、行政和司法机关行使。"依照该基本法第 79 条的规定，分权原则不得作为基本法修改的对象，因而是不可动摇的宪法原则之一。在 1952 年的一个判例中，德国宪法法院亦认为，权力分立是基本法所确立的自由民主秩序的基本要素之一。[1]

现代宪法所规定的分权制衡机制，既是对不民主的专制统治的否定，也是对集中和专断权力的否定（哪怕这些权力掌握在多数人手中也不例外）。如果一个国家的全部政治权力，都由单个的人（国王）或单个政党所垄断，那么，即使存在分别行使立法权、行政权和司法权的政府分支机构，分权制衡机制仍可视为是不存在的。因为，这些不同的政府分支机构，并不是独立的、自治的政府权力中心，而只是国王或执政党用来统治国民的不同工具。由于它们都必须服从国王或执政党的意志，三种不同功能的权力实际上都掌握在同一个人或同一批人手里。在这种情况下，人民的主权被少数人所篡夺，分权制衡机制也无从谈起，个人自由更是没有保障。用孟德斯鸠的话说："如果立法权、执行权和司法权，都被掌握在同一个人或同一批人手中，那就一切都完了。"

---

[1] 2 BverfGe 1, 13(1952).

第七章

"政党应参与人民政见的形成"
现代宪法与党派竞争

  当地时间 2020 年 2 月 5 日下午，美国参议院就川普总统弹劾案进行表决，最终以 52 票反对、48 票赞成的表决结果，否决了第一项所谓"滥用权力"的指控，并以 53 票反对、47 票赞成的表决结果，否决了第二项所谓"妨碍国会调查"的指控。由于赞成票未达到宪法规定的三分之二多数，川普保住了他的总统职位。

  这一结果完全在人们的意料之中。参议院在任的 100 名议员中，有 53 名共和党议员、45 名民主党议员和 2 名独立派议员。在这次的记名投票中，全体民主党议员就两项指控都认为川普有罪。共和党议员中，除罗姆尼在第一项指控的投票中和民主党站在一起外，所有的共和党议员就两项指控都认为川普无罪。罗姆尼也成了美国历史上第一位投票支持弹劾本党总统的参议员。

  此前 1 月 18 日，美国众议院就是否向参议院提交弹劾案进行表决时，议员们也几乎全是按照自己所属党派的立场来投票。更早的时候，当川普总统提名布雷特·卡瓦诺担任联邦最高法院大法官时，参议院全体议员在应否批准这一任命的问题上，也出现了类似的党派对立。

  在美国联邦宪法所确立的分权制衡机制中，总统弹劾制度和参议院对总统提名官员的批准权，本来都是国会用来制约总统权力的手段，是作为立法权制衡行政权的措施而设立的。但从上述几次表决情况来看，与其说是立法权与行政权这两种不同政府权力之间的制衡，不如说是民主党和共和党这两个政党之间的博弈。[1]

---

[1] 关于政党竞争对美国联邦政府不同分支之间关系的影响，参见 Daryl J. Levinson and Richard H. Pildes, 'Separation of Parties, Not Powers', in *Harvard*

当然，这并不是说美国联邦政府内部的分权制衡机制已经失去了作用和意义，而是说这一机制已经与政党竞争深度结合在一起。我们甚至可以说，联邦宪法规定的分权制衡机制已经成为美国两党竞争的框架和平台。如果不将政党竞争的因素纳入分析与考察之中，我们不但无法了解分权制衡机制实际是如何运行的，而且也难以完整地理解现代宪法的作用和功能。

一

在美国联邦宪法中，并无任何关于政党的规定。事实上，美国的制宪者对党派并无好感。[1] 在美国建国的那一代人中，很多人都公开谴责过党派意识和派系斗争的危害。比如，华盛顿在他的"告别演说"中，就曾"以最严肃的态度告诫美国民众警惕党派意识的有害影响。"在他看来，党派意识会"扭曲公众认知和削弱公共管理；在共同体中引起无根据的猜忌和无端的惊恐；激发一个党派对另一个党派的敌意；有时还会煽动骚乱和暴动，并为外国的影响和腐蚀敞开大门"。

华盛顿认为，"派系之间的交替压制，被党派分歧固有的报复心所加剧"，在不同的时代和国家都犯下了可怕的暴行，这本身就是一种暴政。由此产生的混乱和不幸，还会诱使人们在单个人的绝对权力中寻求安全和平静。某个优胜党派的首领，因为比他的同僚更有能力

Law Review, vol.119(2006)。在英国（及其他某些议会制民主国家），虽然司法独立深受重视，但立法权与行政权的区分却不明确，因为内阁的产生系由议会投票决定且内阁成员可兼任议员，而内阁反过来又可以解散议会。这就是为什么白芝浩会说："英国的体制并不是立法权吸收行政权，而是两者混合在一起。"参见 Walter Bagehot, *The English Constitution*, ed. Paul Smith, Cambridge University Press(2001), 11。此时，权力制衡就更加有赖于执政党与反对党之间的竞争。这就是詹宁斯为什么会说："反对党是我们宪法中的重要部分。英国宪法不仅不期望一致，而且还要求反对党的存在。"参见[英]詹宁斯著，李松锋译：《英国宪法》，法律出版社2020年版，106。

[1] Donald P. Kommers & others, *American Constitutional Law: Vol. 1: Governmental Power and Democracy*, Rowman & Littlefield Publishers, Inc.(2010), 394.

或更幸运，迟早将为追求独裁而毁灭公众的自由。华盛顿对党派纷争终将导致个人独裁的担忧，几乎是在重述两千多年前大流士在希罗多德的《历史》中，就寡头统治中的派系争斗所表达的看法。只是对华盛顿来说，在民主政体中，党派意识尤为猖獗，也是此类政体最危险的敌人。他表示："在大众性质的政府中，即在完全由选举产生的政府中，党派意识尤其不应得到鼓励"。

不过，依照麦迪逊在1792年发表的"对党派的坦诚看法"一文中的分析，自反英运动以来，北美地区已经出现了三次重大的党派之争。第一次党派之争，是在赞成独立的人和忠于英国的人之间进行的。这次党派之争在1783年随着英美和平条约的签订而告终。第二次党派之争，是由联邦宪法草案的公开所引发的，是在它的支持者和反对者之间进行的，并在宪法被批准实施后就结束了。麦迪逊表示，这次党派之争"每个人都记得，因为每个人都参与其中"。[1] 的确，很少有哪个国家的宪法像美国宪法一样，在通过前引发了如此广泛而激烈的争论，但也很少有哪个国家的宪法像美国宪法一样，在通过后得到如此普遍而持久的认同。在实施前的广泛而深入的辩论，让各种不同的意见都能得到平等的表达，然后再通过各州制宪会议的公平表决来决定宪法的命运，这就赋予宪法一种连反对者也心悦诚服的正当性。正如爱德华·科温在《美国宪法的'高级法'背景》中所言："联邦宪法刚开始实施，对其内容的批评和敌意不但消失了，而且还被对其原则几乎盲目的一致崇敬所取代"。[2]

随着联邦宪法的实施和联邦政府的诞生，又出现了第三次全局性的党派分歧。第三次党派之争更接近我们今天常见的政党竞争。麦迪逊亦认为，围绕政府管理而产生的党派之争，"对大多数政治社会都是自然的，并可能长期持续下去"。他在文章中表示，在这次党争中，其中一方相信人类能够实行自我治理，因而痛恨任何世袭的权力。他们认为世袭权力是对人的理性、尊严和权利的侮辱，并反对一

---

[1] Colleen A. Sheehan, *The Mind of James Madison: The Legacy of Classical Republicanism*, Cambridge University Press(2015), 267.

[2] Edward S. Corwin, *The "Higher Law" Background of American Constitutional Law*, Cornell University Press(1955), 2.

切不考虑共同体普遍利益的政策。麦迪逊将这一方称为共和党（the Republican Party）。另一方则被他贴上了反共和党（the Anti-republican Party）的标签。在麦迪逊看来，反共和党人不相信人们有能力实行自我治理，认为应该由少数富有的、有能力的人来进行统治；他们偏爱自己所代表的少数人的利益，并喜欢推行一些将少数人利益置于多数人利益之上的政策。[1]

麦迪逊对第三次党派之争的描述，本身就已表现出强烈的党派倾向。事实上，在写这篇文章时，他已和杰斐逊等人组成了一个政治派别（类似于人们今天所说的反对党），并时常批评由副总统亚当斯和财政部长汉密尔顿所领导的联邦党人的政策，后者类似于人们今天所说的执政党。时任总统华盛顿一直试图让自己超越党派之争，但事实上仍倾向于支持联邦党人的政策。在华盛顿两次被选为总统时，并没有任何有影响力的人试图与他竞争。在当时，他的声望实在是太高了，任何人站出来挑战他，都无异于政治自杀。

1800年，当亚当斯谋求连任总统职位时，却与杰斐逊发生了激烈的竞争，这一年的总统选举甚至被认为是美国历史上竞争最激烈的选举之一。[2] 亚当斯和杰斐逊在独立革命时期是激进派阵营中的政治盟友，而且有着深厚的私人友谊，但后来却成了势不两立的政敌。的确，基于当时的政治风尚，在总统选举期间，他们并没有像今天的竞选者那样四处拉票或相互批评。他们都呆在自己的家中，避免对选举一事公开发表看法，甚至摆出一副根本不想参与竞选的姿态。但其实，他们一直都在密切关注选情，并私下鼓励、组织和资助自己的追随者为赢得选举做出各种努力。他们的支持者对对方候选人的攻击与抹黑，一点也不亚于今天的美国大选。美国的建国者们一度非常担忧党派的出现，并认为党争是对共和主义体制的最大威胁，但他们却成了美国历史上最早的一批党派领袖。杰斐逊领导组建的民主共和

---

[1] Colleen A. Sheehan, *The Mind of James Madison: The Legacy of Classical Republicanism*, 267-268.

[2] John Ferling, *Adams vs. Jefferson: The Tumultuous Election of 1800*, Oxford University Press(2004), xi.

党,更被视为人类历史上第一个现代政党。[1] 这一切似乎都颇具讽刺意味。

麦迪逊对上述三次党派之争的记述,应是对休谟(David Hume,1711年—1776)的效仿。在十八世纪三十年代末,休谟曾在"论大不列颠的党派"一文中分析英国出现过的三次党派之争。第一次党争发生在支持查理一世的"骑士党"和支持议会的"圆颅党"之间,结果是内战的爆发和查理一世的丧命。第二次党争出现在查理二世时的"排除危机"期间,一方是主张排除约克公爵(即后来的詹姆斯二世,他公开信奉天主教)之继位权的辉格党,另一方是主张议会无权改变王位继承顺位的托利党。第三次党争出现在光荣革命之后,并一直持续至休谟撰文之时。此次党争的一方是得到王室支持并长期执政的"宫廷党"(主要是以前的辉格党),另一方是长期在野的"乡村党"(主要是以前的托利党)。[2]

在麦迪逊和休谟各自分析的三次党争中,前两次都涉及宪法制度本身应如何安排的问题,第三次所涉及的,则是在既有的宪法制度下,应由谁来行使政府权力或应实行何种政策的问题(尽管也牵涉如何理解既有宪制的问题)。在麦迪逊看来,在联邦宪法实施后,因政府管理产生的党争是难以避免的。休谟亦认为,"如果将英国政府作为考察的对象,人们立即会发现,无论是谁管理政府,几乎都不可能避免分歧和党派…即使是在那些最有理解力的人之间,也会出现不同的意见"。[3]

基于事后之明,我们不难理解,在休谟写作时的英国和麦迪逊写作时的美国,为何都不可避免会出现党派之争。随着立宪君主制通过光荣革命得以确立,英国议会已成为现代意义上的代议机构,美国联邦政府更是明确建立在代议制原则之上,而以自由选举为基础的代议制政府,本身就预设了政治竞争的存在。[4] 毕竟,只有当选民可在

---

[1] [美] L. 桑迪·梅塞尔著,陆赟译:《美国政党与选举》,译林出版社2017年版,27。

[2] Hume, *Political Writings*, ed. Knud Haakonssen, Cambridge University Press(1994), 40-45.

[3] Hume, *Political Writings*, 40.

[4] Hans Daalder, 'Parties: Denied, Dismissed, or Redundant? A Critque' in Rechard

不同的政策、纲领和候选人之间进行选择时，选举才可能是有意义的。1865年3月，白芝浩在一篇题为"下院"的文章中写道："的确，一旦我们看清楚下院主要和首先是一个选举产生的议院，我们立即就知道政党是它的要素。从未有过没有党派的选举。……下院处于一种始终有着潜在选择的状态：它在任何时候都可能选任一位统治者和罢免一位统治者。因此，政党是它所固有的，是它骨骼的骨骼，是它呼吸的呼吸。"[1]

由亚当斯、汉密尔顿领导的联邦党和由杰斐逊、麦迪逊领导的民主共和党，在内外政策和政治原则上均存在严重的分歧。联邦党主张发展工业、创建合众国银行、由联邦政府筹集资金偿还独立战争期间的债务并承担各州债务，这一切都需要有一个强大的联邦政府。[2] 民主共和党则认为，农业才是美国的立国之本，并主张加强各州的自治权力。[3] 在杰斐逊看来，"强大的政府永远是压迫性的"，并且越是脱离地方控制的政府就越不值得信任。[4] 亚当斯和汉密尔顿都对人民不太信任，因而希望政府多一点贵族制色彩。联邦党倾向于认为，富有和杰出的人在制定政策时，无需在乎普通民众的想法。杰斐逊则持更彻底的共和主义立场，认为人民远比政府更值得信任，并主张加强人民对政府的控制。[5] 在对外政策方面，联邦党对英国较友好，民主共和党则更重视与法国的关系。[6]

Gunther & others ed., *Political Parties: Old Concepts and New Challenges*, Oxford University Press(2002), 42.

[1] Walter Bagehot, *The English Constitution*, 101.

[2] John Ferling, *Adams vs. Jefferson: The Tumultuous Election of 1800*, 39, 48, 53.

[3] 在杰斐逊重农轻商的思想中，可以看到古典共和主义和卢梭的影响。杰斐逊曾写道："公众风气的败坏，是任何时代任何地方都有的现象。这也是商人身上的印迹，他们不像农人那样，为了生计而察看天地，勤奋劳作，而是将生计寄托在消费者的增减和任性之上。只要有依赖，就会导致卑躬屈膝和贪赃枉法，从而窒息美德的种子，为实现野心提供合适的工具……一般来说，在任何国家，农业人口比例有多大，国民的健康指数就有多高。"(*Notes on the State of Virginia*, Query 19)

[4] John Ferling, *Adams vs. Jefferson: The Tumultuous Election of 1800*, 26, 33.

[5] John Ferling, *Adams vs. Jefferson: The Tumultuous Election of 1800*, xi, 29, 50.

[6] John Ferling, *Adams vs. Jefferson: The Tumultuous Election of 1800*, 60-61.

在两个党派的领袖人物中,汉密尔顿可能更有野心,个人权欲也相对更旺盛,但仍很难说他参与党争只是为了满足自己的权欲。更公正的说法是,政策理念和个人野心在他身上是相互交织的。由于他是快成年时才移民到美国,所以并没有哪个特定的州值得他去效忠(他一直自称为"大陆主义者"),联邦政府的巩固和成功,因而就与他个人的历史地位息息相关。[1] 麦迪逊和杰斐逊联合组建政党,则肯定不是为自己谋求权力,而是因为他们认为,汉密尔顿的政策正引导美国走上错误的道路。虽然在亚当斯看来,在1800年的总统选举中的失败对自己是一种羞辱,但当选举人票不能决出胜负,故需众议院投票确定谁当总统时,他展现出政治家的责任感,放弃了通过操纵众议院投票争取连任的机会,从而保障了政权的和平交接。在上一次总统选举中,亚当斯险胜杰斐逊。虽然杰斐逊并不是一个甘居次席的人,但仍同意依宪法规定担任副总统一职,从而表现出对宪法和选举合法性的尊重。[2]

在联邦党和民主共和党的竞争中,政策分歧才是最关键的,否则,单是权力之争根本不足于进行全国性的政治动员。联邦党的政策对北方地区(包括汉密尔顿所在的纽约州和亚当斯所在的马萨诸塞州)的商业阶层更为有利,民主共和党的主张则对弗吉尼亚地区的种植园主和西部边疆的农民更为有利,但双方都真诚地相信,自身的政策是着眼于全体美国人的共同利益。双方的领袖一旦形成了自己的政策主张,就立即会发现,为了让自己的政见成为国家的政策,又必须团结尽可能多的人,一起争取选举的胜利并掌控政府决策权力。对于政策的推动来说,组建政党是必不可少的手段。这里的民主共和党和联邦党,都很契合埃德蒙·伯克(Edmund Burke, 1729—1797)此前为政党所下的定义:"政党就是一群人,基于他们都同意的某些特定的原则,联合起来为促进国家利益而共同努力。"[3]

十八世纪六十年代,伯克首次对"派系"(faction)和"政党"

---

[1] John Ferling, *Adams vs. Jefferson: The Tumultuous Election of 1800*, 42.
[2] L. 桑迪·梅塞尔著:《美国政党与选举》, 28-30。
[3] Burke, *Pre-Revolutionary Writings*, ed. Ian Harris, Cambridge University Press(1993), 187.

（party）进行了明确的区分。在"关于当前不满之原因的思考"一文中，伯克将派系定义为一群为"争夺职位和薪酬"而一起密谋、行动的人，而派系与政党的根本区别是，派系缺乏稳定的政策理念和政治原则。[1] 在伯克写作此文时的英国，通常是由国王信任的人担任首相，首相则借助国王任命官职和施加恩惠的权力来推行政策。这些所谓"国王身边的人"为削弱反对者的力量，时常宣称"所有政治上的联络（connections）都是派系性的"，并认为"政治联络及其导致的一切恶果"，都应排除在政治生活之外。伯克对这种说法进行了反驳。在他看来，当时执政者的做法偏离了宪法的精神，并将威胁人们的自由和财产，反对这种做法的人则应该联合起来，采取协调一致的政治行动，"让宪法回归它真正的原则"。[2]

伯克认为，"政治上的联络，对于人们履行公共义务是必不可少的……只有当人们相互联络时，才易于发现和警示邪恶图谋的存在，并运用共同的智慧和力量来反对它"。在他看来，如果人们不相互联络，不了解彼此的原则、态度和立场，就不可能在公共事务中采取一致而有效的行动："人们如何能在毫无联络的情况下[共同]行动，这是我完全无法理解的。"他表示，"当坏人相互勾结时，好人也必须相互联合，否则就会一个接一个地沦为卑劣图谋的牺牲品"，而当人们基于"共同的观点、共同的情感和共同的利益"联合起来并一致行动时，他们便形成了一个政党。人们相互联络并组成政党，就是要"利用一切正当的方法，为一些观点相同的人争取适当的职位，以便运用国家的一切权力和权威，将他们的共同计划加以实施"。[3] 伯克还认为，人们对政府无条件的、不加区分的支持，"只会将正直和信任从公共行为中完全驱除出去，只会将最好的人与最坏的人加以混淆，并只会削弱与分解，而不是加强与巩固政府的基本框架"。[4]

伯克的写作有着现实的政治考虑，是要服务于他所属的在野的政治阵营。依照他的论述，当时的英国政府被掌握在一个忠于王室的

---

[1] *Pre-Revolutionary Writings*, 188.
[2] *Pre-Revolutionary Writings*, 181, 183-184.
[3] *Pre-Revolutionary Writings*, 184, 187, 190.
[4] *Pre-Revolutionary Writings*, 181.

"派系"手中,这是一群缺乏原则和德性的人,他们为了自身的官职和私利而无视公众的心声,甚至不惜损害公共利益。在伯克看来,一个"政党"是纠正政府弊端的必要手段,且这个政党最好是由他的保护人罗金汉姆勋爵(Lord Rockingham)来领导。不过,抛开这些现实的考虑,单从政治思想的发展来看,伯克对政党的定义和论述是很有远见的。在当时的英国,现代政党仍处于萌芽状态,伯克却已精确地阐述了政党的特征和作用。[1]

在现代国家,政党是人们基于共同的政策理念而结成的政治同盟,它的目标就是获取执政权力,以便让自身的主张成为国家政策。政党的功能是整合不同人群的利益、形成政策主张、提出公职候选人、动员选民,并在胜选后组织政府。即使是在野党,作用也很重要,它们可以监督和批评执政者、要求施政过程保持透明、追究失职官员的责任,并为选民提供不同的政策选项。[2]

虽然美国联邦宪法并无关于政党的规定,但依照联邦最高法院的解释,公民结社自由受第一修正案保护。在现代社会,结社自由是个人的一项基本权利。人们结成社团,便可集中一定的人力和资源,去追求和实现一些共同目标,这些目标既可以是商业的、文化的或公益性的,也可以是政治性的。人们组建政党,正是行使结社自由的具体表现。在政治领域行使结社权,结果就是组成若干为争取执政权或影响政府政策而相互竞争的政党。在2000年判决的加州民主党诉琼斯案中,美国联邦最高法院表示:"如果公民不能结合起来,推介认同他们政治观点的选举候选人,代议制民主在任何人数众多的治理单位都是不可想象的。全国性政党的形成,与共和国的形成几乎是同步发生的。与此传统一致的是,本法院一直认为,第一修正案保护为推动共同的政治信念而结合起来的自由。"[3]

当一个政治共同体的领土规模和人口数量大到一定的程度,人

---

[1] Giovanni Sartori, *Parties and Party System: A Framework for Analysis*, ECPR Press(2005), 9.
[2] Donald P. Kommers & others, *American Constitutional Law: Vol. 1: Governmental Power and Democracy*, 394-395.
[3] *California Democratic Party v. Jones*, 530 U.S. 567 (2000).

们就难以对每位公职竞选者都有深入的了解。选民们多是重点关心他们的政策主张。相对于具体的候选人,长期存在和持续活动的政党,它们的政策理念显然更为明确和稳定。竞选者各自所属的政党,也常常是影响人们投票的决定性因素。人们通常都是通过候选人的政党身份,来识别他们的政策理念,并投票支持与自己的理念相近的候选人。

政府体制和选举制度,对政党竞争的方式会产生很大的影响。比如,总统制容易催生出两党竞争的格局。围绕总统职位展开的竞争,是一种赢者通吃(winner-takes-all)的游戏,获胜的政党可以垄断所有由总统任命的行政职位。这就促使人们必须在选战中尽量集中力量和资源。而对选民来说,除最有实力的两个政党所推出的候选人外,投票给其他候选人几乎就是浪费选票。这一切都让两大政党之外的小党失去生存的空间。相反,在议会内阁制下,当各大政党都未获得单独组阁所需的多数时,小党就可能成为各大政党竞相拉拢的对象,从而就有决定和哪个政党联合组阁的主动权,并在一定程度上影响政府的政策和人事安排。因此,一般而言,总统制比议会内阁制倾向于压缩有效政党的数量。[1] 基于类似的原理,在议会成员选举中,根据地理位置划界的单一席位选区制,即一个选区只有一个胜选名额的制度,也更容易导致两党竞争的局面,比例代表制则常常会导致两个以上的多党竞争局面。[2]

从今天的情况来看,虽然美国并无任何法律规定,只有共和党和民主党的成员可以参加公职竞选,但这两大政党却几乎完全主宰着美国政坛。比如,2006 年,美国参众两院的议员总数是 535 名,其中只有两人不属于共和党或民主党;50 个州的州长,全部来自这两个政党;在大约 7400 名各州的州议员中,也有超过 7350 人来自这两个政党。数据还表明,选举层级越低,候选人的政党身份所起的作用就越小。这一是因为在更小范围的共同体中,人们对候选人的个人情况更为熟悉,政党归属的影响相应就变小了;二是因为在低层级的

---

[1] [美]阿伦·利普哈特著,谢岳译:《选举制度与政党制度》,上海人民出版社 2016 年版,68-72,121-123。

[2] 阿伦·利普哈特著:《选举制度与政党制度》,81-84。

选举中，相关职位主要涉及地方具体事务的处理，与更宏观的政党理念关系不大。就像美国人的一句俗语所说的："清理街道的方式，并无共和党和民主党之分。"[1]

另一方面，政党竞争也可能对选举制度乃至宪法实践产生反向的塑造作用。比如，依照联邦宪法规定，美国的总统选举采用间接选举制，即所谓的选举人团制度。依照这一制度，每个州的选举人票数，是该州联邦众议院议员数加上两名参议员的人数。在起初，各州都是先由选民选出相应数量的选举人，再由选举人投票给总统候选人，不同的总统候选人，常常要分享每个州的选举人票。假如一个州有 20 张选举人票，可能一个党的候选人获得 12 票，另一个党的候选人获得 8 票。但美国宪法同时规定，选举人推选和选举人票的分配方式由各州自行决定。这样一来，如果某个政党在某个州是多数党，它就会在该州推行全州普选和赢者通吃的做法，以便本党候选人可以获取该州全部的选举人票。它的对手也不得不跟进，在自身控制的州采用类似的制度。即使是在两党势均力敌的州，人们为了让自己所在州能够得到候选人的重视，从而在全国政治中拥有适当的影响力，也会跟着采用赢者通吃的规则。因为，如果在某个州，不同政党的候选人可以分享它的选举人票，且彼此得票数相差不会太大，那么，他们就不会在该州投入太多的竞选资源，也不会重视该州选民的诉求。如今，这种赢者通吃的选举人票分配模式，已在美国 48 个州和哥伦比亚特区实行，只有缅因州和内布拉斯加州尚属例外。[2]

在宪政民主体制下，各个政党不只是被动地在既有的制度框架下进行竞争，而是有可能反过来积极修正已有的制度和规则，同时也会极力避免对自身有利的规则被改变。各个政党要想实行于己有利的选举规则，又必须尽力争取多数选民的支持。政党竞争所形成的压力，不但会促使每个政党努力了解和重视选民的诉求，而且还会不断提升全体选民在国家政治生活中的作用。如上所述，美国联邦宪法就总统职位采用间接选举的方式，在某种程度上是要弱化全体选民在

---

[1] L. 桑迪·梅塞尔著：《美国政党与选举》，23。
[2] L. 桑迪·梅塞尔著：《美国政党与选举》，9-16。

这方面的直接影响,但政党竞争所产生的效应,却让美国的总统选举越来越近似于直接选举。

二

今天,至少在那些已实现政治现代化的国家或地区,人们不但对政党竞争已习以为常,而且还普遍认为这是宪政民主体制不可或缺的一部分。[1] 但是,在有记录的人类历史中的绝大部分时间里,人们对党派竞争并没有这么包容,更没有什么积极的看法。[2]

在柏拉图最著名、最有影响的著作《理想国》中,可以说从头到尾都充斥着对党派斗争的反感和谴责。在该书第 1 卷第 351d 段以下,柏拉图笔下的苏格拉底将派系和仇恨、争斗连在一起,视其为非正义的产物,而合作和友谊则是正义的产物。依照苏格拉底的说法,一个城邦、一支军队、一伙海盗、一群小偷,或是任何一群人,哪怕是一起做非正义的事情,他们内部也应该正义地对待彼此,而不能有派系纷争,否则就难有成功的机会。

在第 5 卷第 470b 段以下,苏格拉底将一个城邦或任何政治共同体中的派系斗争称为"内战"。他认为,党派斗争就是一个共同体自己与自己的战争。在这里以及在第 8 卷第 556e 以下,柏拉图都通过苏格拉底之口表示,一旦出现了派系斗争,共同体就像人的身体一样生病了。

在讨论如何构建一个理想的城邦政体时,苏格拉底将城邦与人的灵魂加以类比。[3] 他认为,人的灵魂由三个不同的部分组成:一是专门用来认知和推理的理性部分;一是人借以发怒并使人拥有勇气的激情部分;一是渴求满足人的身体需求的欲望部分。[4] 如果一个人

---

[1] Juan J. Linz, 'Parties in Contemporary Democracies: Problems and Paradoxes', in *Political Parties: Old Concepts and New Challenges*, 291.

[2] Giovanni Sartori, *Parties and Party System: A Framework for Analysis*, 3.

[3] 对此进行的深入分析,参见 Norbert Blossner, 'The City-Soul Analogy' in G. R. F. Ferrari ed., *The Cambridge Companion to Plato's Republic*, Cambridge University Press(2007), 245-385.

[4] *The Republic*, 439d.

灵魂中的理智部分得到了很好的教育与发展,并可以对激情和欲望部分进行领导与约束,那么,这个人就是有智慧的、勇敢的和有节制的。当灵魂的三个部分各司其职,各自尽好自己的本分时,那就构成了一个正义与和谐的整体。[1]

在苏格拉底的理想城邦中,全体居民也相应地分为三个不同的阶层。第一个阶层对应着个人灵魂中的理智部分,他们是包含少数一些人的统治者。第二个阶层对应着个人灵魂中的激情部分,他们是统治者的辅助者(战士阶层,统治者系从这一阶层选拔出来),忠诚地服从统治者的领导和命令。第三个阶层对应着个人灵魂中的欲望部分,他们是包括农民和各种手艺人在内的生产者阶层。[2] 如果在一个城邦中,这三个不同的阶层能够就"应该由谁统治"这一问题达成一致,也就是同意由第一个阶层进行统治,那就可以确保城邦内部的正义与和谐。[3]

依照苏格拉底的说法,那些走出洞穴并见识了阳光(真理)的哲学家,有义务返回洞穴去统治其他的人。在现实中的绝大多数城邦中,人们的行事方式就像是在梦游,他们为争取统治地位而相互斗争,并为此分成不同的派别。[4] 获得真知的哲学家在返回洞穴并再次习惯于黑暗后,却能更清晰地理解存在于城邦中的各种事物。他们不但知道这些事物只是真实事物的摹本,而且还知道相应的真实事物是什么样子。这些最不情愿的统治者,恰恰可以清醒地实行最好的统治。柏拉图笔下的苏格拉底说道:"格劳孔啊,除非哲学家成为我们城邦中的国王,或者那些所谓的国王或统治者成为真正的、完全意义上的哲学家,除非政治权力和哲学合二为一,否则,我们城邦中的疾患,我怀疑,甚至全人类的疾患,都将永无尽头……"[5]

在苏格拉底看来,"统治的目的是谋求城邦整体的利益,包括使用说服和强制的方式保持公民之间的和谐,并让每个阶层与其他阶

---

[1] *The Republic*, 443d.
[2] *The Republic*, 415a.
[3] *The Republic*, 432a.
[4] *The Republic*, 520b-d.
[5] *The Republic*, 473d.

层一道为城邦做出力所能及的贡献"。[1] 为了保障城邦的正义与和谐，统治者对个人生活的干涉与支配几乎没有任何限制，包括废除私有财产和传统的家庭关系，并由公民们共享财产、异性和后代。[2] 苏格拉底甚至提出一种基于政治考虑的优生学主张，即统治者应让优秀的男性与优秀的女性多同居，让不优秀的男女少同居或不同居，以尽量确保生出的后代是优良的。对那些体弱、带病或畸形的婴儿，他委婉地表示："可以悄悄地把他们送到一个没有人知道的地方去"。[3]

和谐是《理想国》这部作品的基本主题之一。保障城邦和谐的关键，是所有的人都服从统治者（哲学家）的命令与安排。这并不是说每个人都要做同样的事情，而是说每个人都要依照统治者的安排各司其职。城邦中的和谐类似于音乐中的和谐。在音乐中，每个音符的调性和位置并不相同，但只有当它们被作曲者分别安排在适当的位置时，才有可能奏出和谐的旋律。城邦中的每个人，也都应依照统治者的命令从事各自的工作。人们的工作或技艺虽然各有不同的功能，但它们只有在某种总体目的的统领下，才可能是有意义的。这样的总体目的，只有掌握了真知的哲学家才能提供。[4] 如果城邦需要法律，它的作用并不是让人们在互不侵害的前提下各行其是，更不是让统治者的权力受到限制，而是让统治者可以更方便地使用每一个人，以实现城邦的和谐与共同利益。[5]

对和谐的强调以及对派系的谴责，深深地根植于柏拉图的理念论之中。哲学家之所以最有资格进行统治，是因为他们拥有真知，而他们之所以拥有真知，是因为他们的知识以理念本身为对象。理念是绝对的存在者，是完全和谐与统一的，它是毫无杂质和永远不变的事

---

[1] *The Republic*, 519e.
[2] 亚里士多德曾在《政治学》中提到，与柏拉图同时代的法里亚斯（Phaleas of Chalcedon）亦主张：为防止在城邦中出现内斗，有必要保持公民在财产上的均等，因为财产问题最容易导致党派的形成。参见 Aristotle, *Politics*, trans. C. D. C. Reeve, Hackett Publishing Company(1998), 1266a38.
[3] *The Republic*, 459d, 460c.
[4] *The Republic*, 380e, 381b, 479a. 参见［美］布鲁姆著，刘晨光译：《人应该如何生活——柏拉图<王制>释义》，华夏出版社，41-42。
[5] *The Republic*, 520a.

物,绝不会在任何时候变成不是这样的存在。我们常人所经验到的可感事物,只是绝对存在者的摹本。它们都混杂了非本质的东西,因而有着内在的错乱、对立和冲突,并且必定会流变、衰败与毁灭。[1] 当哲学家依照他对理念的认知来治理城邦,就一定会尽可能消除冲突与不和谐,使它尽可能接近完美的城邦理念,而那些有着派系与分歧的城邦,在优劣次序上则与完美理念相距甚远。

根据亚里士多德在《政治学》中的介绍,在古希腊,人们支持一人统治(君主政体)的理由之一是:无论是多数人(民主政体)或少数人(贵族政体)的统治,都难以避免统治集团分成不同的派系,而由单个的人进行统治则可免于派系之害。[2] 但是,在苏格拉底的理想政体中,统治权既可由一个人行使,也可由多个人轮流或共同行使。在后一种情况下,并不用担心统治者之间会发生分歧或争斗,因为他们都具有相同的真知,都会认同以真知为根据的同一统治方式(就像专业的数学家都会同意一种正确的解题方法一样),且他们都完全没有对权力本身的渴求。[3]

对苏格拉底来说,城邦这种由众多个人组成的共同体,就是一个像人的灵魂一样的整体。他看重的是城邦这一整体本身的和谐,而城邦中的派系斗争则是对和谐的破坏与伤害。和谐是每个人都安于本分的结果,因而是正义的体现;派系斗争则是和谐的对立面,是人们不再安于本分的产物,因而是非正义的体现。或者说,非正义总是"通过派系与不和,使城邦无法采取协调的行动,并使城邦成为它自己的敌人"。[4] 在这里,到底派系斗争的原由是什么,不同派系的诉求谁是谁非,都不是值得深究的问题。在苏格拉底用言辞所构建的理想政体中,根本就没有党派及党派竞争存在的余地。

在亚里士多德的《政治学》中,派系也是一个贯穿全书的重要主题。虽然亚里士多德对派系有着比柏拉图更务实的看法,并详细讨论

---

[1] 克里格,"《王制》要义",载刘小枫选编:《〈王制〉要义》,华夏出版社 2006 年版,24-25。
[2] *Politics*, 1286a36.
[3] 参见布鲁姆著:《人应该如何生活——柏拉图〈王制〉释义》,58。
[4] *The Republic*, 352a.

了派系的成因、表现和影响，但他同样认为派系是应尽力避免的现象，因为它会危及政体的稳定和持续。在亚里士多德看来，当人们认为自己没有得到本应得到的平等对待，或是认为自己本应得到更多却只得到平等对待时，他们就有可能结成派系并寻求改变既有的政体。他还认为，那些德性卓越的人本来最有理由形成派系，因为他们最有资格得到不平等的对待，但他们恰恰是最不愿意结成派系的人。[1] 这就意味着，派系总是与德性不够卓越联系在一起。

在对现实中的政体进行考察时，亚里士多德认为克里特、斯巴达和迦太基的政体都较为优良，理由之一就是"没有出现值得一提的派系"。他表示，迦太基人的幸运就在于，他们可以不时将一部分人民送往所属殖民地，去寻觅发财致富的机会，从而得以避免派系的产生。[2] 在他看来，对现实中的大多数城邦而言，最好的政体就是由中间阶层掌权的政体，因为"它是唯一摆脱了派系的政体"。这既是因为当城邦中的中间阶层人数足够多时，特别富有或贫穷的人都比较少，因而不容易发生冲突和争吵，也是因为中间阶层的生活由于持守中道而更具德性。[3] 亚里士多德还提出了若干防止派系出现的措施：（1）应该利用法律的手段，防止尚未卷入纷争的人涉身其中，以避免贵族之间的内讧和党争；（2）努力增加中间阶层的人数；（3）在政体中将穷人和富人加以混合。后两种措施旨在减少因不平等而产生的派系。[4]

在柏拉图和亚里士多德那里，对派系的谴责和对共同利益的重视是紧密相连的。在他们看来，正当的统治都是要实现城邦的正义，而正义和共同利益其实是一回事。对柏拉图来说，城邦的共同利益表现为所有人都各司其职，并得到自己应得的东西。爱智慧的统治者（哲学王）就是知道如何做到这一点的人。虽然人们履行的职责和获得的回报各不相同，但这并不有违正义，因为政治正义恰恰要求不平等的人获得不平等的荣誉和份额。那些不满足于自己所得的人，倒是

---

[1] *Politics*, 1301a25-1301b5.
[2] *Politics*, 1272b28; 1273b-18.
[3] *Politics*, 1295a35; 1296a7.
[4] *Politics*, 1308a31; 1308b28.

有违正义的，或者说，他们对自己该得到什么以及什么对自己有好处，有着错误的看法。哲学王的统治技艺，就在于让被统治者获得对他们最有利的东西，哪怕结果可能违背他们的意愿，就像医生需要依照自身的技艺（医术），而不是依照病人的喜好，给病人开出最有利于治病的药方。[1]

对亚里士多德来说，城邦的共同利益表现为，所有的公民都能获得恰如其分的德性，并过上良善和高贵的生活。他心目中的"政治家"不但自身德性卓越，而且还可通过正确的统治，让被统治者成为有德性的好公民。亚里士多德认为，不同的政体表达了对"何为最好生活"的不同理解，选择不同的政体就是选择不同品性的人来统治；这些人承载和展现了不同的人生观，即关于美德与邪恶、高贵与卑贱、美与丑的观念，因而也体现了"共同体的目的"。[2] 如果统治者是为共同利益而统治，那么，无论统治者的人数是多是少，相关的政体都是正确政体；如果只是为了统治者自身的利益，则都是变态政体。[3] 在亚里士多德看来，大多数人都不是共同利益的良好判断者，因为他们都倾向于按照自己或自己所在集团的利益来判断，很少能超脱自身的利益。[4]

当人们认为，政治共同体可以保持一种当然的和谐状态，或是存在一种"客观的"共同利益，它们在原则上可被一些有智慧和有德性的人预先识别，并可由他们通过一定的统治方式加以实现，那么，党派活动就不会被视为是正当或必要的。所谓党派活动，不过是政治共同体中的一部分人，由于有着相似的利益和诉求而结成一个集团，并为成员们的私人利益而共同行动。党派活动从定义上就不以公共利益为目的，且各党派追求私人利益的活动，总是会干扰贤明统治者对共同利益的追求，并破坏共同体内部的和谐。既然只有以共同体的和谐和以共同利益为目的的政治活动才是正义的，以局部或私人利益

---

[1] 参见布鲁姆著：《人应该如何生活——柏拉图<王制>释义》，38、48、97。
[2] Politics, 1278b8; 1289a17; 1328a35-1328b2.
[3] Politics, 1279a17-1279b9.
[4] 参见[美]托马斯·潘戈著，李小均译：《亚里士多德<政治学>中的教诲》，华夏出版社 2017 年版，138、176。

为目的的党派活动当然就是非正义的。

在十三世纪中期，亚里士多德的《伦理学》和《政治学》等著作被译成拉丁文。他强调共同利益和内部和谐的思想，开始在北部意大利城邦中产生影响。在这些城邦中，一度盛行的共和主义政体似乎特别脆弱，经常被个人独裁或家族统治所取代，人们认为党派纷争对此难辞其咎。结果是，城邦的内部和谐被赋予了最高的价值，派系冲突则被视为对城邦独立和公民自由的最大威胁。

但丁（Dante Alighieri，1265年－1321）就曾强烈谴责他的佛罗伦萨同胞热衷于派系活动，并视之为破坏内部和平的祸首。在他看来，唯有每个人都让私人利益服从公共利益，才能使城邦免受派系斗争的危害。为支持自己的观点，他明确诉诸亚里士多德的权威："如果部分应为整体的缘故而将自身置于危险中，那么，就像亚里士多德在《政治学》中所说的，由于一个人是共同体的一部分，所以人们应为挽救国家而牺牲自己，即为了更大的好处牺牲较小的好处。又如亚里士多德在《伦理学》中所言，虽然仅实现一个人的好处也是有价值的，但实现整个共同体的好处则更好、更神圣。"[1] 雷米希奥（Remigio de' Girolami）在《和平的好处》中开篇便宣称，"［城邦内部的］和平是人民的首要目的和最大好处"。马西利乌斯也在《和平的保卫者》中，将内部和平视为维护共和政体的首要条件。这两人都认为，防止派系斗争和保持城邦安宁的主要办法是摈弃派系利益，让每个人的私人利益都与共同利益相一致，并让公共利益成为人们时刻关心的对象。[2]

在文艺复兴时期，随着商业和贸易活动的日益活跃，在文化、社会和政治领域开始出现一些更积极看待个人经济利益的思想。[3] 但是，在柏拉图、亚里士多德和西塞罗等人著作的影响下，一种将公共利益置于私人利益之上的公民德性，仍是人们在政治写作中普遍强

---

[1] Dante, *Monarchy*, ed. Prue Shaw, Cambridge University Press(1996), 48.
[2] Quentin Skinner, *The Foundations of Modern Political Thought: Vol. One: The Renaissance*, Cambridge University Press(1978), 53-65.
[3] Anthony Grafton, 'Humanism and Political Theory', in J. H. Burns ed., *The Cambridge History of Political Thought, 1450-1700*, Cambridge University Press(1991), 22.

调的主题。对个人利益的逐取以及与之相关的党派活动,仍被视为共和政体和公民自由所面临的主要威胁。[1] 布鲁尼（Leonardo Bruni）及其追随者曾一再强调要在公民中培育公共意识和献身精神,并号召人们一定要将城邦的共同利益置于个人利益之上。在为柏拉图《法律篇》所写的导语中,特拉比松的乔治（George of Trebizond）将当时的威尼斯视为正义与和平的典范,因为那里"没有党派,没有叛乱,没有任何纷争的迹象"。[2]

十六世纪初,圭恰迪尼在讨论佛罗伦萨的政体改革时,仍强烈主张要防止党派活动的出现。在他看来,党派的泛滥必然会导致共和政体的毁灭和个人独裁的产生。[3] 他认为,虽然自由的城邦必须是富裕的,但城邦中的公民都应该保持贫穷,以避免财富不均所导致的嫉妒和党派纷争。在批评马基雅维利《论李维》中的相关内容时,圭恰迪尼借用柏拉图的类比说:"赞扬[共同体中的]不团结,就像是赞扬一位病人身上的疾病"。[4]

马基雅维利（Niccolò Machiavelli,1469—1527）的政治思想既是文艺复兴运动的产物,又在某种意义上标志着这场运动的终结。他与众多人文主义思想家一样,试图从古代历史（特别是古罗马的历史）中总结出建立稳定政治秩序的准则,却时常得出与他们截然不同的结论,并由此成为现代政治学的开创者。[5]

西塞罗、萨拉斯特（Sallust）和奥古斯丁等人都曾表示,内部的骚动是共和时期罗马的一大缺陷。这一看法在文艺复兴时期被人们

---

[1] Janet Coleman, *A History of Political Thought: From the Middle Ages to the Renaissance,* Blackwell Publisher(2000), 220-222.

[2] Jill Kraye ed., *Cambridge Translations of Renaissance Philosophical Texts: Volume 2: Political Philosophy*, Cambridge University Press(1997), 132.

[3] Jill Kraye ed., *Cambridge Translations of Renaissance Philosophical Texts: Volume 2: Political Philosophy*, 205.

[4] Quentin Skinner, *The Foundations of Modern Political Thought: Vol. One: The Renaissance*, 170, 182.

[5] James Hankins, 'Humanism and the Origins of Modern Political Thought' in Jill Kraye ed., *The Cambridge Companion to Renaissance Humanism*, Cambridge University Press(1996), 118; Joseph V. Femia, *Machiavelli Revisited*, University of Wales Press(2004), 1.

广泛接受。马基雅维利注意到,在很多人看来,"如果不是好运气和公民的尚武精神弥补了这一缺陷,罗马共和国就将比任何别的共和国都更糟糕"。马基雅维利在《论李维》中挑战了这一传统看法。他认为,"那些抱怨贵族与平民之间的争执的人,恰恰是在指责使罗马保持自由的首要原因"。马基雅维利表示,在任何共和国都有贵族和平民这两种不同的势力,"罗马所发生的情况表明,一切有利于自由的法律都源自它们之间的不和",而那些强调共同利益的人只看到这一不和引发的"噪音和争吵",却没有注意到它带来的好处。在他看来,一方面,平民可以集会和反对元老院的意见,另一方面,贵族又可以在元老院否决平民大会的意见,这就使得任何一方都无法为了自身利益而牺牲另一方的利益,结果恰恰可以制定有利于共同体整体利益的法律。[1]

诚然,马基雅维利在此讨论的是不同阶层之间的冲突,而不是通常意义上的党派斗争。事实上,同样是在《论李维》这部著作中,马基雅维利对党派进行了谴责,认为"党派将导致共和国的毁灭"。不过,值得注意的是,马基雅维利将党派斗争视为既有政治秩序之外的"非常规斗争方式"。他认为,在共和时期的罗马,无论是贵族和平民之间的阶级纷争,还是人们对官员的指控和免职,都是"经由公共力量和秩序进行的,因而有其具体的限度,不会导致共和国的毁灭"。但在弗朗西斯科·瓦罗蒂(Francesco Valoti)"像君主一样"统治佛罗伦萨时,对他不满的人却无法在既有秩序下以常规方式反对他,所以只能结成党派,并期待在拥有足够武力时以非常规手段除掉他。瓦罗蒂为求自保,也一定会和自己的支持者结成党派。双方为取得党争的胜利,又难免会寻求外部势力的帮助。这样的党派斗争不但是你死我活、血腥残忍的,而且必将导致城邦既有秩序的颠覆。[2]

马基雅维利认为,人们从事非常规的党派斗争,是因为无法在既有秩序内表达自己的不满。在他看来,一个城邦出现这样的党争,即表明该城邦缺乏良好的政治秩序:"人们在任何时候看到,生活在城

---

[1] Niccolo Machiavelli, *Discourses on Livy*, trans. Harvey C. Mansfield & Nathan Tarcov, The University of Chicago Press(1996), 16-17.

[2] *Discourses on Livy*, 24-25.

邦中的某个党派求助于外部势力,都会相信这是糟糕的秩序所致,因为在城墙之内,除了以非常规方式,人们便无法发泄自己的不满。"[1] 在马基雅维利的论述中,党派从定义上就是一个贬义词,它仅指在既有制度外进行生死斗争的政治团伙。如果我们赋予党派一个中性的定义,并让它同时涵盖常规和非常规斗争中的政治集团,那么,虽然马基雅维利所谓"秩序内的常规斗争"并没有尊重人权和遵循正当程序的现代意义,但我们仍不难看出他的论述所包含的洞识:将政治斗争区分为既有制度下的常规斗争和制度外的非常规斗争,对于理解现代宪法与政党竞争的关系是至关重要的。

亚里士多德、西塞罗和托马斯·阿奎纳都倾向于将城邦或国家视为自然的统一体,每个人都在其中有一个合适的位置,公共利益就体现在这一自然秩序之中。在《论李维》中,公共利益是一个频繁出现的词语。但与古代及中世纪的传统观点不同,马基雅维利认为人类社会没有什么自然的秩序,也不存在与私人利益本性不同的共同利益。在他看来,每个社会都充满各种不同和相互竞争的私人利益,人们不可能完全为同一个目的或利益而行动,共同体的和谐只在于对不同利益的平衡与协调,并且这是一个不断变化和调整的动态过程。对马基雅维利来说,对团结和统一的呼应,经常是压制不同意见的借口,目的是让某一利益占据绝对的支配地位。他认为,更恰当的做法是建立合理的制度与法律秩序,让不同的利益在政治过程中相互平衡和抵消,从而可兼顾各个群体的利益。在马基雅维利这里,共同利益的实现不再是某些有智慧、有德性的人,依照"自然正义"进行统治的结果,而是不同势力和利益相互竞争、相互抵冲的结果。[2]

在亚里士多德的影响下,自布鲁尼以来的人文主义者大都重视公民德性的提升,认为共和主义自由即在于公民对城邦公共事务的关心与参与。马基雅维利也认为,广泛的公民参与是共和国生存和强盛的前提。在他看来,古罗马的尚武精神,就源自平民阶层对公共事务的广泛参与。只有当人们感到自己对本国事务有发言权,且自己的

---

[1] *Discourses on Livy*, 25.
[2] 就此进行的分析,参见 Joseph V. Femia, *Machiavelli Revisited*, 70-71.

利益和意见能在本国法律中得到尊重时，人们才愿意及勇于为自己的国家而战。如果平民阶层没有参与政治事务的机会，他们就不会有参军的积极性，罗马也不可能获得对外征战和扩张的可靠兵源。[1] 但是，马基雅维利同时也看到，人文主义者强调公民参与的主张，与他们对城邦内部纷争的谴责是相矛盾的，因为全体公民对公共事务的深入参与，不可避免会引发不同群体之间的吵闹与竞争。

在亚里士多德以来的古典共和主义传统中，自由主要表现为公民对政治生活的平等参与，而公民参与政治生活（统治或被统治）的目是实现自身德性的完善，或者说追求伦理意义上的"良善生活"。马基雅维利也认为允许公民参与的共和国胜于一人独裁的君主国，但却完全是出于现实而不是伦理上的理由。在他看来，君主国中的世袭制经常会产生糟糕的国王，而共和国中的选举则可从更广泛的范围选拔官员，从而保障合格统治者的持续供应，并且，由于共和国可以定期更替统治者，因此比君主国更能够适应情势的变迁。他认为，君主比人民更害怕杰出之士，并极力对他们进行打压，因而容易形成逆淘汰的用人机制。在共和国，由于没有哪个人拥有绝对的权威，能人之间需进行公开和经常的竞争，从而可保持更高的用人标准。马基雅维利还认为，人民比国王更可能就公共事务作出明智的判断，国王则比人民更可能受激情的左右，并比人民更不尊重既有的制度和秩序。[2]

在马基雅维利看来，共和国具有更稳定的政治秩序和法律保障，可以让公民们有更多的安全感，公民的自由包括在不触犯法律的前提下，不受他人干涉地追求自身所定的生活目标。他写道："随自由的生活方式而来的共同利益，包括自由地享用自己的东西、不用提心吊胆、不用担心妻子和孩子的名誉、不必为自己担惊受怕，因为大家都知道不受他人侵犯是天经地义的事。"[3] 马基雅维利甚至表达了一种与两百多年后的亚当·斯密颇为相似的观点，即每个人对私人利益的自由追求，可以促进整个国家财富的增长，而政府的基本作用之一

---

[1] *Discourses on Livy*, 17.
[2] *Discourses on Livy*, 54, 64-68, 115-119.
[3] *Discourses on Livy*, 45.

是保障人们可以安全地追求财富和名望。他表示:"在各方面都自由的城镇和地区,无不受益无穷。这样的地方人丁旺盛,因为婚姻更自由,人们也更乐意结婚和生育自己有能力抚养的孩子。人们不用担心自己的祖产会被夺走。人们不但知道自己生而自由,不是奴隶,而且还知道仅凭自己的德性就有可能出人头地。在这样的地方,来自农业和手工业的财富都大量增积,因为每个人都愿意增积财富,并努力获取他们自信在获取后可以安心享有的财物。由此而来的是,相互竞争的人们将考虑私利和公益,且两者都将显著增长。"[1] 在这里,我们显然可看到古典共和主义自由观向现代自由观的过渡。

1512年,美第奇家族在西班牙的帮助下重新控制佛罗伦萨,马基雅维利失去了在政府中的职位,便开始写作《君主论》《论李维》等一系列著作。此前十多年间,他一直担任佛罗伦萨的第二理政(second Chancellor)和"战事十人委员会"(the Ten of War)的秘书。这使他有机会在动荡不安的时局中,深入了解政治实际上是如何运作的,并获得广泛而多样的外交及军事知识。他在这段时间撰写的大量工作报告,已经包含了不少他后来在政治著作中详加阐述的观点。[2] 马基雅维利用一种由不同利益的冲突与竞争所形成的政治秩序,取代古典共和主义强调公民道德和自我牺牲的政治秩序,这与他分析人类政治生活的经验方法和现实主义态度是分不开的。[3]

在《君主论》著名的第十五章,马基雅维利表示:"我想写一些对能理解的人真正有用的东西,所以我更愿意关心实际发生的事情,而不只是理论和设想。"在他看来,无论是柏拉图、西塞罗和塞涅卡等古代思想家,还是与他同时代的帕特里齐(Patrizi)、普拉蒂纳(Platina)和蓬塔诺(Pontano)等人文主义者,他们对共和国或君主国的构想都是脱离现实的:"很多人想象出人们从未见过的共和国和君主国,但人们实际如何生活,大大不同于他们应该如何生活……"

---

[1] *Discourses on Livy*, 132.
[2] Machiavelli, *The Prince*, ed. Quentin Skinner & Russell Price, Cambridge University Press(1988), 'Introduction', ix; Nicolai Rubinstein, 'Italian Political Thought, 1450-1530', in *The Cambridge History of Political Thought, 1450-1700*, 42-43.
[3] Joseph V. Femia, *Machiavelli Revisited*, ch.4-5.

这些思想家总是告诫统治者要具备仁慈、公正、守信和大方等美德，马基雅维利则认为，遵循这些劝告的统治者在现实世界将寸步难行："统治者若是一直诚实行事，却又身处众多肆无忌惮的人之中，他的垮台就是不可避免的。"[1]

马基雅维利的政治现实主义，是以他对人性极度悲观的看法为基础的。在他看来，"人类一般来说都是忘恩负义、变幻无常、虚假、伪善、害怕危险和贪得无厌的"，并且，人性始终是不变的，总是充满了野心、权欲和贪欲。[2] 因此他认为，如果统治者恪守道德准则，"坚持去做所谓应该做的事情，那就只会破坏而不是保持自己的权力"。统治者要想建立或维持统治，就不能受任何世俗或基督教的道德规范的束缚，而是"必须准备在必要时做一些不道德的事情"。依照他的建议，如果遵循这些规范于己无害，君主当然没有必要违反它们；但如果有害自己的统治，君主就应毫无顾忌地违反它们，同时还要尽量营造一种追求和拥有美德的假象。[3] 对共和国的公民来说，道理也是一样的。马基雅维利在《论李维》中写道："当人们在做出事关祖国安危的决定时，不应该考虑任何公正或不公正、仁慈或残忍、荣誉或可耻的问题；人们真的应该抛开一切别的考虑，完全遵循能够拯救祖国的生存和自由的策略。"[4]

在《君主论》第十六至第十八章，马基雅维利将西塞罗和塞涅卡作为批评的靶子，依次反驳了他们对大方、仁慈和守信等美德的倡导。马基雅维利列举出一系列史实来表明，他们的道德教诲无视人性和政治的现实，只会让统治者自取灭亡。比如，塞涅卡认为，统治者应以仁慈赢得臣民的爱戴，"仁慈既促进统治者的尊荣，也增加统治者的安全"。[5] 马基雅维利则认为，对君主来说，"被人害怕要比被人爱戴安全得多"，因为爱戴之情很容易被利害关系所改变，而"害

---

[1] *The Prince*, 54.
[2] *The Prince*, 59; *Discourses on Livy*, 78, 80, 83-84.
[3] *The Prince*, 54-55, 62.
[4] *Discourses on Livy*, 301.
[5] Seneca, *Moral and Political Writings,* ed. John M. Cooper & J. F. Procope, Cambridge University Press(1995), 143.

怕之心出于对惩罚的恐惧,因而总是可以有效地维持"。[1] 西塞罗认为,担任公职者绝不能以追求财富和满足权欲为目的,而应"完全献身于共和国,并以不让任何人的利益被忽略的方式保护好全体"。[2] 马基雅维利则认为,君主不能指望自己的臣属和顾问能做到这一点,要想得到他们的忠诚,唯一的途径是让他们的荣誉和财富完全依赖于君主。西塞罗还认为,人们应通过说服来实现自己的目的,而不应使用强力和欺骗"这两种最不适合人类的手段",否则,人就会沦为像狮子和狐狸一样的野兽。[3] 马基雅维利则认为,强力和欺骗对权力的维持都是不可或缺的,因此"统治者必须学会像野兽一样行动,并应同时模仿狮子和狐狸"。[4]

马基雅维利在《君主论》中建议说,"只要是为了保持自己的权力,君主就不必在乎因为使用邪恶手段而让自己变得臭名昭著"。[5] 结果,他倒是因为写作这本书而让自己变得臭名昭著,"马基雅维利"这个名字也成了邪恶和不择手段的代用语。不过,也正是他所运用的经验的、非道德的(amoral)和现实主义的分析方法,推动了政治学与伦理学的分离,并使政治分析有可能聚焦于政治权力本身的特性和运作方式。马基雅维利显然意识到了政治世界相对于私人世界的独特性:"这些手段非常残忍,与基督教和世俗的生活方式都是敌对的;任何什么样的人都想逃离它们,并希望能生活在私人世界,而不是成为给人们带来毁灭的国王。但是,不想选择[私人世界的]良善生活方式的人,如果想要保存自身,就必须进入邪恶的世界。"[6]

马基雅维利非常清楚他的思想的原创性。他曾明确表示,他自己"所说的东西与别人倡导的准则大不相同",他所走的是"任何人都未曾涉足过的一条路"。[7] 可以说,在《君主论》出版后,人们已

---

[1] *The Prince*, 59.
[2] Cicero, *On Duties*, ed. M. T. Griffin & E. M. Atkings, Cambirdge University Press(1991), 34.
[3] *On Duties*, 19.
[4] *The Prince*, 61.
[5] *The Prince*, 55.
[6] *Discourses on Livy*, 61-62.
[7] *The Prince*, 54; *Discourses on Livy*, 5.

无法再像以前一样以道德家的视觉看待政治统治,即使是那些强烈谴责"马基雅维利式的"行为或思想的人,也不得不更现实地看待政治权力的运作。虽然《君主论》是一本为君主提供建议的书,但它的内容同时也在向世人提示君主们事实上是如何进行统治的,并有助于打消人们对贤德君王的期盼。两个世纪后,卢梭在他的《社会契约论》中表示,"最好的国王也都想随心所欲地做恶事,同时又不妨碍自己仍然做主子",因此,国王的最大利益"不在于人民的繁荣、富庶和强悍",而是"首先在于人民是软弱的、悲惨的,且永远无力抵抗国王"。他接着写道:"在假装给国王上课时,他其实是在给人民上大课。马基雅维利的《君主论》是一本写给共和主义者的书。"[1]

另外,既然人性无论在何时何地都是相同的,人们总是以或多或少理性的方式在追求自身的利益,那么,人的政治行为在原则上就是可揣度和预测的。[2] 就像马基雅维利所说的,"这些事迹都是人的作品,而人在过去和现在都有着同样的激情,这些相同的激情也必然会引发相同的后果"。[3] 当人们一方面以悲观的态度看待人性,并认为它是大致恒定的,另一方面又认为人的行为是大致可预测的,那么,人们就不再会过于指望通过对统治者(或被统治者)的道德教化来追求更好的政治生活,而是会考虑利用制度和法律来规范统治者(及被统治者)的行为,以便形成更好的政治秩序。

如果人们在看待政治生活时,倾向于将由个人组成的共同体视作一个统一的整体,并将其内部的和谐看得比个体的需求更重要,就

---

[1] Rousseau, *The Social Contract and other later political writings*, ed. Victor Gourevitch, Cambridge University Press(1997), 95. 在卢梭之前,斯宾诺莎亦曾说过:"关于一味追求支配权的君主必须用以巩固和维持其统治的手段,明智的马基雅维利已有详尽的阐述。……马基雅维利或许想要说明,获得自由的民众应该慎于将自己的身家性命完全托付给一个人;因为,那个人如果不是狂妄自负到以为能到达天下归心的程度,那么,他必然要随时提防别人的暗算,因而不得不更多地为自己打算,而不是考虑国民的利益,甚至反而要暗算国民。"见[荷]斯宾诺莎著,冯炳昆译:《政治论》,商务印书馆1999年版,44-45。

[2] Joseph V. Femia, *Machiavelli Revisited*, 45.

[3] *Discourses on Livy*, 302.

会产生了一种比个人利益更重要、更优先的公共利益的观念。这种共同利益将是抽象的，似乎可独立于人们的私人利益而存在，并与人们的私人利益相对峙。这样的观念若是得到广泛认同，党派竞争就不会被认为是正当或必要的。对于认同这一观念的人来说，最理想的政治安排，就是让那些既能看清共同利益何在，又能将共同利益置于自身利益之上的人，来行使不可置疑和不受约束的统治权力。这就是为什么在古代世界，政治讨论的核心问题总是如何教育出既有智慧又有德性的统治者。

相反（就像下一节的分析将表明的），如果人们认识到，在任何共同体中，所有人都是在与他人共处的情况下追求自身的利益，且彼此之间可能发生利益上的竞争和冲突，而为了赢得竞争，或使冲突得到有利于自己的解决，那些拥有相同利益的人就会联合起来，由此便形成众多的利益集团，并在政治生活中表现为不同的党派。只要承认私人利益的正当性，并容许人们追求各自的私利，就不可避免要面对如何处理党派冲突的问题。

党派之间的冲突与竞争，是现代宪法所需处理的基本问题之一，而对人性的悲观态度，会促使人们为政治问题寻求更现实的解决方案。事实上，在比休谟早两百多年的时候，马基雅维利就已经概括了现代宪政体制的基本前提："任何缔造共和国和制定法律的人，都有必要假定所有的人都是坏人，且一有自由的机会，人们都会展露出心中的恶意。任何恶意的暂时隐藏，都是因为有某种不为人知的原因。但时间是人们所说的真相之父，它终究会找出这一原因。"[1]

三

在《联邦党人文集》第10篇和第51篇文章中，麦迪逊首次将私人利益、党派和宪法体制结合起来进行系统论述。他将党派定义为"一定数量的公民，无论占全体公民的多数还是少数，他们在某些共同的激情或利益的推动下，相互联合和一起行动，并与其他公民的权

---

[1] *Discourses on Livy*, 15.

利，或与共同体的长久和总体利益相对立"。这一定义显然带有贬义色彩。事实上，麦迪逊将党派视为大众政府常有的一种"危险的缺陷"（dangerous vice），因为党派斗争"引发的混乱、动荡和不公正，对大众政府是一种致命的威胁，并曾在人类历史上导致众多共和或民主政体的消亡"。在他看来，如果一种宪法方案既不违反大众政府的原则，又能抵御党派斗争的威胁，那么，"任何支持大众政府的人…都会承认这一方案的价值"。[1]

麦迪逊尝试提出两种"消除党派之成因"的办法，但很快又因其不可取或不可行而予以否定。第一种办法是剥夺对党派现象必不可少的个人自由。如果剥夺人们的自由，就不会有党派现象。麦迪逊表示，这一办法比它要解决的问题更糟糕，就像是为了防止火灾的发生而去掉人的生命所必需的空气。第二种办法是让每个人都拥有相同的观点、相同的感情和相同的利益。麦迪逊认为这显然是不可行的。因为，人们的理性发展程度、运用理性或知识的方式、从事的行业、工作能力、工作的勤奋程度都各不相同，这就使得人们的观点、感情、诉求和财产状况也各不相同，从而在全社会引发利益分化和党派纷争。[2]

在麦迪逊看来，"党派的成因根植在人的本性之中"，人们在经济、政治、宗教和文化等方面的不同看法、诉求或利益，总是会导致不同党派的形成。其中，财产拥有状况的不均等，是导致党派形成最普遍和最持久的原因。比如，债权人和债务人的利益肯定是不同的；农业、制造业、商业和金融业的利益也各不相同。又比如，当政府提高或维持某种进口商品的关税时，就会有利于同类商品的国内生产商，但却不利于它的消费者。再比如，在征收个人所得税时，设定的征收起点不同或采用累进制税率与否，都会对不同人的利益产生不同的影响。由于"现代立法的主要任务就是规范和协调这些不同的利益，这又使得党派意识不可避免地出现在政府管理之中"。[3]

---

[1] Hamilton, Madison, and Jay, *The Federalist Papers*, ed. Clinton Rossiter, Signet Classics(1961), No. 10, 71-72.
[2] *The Federalist Papers*, No. 10, 73.
[3] *The Federalist Papers*, No. 10, 73-74.

因此，真正值得考虑的问题不是消除党派活动，而是在坚持共和政体（即民主政治）的前提下，如何控制和减少党派竞争的不良后果。[1] 即使是特别反感和极力避免卷入党派活动的华盛顿，也在告别演说中承认，"党派意识扎根于人的最强烈感情之中，与人的本性是不可分离的"。他像麦迪逊一样，将党派活动比作"无法扑灭的火焰"，并号召人们努力减轻与缓和它的不利影响。

对于不同社会利益的协调与平衡，最公正的方式应是交由超然的中立者来完成。但麦迪逊敏锐地注意到，在立法机构制定各种法律的人，恰恰是各种不同利益的代表。在以立法协调不同利益时，这些人既是利益攸关者，又是利益冲突的裁断者，并且，这正是民主政府的根本特征。麦迪逊表示，在民主政体下，居于少数地位的党派"有可能杯葛政府，也可能扰动社会，但却不能通过宪法机制来执行和掩盖它暴烈的行动"，但"如果多数因为相同的利益团结起来，少数的权利就会变得不安全"。因此，对民主政体而言，关键是要防止出现一个始终占据支配地位的多数党派。[2]

麦迪逊明确拒绝任何非民主的解决方案。他表示，"认为某些贤明的政治家有能力协调各种相互冲突的利益，并使它们都服从公共利益，这种想法完全是徒劳的"，因为，各种不同的利益之间，以及眼前利益与长远利益之间的关系都过于复杂，并非少数政治人物能完全了解和左右。[3] 在他看来，由一位世袭的君主或少数自任的统治者来代表整个国家的共同利益，并由他们掌握"独立于社会的权力"，这种做法是非常荒唐和危险的，因为，这些人最终很可能为了自身的利益和权欲，同时损害社会多数和少数的利益。[4] 这里值得注意的是，虽然麦迪逊并未对党派现象予以明确肯定，但他所阐述的现代观念，与柏拉图等人所代表的古代观念显然有着根本的区别。麦迪逊的论述以承认每个人的自由和独特性为前提，尊重人们在看法、能力、兴趣、感情和利益上的多元化，这种以个人本位和利益多元化为内涵的

---

[1] The Federalist Papers, No. 10, 75.
[2] The Federalist Papers, No.10, 74-75; No.51, 320.
[3] The Federalist Papers, No.10, 75.
[4] The Federalist Papers, No.51, 321.

现代政治观念,不可能认为某一个或某一些人,可以当然代表和照顾全体国民的"共同利益"。

麦迪逊是在为新宪法辩护时讨论党派问题的。这部宪法将十三州联合为一个幅员辽阔的国家,麦迪逊则相应地将党派问题与领土大小联系起来讨论。他认为,国家越小,党派就越少,并且它们所代表的社会利益也越固定,这就很有可能使某个党派总是占据多数地位,并对少数进行压迫。而在一个幅员辽阔的国家,不但会出现更多的党派,而且由于社会利益更加多样化,也更难形成一个利益固定的多数党派。哪怕占人口多数的人具有某种相同的利益,由于他们分散在全国各地,因此难以意识到他们作为多数的力量,更难以采取协调一致的行动。麦迪逊还认为,在谋求不正当的利益或侵害他人权利时,这么多的人也不大可能形成一致,因为人们内心的良知和对不公正做法的反感,也会成为采取一致行动的重大障碍。[1] 他的这一看法,后来在奴隶制问题上算是得到了验证。在奴隶制存续期间,虽然被奴役的一直都只是黑人,但这一不正义的制度却在美国白人群体中引发了激烈的纷争。

依照麦迪逊的看法,在一个较大的国家,由于有更多不同的社会利益和党派,它们之间的相互竞争与抗衡,反而有利于减轻党派的危害。他还将政治党派与宗教派别进行类比:正如更多的宗教派别使得任何派别都更难以压制他人,从而有利于保障人们的信仰自由,更多政治党派之间的竞争,也有助于避免单个党派获得稳固的支配地位,并降低多数人压制少数人的危险,从而有利于保障所有人的权利。[2] 汉密尔顿亦表示:"在政府的立法部门中,意见的分歧和党派的纠葛尽管有时可能会阻碍有益的计划,但更经常是促进审议和慎重,并制约多数的越轨行为。"[3] 党派原本是共和政体难以摆脱的"危险的缺陷",但通过让它们彼此竞争与抗衡,不仅可以缓和它们的危害,而且还可起到保障自由与公正的积极作用。

在1792年1月所写的报刊文章"政党"中,麦迪逊再次表示,

---

[1] *The Federalist Papers*, No.10, 78.
[2] *The Federalist Papers*, No.51, 321.
[3] *The Federalist Papers*, No.70, 425.

"在每一个政治社会,党派都是不可避免的,且它们的立场是很难协调一致的",而减轻党派危害的最有效途径,"就是让不同的党派相互竞争与制约"。他认为,这样做的前提之一,是让所有人都享有平等的政治地位,不能让任何人享有特权。[1] 如果人们在政治上是不平等的,并由少数人垄断政治权力,那么,特权者就会形成一个独一无二的党派,并压制和取消他人结成党派的自由。这样一来,这个党派就和其他国民形成了一种政治压迫关系,前者成了固定不变的压迫者,后者只能永远处于受压迫的状态,并任由前者侵犯、盘剥与欺侮。

在麦迪逊看来,代议民主制比直接民主制更能够防止党派的危害,因为前者可通过选举产生的代表们来"过滤和提炼"公众的意见,从而起到冷却党派激情的作用。西耶斯亦认为,代议制有利于防止多数人侵犯少数人的权利,但在《第三等级是什么?》中,他对党派却持完全排斥的态度。西耶斯将人们的利益分为三类:一是将每个人与其他人分开的私人利益;二是将一部分人连在一起的团体或党派利益;三是所有公民彼此相似的公共利益。他认为,共同利益是立法的目标,但每位立法代表也不可避免会将前两种利益带入议会。在他看来,私人利益并不会对共同利益构成威胁,因为它们是多样的和彼此分散的,本身就可以防止它们威胁公共利益,但党派利益则会对公共利益形成强大的威胁。党派利益是"各种危害共同体的图谋的来源,是滋生最可怕的公共敌人的温床",为避免来自党派利益的威胁,应当防止公民们成为任何团体机构的成员。[2]

西耶斯极力排斥党派的立场,显然与他在法国旧制度下的经验有关。在旧制度下,等级、行会、教会、学院、法院等每个团体,都拥有各自的特权,一个团体林立的社会就是一个特权盛行的社会,而西耶斯又对等级特权厌恶至极。不过,如果将团体本身与团体的特权一并消除,连没有特权的团体都不允许存在,那么,在公共权力之外

---

[1] Colleen A. Sheehan, *The Mind of James Madison: The Legacy of Classical Republicanism*, 249.
[2] Emmanuel Joseph Sieyes, *Political Writings,* ed. Michael Sonenscher, Hackett Publishing Company (2003), 154.

存在和活动的，就只剩下一个个原子化的个人。这样相互孤立的个人，显然无法与公共权力相抗衡，人们的自由也很难得到公共权力的尊重。在西耶斯看来，人们结成政治社会的目的是扩展所有人的自由，但这一看法与他排斥党派的立场显然是不一致的：如果人们除了联合为国家这一最大的团体外，便不得以别的形式进行自愿联合，那么，人们的自由（结社自由）就会因政治社会的形成反而大为削减。

如果说政府内部的制衡是利用权力对抗权力，以免任何机构成为压迫性的势力，那么，党派竞争就是让不同的社会利益相互平衡，以防任何利益长期居于支配地位。用麦迪逊的话说，"不但要防止统治者压迫社会，还要防止社会的一部分不正义地对待另一部分，这在一个共和国是极其重要的"。[1] 在某种意义上说，分权制衡机制正是不同社会利益及党派相互博弈的平台，不同的政府机构只是在不同的权力领域代表人民，因而也体现了不同的社会利益，并有可能被分别掌握在不同党派手中。麦迪逊曾以国会两院制为例说明这一点。在他看来，"将立法机构分为两部分，并各自采用不同的选举方式和行为原则"，它们就可成为不同社会利益和力量的代表，让它们的彼此制衡可避免立法机构的过于强大。[2]

不过，孟德斯鸠早在麦迪逊之前就已指出，不同社会利益和党派之间的竞争，是政府分权制衡机制背后真正的动力。在他看来，英国政体中立法权和行政权的制衡，正是建立在党派竞争的基础之上，而不同党派为争夺权力而进行的对抗，又是不同社会利益和力量相互抗衡的体现。他注意到，由于国王手中的行政权涉及众多职位的任命，"所有能够谋得职位的人都会倾向于支持它，无望从中得到任何东西的人则可能会攻击它"，因此，人们总是无法通过对君主的认同团结起来，而是分成两个彼此充满敌意的党派。[3]

孟德斯鸠甚至惊讶地发现，英国人会随时选择或抛弃自己的党

---

[1] *The Federalist Papers*, No.51, 320.
[2] *The Federalist Papers*, No.51, 319.
[3] Montesquieu, *The Spirit of the Laws*, ed. Anne M. Cohler, Cambridge University Press(1989), 325.

派:"由于每个具体的人始终都是独立的,大都由着自己的性子和想法行事,所以人们经常改变立场。他们抛弃一个政党,或放弃所有的朋友,而加入到全是由以前的敌人组成的另一政党。在这个国家,人们经常会忘记友谊和憎恨的法则。"在他看来,这是因为"每个人都在忙着追求自己的利益,他们实在没有时间浪费在繁文缛节上"。孟德斯鸠还认为,人们依照自身利益需要而自由变换党派,可以起到防止一党独大的作用:"这些党派由自由的人组成,如果某一党派获得的权力太大,自由的效应就像是双手对身体的平衡作用一样,只要人们去支持其他政党,这个政党的权力又会被削弱。"当所有人都可以自由地表达自己的观点和追求自己的利益时,就不但会导致"教派数量的增加",而且还分化出"为数众多的细小的、特异的利益",从而难易出现任何支配性的单一势力。[1]

在《罗马盛衰原因论》中,孟德斯鸠表达了一种更普遍的观点:"人们所说的政治体的联合,往往是含义不清的。真正的联合是和谐的联合,其中所有的部分尽管显得彼此对立,却又合乎社会的总体利益,就像音乐中的一些不和谐音有助于总体的和谐。在人们认为存在混乱的国家,仍然可以有和谐存在…就像宇宙的各种组成部分一样,它们永远是通过彼此的作用和反作用而联系在一起。"[2] 虽然孟德斯鸠在此并非讨论严格的党派问题,但却精准地阐述了承认党派之正当性的观念前提:只有当人们认识到,不同的人就社会总体利益何在可能会有诚实的分歧,且意见分歧和社会利益的多元化,并不一定与稳定的政治秩序相抵触,或者说只有当人们克服"对不一致的恐惧"时,党派竞争才有可能被视为政治社会中的常态。

孟德斯鸠认为,在专制社会的表面和谐中,"却总是有一种真正的纠纷",地位不同的人"结合在一起,不过是一些人压迫另一些人且尚未遇到抵抗罢了"。在这样的社会,"并没有团结一致的公民",而只有"一批挨着另一批埋葬下去的尸体而已"。[3] 依照他在《波斯

---

[1] The Spirit of the Laws, 326-331.
[2] [法]孟德斯鸠著,婉玲译:《罗马盛衰原因论》,商务印书馆1962年版,51。我对译文略有调整。
[3] 《罗马盛衰原因论》,51。

人信札》中的说法,在英国,"自由总是不断地从异议和反对的火焰中产生"。[1] 这就等于说,以个人自由为前提的利益分化和党派竞争,反过来又有助于地保障人们的自由。

自 1733 年 10 月至 1734 年 12 月,博林布鲁克为托利党(亦称乡村党)的利益撰写了一系列论辩文章,后来结集出版为《论政党》一书。这些文章让博林布鲁克成为首位系统论述政党问题的重要思想家,并对孟德斯鸠关于英国宪政体制和党派活动的看法有很大的影响。博林布鲁克认为,沃波尔首相所领导的辉格党(亦称宫廷党)借助王室的支持,通过职位安排和利益输送等手段收买议会成员,并实施只对少数人有利的内外政策。在他看来,这样的做法迟早会"颠覆我们的宪法和我们的自由",而他自己所属的托利党必须以反对"沃波尔式的腐败"和捍卫英国宪法为己任。[2]

博林布鲁克对政党本身是持否定态度的。他曾在《爱国君主的观念》一文中表示:"政党是一种政治上的恶……在一位爱国君主治理下的自由人民的真正形象,是一副父权制家庭的形象,在其中首脑和所有成员因一个共同利益团结起来,并由一个共同精神所推动,如果任何人堕落到有着别的[利益或精神],都会被那些拥有同一[利益和精神]的人的优势所压倒,他们将巩固国家的联合,而绝不会制造分裂。"[3] 依照博林布鲁克的看法,他所属的乡村党只是特殊情势的产物,是爱国的、尊重宪法的和热爱共同利益的人联合起来,代表全社会反对腐败的和危害宪法的宫廷党人,后者为追逐私利而不惜背弃共同利益。他认为,乡村党只是"不恰当地被称为政党","它是整个国家借助某些人的话语与行为在发声、在行动",它肩负着国家的重托,"必须建立在共同利益的原则上,不能基于任何一些人的特殊偏见或利益而存续"。[4] 也就是说,乡村党是一个为消除所有的党

---

[1] Montesquieu, *Persian Letters,* trans. Margaret Mauldon, Oxford University Press(2008), 183.
[2] Bolingbroke, *Political Writings*, ed. David Armitage, Cambridge University Press(1997), 32, 37, 177.
[3] Bolingbroke, *Political Writings*, 257-258.
[4] Bolingbroke, *Political Writings*, 37.

派现象而不得不临时存在的党派。就其对团结与和谐的强调,以及将私人利益从属于共同利益而言,博林布鲁克显然深受古典共和主义的影响。[1]

不过,我们在第二章已提到,博林布鲁克的一项重要理论贡献,是将"政府"与"宪法"进行概念上的区分。在他的定义中,政府是各级官员履行公职行为的总称,宪法则是已得到全社会同意的一系列法律、制度、惯例和原则。宪法独立于政府,并且是衡量政府好与坏的标准:遵守宪法的政府以促进共同利益为目的,违反宪法的政府则背离了共同利益。事实上,"违宪"(unconstitutional)这个词正是由博林布鲁克首次使用的。[2] 基于宪法与政府的区分,以及政府违宪的可能性,反对党的存在就可能被视为正当和必要的。另外,由于博林布鲁克曾在众多文章一再讨论,政党在宪法体制下到底是什么角色的问题,便很难不被人们注意和处理了。

在博林布鲁克发表《论政党》十年后,休谟也开始撰文讨论政党问题。休谟对党派亦无好感。在他看来,那些"留下一系列法律和制度为后代的和平、幸福及自由提供保障"的伟大立法者和建国者"应该享有多大的荣誉与崇敬",那些"建立的宗派和派系的人就应该受到多大的厌恶与憎恨"。他表示:"派系会颠覆政府,使法律失效,并在同一国家的人中间激发最强烈的敌意,而他们本应彼此保护和帮助。让政党的创建者显得更可憎的是,这些杂草一旦在任何国家生根,就很难再将它们清除。"[3]

休谟不像博林布鲁克一样乐观地认为,党派现象在原则上是可以消除的。他注意到人们"普遍期望能消除党派差别",但他认为,"人类具有分为不同党派的强烈倾向","消除所有的党派差别是不现实的,对自由政体或许也是不可取的"。[4] 在他看来,越是在自由政体下,就越容易滋生党派活动,"就连立法机构本身也难以幸免"。政府若是治理良好,它会得到更多的支持,若是治理糟糕,它会受到

---

[1] Bolingbroke, *Political Writings*, 'Introduction', xix.
[2] Bolingbroke, *Political Writings*, 124; 'Introduction', xvi.
[3] Hume, *Political Essays*, 33-34.
[4] Hume, *Political Essays*, 35, 206.

第三部分 现代宪法的制度构造

更广泛的反对,但只要是在有限政府的治理下,"政党本身就永远都会存在"。休谟像孟德斯鸠一样认为,在专制政体下,社会的平静也只是表面的,只是建立在人与人之间的压迫之上:"不同等级的人,贵族和平民,士兵和商人,都各有不同的利益;但权力大的人可以不受惩罚地压迫更弱者,且不会遭到抵抗。"[1]

在认识到自由政体难免产生党派的同时,休谟也担心党派斗争会反过来摧毁自由政体,并由"军事独裁和专制暴君取而代之"。他希望,在光荣革命奠定了"英国人自由的最坚实基础"之后,人们的党派竞争能够"在宪法之内进行",而不再"关涉到宪法本身"。[2]他认为,"唯一危险的党派,是那些对政府的根基持反对态度的党派……这将使妥协与和解的空间不复存在,并使分歧显得如此巨大,似乎连用武力手段对付政敌的主张都是正当的"。他建议人们"鼓励温和的观点,为所有的争端寻找适当的中间之道,并说服每一方相信,它的对手的主张有时也可能是正确的"。[3]休谟还注意到,"建立在原则之上,特别是建立在抽象的思索性原则之上的党派,只是到了现代才有的现象",并认为"这可能是人类事务中所出现的最奇特、最难以理解的现象"。[4]依照他的观察,在现代社会,不通过一套哲学或思想体系,将政治原则和实践活动有机结合起来,一个政党就完全无法立足。

虽然休谟并不认为党派竞争是自由政体的要素,而只是将其作为不可避免的现象予以接受,但他关于党派竞争须"在宪法之内进行"的论述,却预见了现代政党竞争的基本特征。在现代社会,不同党派的政治竞争必须在宪法框架之内进行,必须遵守宪法并尊重政敌受宪法保护的基本权利。这样一来,政治竞争便不再是你死我活的残酷斗争。到伯克思考政党问题时,光荣革命已过了近一个世纪,英国的宗教和宪法危机也得到了更彻底的解决,因此,他可以在博林布鲁克和休谟已有论述的基础上,对政党现象予以更积极的评价。对伯

---

[1] Hume, *Political Essays*, 34, 36, 40.
[2] Hume, *Political Essays*, 44, 211; 'Introduction', xxx.
[3] Hume, *Political Essays*, 206.
[4] Hume, *Political Essays*, 36.

克来说,政党已是自由政体运行所需的工具之一,因而是值得人们尊重的。此时,人们在党争中所要解决的问题,已不是支持或反对宪法,而是由谁来行使既有宪法下的政府权力。

杰斐逊在党派问题上的看法变化,可以看作是西方政治思想史上党派观念变化的缩影。1789年3月,他在一封给弗朗西斯·霍普金森的信中,表达了对党派的憎恶态度。他认为自己绝不会从属于任何党派,因为这是"一个自由和有道德的主体"最不愿做的事情。他写道:"如果我必须与一个政党(party)前往天堂,我情愿根本不去那儿。"三年后,他写信给麦迪逊,抱怨汉密尔顿"竟敢将共和党称为一个派系(faction)"。这是一种重大的概念转变,因为杰斐逊作为共和党的创始人,开始将"政党"与"派系"加以区分,而此前他一直将两者等同视之。在1801年总统就职演说中,杰斐逊承认政党是必要和不可避免的:"只要是有人的地方,就会有政党;任何地方只要有自由的人,他们都会发出自己的声音。"在他看来,党派活动和党派竞争"只要不违反法律,就不但是无害的,甚至会让各方都更安全"。这就是说,只要停留在一定的制度框架下,政党竞争就是有益无害的。1813年1月,他在给约翰·梅莉什的信中表示,虽然两大政党的竞争事关"支配性的权力将落到这帮或那帮人手中,每个政党都力争掌控政府的管理,并将另一个政党排除在权力之外⋯但这只是第二位的;首要问题涉及政治原则的真正与重大区别。"在这里,政党被视为不同政见的载体,不同政党在宪法框架下对权力的竞逐,从属于实施政见这一更重要的目标。[1]

在古典共和主义时期,尚未出现将宪法与政府加以区分的观念,也不存在对党派竞争进行规范的法律制度。在古代希腊和文艺复兴时期意大利的城邦中,党派竞争并不遵循任何规范的界限,结果不但波及社会、政治、经济等各个领域,而且往往伴随着暴力和杀戮。[2] 在《理想国》中,柏拉图将苏格拉底与众人对话的地点,设置在克法洛斯(Cephalus)位于比雷埃夫斯的家中,对话参与者包括格劳孔

---

[1] Thomas Jefferson, *Political Writings*, 410, 412, 421, 431-432.
[2] Charles H. McIlwain, *Constitutionalism: Ancient and Modern*, Cornell University Press(1947), 36-39.

（Glaucon）和阿得曼托斯（Adeimantus）两兄弟。公元前 404 年，两兄弟的叔叔克里底亚斯（Critias）在外力的援助下成为雅典三十僭主的领袖，并下令杀害了三百多名雅典的显要人物，其中就包括克法洛斯的儿子波勒马库斯（Polemarchus，也是《理想国》中的对话参与者）。随后，克里底亚斯在与民主派的冲突中丧生，与之一起战死的还有卡尔米德斯（Charmides），他们两人都是柏拉图的舅舅。[1] 在知悉这些背景后，我们或许更能理解，城邦的和谐为何会成为《理想国》一书的基本主题，以及柏拉图（及其他古代思想家）为何会对党派活动感到恐惧和严加谴责。

麦迪逊曾认为，在北美各州通过新宪法联合成一个庞大的国家后，将会出现众多小党派相互竞争的局面。他的这一预测似乎并未得到验证。在美国建国之初，党派竞争便呈现出两党对抗的态势，并且这一态势一直延续至今。不过，麦迪逊在党派问题上的基本见解，却经受住了历史的考验。在尊重和保障个人自由的宪政体制下，党派的出现是不可避免的，党派竞争甚至是宪政体制的一部分，并起到维持这一体制的作用。就美国的两党竞争而言，人们不难看出，两党内部总是派系林立，各种各样的利益、诉求和政见交错其间。在不同历史时期，同一政党的政策和理念往往也变化很大。为因应时代和社会的变迁，两党都须不断调整自身的政纲，以便对新生的社会利益和力量进行整合。这样一来，政府治理就可以和平的方式日渐改进，以避免与社会发展脱节的情况。

政党竞争是人们行使政治表达与政治结社自由的结果。具有相同或相近立场的人们组成政党，经由宪法规定的渠道竞逐各种政府职位，并争取将自身的政见转化为国家政策。人民的意见和偏好，经由政党的收集、提炼和表达，可以变得更具公共政策的品性，它们在进入政府决策过程之前，先以政见的形式由政党所代表，政党因此是连接社会与政府的中介机制。不同政党（及政见）之间的竞争，也是不同社会力量和利益的博弈。这样的博弈是持续和反复进行的，每一

---

[1] *The Republic*, 'Introduction', xi-xii.

种政见都有平等表达的机会，每一次博弈都会产生作为政策依据的多数意见，但每一项多数意见都是临时的，都有可能在未来的博弈中被新的多数意见所取代。这其实就是一个持续修正和改进政策的过程。

政党竞争是政治多元化原则的体现。尽管一个建立在人民主权和代议制原则之上的政府，须尽量回应和体现广大选民的意愿，但任何特定时间的政府（或执政者），都不能说自己可以代表作为一个整体的人民的意志或利益，因为根本就不存在这样一个统一的意志或利益。组成人民的一个个公民各有不同的利益和诉求，执政者最多只能说自己暂时得到了多数人的认可与授权。如果执政者声称只有自己才能代表人民，反对自己或与自己政见不同的人则是人民的敌人，那就无疑是想篡夺专属于人民的主权，因为，这种说法等于否定了人民选择由其他人执政的正当性（而这本是人民主权当然具有的权能）。正如詹宁斯所言："判断一国人民在政治上是否自由，只需要看那个国家是否有反对党。"[1]

这里还可看出，政府内部的分权制衡，也有利于防止某些行使公共权力的人（或某个政府分支机构）以人民的化身自居，因为任一分支机构企图这样做，都可能遭到其他分支机构的抵制。[2]另外由于现代宪法是主权的人民用来限制政府权力的法律手段，所以，行使日常治理权力的执政者以人民的化身自居，与立宪主义和有限政府原则也是相抵触的，并将使违宪审查机制乃至宪法本身失去存在的意义。

虽然人们在政策问题上各有不同的立场，但对保障政策博弈的基本制度框架（宪法秩序）则必须是有共识的。宪法为政治竞争确定了界限，使人们的政治分歧停留在政策层面，而不动摇根本的政治原则。现代社会的党派竞争因此带有自我克制的特征：多数意见虽然比少数意见更有资格成为国家政策，但仍应以尊重少数派的基本权利为前提。如前所述，现代宪法将公共权力管辖范围和个人生活空间加

---

[1] 詹宁斯著：《英国宪法》，108。

[2] 参见 Bryan Garsten, 'Representative Government and Popular Sovereignty', in Ian Shapiro & others ed., *Political Representation*, Cambridge University Press(2009), 90-109。

以区隔。在宪法的规范下，人们不再担心参与政治权力的角逐，会威胁自己的生命或私人福利。如果人们突破宪法的界限，政治竞争就会失去克制，并有可能沦为你死我活的内战。

自美国联邦宪法实施以来，人们已逐级认识到，政治结社自由和政党竞争对现代民主体制的运行是必不可少的。在民主体制下，政府权力只能来自全体国民的委托，这就要求每位国民都有表达自身政治见解的基本权利。人们既可以个人身份表达自己的见解，也可通过支持、参加或组建某个政党来表达。各种政治立场都应被允许通过政党来获得表达，"任何人都可以组建一个政党，就像任何人都能组建一个飞镖俱乐部或足球队一样"。[1] 如果某个政党在某次选举中获胜（即得到了多数选民的支持），它的政策主张就可暂时被视为全体国民的意志，并被认可为国家政策。如果这一政策最终被证明是不好的，人们亦可在未来的选举中另作选择。不同政党的存在以及它们之间的竞争，不再只是被视为现代社会无法避免的现象，而是被视为代议制民主正常运行所必需的要素。[2]

一些更晚近的宪法，已开始出现规范政党及其活动的条文，从而将政党正式纳入宪法机制之内。这其中包括德国基本法、法国宪法和韩国宪法等。依照德国基本法第 21 条的规定，组建政党是人们行使结社自由的表现，政党是人民形成和表达政见的工具。德国联邦宪法法院曾在"社会主义帝国党违宪案"的判决中表示："德国基本法确立了……一种自由、平等、排除任何形式的专制或肆意支配，并以国民多数意志自我决定为基础的政治秩序，其基本原则包括尊重基本法规定的人权、人民主权、责任政府、依法行政、司法独立、多党制，以及一切政党合宪地组织且机会均等。……依照民主理论的基本原则，任何一种政治倾向都应被允许通过政党来获得表达……基本法第 21 条规定政党协助人民形成政治意志，这使得政党从政治社会的层面上升到了宪法制度的层面。"[3]

---

[1] 詹宁斯著：《英国宪法》，88。
[2] Jaroslaw Szymanek, *Theory of Political Representation*, Peter Lang GmbH(2015), 143-144.
[3] 张翔主编：《德国宪法案例选释（第 1 辑）：基本权利总论》，法律出版社

至此，我们可结合前两章的内容，概括出现代宪法的第四项基本功能：为日常的政治竞争和政策形成，提供明确而稳定的原则和制度框架，使和平的国内政治竞争成为可能，从而实现政治生活的文明化。宪法是对政治活动进行法律化的一种手段，它的作用不是完全消除政治活动，而是要规范政治活动，并使各种政治分歧和争端，可以在各方都认可的机制中得到处理和解决。在宪法确立的框架下，人们不再将武力作为夺取政权的手段，失败的一方不但不会被消灭，而且还有在未来再赢回来的机会。另外，宪法为政治争端的解决所提供的原则和框架，使得各种信念的认同者以及各种利益的追求者，都能从中体会到某种共同感和归属感，因此，宪法也有助于维护政治共同体的统一性，并有利于加强整个社会的团结。

不过，要实现上述功能，宪法对政治权力的约束必须是周密而全面的（complete and comprehensive），必须规范权力产生、运行和更替的全过程。宪法只能是不直接施行治理的全体国民政治意志的产物，而不能由那些行使日常治理权力的人来决定。依照法国当代政治思想家克劳德·雷福德（Claude Lefort）的说法，现代社会实行的国民主权原则，废除了国王传统的神授与世袭权力，使得国内政治生活出现了一个权力的空位（empty place of power），而现代宪法的基本作用之一，就是通过政权的持续生产和更替来填补这个空位。[1] 自由而平等的政党竞争，是宪法发挥这一作用的必要前提。

假如一位君主或一个政党，可以将一部"宪法"强加给一个国家，那就意味着他们在宪法制定之前，便已经掌握了政权。也就是说，他们已掌握了一支有组织的武装力量，可以将自身的意志加诸缺乏抵抗手段的国民。他们在"宪法"制定之后的持续统治，其实就不是基于宪法，而只是基于武力。这样的"宪法"根本不可能对政治权力进行周密而全面的约束，反而只会是掌权者任意利用、忽视和变动的对象。这样的"宪法"，当然只是一部冒名宪法，或者说是一部伪宪法。

2012 年版，268，269，277。

[1] 参见 Mikael Spang, *Constituent Power and Constitutional Order: Above, Within and Beside the Constitution*, Palgrave Macmillan(2014), 6。

第四部分　人类宪政史上的成与败

第八章

"它以新的活力和光芒泽被四方"
大宪章离现代宪法还有多远？

1215年6月10日，在斯泰恩斯（Staines）和温莎（Windsor）之间的兰尼米德草地（Runnymede Meadow，伦敦以西约20英里处），以约翰国王及其支持者为一方，以武力叛乱的贵族们为另一方，双方就一份被称为"男爵条款"（the Articles of Barons）的文件初步达成一致。接着，双方便以这份文件为基础，继续进行了近十天的政治谈判。最终，约翰国王被迫接受城下之盟，签署和颁布了人类历史上赫赫有名的英国大宪章。该文件正式文本上载明的签署日期是1215年6月15日。[1]

大宪章（Magna Carta，或the Great Charter）签署一年多之后，约翰国王忽然染病去世。随后，他九岁的儿子（亨利三世）继承英国王位，威廉·马歇尔（William Marshal）依照约翰的遗愿担任"国王和王国的监护人"，也就是所谓的"摄政者"（regent）。为安抚反叛贵族和巩固亨利三世的王位，马歇尔分别于1216年和1217年两

---

[1] 关于此次谈判的过程和大宪章文本最终确定的日期，参见 Ralph V. Turner, *Magna Carta: Through the Ages*, Pearson Education Limited(2003), 59-65; *Magna Carta: With a New Commentary by Divd Carpenter*, Penguin Classics(2015), 353-358; J. C. Holt, *Magna Carta*(3rd edtion), Cambridge University Press(2015), 25-31.

次以国王的名义，对大宪章进行重新签署和颁布。在1217年与大宪章一并签署的，还有一份《林苑宪章》（The Forest Charter），后者取代了1215年和1216年大宪章中与王室林苑有关的条款。正是这一年，大宪章才开始被称为"大"宪章，原因只是它比《林苑宪章》篇幅更长。[1] 1225年，已成年的亨利三世又亲自签署和确认了大宪章和《林苑宪章》。[2]

上述三次重新签署的大宪章，不但与1215年最初版本的内容有差异，而且彼此之间也有内容上的不同。不过，1225的重新签署固定了大宪章的文本，此后英国国王们一再对大宪章予以签署或确认，但未再对其内容进行实质上的变动。大宪章后来成为英国成文法的一部分，也是以1225年的版本为准。[3] 在十七世纪之前，人们谈到大宪章的内容时，通常是指1225年签署的版本，尽管它时常被称为"约翰国王的宪章"（the charter of King John）。

经后人对不同版本加以整理与汇总，大宪章的规定总共有63条。我们这一章的讨论，将从其中较为重要的条款开始。

一

大宪章中最著名且对后世影响最大的条款，是1215年版本中的第39条（1225年版本中的第29条）："非经其同侪的合法判决，或依本国的法律，任何自由人皆不应被逮捕、监禁、剥夺财产、逐出法外、流放，或以任何方式受到损害，我们[王室]也不会攻击或派任何人攻击之。"[4]

---

[1] David Carpenter, 'Magna Carta 1215:It's Social and Political Context', in Lawrence Goldman ed., *Magna Carta: History, Context and Influence*, London(2018), 22.

[2] 关于这三次确认的历史背景，参见 Ralph V. Turner, *Magna Carta: Through the Ages*, 80-88。

[3] Nicholas Vincent, 'Magna Carta: Form King John to Western Liberty', in *Magna Carta: History, Context and Influence*, 34.

[4] 1225年大宪章第29条至今仍是英国的有效法律。此外，第1条（关于教会自由的规定）和第9条（关于伦敦享有古老自由和习惯的规定）亦在生效中。参见 Geraldine Gadbin-George, 'UK Supreme Court versus US Supreme Court:

在州农业互助汽车保险公司诉坎贝尔一案中，美国联邦最高法院大法官肯尼迪在他撰写的法院意见中表示："第十四修正案的正当程序条款禁止［各州］对侵权行为人施加过度的或专断的惩罚。……这一宪法原则本身可追溯至大宪章，它的出现是因为［人们认为］，非经法律和法律程序的适用，只以专断的压迫剥夺公民的生命、自由或财产，是根本不公平的。"[1]

肯尼迪大法官对正当程序之法理的概括，以及将它溯源至大宪章，都是没有问题的。但如果我们说，大宪章第 39 条就可算关于正当程序原则的规定，那显然是言过其实。由于资料和证据的缺乏，对此条所谓"合法判决"（lawful judgment）和"依本国的法律"（by the law of the land）等用语的含义，学术界仍颇有争议。事实上，自十四世纪起，人们就觉得难以对此条规定作出确切的解释。[2] 不过，可以肯定的是，现代社会为保障司法公正所采用的大多数程序和证据规则，对十三世纪初的英国人仍是闻所未闻。就连"正当的法律程序"（due process of law）这一说法，也要等到一百多年后，才首次在英国的制定法中出现。

在美国，正当程序条款规定在一部成文宪法中，国会和各州制定的法律，亦有可能被法院依此条款认定为无效。[3] 大宪章第 39 条关于"合法判决"和"依本国法律"的要求，却远不是一项宪法或根本法上的原则。当时，反叛贵族们试图解决的，是更为具体和特定的问题：约翰国王经常违反英格兰的既有法律，甚至不等作出通常的判决，便对他认为不顺从的显贵们施加严厉的惩罚。反叛贵族们希望用这一规定约束国王，避免再出现未判先罚（execution without

---

Modern Use of Magna Carta', in Elizabeth Gibson-Morgan & Alexis Chommeloux ed., *The Rights and Aspirations of the Magna Carta*, Palgrave Macmillan(2016), 41.

[1] *State Farm Mut. Automobile Ins. Co. v. Campbell*, 538 U.S. 408(2003).
[2] Sir John Baker, *The Reinvention of Magna Carta 1216-1616*, Cambridge University Press(2017), 33.
[3] 美国联邦宪法第五修正案规定："未经正当的法律程序，不得剥夺任何人的生命、自由或财产。"这是对联邦政府权力的限制。在南北战争后通过的第十四修正案，又使各州政府的权力受到正当程序原则的限制。

judgment）和肆意处罚的情况。[1] 国王对任何"自由人"的惩罚，至少得先有一项判决且合乎法律。至于既有法律和审判方式本身是否正当合理，则非大宪章制定者在拟定第 39 条时所要解决的问题。这里所谓的"本国法律"，仅是指特定时期仍在施行的法律。[2]

这一条文中所谓的"同侪判决"（judgment of his peers），并非当今英美法系国家实行的陪审团制度，甚至也不是早期普通法审讯中，由王室法官指导"十二名合法居民"就当事人的品行宣誓作证或对案件提出裁决意见的做法。[3] 在刑事案件中，由十二名无利害关系且不分等级的人，组成专门裁决事实问题的陪审团，这一做法在 1215 年尚未形成。大宪章中的同侪审判，只是在当时的封建关系中，领主与其封臣们相互负有的义务：当领主和某个封臣之间，或同一领主的不同封臣之间发生法律争端，须在该领主或其代表所主持的法庭上，由若干地位平等的封臣以共同协商的方式，对相关争端加以处理和解决。同侪审判并非专属于贵族阶层的权利，而是各级自由地产保有人（free-holder）均可享有的封建特权。[4]

大宪章所称的"baron"（通常译为"男爵"），主要是指身为国王直接封臣（tenant-in-chief）的大贵族。在约翰统治的英格兰约有 100 名男爵，他们大多是与征服者威廉一起来到英格兰的诺曼贵族的后裔。[5] 征服者将在诺曼底实行的土地分封制度带到了英格兰。威廉将被征服的英格兰视为自己独家所有的王国，他把土地分封给那些忠于他的属下，作为他们因随同作战而应得的奖赏。这些属下又将自

---

[1] William Sharp McKechnie, *Magna Carta: A Commentary on the Great Charter of King John*, Glasgow(1914), 376-377; J. C. Holt, *Magna Carta*(3rd edtion), 276.

[2] Sir John Baker, *The Reinvention of Magna Carta 1216-1616*, 16.

[3] Ralph V. Turner, *Magna Carta: Through the Ages*, 72; Sir John Baker, *The Reinvention of Magna Carta 1216-1616*, 37-40. 不过，亦有学者认为，在中世纪早期欧洲的许多地区，由一群邻居宣誓作出裁决已是法律中的普遍现象，英格兰的"陪审团"程序甚至已经较为规范化了。参见［英］约翰·哈德森著，刘四新译：《英国普通法的形成：从诺曼征服到大宪章时期英格兰的法律与社会》，商务印书馆 2006 年版，22。

[4] William Sharp McKechnie, *Magna Carta: A Commentary on the Great Charter of King John*, 377.

[5] ［英］丹·琼斯著，周文佳译：《分裂的王国：约翰、男爵和〈大宪章〉》，中信出版集团 2017 年版，10-11。

己保有的土地分封给他们各自的属下，从而使得土地分封的观念得到强化并遍及全王国。这些男爵和属下各自在自己的封地上设立领主法庭。[1] 国王与这些男爵的关系，既是君主与臣民的关系，也是领主与封臣的关系。同侪审判是就显贵们的封臣身份而言，是指在国王（作为领主）的主持下，由地位平等的若干贵族来审判以某个同级贵族为当事人的案件。这种由国王主持的法庭，仍是封建性的领主法庭（court of lord）之一种。它的特殊之处在于，这里的封建领主同时也是国王。[2]

在十三世纪初的英国，除了各级领主法庭，还有直接隶属于王室的普通法法庭。从理论上说，后者是国王作为至高统治者为整个王国提供正义（包括纠正下级领主法庭的不公判决）的工具。大宪章中有一些规定，是为便于人们进入普通法法庭而设的。依照 1215 年大宪章第 18 条的规定，应由王室每年四次向每个郡派出两名法官，在当地对某几种类型的案件进行审判（当时的资源其实无法支持如此频繁的巡回审判，故被 1217 年大宪章改为每年一次）。[3] 第 17 条规定，民事高等法院应该在固定地点办公，而不是国王去哪里就跟到哪里。1209 年，约翰国王取消了设在威斯敏斯特的王座法庭，以便让所有重要的中央司法活动，都集中到一个跟在他身边的法庭。第 17 条就是针对约翰国王这一做法而来，并试图为人们提供更为便利和稳定的诉讼渠道。[4] 第 24 条禁止若干地方官员审理某些案件，以确保重大刑事案件能由普通法法官审理。第 36 条规定，一种可使被告免于酷刑考验的王室令状应免费签发。这些规定表明，普通法法庭的审判在当时的英国社会已比较受欢迎。[5]

不过，对身为国王直接封臣的男爵们来说，感受则大不相同。男爵的下级封臣（undertenant），即包括骑士在内的自由地产保有人，既可在男爵主持的领主法庭享有同侪审判的待遇，又可在不服判决

---

1. 约翰·哈德森著：《英国普通法的形成：从诺曼征服到大宪章时期英格兰的法律与社会》，99。
2. J. C. Holt, *Magna Carta*(3rd edtion), 127.
3. J. C. Holt, *Magna Carta*(3rd edtion), 274.
4. J. C. Holt, *Magna Carta*(3rd edtion), 273.
5. Ralph V. Turner, *Magna Carta: Through the Ages*, 69-70.

时将案件上诉到普通法法庭。有时，下级封臣还可申请王室令状，直接将自己与领主（男爵）的争端诉至普通法法庭，并使男爵成为案件的一方当事人。相反，男爵们在国王那里非但不能享有同侪审判的待遇，而且还要受约翰国王专断意志的支配。当他们认为国王的裁决违法时，他们并没有上诉的去处，因为国王就是最高的司法权威。当他们觉得受到国王侵犯时，他们也无法起诉国王，因为向王室法庭申请针对国王的令状，显然是自相矛盾的。普通法的发展使男爵们的封建司法权大为削减，但他们自身从中得到的法律保障却连其他自由民都不如。由于容易受到王室政治斗争的影响，他们的土地权利远比他们自己下级封臣的权利更不安全。[1]

大宪章中与司法有关的条款（包括第 39 条），一方面是要巩固其他自由民已有的法律保障，另一方面是要让显贵们也能享有类似保障，两方面的作用都是敦促国王以合乎法律的方式行使权力。另外，普通法法官系由国王任命，他们的社会地位通常比男爵们低很多。这些王室法官是完全听命于国王的职业官僚，他们的权势完全取决于国王的个人意志，必须依附和忠诚于国王。王权的行使是否遵循法律，很大程度上取决于这些法官及其他王室官员能否依法行事。因此，大宪章第 45 条规定："我们［王室］任命的法官、治安官、郡长和司法官，均应知晓本王国法律，并愿认真遵循之。"

须注意的是，对大宪章第 39 条中的"自由人"（free man）所涵盖的人口范围，学术界仍有争议。通行的观点认为，占当时英国总人口约五分之四的隶农（villein，一译维兰）肯定不在自由人之列。甚至包括伦敦在内的各自治市市民，也并非在任何情形下都可视为"自由人"。有学者结合大宪章的其他规定认为，这里的自由人只是指自由地产保有人（freeholder）。依照这一见解，那就只有一个范围非常有限的拥有土地的阶层，才有资格主张第 39 条给予的保护。就算该条款可适用于除隶农之外的所有自由民，它的适用范围也只及

---

[1] 参见 J. C. Holt, *Magna Carta*(3rd edtion), 124-128; 约翰·哈德森著：《英国普通法的形成：从诺曼征服到大宪章时期英格兰的法律与社会》，107、239。事实上，一直要等到 1947 年，随着《王室诉讼法》（The Crown Proceedings Act）的制定和实施，英国王室才开始成为可被起诉的对象。

于总人口的五分之一。[1] 也就是说，国王和下级领主仍可随意拘禁、惩罚他们的隶农，因为这是"本国法律"所允许的。[2] 在当时的英国，这也是封建领主们控制农业劳动力的关键手段。[3]

从后来的历史发展来看，1215年大宪章第12条和第14条也非常重要。其中第12条规定："非经由我们王国的共同商议（by the common counsel of our kingdom），不得在我们王国征收免服兵役税（scutage）或协助金（aid），但为赎回我们的人身、册封我们长子为骑士，以及我们长女首次出嫁［而收取的协助金］除外；为此三种情形收取的协助金应数额合理。向伦敦市收取的协助金，以相同方式处理。"

除第12条列明的三种情形外，向国王（领主）缴纳协助金，并非封建租佃契约之内容。国王若以其他理由向贵族们收取协助金，在惯例上须先征求后者的意见。因此，该条款关于协助金的规定，只是对传统做法的确认。[4] 反叛贵族们觉得有必要对此加以规定，是因为约翰国王常常不顾惯例，单方面且频繁地向他们索取各种名目的协助金。

这里所说的"免服兵役税"，是指在欧洲封建体制下，从国王（领主）那里获得并以骑士役保有土地的贵族（封臣），通常不但自己有义务应领主的要求，自备武器追随领主对外作战或在国内平叛，而且

---

[1] 认为第39条不适用于隶农的观点，参见 William Sharp McKechnie, *Magna Carta: A Commentary on the Great Charter of King John*, 115, 386; Ralph V. Turner, *Magna Carta: Through the Ages*, 71; David Carpenter, 'Magna Carta 1215:It's Social and Political Context', in *Magna Carta: History, Context and Influence*, 20; 丹·琼斯著：《分裂的王国：约翰、男爵和<大宪章>》, 10。认为第39条有时可适用于隶农的观点，参见 Sir John Baker, *The Reinvention of Magna Carta 1216-1616*, 34-35。

[2] R. B. Pugh, *Imprisonment in Medieval England*, Cambridge University Press (1968), 53.

[3] David Carpenter, 'Magna Carta 1215:It's Social and Political Context', in *Magna Carta: History, Context and Influence*, 20.

[4] William Sharp McKechnie, *Magna Carta: A Commentary on the Great Charter of King John*, 233; J. C. Holt, *Magna Carta*(3rd edtion), 269.

还要装备一定数量的骑士,以满足领主的战时所需。[1] 从字面上看,"免服兵役税"似乎是国王的直接封臣们不愿或无法前往战场,或者不能提供足够数量的骑士时,可以选择向国王支付一笔钱,以替代实际的兵役。但现有的研究表明,这种选举权往往掌握在国王手上。当国王更愿意利用雇佣军为自己作战时,就会要求贵族们以缴纳金钱的方式替代实际服役。

在约翰即位之前,为进行必要的战争而向贵族们征收免服兵役税,国王无需征求缴纳者的意见便可自行确定数额。这是国王与其直属封臣之关系的关键部分,也是中世纪封建体制的根基所在。如果在法律上,征收此等税费须先征得贵族们的同意,国王的统治地位就会变得极其脆弱。因此,第12条就此进行的规定,算是制定了一项新的法律,并削减了国王的既有权力。[2] 不过,约翰国王对此亦难辞其咎。他在位期间对免服兵役税的征收过于频繁(共有11次),征收的数额也特别高,并且,这些钱时常不是真的用于战争所需。由于约翰自己的做法已混淆了免服兵役税和协助金的区别,反叛贵族们便将错就错,在第12条中对它们一并加以规定,要求国王在征收两种费用前,均须从征收对象(即国王的直接封臣)中,召集一些具有代表性的人物进行共同商议。[3] 第14条则是关于召集对象、召集方式和开会时间、地点的规定。

这两个条款所规定的内容,容易让人联想到现代社会"非经同意不得征税"的原则。在现代国家,政府是全体国民进行自我治理的工具,税收是人们为政府的公共治理与服务所支付的成本,设立税种和确定税率,都属于议会立法权范围内的事务,而议会又是由全体选民所选出的代表组成。在美国独立革命时期,人们曾提出一句简洁而有力的口号:"无代表,不纳税。"它的基本内涵,就是政府若要向国民征税,必须先得到国民所选代表的同意,由于英国议会并无北美殖

---

[1] William Sharp McKechnie, *Magna Carta: A Commentary on the Great Charter of King John*, 54.

[2] J. C. Holt, *Magna Carta*(3rd edtion), 257.

[3] Ralph V. Turner, *Magna Carta: Through the Ages*, 74; J. C. Holt, *Magna Carta*(3rd edtion), 270.

民地选出的代表,所以它无权制定要求殖民地居民纳税的法律。但大宪章在此规定的共同商议机制,只是领主与封臣间封建法律关系的内容之一,离现代社会的税收民主与法定原则还有很长的路要走。当时的英国,甚至还没有形成普遍征税的观念与实践。无论是免服兵役税和协助金的缴纳,还是征收前的共同协商程序,都只是领主和封臣基于土地分封与保有关系,对彼此所负的法律或习惯上的义务。[1]

虽然英国的议会体制,的确是从这种商议或咨询机制逐渐发展出来的,但大宪章所规定的共同商议,离现代议会仍相距甚远。[2] 这里只是要求国王作为最高级别的领主,在向自己的封臣们收取特定的税费时,要先征求封臣们的意见,就像更低级别的领主对他们自己的封臣所应做的那样。这里甚至没有说一定要得到封臣们的同意。在中世纪的语境中,商议并不像今天的议会那样,最后要通过投票和多数决的方式,作出一项对大家都有约束力的决定。当时的人们只是期望经过共同商讨,最后总能达成一个大家都可勉强接受的结果,并且,参与者的地位也不平等,不同的人在协商中所起的影响和作用也各不相同。[3]

从第 14 条的规定来看,只有具备"国王的直接封臣"这一身份的人(all those holding of us in chief),才有资格亲自或派代表出席国王召集的咨询会议。这些人主要分为三类:一是大贵族,他们自然是国王的直接封臣;二是大主教、主教和教堂住持,他们往往有着世俗的贵族身份,同时又是国王的封臣;三是既非贵族,也非主教,但因种种原因成为直接从国王那里保有土地的人。也就是说,有资格进行共同商议的人,仅限于当时封建等级结构中某一特定层级的人,他们并非来自王国中各个不同阶层的代表。从大宪章颁布后的实践来看,真正能被国王召集参与商议的,也只是这一狭小范围里(约 800 人)的极少数人,即那些地位显要的大贵族和大主教们。[4] 只有

---

[1] Katherine F. Drew, *Magna Carta*, Greenwood Press(2004), 49; William Sharp McKechnie, *Magna Carta: A Commentary on the Great Charter of King John*, 239.
[2] Katherine F. Drew, *Magna Carta*, 50.
[3] Ralph V. Turner, *Magna Carta: Through the Ages*, 74.
[4] J. C. Holt, *Magna Carta*(3rd edtion), 272; Ralph V. Turner, *Magna Carta: Through the Ages*, 75.

等到十三世纪末，在爱德华一世的统治下，当时不属于贵族阶层的骑士和自治市市民，也开始选派代表出席国王召集的咨询会议，英国议会才算具备了它的雏形。在后续的演变过程中，贵族代表和非贵族代表又分开开会，因此便有了由僧俗贵族代表组成的上院和由平民代表组成的下院。

当然，对于当时英国的显贵们来说，这些共同商议机制是非常重要的。这不但涉及他们的财产保障问题，而且还涉及他们参与王国统治事务的权力问题。约翰国王在施行统治时，喜欢在私下征求一些廷臣和侍从的建议，然后就做出各种重要的决定。这些人只是国王的"私人"（包括一些雇佣军的首领），通常不具有贵族的身份和地位。约翰的这种做法，引发了显贵们的强烈不满。在后者看来，只有他们这些有着高贵出身的人，才有资格代表整个王国的臣民，就王国的统治事务对国王提供咨询意见。[1]

1215年大宪章的第12条和第14条，在后来所有的版本中都未再出现，但它们规定的共同商议机制仍在实践中得以延续。约翰的继任者亨利三世在征收新的税费（包括免服兵役税）时，通常都会召集显贵们进行商议和咨询。[2] 1255年，显贵们甚至还曾援引过已被删去的第14条。[3] 1215年6月，当国王约翰和反叛贵族们在兰尼米德草地商定第12和14条的内容时，双方头脑中都不可能有什么议会的概念，但这些规定所蕴含的一种由被统治者来参与统治事务的观念，对现代议会和宪政体制的形成却是不可或缺的。

除了上述主要满足男爵阶层之诉求的条款，1215年大宪章中还有一些保障其他阶层利益的条款。大宪章第1条规定"英格兰教会应是自由的"，并重申了约翰此前允许教堂自由选举主教的承诺。第42条允许任何人在和平时期自由离开或返回"我们的王国"，这一规定对英国教士阶层保持与罗马教廷的联系尤为重要。这两个条款既反映了约翰国王对教皇英诺森三世（Innocent III）的依附关系，也

---

[1] Ralph V. Turner, *Magna Carta: Through the Ages*, 74.
[2] J. C. Holt, *Magna Carta* (3rd edtion), 257; Ralph V. Turner, *Magna Carta: Through the Ages*, 75.
[3] J. C. Holt, *Magna Carta* (3rd edtion), 273.

体现了坎特伯雷大主教史蒂芬·兰顿（Stephen Langton）等教会人士在大宪章形成过程中的作用。[1]

1215年5月中旬，对约翰国王亦有诸多不满的伦敦市，为反叛军队打开城门，这使王室在军事上陡然处于劣势，不得不作出妥协。大宪章的内容显然体现了伦敦市的这一贡献。除在第12条规定王室对伦敦市征收协助金亦应先经共同商议外，还在第13条规定"伦敦市应享有它所有古老的自由和自由的习惯"，同时亦将该待遇普及至所有其他的自治市镇。第41条则规定，所有的商人（除非来自正与国王作战的国家）均可自由出入英国。这一有利于自由贸易的规定，对依赖商贸活动的各自治市镇是很重要的。

大宪章中还有若干条款，体现了骑士阶层（在约翰统治时期约有5000人）的政治地位正逐渐上升的趋势。[2] 第18条规定，王室每年向每个郡派出的两名法官，须会同各郡自行选出的四名骑士一起进行审判工作。第48条规定，应由各郡正派人士在本郡选出十二名骑士，对一切与皇家林苑、猎场及王室官员有关的邪恶惯例进行调查，以便将它们加以废除。依照第60条的规定，对于大宪章所载明的习惯和自由，除了国王应在他与他的直属封臣间的关系中加以遵循外，后者也应于可适用的范围内，在与他们的下级封臣间的关系中加以遵循。这一条款旨在限制显贵们对下级封臣（即包括骑士在内的自由民阶层）的支配权，体现了王室利用平民阶层削弱显贵势力的意图。事实上，约翰国王在1212年和1213年，都曾尝试从各郡召集若干骑士代表，"向我们[王室]表达关于王国事务的看法。"[3] 这反映了安茹王朝不断突破封建等级结构，谋求建立中央集权体制，并寻求与更广泛民众建立"统治者－臣民"关系的努力。[4]

另外，依照大宪章第20条的规定，非有良善邻人宣誓作证，不得对自由人、商人和隶农进行罚款，且所处之罚款金额，亦应与他们

---

[1] J. C. Holt, *Magna Carta*(3rd edtion), 245-248.
[2] Ralph V. Turner, *Magna Carta: Through the Ages*, 23.
[3] Ralph V. Turner, *Magna Carta: Through the Ages*, 56.
[4] 约翰·哈德森著：《英国普通法的形成：从诺曼征服到大宪章时期英格兰的法律与社会》，162。

过犯之轻重是相称的，同时还须为他们保留维持生计所需的财资。不过，此条仅适用于王室施加的罚款，不适用于贵族（作为领主）对他们所管辖的隶农的罚款。显贵们限制国王对隶农的压榨，只是为了让他们自己可以压榨得更多。[1] 第28至31条规定的内容，则是对国王战时征用权的限制，即禁止国王的官吏和士兵随意夺取或使用臣民的房屋、马匹、食物及其他财产。这些规定惠及王国的所有臣民，可为全体民众的人身和财产提供某些法律上的保障。

无论是英国光荣革命时的《权利宣言》，还是美国独立革命时的《独立宣言》与"权利法案"，或是法国大革命时的《人权宣言》，都曾受到过大宪章的启发与影响。[2] 但与后来这些文件不同，大宪章所规定的全部内容，并不是依据某些抽象的政治原则所构建的一个纲举目张的体系。它的各个条款的设定与排序，实际上是比较杂乱的。它是内战双方在战场上，且在时间急迫的情况下，匆忙谈判和拟就的一份文件。

在最终战胜约翰的反叛联盟中，最主要的力量是贵族党人。相应地，规范国王与其直属封臣（以显贵阶层为主）之间的关系，也成了大宪章最基本的主题。虽然显贵们有着改善王国治理的共同目标，且或多或少考虑了其他阶层的利益，但他们并非本着某种普遍的政治原则起而反叛，而主要是让自身的人身和财产更有保障。[3] 他们是因为自己所属阶层以及他们中的某些个人，不断遭受约翰国王的不公对待和残酷迫害，才选择铤而走险。比如，在约翰国王统治时期，一旦贵族们去世，他们的遗孀和子女，经常会遭遇王室以继承金、监护权和婚姻指定权等名目所施加的侵扰与盘剥，大宪章用了不少条文来处理这些具体的问题。[4] 反叛贵族们只希望通过这份文件，来解决

---

[1] David Carpenter, 'Magna Carta 1215: It's Social and Political Context', in *Magna Carta: History, Context and Influence*, 21.

[2] Nicholas Vincent, 'Magna Carta: From King John to Western Liberty', in *Magna Carta: History, Context and Influence*, 32.

[3] *Magna Carta: With a New Commentary by Divd Carpenter*, 5, 125.

[4] J. C. Holt, *Magna Carta*(3rd edtion), 261-267. 对诺曼时期领主收取土地继承税的权利、对未成年人所继承土地的监管权、对女继承人的婚姻监管权等"封

各种具体和实际的问题，并没有考虑它对未来宪法原则的形成会有什么影响。[1]那些更晚近的政治或宪法性文件所揭示的政治原则，对1215年的反叛贵族们是完全不可想象的，它们还要经过好几个世纪的政治斗争和思想交锋才能够产生。

虽然大宪章是十三世纪的英国显贵阶层为保障自身利益而促成的，且其中诸多观念也已在欧洲范围内流行了好几个世纪，但是，一份政治文件若是具备某些潜在的特质，也有可能在后来的历史进程中，逐渐获得它的原作者未曾预想过的重大意义。大宪章本来是为人们的现实苦情提供具体的解决办法，但在它的各项规定中却蕴含着某些具有普遍意义的原则。这些原则经过后人的发展，最终成为现代宪政体制的基石。这其中最重要的原则有两条。

第一是法治原则。大宪章的诸项规定涉及王国事务的众多方面，它们的总体效果是迫使国王依照法律进行统治，并使权力的行使更为常规化和更有可预测性。国王被置于法律之下，不得肆意而专断地处置臣民的人身或财产。虽然在当时的欧洲，人们已普遍以是否遵循法律来区分贤君和暴君，但还没有人像英国人这样用一部冗长的、成文的法律文件，对统治者的权力进行如此详尽的约束。大宪章还要求王室主要通过司法程序，而不是听凭国王的个人意志行使权力。对王室权力施加法律约束的另一面，就是臣民们可享有一些受法律保护的权利和自由，即使是国王也不得随意侵犯。这种连国王的至高统治权也应受到法律约束的观念，对后世的政治思想和实践产生了持久而深远的影响。2015年6月，正值大宪章诞生八百周年之际，美国联邦最高法院大法官布雷耶在一份反对意见中表示："正当程序条款所要保护的主要对象，就是至少要回溯800年直至大宪章的法治原则。"[2]

第二是由被统治者参与统治事务的原则。依照大宪章第12和14

建附随权利"的介绍，参见约翰·哈德森著：《英国普通法的形成：从诺曼征服到大宪章时期英格兰的法律与社会》，99-100、109-111。

[1] 自十九世纪以来，历史学家对大宪章的原初特性有着不同的评价。对主要几种观点的介绍和评析，参见 J. C. Holt, *Magna Carta*(3rd edition), 232-237。

[2] Justice Breyer dissenting, in *Kerry, Secretary of State, et al. v. Din*, 576 U.S. (2015).

条的规定,国王在决定征收某些税费之前,先要与可能受此影响的人共同商议。当然,当时参与此种商议的通常都是显贵人物。在当时的显贵阶层看来,王室政府应由国王和他的直属封臣组成,国王应在显贵们的咨询和辅佐下进行统治。虽然这样的看法意味着只有很少的人能参与统治事务,但它毕竟是要让国王的权力不但受到法律的限制,而且还要受到特定社会力量的制约。随着参与范围的不断扩大,这种制约也不断接近现代社会对政府权力的民主控制。十八世纪后期,当北美民众宣称英国议会缺乏殖民地代表,故无权就殖民地内部事务立法时,以及十九世纪初,当英国的激进派呼吁改革"腐败和缺乏代表性的议会"时,他们都曾诉诸大宪章,并认为其中包含了政治民主的原则。

大宪章第 61 条甚至规定了一个由 25 名贵族组成的委员会,在国王或其官吏违反大宪章,侵犯臣民的财产和自由时,该委员会可率领王国之中的任何人,以武力对国王进行"追讨和施压"(distrain and distress),直到被侵害的权利得到救济和复原。在十三世纪初,人们不但用武力反抗基于上帝恩典而登上王位的国王,并用一份人为的法律文件对他的权力施加约束,而且还要为此规定一种世俗的强制执行机制,这对当时欧洲的基督教世界来说,无疑是一个石破天惊的举动。难怪教皇英诺森三世会革除反叛贵族们的教籍,并谴责他们"发明新的法律…减少和损害了王室的权利和尊严"。[1]

在这一世俗执行机制背后,隐含着两个极为重要的政治观念。在通常的中世纪政治思想中,王国和国王的私产是难以分开的,国王们当然地将王国视为从祖上继承下来的家产,并经常通过武力征服去扩大这份家产。但从大宪章规定的内容来看,当时英国的贵族、教士、农村的骑士和城镇的商人,都已开始获得新的政治意识,都已认识到各自所属的阶层,有着某些不同于王室的独特利益,并愿意为保护自身利益去对抗专断的王权。第 61 条的规定即表明,王室利益和王国的共同利益并不是一回事。那些反叛贵族们似乎认为,是他们自己而不是国王,才是王国共同利益的代言人。在必要的时候,他们可

---

[1] Ralph V. Turner, *Magna Carta: Through the Ages*, 78; J. C. Holt, *Magna Carta*(3rd edtion), 310.

以"与整个王国共同体一起"(together with the community of the whole land),向国王表达和伸张王国的共同利益。这种将王国共同利益与王室利益加以区分的意识,预示了将社会与政府区别开来的现代宪政理念。

另一个政治观念在当时就已不算是新鲜的东西。在中世纪的政治思想中,一直有一个影响不小的流派,认为统治者的权力源于他们与人民之间的一项契约。有人甚至认为,如果国王实行残暴和不公正的统治,那就违反了这一统治契约,并沦为缺乏合法统治权的暴君,人们也因此被免除了服从义务,在必要时还可对国王及其官吏进行武力抵抗。英国大宪章中的内容,虽然多是关于领主和封臣之间权利义务的规定,但从这种领主和封臣之间的封建契约关系,很容易解读出更广泛的君主与臣民之间的统治契约关系。后来的历史表明,这种关于统治权力之起源的契约观念,对现代宪政体制的形成起到了极大的推动作用。

二

1215 年签署大宪章的约翰国王,从血缘上说算是威廉一世的后裔,后者在 1066 年对英国的征服史称"诺曼征服"。诺曼人之所以能够征服英国,是因为当时的盎格鲁-撒克逊王国,中央权威过于疲弱,国家处于四分五裂的割据状态。对征服者威廉和他的后继者来说,迫切的任务是稳定在英格兰的统治,重建和巩固中央权威,并尽可能从这片新征服的土地中获取利益。他们为此采取的措施包括:逐步限制各地贵族私自发动战争、铸造货币和修筑城堡的权力;派出由国王任命的郡长,到各地行使地方行政权和治安权,以削弱当地贵族的权势;针对贵族们在各自封地上的领主司法权,则鼓励人们将案件直接上诉至由国王主持的御前会议……[1]

1100 年,亨利一世即位时,为了争取显贵阶层的支持,他在常规的加冕誓言之外,还签署了一份《加冕宪章》(The Coronation

---

[1] William Sharp McKechnie, *Magna Carta: A Commentary on the Great Charter of King John*, 8.

Charter），表示要"废除不正当地压迫着英格兰王国的所有邪恶惯例"。[1] 这里所谓的"邪恶惯例"，是暗指他的父亲威廉一世和哥哥威廉二世在英格兰实行的一些统治措施。不过，亨利一世签署《加冕宪章》，只是在立足未稳时争取显贵阶层支持的举措。一俟王位稳固，他便将其抛诸脑后，继续在英格兰强化王权和聚敛钱财。一百年之后，这份宪章成了显贵们用来反叛约翰国王的政治纲领（其中不少内容在 1215 年大宪章中得到了重申）。在他们看来，亨利一世《加冕宪章》中的规定，体现了自忏悔者爱德华时期以来的良好法律与惯例，而约翰及其父兄则背离这些良法，发明了各种邪恶的做法。他们要求约翰"将他的父亲和哥哥引入的邪恶惯例，以及他自己新增的滥权行为一并废除"。[2]

亨利一世采取的一项重大举措是组建财政署（Exchequer），以便更清楚地掌握全国的土地和税收状况，在增加王室收入的同时，也可更广泛、更深入地贯彻国王的意志。那些被国王不定期派往各地的巡查官，也会顺便在当地处理法律案件。后来，这种巡回制度在司法上的作用，反而超过了在财政上的作用，结果是进一步削弱各地贵族的领主司法权，并强化了中央的统一司法权。

在亨利一世统治时期，大量贵族阶层以外的人，被引入御前会议。一些重要且高级的职位，原本是为从诺曼底追随威廉来到英国的大贵族们所保留的，现在则开始被一些出身卑微但较有知识和行政能力的人所占据。这些新人们没有世袭贵族们那样的社会地位和独立性，必须完全依附于国王，因而有利于国王主宰王国的统治事务。[3] 在某种程度上，这与中国历史上皇帝起用平民出身的人，用以平衡勋贵们的权力，道理是一样的。比如，汉武帝为强化中央王权，起用卫青、霍去病等下等平民子弟带兵打仗，以加强皇帝对军权的掌控，其中的原理是相同的。

---

[1] Katherine F. Drew, *Magna Carta*, 126.
[2] *Magna Carta: With a New Commentary by Divd Carpenter*, 188.
[3] Warren Hollister, 'Henry I and the Anglo-Norman Magnates', in *Anglo-Norman Studies*, II(1979), 93-107; Charlotte A. Newman, *The Anglo-Nroman Nobility in the Reign of Henry I*, Philadelphia(1988), 91-162.

在亨利二世时期，旧有的郡和百户区民众法庭得到了中央政府的有效控制，并使王室司法服务更接近骑士及其他自由民。[1] 王室法官的巡回审判更为常规化，并逐渐形成了全国性的刑事和民事司法体系。巡回法院成为民众与王室政府进行联系的主要场所，它提供了一个对地方事务进行复议的渠道，"不仅把王权的行使，而且也把王权的观念带到各地"。亨利二世还建立了一套程序，使得大量诉讼都必须从文秘署签发适当的王室令状开始，令状的广泛使用和趋于规范化，也有利于强化王室对司法活动的控制。这一切对普通法体系的形成和发展有着深远的影响。所谓普通法（common law），原本就是指由各种隶属于王室的法庭，在整个英格兰王国普遍和统一适用的、效力高于地方习惯的常规法律。它不同于各地的领主法庭所适用的各不相同的地方惯例，也不同于由国王特许仅在某一特定地区适用的法律。[2] 不过，有些地方惯例，也可能因为王室法庭的采用而成为普通法的一部分。普通法的普遍适用性与王室的司法活动密不可分，它的发展在强化中央司法权的同时，也使全国司法在实体规则和诉讼程序两个方面，都表现出相当的统一性和稳定性。

王室司法的发达同时意味着王室收入的增加。因为，当时到国王的法庭打官司，都要付一笔不小的费用，并且对当事人财产的罚没，也会使王室的财库更为充实。事实上，为各级自由民提供司法服务，逐渐成为王室一道重要的财源。争讼者为获取王室令状或为赢得官司，经常要自愿或不自愿进贡数目不菲的钱财。司法服务成为王室勒索钱财的工具，这种情况在约翰统治时期尤为严重。为解决这一问题，1215年大宪章第40条规定："我们［王室］不向任何人出售，也不对任何人拒绝或拖延权利或正义。"

在经历史蒂芬软弱和混乱的统治后，亨利二世立志要重振王室的权威。他强化中央权力的措施，不止是扩展王室法庭的管辖权。他

---

[1] 对诺曼时期王室法院、郡法院、百户区法院和领主法院等各类法院的介绍，参见约翰·哈德森著：《英国普通法的形成：从诺曼征服到大宪章时期英格兰的法律与社会》，35-63。

[2] 约翰·哈德森著：《英国普通法的形成：从诺曼征服到大宪章时期英格兰的法律与社会》，28-30、137、155。

在尽可能不加封新伯爵的同时，还否认伯爵的地位在原则上是可以世袭的。在他统治期间，英格兰伯爵的数量从23名下降为12名。[1] 在此过程中，他还设法从贵族们手中收回大量的封地和城堡。这一切都有利于削弱贵族们的势力。[2] 正是因为有这一背景，大宪章第52条要求约翰在适当的时候，将"非经同侪合法判决而被国王亨利或理查剥夺的…土地、城堡、特权或权利"，尽速归还给相关当事人。亨利二世还大肆扩展王室林苑的范围，从而侵害了英格兰不同阶层民众的利益。这也是1215大宪章第53条以及1217年林苑宪章所要处理的问题之一。

1189年，理查一世继承王位。三年后，他在从东征返回途中被俘，成为神圣罗马皇帝亨利四世的囚徒。为将他赎回，在英格兰对所有人征收了一项税金，数额是每人所拥有的租金和动产价值的四分之一。这是整个中世纪在英格兰所出现过的最高税率。[3] 在被赎回后，理查一直都在欧洲大陆与腓力二世作战，成功收复了在诺曼底的大量失地。为在人们不太关心的遥远地区进行征战，英国社会各阶层不得不连年承受沉重的税费负担。约翰于1199年继位后，非常希望自己能像理查一样以军功名世，但他显然并不以军事才能见长。到1204年，他便将诺曼底给丢失了。此后十年，他在英格兰横征暴敛，既为满足他奢靡的生活所需，也为筹集与腓力二世进行决战所需的巨额经费（这使他获得了"自己人民的掠夺者"的恶名）。1214年7月27日，腓力二世在决定性的布汶战役中大败约翰的联军，结果是安茹王室彻底丧失在诺曼底的祖传领地。

从亨利一世到约翰，安茹王室的很多政策，都出于在欧洲大陆远征的需要。[4] 他们在欧洲的领地，包括诺曼底（Normandy）、安茹（Anjou）、普瓦图（Poitou）和加斯科尼（Gascony）等，都在法兰

---

[1] *Magna Carta: With a New Commentary by Divd Carpenter*, 190.

[2] ［英］马克·莫里斯著，康睿超、谢桥译：《约翰王：背叛、暴政与〈大宪章〉之路》，中信出版集团2017年版，16。

[3] *Magna Carta: With a New Commentary by Divd Carpenter*, 193.

[4] J. C. Holt, *Magna Carta*(3rd edtion), 50; Ralph V. Turner, *Magna Carta: Through the Ages*, 14; David Carpenter, 'Magna Carta 1215:It's Social and Political Context', in *Magna Carta: History, Context and Influence*, 19.

西王国之内，在名义上属于法国卡佩王室的封地，后者一直希望消除安茹王室在大陆的势力。[1] 腓力二世即位后，法国开始具备与英国对抗的实力，他几乎不放过任何有可能削弱安茹王室的机会。

无论是从英国社会的现实状况，还是从军事技术的发展，或是从保持结盟关系的灵活性来看，安茹王室都无法再依靠由封建贵族及其随从组成的军队，而是必须依靠更为职业化的、往往是由外国人率领的雇佣军，才有可能在海外进行连年的战争，并在国内压制怀有异心的显贵们。这也意味着王室必须不遗余力地在国内榨取钱财。历任安茹国王除了利用传统的封建关系从直属封臣那里获取金钱外，还不断开发出各种新的行政方式，以开辟更多的财源，并在此过程中创建了一支更为常规化和职业化的王室官员队伍。

从在御前会议和王室官员中起用新阶层人员，到王室官员对地方政府的渗透与掌控，到王室司法权的扩张，再到雇佣军的长期聘用，以及王室文书与档案制度的初步建立，都意味着在西欧封建体制中出现了一种新的政治趋势，即行政官员、司法人员和军事队伍的职业化和专门化。这是一种从封建社会向现代国家迈进的趋势。在现代国家，正是通过职业化的行政、司法、军警和文书系统，来贯彻中央政府的权威和保障国家治理的统一。这些措施在当时的安茹王室看来，都是保卫祖传领土和改进王国治理所必要的。但在臣民们看来，则是对他们传统自由和权利的侵蚀，因为它们的结果必然是国王所代表的中央权力的强化，以及社会各阶层税赋和劳役负担的加重。身为国王直属封臣的显贵们，对这两方面的变化都有最直接、最强烈的感受，他们在1215年起而反叛，从根本上说就是要抵制这一发展趋势。

在古老的伊索寓言中，有这样一个故事。话说有一群青蛙请求天神朱比特赐给它们一个国王。朱比特开始赐给它们一根木头做国王。但青蛙们发现木头一动不动，不能给自己带来秩序和安全，就请求朱比特给它们另赐一个有能力的国王。朱比特便派来一只白鹳做它们的国王，结果白鹳却把这群青蛙全都给吃掉了。这个故事揭示了人类

---

[1] 马克·莫里斯著：《约翰王：背叛、暴政与〈大宪章〉之路》，119。

政治生活中最根本的两难问题：一方面，如果一个政治共同体缺乏有效的中央权威，就既无法保障人们免受外敌的侵扰，也无法保障内部的秩序和稳定，各种割据势力不但要彼此倾轧和混战，而且还会在各自的势力范围内对人们进行压迫和搜刮；另一方面，如果中央权力过于强大，也有可能成为一种暴虐的、压迫性的力量，从而普遍地压制和剥夺人们的自由。前面已经说过，被誉为"美国宪法之父"的麦迪逊深入研究古往今来的政治理论和实践，就是想解决秩序和自由之间的两难问题，就是希望通过一种可行的宪制安排，既能组建一个稳健有力的中央政府，以便为国民提供秩序与安全，又能防止它成为一种压迫性力量甚或沦为暴政的渊薮，以保障国民的自由与权利。

当然，英国贵族们的反叛，恰恰出现在约翰国王统治时期，这与他的个性及特有的统治方式亦不无关系。理查一世在位时待约翰不薄，但约翰却勾结法国国王，试图推翻自己的哥哥。约翰还被认为谋杀了自己的侄子阿瑟，并肯定活活饿死了贵妇玛蒂尔达·德·布里尤兹（Matilda de Briouze）和她的儿子，从而触犯了当时社会一个最为根深蒂固的禁忌。[1] 他动辄残杀地方贵族送到伦敦的人质（这些人质通常是贵族们的儿子），并曾强行迎娶与自己的封臣已有婚约的女子（从而将自己的盟友变为可怕的敌人）。这些行为对约翰的名誉造成了毁灭性的影响，以至于当时的编年史作家表示，"即使是肮脏的地狱也会被约翰的不体面给玷污了"。[2] 1214年，在欧洲大陆的远征遭遇取辱性的失败，让他的实力和声望都跌至谷底，并为国内贵族们的反叛提供了一个绝佳的机会。鉴于约翰的作为是促成大宪章诞生的重要诱因，二十世纪初英国最杰出的大宪章研究者麦克奇尼曾诙谐地写道："约翰的傲慢和霉运使得社会各个阶层和利益集团都联合起来反对他，这也算是他留给后人的福利。"[3]

---

[1] Nicholas Vincent, 'Magna Carta: From King John to Western Liberty', in *Magna Carta: History, Context and Influence*, 27-28.

[2] 参见马克·莫里斯著：《约翰王：背叛、暴政与〈大宪章〉之路》，78、128、170-173、203、315。

[3] William Sharp McKechnie, *Magna Carta: A Commentary on the Great Charter of King John*, 49.

大宪章无疑是人类宪政史上一份具有里程碑意义的文件，但以我们今天的事后之明来看，大宪章仍有很大的历史局限性，它离现代宪政体制还有很长的一段距离。从大宪章的诞生，到英国人最终通过光荣革命确立稳定的宪政体制，期间还要经过近五个世纪的时间。如果说在光荣革命之后的三百多年里，英国国内总体上是和平、自由和繁荣的，之前的近五百年则充满了动荡、内战和流血的场景。在这近五百年间，英国远比别的王国更频繁地发生废黜和诛杀国王的事件：除了在1688年废黜詹姆斯二世，英国人此前还诛杀了五位国王，即爱德华二世（1327年）、理查二世（1399年）、亨利四世（1471年）、理查三世（1485年）和查理一世（1649年）。

这一切都表明，虽然大宪章自1215年以来被一再签署和确认，并不断将法治、自由、权利和习惯等观念植入英国人的政治意识之中，从而为宪政体制的最终建立提供了若干重要的观念材料，但它本身还远不足以在英国确立普遍认同的、稳定的政府结构。前面已提到，当时领导反叛行动的大贵族们，并不是被某些宏阔的政治原则所驱动，而是为了解决各种具体的现实问题。在大宪章中，人们并未看到对现代政治原则的表述。如果一定要从中寻找抽象的原则，反而只能看到一些前现代的政治原则，而现代宪政体制的建立恰恰要以推翻这些原则为前提。

首先，大宪章开宗明义地将约翰的王权建立上帝的恩宠（by the grace of God）之上。这种将神意视为君主权力来源的观念，不但与现代宪法中的人民主权原则根本对立，而且与大宪章本身所隐含的中世纪意义上的统治契约观念也有所冲突。既然国王的权力是上帝意志的产物，那么，就没有任何世俗的行为或约定，可以作为约束王权的依据。人类身为上帝的被造物，若想用自己的意志去约束上帝的意志，那显然是荒谬和渎神的。大宪章是以国王单方面诏令的形式出现的，而这种国王自愿和单方许可的形式之所以是必要的，是因为在当时的教会和俗众看来，身为被统治者的臣民用武力迫使国王表态是不正当的，由此得到的承诺也不应具有约束力。

其次，在当时的欧洲，君主统治以及相应的等级制社会结构，被普遍认为最合乎事物的自然秩序，臣民的自由或特权都只能源于国王的赏赐。并且，不同的人往往基于不同的社会地位，分别享有各不相同的特权，连伦敦等市镇作为团体的自治地位，也只能是国王特许的结果。因此，任何个人、阶层或团体若要争取什么自由，都意味着要求国王颁布敕令或宪章来限制他自身的权力。这样的过程，难免会充满争吵。即使自由最终被许可，它们的内容和保障也往往不清晰、不可靠，并时常成为新的更激烈冲突的根源。

最关键的是，大宪章本身包含着一个内在的矛盾。它试图将国王置于法律之下，这些法律就规定在大宪章之中。同时，这些法律在形式上表现为国王准许（grant）的结果，是国王对其臣民的恩赐（grace），国王因此又被视为法律的制定者。这就使得国王与法律的关系无法得到确切的界定，或者说可以得出两种相互冲突和根本对立的结论。[1] 在此后的近五百年里，英国社会发生的政治冲突，从观念上说经常就是这两种结论之间的冲突，政治上比较平稳的时期，也往往是各方回避这一问题的时期。

这一矛盾在大宪章第61条规定的执行机制中，体现得尤为明显。依照该规定，当国王或其官吏违反大宪章的规定时，由25名男爵组成的委员会可通过"夺取城堡、土地和财产等一切手段⋯对王室进行追索和施压"，只是此种追索和施压不得及于国王及其他王室成员的人身，且一旦苦情得到救济，反抗者就应恢复对国王的效忠。在这里，用武力迫使国王遵守大宪章的做法，被表述得像是在向国王申诉和请愿。这是一种精心设计的机制，它在允许男爵们对国王施加强力的同时，又让他们在法律上继续与国王保持和平关系，因而就不会在法律上被指控为反叛，亦即不会在法律上丧失自己的头衔和财产。[2]

这一条款同时规定，王室应允许甚至命令所有英国人"对这25名男爵宣誓，自己将支持他们对王室进行追索和施压"。结果就是这样一个矛盾：英国人既要宣誓忠于国王并服从国王的统治，又要宣誓支持25名男爵对国王动用武力。一方面，国王被认为是蒙受神恩的

---

[1] Nicholas Vincent, 'Magna Carta: From King John to Western Liberty', in *Magna Carta: History, Context and Influence*, 32-33; Elizabeth Gemmill, 'King John, Magna Carta and the Thirteen-Century English Church', in *The Rights and Aspirations of the Magna Carta*, 3.

[2] J. C. Holt, *Magna Carta*(3rd edtion), 288.

至高统治者,另一面,王国存在着一个由25人组成的委员会,他们可以裁判国王是否有违法行为,并可用"一切手段"纠正国王的过错。由此产生的疑问是:到底是国王,还是这个委员会,才是最高的统治者?在这25名男爵被选出后(他们全部来自反叛阵营),他们不但要求约翰签发他们认为必要的命令,而且时常不顾约翰的异议和反对,直接向各地官员发布命令,以至于约翰的雇佣军头目极为不满地说:"现在,这25人才是英格兰的国王!"[1]

在英格兰出现一种与国王平起平坐甚至高于国王的权力,这是约翰绝不愿接受的局面。难怪内战很快就再次爆发。实际上,大宪章第61条规定的执行机制,本身就不是一种和平的机制,而是要以重开内战为手段来胁迫国王遵守法律。这一点都不难理解:当人们还不能为统治权力找到一种世俗来源时,那就无法构想一种世俗而又和平的权力约束机制。如果在国王的统治权力之上,还有一种可以制约国王或国王应予服从的世俗力量,那么,国王的权力就不能算是王国中的最高权力。但是,源于神恩的君主权力,反而要低于王国之内的某种世俗力量,这显然又是说不通的。相反,在现代宪政体制下,国民主权被视为一切政府权力的来源,并高于一切政府权力,国民以宪法规定一种和平解决不同机构之间争端的机制(比如司法审查),并以各种制度化的方式对政府进行监督、批评和问责,也就不会有任何观念上的障碍。

1215年大宪章几乎是一项不可能得到遵循的和约,它的效力事实上只持续了不到三个月的时间。约翰希望通过大宪章实现和平,因为这意味着解散反叛军队和恢复王室在各地的权威,至于它的具体细节,则最好置于一旁。在约翰及其支持者看来,其中第61条规定的执行或保障条款,等于剥夺了一位受过膏、加过冕的国王的权力。反叛贵族一方则希望严格执行大宪章的各条规定,但他们从来就不相信反复无常的约翰会信守承诺。

1215年7月16至23日,约翰国王与男爵们在牛津举行了一次

---

[1] *Magna Carta: With a New Commentary by Divd Carpenter*, 372, 377, 385。

会谈,以解决在执行大宪章过程中出现的各种争执。但约翰出席此次会谈的目的,似乎不是为了解决分歧,而是为了将破坏大宪章的责任推给反叛者一方。他要求反叛贵族解除武装,以便王室官员在各地恢复权力和管理王室收入,并要求他们以书面方式表达对国王的忠诚。这些要求遭到了贵族们的拒绝。此次会议充满了相互指责和敌对的气氛,结果是双方不欢而散。[1] 就是在这个时候,约翰向罗马教廷秘密派出使者,请求教皇宣布大宪章无效,尽管大宪章第 61 条规定,"我们[王室]不会向任何人谋求…撤销或缩减[大宪章中的]任何特许和自由"。随后,他又秘密向普瓦图、弗兰德斯和布列塔尼派出特使,再次加大了从海外获取军事支持的力度。[2]

在大宪章签署约三个月后,内战便再次爆发。反叛贵族们决定废黜约翰的王位。他们邀请法国的路易王子(腓力二世的大儿子)充任对抗约翰的领袖,并以英国的王位相许。[3] 反叛贵族们这样做,主要是希望借助法国的实力战胜约翰,但其中也隐含着这样一种观念:哪怕一位国王已变成残忍和不公正的暴君,也只有另一个同样有着王族血统的人才有资格取代他。这难免让人联想到,在近五个世纪后的光荣革命中,英国人也是从欧洲迎来一个具有王族血统的人(奥伦治的威廉),来取代当时的英国国王詹姆斯二世。

大约在 9 月底,一份签署于 8 月 24 日的教皇诏书被送达英国。英诺森三世在诏书中详述了约翰与贵族们之间冲突的全过程,并宣称大宪章是受撒旦引诱的反叛贵族们,"利用连最勇敢的人也可能受其影响的暴力和恐惧"强加给约翰国王的,它"不但是可耻和不体面的,而且非法和不公正的。"因而"永远都没有任何效力"。[4] 如果约翰赢得内战,大宪章就一定会被埋葬,因为他已要求所有的追随者发誓抛弃大宪章。如果路易王子击败约翰并成为英国国王,他也不大

---

[1] 关于此次会谈的详情,参见 *Magna Carta: With a New Commentary by Divd Carpenter*, 382-386; J. C. Holt, *Magna Carta*(3rd edtion), 304-306。

[2] 参见 Magna Carta: With a New Commentary by Divd Carpenter, 386; 马克·莫里斯著:《约翰王:背叛、暴政与〈大宪章〉之路》,291。

[3] *Magna Carta: With a New Commentary by Divd Carpenter*, 390-391.

[4] Ralph V. Turner, *Magna Carta: Through the Ages*, 77-78; *Magna Carta: With a New Commentary by Divd Carpenter*, 391.

可能重新签署大宪章。在登陆英国时发布的文告中,他只是表示将恢复英格兰人"古老和正当的自由",对大宪章则只字未提。[1] 大宪章似乎注定将是一份失败和没有未来的文件。

如果说约翰国王的颟顸、残忍和横征暴敛是大宪章得以产生的重要因素之一,那么,他在 1216 年 10 月 18 日的意外离世,又让几近死亡的大宪章获得了重生的机会。在亨利三世即位后,摄政者威廉·马歇尔、首席法官休伯特·德·伯格(Hubert de Bough)和新的教皇使节瓜拉(Guala)等人,竭力为年幼的国王稳定王位和保全国家。当年 12 月,他们便重新签署了一份修改后的大宪章,以争取贵族中的摇摆不定者,并向反叛者作出和解的姿态。1217 年 9 月,随着亨利国王一方取得军事上的优势,双方达成了和约,路易王子撤出了英国。亨利的辅佐者发誓将保障男爵们的权利与自由,并于当年 11 月再次修改和重新签署了大宪章。这一次,各郡郡长受命在"由本郡男爵、骑士和所有自由民共同出席的"郡法庭,当众宣读和逐条解释大宪章的规定,从而让更多的人知悉了它的内容。[2]

1225 年,由贵族们组成的大咨询会同意王室的一项征税决定,王室则再次重新签署了大宪章。1225 年大宪章与征税之间的联系,具有特别重要的意义,因为这表明它不像前三个版本一样是战争的产物,而是国王和王国臣民自由商讨的结果。教皇使节和英国大主教们的背书,亦加重了它在英国人心目中的分量。此次签署固定了大宪章的最终版本,并加盖了亨利三世本人的印玺。[3] 经过三次修改,大宪章的内容变得更加具体、更有可操作性,并被视为有约束力的法律。王室法官和地方官员在进行审判时,也须注意遵守大宪章的规定。虽然 1215 年大宪章中规定"共同商议"机制的第 12 与 14 条,以及规定执行和保障机制的第 61 条均未出现在后来的版本中,但王室征税时须依大咨询会的请求确认大宪章的做法却得以继续。在亨利三世漫长的统治期间(1216—1272),经过一再重新签署和确认,

---

[1] *Magna Carta: With a New Commentary by Divd Carpenter*, 394.
[2] *Magna Carta: With a New Commentary by Divd Carpenter*, 398-402, 403-404, 408.
[3] *Magna Carta: With a New Commentary by Divd Carpenter*, 411-412.

大宪章逐渐成为英国人民心目中的根本法，与它一起扎根于人们心中的，是国王也须受制于法律的法治观念。

虽然大宪章有其历史局限，但是，用法律约束统治权力、臣民的权利不得肆意侵犯、国王的统治权源于一项同时约束国王和臣民的契约，以及必须要有迫使统治者遵守法律的保障机制，这些具有普遍意义的观念或原则，却是大宪章在人类历史上留下的恒久遗产，也是大宪章被誉为人类自由事业之基石的原因所在。正是这些伟大的观念和原则，使得大宪章对一代又一代英国人不但具有崇高的道德感召力，而且也有巨大的政治动员作用。每当国王的统治变得令人难以忍受时，人们就会很自然地将目光转向大宪章，并为自身的政治诉求和反抗行动，找到现成的先例和极具号召力的纲领。

三

在亨利三世成年之前，王国事务主要由他的辅佐者通过与显贵们的合作来处理。在成年后，亨利三世喜欢重用来自外国的姻亲和其他近臣，并常常越过财政署和枢密院等机构作出决定，因为后者采用的常规程序有碍国王对统治事务的个人控制。虽然他仍定期召集大咨询会（此时已越来越经常被称为"议会"），听取显贵们的意见，但他实际上更愿意采纳亲信和近臣们的建议。他的这种做法引发了本国贵族们的强烈不满。

亨利三世以一种家长制的观念来看待王权。在他看来，他对英国的统治，就像教皇对教会的统治一样不可质疑。虽然他不会公开藐视自己一再确认的大宪章，但总是试图规避它。1232年，他将长期担任首席法官的休伯特·德·伯格予以免职、逮捕和逐出法外，从而获得了对政府的全面控制。随后，他又试图恢复一些外国人对若干土地和城堡的权利，而这些权利原本已依大宪章的规定归还给了本国贵族。一些被激怒的显贵们动用武力抵制亨利三世的命令，并迫使他恢复了休伯特·德·伯格的财产和法律保护，但他们仍未找到有效约束王权和保障大宪章所规定之自由的机制。[1]

在此期间，出现了《论英格兰的法律和习惯》这部不朽的法学著作。其中有一句对后世影响很大的话："国王在上帝之下，也在法律之下，因为是法律造就了国王"。作者还将约束王权的法律，比作拴住马鼻的缰绳（bridle），形象地表达了法治观念的基本含义。值得强调的是，各种成文的法律虽可用来衡量或评价权力的运行是否"合法"，但只靠纸面上的法律还难以对王权形成有效约束。必须有一支力量可与国王的权力相抗衡，约束王权的法律才可能起作用，就像孟德斯鸠后来所总结的，"任何拥有权力的人都倾向于滥用它……为避免权力滥用，就必须用权力制约权力"。[2] 在《论英国的法律和习惯》的作者看来，如果国王摆脱了缰绳，那就等于没有法律。作者认为，在这个时候，"他们[即贵族们]就应该用缰绳拴住国王"。[3] 这显然是在重申大宪章中的法治原则，以及由贵族们迫使国王遵守法律的保障机制。

由于亨利三世放任外籍亲信们的胡作非为，王室法院系统变得极其腐败和不公正。当他的亲信侵害别人权利时，即使有人胆敢向法院起诉，也不大可能得到救济。这些亲信们俨然成了不受法律管束的人。当时的英国人抱怨道："尽管大宪章有规定，国王不得对任何人出售、拒绝或拖延权利和正义...但在某些外国人到来后，国王无视本国臣民的意见，将他们视为亲信和顾问，人们在国王的法庭与这些人或某些廷臣打官司时，就再也不能获得任何正义了。"[4] 当无法通过普遍的征税筹集资金时，王室只能另辟生财之道，包括利用普通法法院来增加王室的收入。王室出售令状、将有利判决待价而沽和对有罪者进行罚款所获得的收入，甚至比约翰统治时期还要高。结果是

---

[1] Ralph V. Turner, *Magna Carta: Through the Ages*, 88-90.
[2] Montesquieu, *The Spirit of the Laws*, ed. Anne M. Cohler, Cambridge University Press, 155.
[3] *Bracton*, ii. 33, 110; iii. 43. 这部著作曾被认为是王室法官亨利·德·布莱克顿（Henry de Bracton，约 1216-1268）于 1250 年前后完成，但现在一般认为，它是由王室法官亨利的威廉（Willian of Raleigh）周围的一群法律人士于 1220-1230 年间完成，布莱克顿只是在后来对它进行了增补。
[4] Ralph V. Turner, *Magna Carta: Through the Ages*, 92.

不同阶层的人对司法腐败与不公均感同身受，并认为亨利三世的统治严重违反了大宪章的精神。[1]

大宪章作为一份封建性文件（而不是宪法性文件）的局限，此时再次显露无遗。1225年大宪章不再包含执行和保障条款，贵族们甚至无法像在约翰统治时那样，在法律的框架下对亨利三世进行武力施压。更根本的问题是，与现代宪法不同，大宪章并不是创设统治权力的法律文件，并不是在权力的产生环节便对其加以内在的规范，而是将国王的统治权力视为当然存在，然后再试图从外部施加若干具体的法律约束。由于没有对王权的来源和性质进行深入的追问，因此既不能明确王权的范围或限度，也无法清楚地界定国王与法律之间的关系。一方面希望将国王置于法律之下，一方面又承认国王是法律的创制者，这根本就是一个无法解决的悖论。若是认为约束国王的法律，本身并非国王意志的产物，那就意味着法律的制定和执行，都有赖于一种独立于国王的权力，这显然又超越了大宪章本身的框架。

事实上，当亨利三世的统治在1258年再次引发贵族们的反对时，虽然反对者谴责王室违反了大宪章，但他们采取的改革措施本身也大大超出了大宪章规定的限度。在与国王的冲突中，这些以"王国共同体"名义宣誓起事的贵族们，面临一种两难的处境：若是不进行反抗，王权就会失去约束，国王的亲信们就会继续胡作非为；若是用武力反抗一位合法继位的国王，又违反了他们对国王的效忠誓言，并要承受叛国的指控。他们最后采取的策略，是将亨利描述为一位头脑简单、心智不健全，因而被一些邪恶的亲信误导的国王。他们宣称，被亲信们控制的国王"侵犯了他在大宪章中赋予给英国人的自由"，而他们自身的使命则是要清除这些恶人，改由正直的贵族们来辅佐国王。[2]

反对者认识到，只有通过贵族们的共同商议来制约国王，才能让他免受私人亲信的影响并迫使他遵守法律，因此他们主张议会应定期而经常地召开。1258年6月，由反对者主导的牛津议会制定了一

---

[1] Ralph V. Turner, *Magna Carta: Through the Ages*, 92-93.

[2] Ralph V. Turner, *Magna Carta: Through the Ages*, 96.

份政治改革计划。依照《牛津条款》（Provisions of Oxford）的规定，须创设两个委员会与国王分享权力。一个委员会由国王和议会共同指定的15人组成，首席法官和枢密大臣将与王室分离，并由该委员会与国王共同选任及监督。另一个委员会的10名成员全由议会指定，它将负责"处理王国和国王的共同事务"。财政署也须进行改革，以使国王的公共开支与王室的家务开支相互分开。这样的改革方案如果得到实施，就等于剥夺国王的行政权力，并将使英国的君主统治变成类似于当时某些意大利城邦的贵族统治。[1] 反对者对王室提出的要求之一是，"国王应诚信地维护和遵循英格兰的自由宪章，这是他的父亲约翰国王制定和赋予给英国人，并宣誓将维护的，也是他亨利三世国王多次颁布和宣誓要维护的"，但反对者自身提出的改革方案却远比大宪章更激进。

依照1215年大宪章第60条的规定，对于大宪章所载明的习惯和自由，除了国王应在他与直属封臣间的关系中加以遵循外，贵族们也应在他们与下级封臣间的关系中加以遵循。这一规定在1225年大宪章中得以保留。在亨利三世统治期间，骑士阶层时常援引此一规定，抗议贵族阶层对下级封臣的侵犯与盘剥，并要求对地方政府进行改革。这就意味着，一个有着自身政治意识和权力要求的平民阶层，开始登上了英格兰的政治舞台。1264年，当反抗者与王室之间的冲突终于演变为内战时，平民阶层比贵族阶层更愿采取彻底的反叛行动。[2] 在中世纪的欧洲，君主和贵族们虽时有冲突，但却是相互依存的。由于贵族们对国王总是有更加强烈的效忠意识，且在对平民阶层的统治上与国王有共同利益，因此，他们的行动往往更为保守。类似的情形也出现在十七世纪的英国：在王室与议会的政治冲突中，（由平民代表组成的）下院显然比（由僧俗贵族代表组成的）上院更愿意采取激进的革命行动。

值得一提的是，在1258至1265年的反对运动中，西蒙·德·蒙特福特（Simon de Montfort）是主要领袖之一。他是一个能够超越

---

[1] *Magna Carta: With a New Commentary by Divd Carpenter*, 428.
[2] *Magna Carta: With a New Commentary by Divd Carpenter*, 430-431; Ralph V. Turner, *Magna Carta: Through the Ages*, 98-99.

自身所属的贵族阶层利益,因而具有一定理想主义色彩的人。相比大宪章对非自由民的严重歧视,在蒙特福特主导的改革方案中,首席法官必须宣誓将正义给予每个人,"无论是富有或贫穷,也无论是自由人还是非自由人"。[1] 依照大宪章的精神,只有国王的直接封臣才能成为议会成员,蒙特福特的改革则大大扩展了政治参与的社会范围。1261年,蒙特福特和他的盟友从每个郡召集三名骑士代表参加议会。1264年,当他以被俘国王的名义进行统治时,又下令从每个郡选出四名骑士参加议会。翌年,除了从各郡召集两名骑士代表外,他还从各自治市召集两名市民代表参加议会。这是英国历史上第一次有骑士和自治市民代表一起参加议会,可以说是英国议会下院的源起。[2]

1272年,爱德华一世继承父位,成为英格兰的国王。在位期间,他除了忙于守卫在法国的最后一块领地加斯科尼,还试图征服威尔士和苏格兰,以将自己的统治扩展到整个不列颠岛。连年的征战给英国社会造成了沉重的经济负担,并在爱德华一世统治后期引发了普遍的不满。

1297年7月,为了准备在弗兰德斯的战事,爱德华一世下令对所有人的动产征税,并强制收购商人手中的羊毛,然后再通过转售获利。这次征税只得到一群特别挑选的显贵们的同意,并没有征求全体议会的意见。随后,王室又在未得到教会同意的情况下,对英国教士阶层的财产征税。爱德华一世对社会财富的过度索取,引发了僧俗两界的联合反对。反对者在伦敦附近的斯特拉特福德开会,并起草了一份抗议书。他们在抗议书中表示:"本国的全社会都感到自身受到了严重的侵害,人们不再像他们的先辈一样,受到合乎本国法律和习惯的对待,也不再享有先辈曾享有的自由,而是受到了专断的对待;⋯⋯人们感到自身受到了严重的侵害,因为他们曾经受到合乎大宪章条款的对待,但现在这些条款却被忽视,人民因此遭受了巨大的损失。"[3]

---

[1] *Magna Carta: With a New Commentary by Divd Carpenter*, 432.

[2] *Magna Carta: With a New Commentary by Divd Carpenter*, 433.

[3] Ralph V. Turner, *Magna Carta: Through the Ages*, 103.

为缓解政治压力，王室于 1297 年召集议会并确立了大宪章。在此次确认中，王室通过一份单独的文件表示，上述有争议的征税不得构成先例，且往后除非"得到全王国的共同同意和为了全王国的共同利益"，国王不得对动产或出口商品征税。这份文件由此突出了国王征税须得到议会同意的观念。该文件还命令将大宪章文本送至全王国的教堂，且"应在公众面前每年宣读两次"。为实施该文件之规定，一封记载国王查看和确认 1225 年大宪章的皇家信件，与被确认的大宪章文本一并发往各郡，由此使大宪章获得了英国"第一制定法"（the First Statute）的地位。

1300 年，爱德华一世再次确认了大宪章，并命令各郡郡长将其内容每年向公众宣读四次。当年在威斯敏斯特厅进行的公开宣读，是有记录的首次用英语进行的宣读。同时，爱德华一世还颁布了一份旨在解决大宪章实施问题的文件，要求各郡选出三名杰出人士，以听取大宪章被违反且普通法又无法提供救济的案情。该文件还有若干保障普通法法官独立性、防止王室对审判的干预，以及禁止其他王室官员侵夺普通法法官司法权的规定。这些规定预示了十六和十七世纪普通法法院和特权法院之间的管辖权之争。

在 1301 年初召开的林肯议会上，一位骑士代表提出一份议案，除呼吁国王遵守大宪章外，还要求将违反大宪章的制定法视为无效。议会对这份议案的批准触怒了爱德华一世。最后达成的妥协是议会同意国王的一项征税要求，国王则再次确认大宪章并承认："与大宪章相抵触的制定法，应通过我们王国的共同商议而修改或废除。"[1] 这一声明虽不是说违反大宪章的制定法当然无效（而是应由议会采取适当措施），但却明确承认了大宪章在英国的根本法地位，甚至还有一点违宪审查的意味。

1307 年，爱德华一世去世，他的儿子爱德华二世继承王位。爱德华二世是位同性恋者，喜欢长相俊美且野心勃勃的男性。他似乎不能将自己的私人癖好与公共事务区隔开来，总是将重要的职位和过多的恩惠，赐给一些在政治上对他没有帮助的人。这样一来，他便难

---

[1] Sir John Baker, *The Reinvention of Magna Carta 1216-1616*, 20-21.

易组建一个由忠于自己的显贵们所组成的政治派别。爱德华二世甫一即位,便将曾被他父亲驱逐的皮尔斯·加维斯顿(Piers Gaveston,一位来自法国加斯科尼的年轻骑士)召回宫廷,并予以特别的信任与宠爱。国王宠信宫廷近侍的做法,引发了英国本土贵族们的反对,后者认为自身享有对国王提供顾问的正当权利。

为了对贵族们反对国王的行动加以正当化,一位贵族阶层的代言人提出了一种说法。他将国王的公共职位与国王的自然人身进行区分,并声称臣民们宣誓效忠的是作为公共职位的王位,而不是国王个人,当国王本人失去理智时,贵族们就应代表和率领民众对抗作为自然人的国王,以保卫王位本身的尊严与存续。这显然是在援引中世纪后期比较盛行的"国王的两个身体"(the king's two bodies)之理论,其目的是要为反抗国王的人摆脱叛国的罪名。[1] 在十七世纪的英国内战中,议会党人也曾一度诉诸这一理论。议会领袖们一边率领一支军队与国王指挥的军队作战,一边声称自己比查理一世的肉身更加忠诚于政治意义上的王位。不过,这样的说法在十七世纪的英国已不再有什么说服力,议会党人很快转而诉诸混合政体乃至人民主权理论。[2]

1312年,一群贵族抓获并处死了加维斯顿。这就使国王和贵族双方更加难以合作,爱德华二世一心要为自己的男宠复仇。1321年夏,议会将国王的另一位男宠判处流放和没收财产。这一次,竟轮到国王诉诸大宪章了。他声称,议会的做法"违反了英格兰的自由大宪章和我们王国的普通法"。双方的冲突最终发展为公开的战争。当王室一方取得军事胜利后,国王下令处死25名贵族,并监禁和流放了更多的人。在这场持续多年的政治争斗中,双方都不注重法律原则,支配他们行动的更多是个人仇恨和对权力的追求。

---

[1] 对"国王的两个身体"之理论的经典研究,参见 Ernst H. Kantorowicz, *The King's Two Bodies: A Study in Mediaeval Political Theology*, Princeton University Press(1957).

[2] Martin Loughlin, 'Constituent Power Subverted: from English Constitutional Argument to Britain Constitutional Practice', in Martin Loughlin and Neil Walker(eds.), *The Paradox of Constitutionalism: Constituent Power and Constitutional Form*, Oxford University Press(2007), 28-32.

在随后近 5 年时间里，英国人饱受国王廷臣和顾问们的盘剥，爱德华二世也越来越不得人心。1326 年 9 月，颇受国王冷落的王后伊莎贝尔（Isabelle of France）同她的情人罗杰·莫蒂默（Roger Mortimer）发起反叛，将爱德华二世予以抓捕和废黜，并将未成年的爱德华三世（爱德华二世和王后的儿子）扶上王位。为彰显废黜爱德华二世的正当性，次年 1 月召开的议会作出决议，认定爱德华二世不但缺乏当国王的能力，而且还"违反了他的加冕誓言"。后一说法意指爱德华二世违反统治契约，以表明对他的反抗是正当的。为进一步消除法律上的疑问，王后还派人迫使爱德华二世作出自愿逊位的表示。后来，爱德华二世在被囚禁处遇害，成了自诺曼征服以来第一位被谋杀的英国国王。

在爱德华一世统治时期，各郡的骑士代表和各自治市的市民代表更经常地出席议会，并使议会更接近于代表全国各阶层的议事机构。在此期间，议会参与制定了几部与土地权利有关的法律，以细化大宪章中的相关条款。这不但使大宪章更经常地在普通法法院被提及，而且还标志着议会正朝着现代立法机构的方向演变。到爱德华三世时，每届议会都有乡村骑士和自治市市民代表参加，且他们开始与贵族代表分开集会，英国的两院式议会体制初步形成。

1330 年，年满十八岁的爱德华三世将自己的母亲逐出王室，并处死了她的情人莫蒂默。爱德华三世不但想收复在大陆的祖传领地，而且因其母亲的关系声称对法国王位享有权利，由此引发了英法之间的百年战争。长年的战争需耗费巨额的钱财。为筹集足够的资金，爱德华三世对议会做了不少政治上的让步，因此，在他漫长的统治期内，英国议会的权力得到了很大的扩展。

在此期间，议会先后通过了六项法案，以澄清 1225 大宪章第 29 条（1215 年大宪章第 39 条）规定的含义。这些法案在十七世纪初被反对斯图亚特王室的普通法专家们统称为"六部制定法"（The Six Statutes）。1354 年通过的第三部法案尤为重要。依照它的规定，非经"正当的法律程序"（due process of law），"任何人，无论他可能处于什么等级或地位",都不得被处死、被监禁或被剥夺财产。[1]这是"正当的法律程序"之用语首次出现了成文法之中。这一用语使大宪章中"依本国法律"（by the law of the land）的含义更为具体明确。它特指普通法法院的审判程序，包括经由陪审团的裁决，从而有助于限制某些特别委员会对普通法法院管辖权的侵夺。另外，这部法案用"任何人，无论他可能处于什么等级或地位"这一表述，取代了大宪章中"任何自由人"的表述，从而大大扩展了正当程序条款的适用范围。[2]

在爱德华三世统治末期，为缓解王室官员滥权自肥的弊病，议会发展出一种对国王的大臣和顾问们问责的新程序，即由下院提出弹劾案，并由上院加以审判。这是一种限制王权的新机制，也是美国联邦宪法所规定的弹劾制度的起源。

1377年，爱德华三世去世后，他10岁的孙子理查二世继位。这是一个兼有国王约翰和亨利三世两者性格弱点的人。理查二世的权欲很强，政治判断力却很差。他在成年后，组建了英国历史上第一支常备军（约有2000人），并常用它威胁议会和心怀不满的贵族们。理查二世认为议会应完全服从国王的意志，并大大限缩了议会的立法动议权。他还利用军事法庭和特权法院贯彻自身意志，因为它们远比普通法法院更容易操控。

理查二世对王权与法律之关系的看法，类似于罗马法上关于君王权力的说法，即"法律即君王之所喜"（law is what pleases the king）。在他看来，法律纯属国王意志的产物，法律出自国王，国王高于法律且可随意修改或废止法律。1397年，他的枢密大臣在议会中表示："无论有什么相反的法令，国王都可享有他的祖先在他之前所享有的一切自由和权力。"可以说，理查二世比他的先祖们更露骨地表达了国王不受法律约束的主张，并由此将最根本的政治问题凸显出来：如果国王是王国中至高无上的统治者（主权者），他为什么不能废除他自己或前任国王颁布的法令？或者说，大宪章所蕴含的法治原则

---

[1] Sir John Baker, *The Reinvention of Magna Carta 1216-1616*, 33, 51.

[2] J. C. Holt, *Magna Carta*(3rd edtion), 39-40.

怎么能与一个时刻在场的主权者共存？

1399年，亨利·博林布鲁克（Henry Bolingbroke）在贵族们的支持下，迫使理查二世逊位，并将他囚禁在庞蒂弗拉克特城堡。四个月后，查理二世便在极其恶劣的囚禁环境中去世。亨利召集的首届议会，曾列举理查二世的诸多罪状，其中之一是"他拒不依照加冕誓言遵守和维护本王国的正当法律和习惯，而是只凭他自己的欲望为所欲为…他还宣称，法律就在他的口中，或在他的胸中，他一个人就可以改变或制定王国的法律"。[1]

现有的历史资料显示，在亨利三世统治期间，大宪章的某些条款就已开始在诉讼案件中被提及。到十三世纪末和十四世纪初，英国已出现一个世俗化和专业化的法律人群体，起诉者和被控者都可在法院诉讼中求助于法律专业人士，并时常诉诸大宪章中的规定。[2] 在教会设立的大学中，博士们不屑于讲授大宪章的内容，他们感兴趣的是普遍的法理，而不是任何个别国家的法律。在教会之外的法律研修场所，主要是在英国开始出现的律师会馆（inns of court），大宪章的条款却是人们研究和讨论的对象。[3] 法律专业人士在提供法律服务的过程中，经常会接触到英国的有产阶层，并将关于大宪章的知识传播到更广泛的人群中。在此过程中，连国王也应受法律约束的法治原则，也更加深入和牢固地扎根于英国社会。

虽然人们难以积极地让国王服从强制性的法律，但普通法法官却有可能在消极的意义上让国王服从法律，即在案件中裁决国王的某一具体行为因违法而无效。从这一司法实践中，逐渐发展出一项落实法治的重要原则，即"国王不会犯错"。这一原则并不是说国王作为一个自然人不可能犯错，事实上，由于大权在握，国王比任何人都更容易犯错。它的基本含义是，就行使王权而言，国王只能做合法的事，他不能命令官吏们做不合法的事，官吏们也不能以国王的名义做

---

[1] Sir John Baker, *The Reinvention of Magna Carta 1216-1616*, 63.
[2] Sir John Baker, *The Reinvention of Magna Carta 1216-1616*, 58-62.
[3] 对英国律师会馆产生经过的简要介绍，参见 Sir John Baker, *The Reinvention of Magna Carta 1216-1616*, 69-71.

不合法的事。比如，一位官员基于国王的命令或授权剥夺臣民的财产，并将该财产收归王室所有或赐予他人，被剥夺者可向法院诉请返还。如果该官员的行为违法，该行为不会因为有国王的命令或授权便有效，因为"国王不会犯错"。[1]

同样是基于"国王不会犯错"的原则，如果国王非经必要的手续，仅凭自己的意愿下令拘禁某人，被拘禁者可以对执行命令者（包括看守者）提起侵权之诉（action of trespass），因为他们的拘禁行为未遵循合法的程序。这显然会让执行命令者处于尴尬的境地。到了十六世纪，人身保护令（writ of habeas corpus）取代了侵权之诉，成为非法拘禁的主要救济措施。该令状要求看守者将被关押者带至法院，由法官审查拘禁是否合法，并决定是否将被关押者保释或释放，但看守者本人无需承担责任。十四世纪的若干法律报告显示，法官的确曾基于正当程序原则，支持臣民对王室官员的诉讼。[2] 这些案件在十七世纪被解读为对 1225 大宪章第 29 条的直接适用，并被视为"国王不得命令法官作出违法判决"的古老证据：如果国王不应违反或无视法律，那么，他也不应授权别人去做违法的事情。

值得注意的是，进入十四世纪后，由不同社会阶层之代表组成的、经常召开且分为上、下两院的议会，已取代由贵族们临时组成的政治集团，成为大宪章的主要保护者和解释者。在议会集会时，它的第一项工作往往是宣读大宪章，王室对大宪章的确认，也经常是议会同意征税的条件。在这个世纪，大宪章共被确认了 30 余次。

英国的议会系由"国王的大咨询会"发展而来。它起初的功能是为国王的决策提供咨询，并以类似最高法院的地位裁判一些重要案件。人们在别的地方得不到权利救济时，就可能以请愿的方式向议会寻求正义。议会既可能对案件作出具体裁决，也可能就案件所涉问题作出普遍的规定，后者意味着议会从司法机构向立法机构的演变。议会在爱德华三世时分为上、下两院后，人们通过下院进行的共同请愿逐渐取代个人请愿，并成为法案产生的主要方式。由下院起草的、旨

---

[1] Sir John Baker, *The Reinvention of Magna Carta 1216-1616*, 45.

[2] Sir John Baker, *The Reinvention of Magna Carta 1216-1616*, 68.

在缓解民众苦情的普遍规定，一旦被上院和国王接受，便成为有效的制定法。

在中世纪后期，英国议会已发展成一个享有立法权和财税决定权（power of the purse）的代议机构。与此同时，国王仍享有很多不受议会干预和普通法约束的权力，这些权力被统称为"王室特权"（royal prerogatives）。王室特权和议会权力间的界限，一直都未得到清晰的划分，从而留下了国家主权到底归属于谁的问题。尽管直到伊丽莎白一世统治时期，这个问题仍没有完全凸显出来，但它所包藏的冲突的种子，并没有因此而消失，反而在十七世纪集中展现出巨大的破坏力。

四

理查二世是金雀花王朝最后一位国王。他没有子嗣，亨利·博林布鲁克是他同年出生的堂弟，也是他最近的王位继承者。亨利从理查二世手中夺取王位，成为兰开斯特王朝第一位国王，即亨利四世。亨利以武力推翻一位合法即位的国王，被不少人视为叛乱和篡位行为，加上爱德华三世第三个儿子的一位后人，又声称自己才是理查二世的合法继任者，这一切都削弱了亨利身为国王的正当性，并为十五世纪玫瑰战争（即兰开斯特和约克家族之间争夺王位之战）的爆发埋下了伏笔。

由于亨利四世王位的正当性有疑问且存在挑战者，所以他和他的两位兰开斯特家族继任者（亨利五世和亨利六世）都很小心地避免触怒显贵们，以免后者站到王位挑战者一边。在此期间，下院的政治话语权也有所增强。在一封写给教皇的信中，亨利四世对议会的立法权给予极大的肯定。他表示，除非得到王国中僧俗贵族和平民代表的同意，英国的制定法不得被废除或修改。他还通过坎特伯雷大主教对上院表示："法律应该得到遵守和维护；穷人和富人应该平等地被施以正义；在执行盖有御玺的命令时，或执行任何命令或书面指示时，都不得使普通法受到干扰，也不得以任何方式拖延人们对正义的追求。"[1]

十五世纪虽然也是一个贯穿着权力斗争的世纪，但在这个世纪，最关键的问题不是限制王权，而是王权的归属。国王亨利六世在只有九个月大时即位，长时间无法履行保障和平与正义的职责。在他成年后因精神病频频发作而无法行使王权时，也没有任何合法的、和平的手段来确定谁是王位的正当继承人。兰开斯特家族和约克家族为控制中央权力而进行的宫廷斗争，最终演化为一场长期的血腥内战。由于这场冲突的起因并非王权的滥用，因此双方都没有诉诸大宪章的必要。对英国人民来说，大宪章也不再是一面应时的政治旗帜，因为他们苦难的根由并非王权的专横，而是缺乏稳定而有效的中央政府。在十五世纪的英国，大宪章似乎不再具有原先那样突出的地位。相比在十四世纪被确认 30 多次，大宪章在这个世纪只被确认了 8 次。

不过，大宪章并未因此而被人们遗忘。它仍不时在议会的辩论中被提及，并时常在法官的判决中被援引。托马斯·利特尔顿（Thomas Littleton）是十五世纪最博学的法官之一，是英国中世纪普通法经典著作《土地法论》的作者。在爱德华四世统治时期，他曾在一份判决中表示，"大宪章中的法律"应适用于对贵族的重罪或叛国罪指控，被控者应在议会由其同侪进行审判。在另一份判决意见中，他认为大宪章中所谓的"本国法律"，指的是普通法程序，即"源于普通法的令状所确定的程序"。这就等于说，各种在大宪章之后才出现的普通法规则，都可回溯性地归附于大宪章名下。利德尔顿的这种解读，对十七世纪的普通法专家们产生了很大的影响。

在约翰·福蒂斯丘撰写的《英格兰法律礼赞》和《论英格兰政制》等著作中，大宪章却完全没有被提及。这不是因为福蒂斯丘不熟悉大宪章，而是因为他广博的学识和他深度介入现实政治所获得的经验，使他觉得有必要超越严格的法律层面，从政治理论上回应十五世纪中期英国所面临的政制危机。法治原则的落实本身不是法律问题，而是政治问题。

在前文中，我们已简要介绍了福蒂斯丘的平衡政体思想。现在，

---

[1] Ralph V. Turner, *Magna Carta: Through the Ages*, 130.

我们不妨从王权与法律之关系的角度，对他的政治理论稍加考察。福蒂斯丘并不是一位很有原创性的思想家，他的政治理论是对亚里士多德的政治学（经由阿奎那的阐释）、阿奎那本人对君主制的论述，以及西塞罗（经由奥古斯丁的引述）、布鲁尼（本身深受亚里士多德和西塞罗的影响）等人的共和主义思想加以揉杂的产物。[1] 福蒂斯丘的主要贡献，是将这些思想资源与英国的普通法传统及议会体制加以结合，并为自大宪章以来的法治观念提供了一种较为系统的政治理论说明。

在《政治学》中，亚里士多德区分了三种不同的统治方式。一是主人统治，即对缺乏审议能力的自然奴隶的统治。一是君主统治，包括家长对虽有审议潜力但尚未发展成熟的自由儿童的统治，这种统治虽是为着被统治者的利益，但无需征求被统治者的意见。一是政治统治，即对自由而成熟的男性公民的统治，这种统治既是为着被统治者的利益，又需与被统治者进行商议，甚至有必要轮流统治。在《论王权》中，阿奎那沿袭亚里士多德的说法，认为君主统治本身是最佳的政体，但如果沦为暴君统治则是最糟糕的，两者的区别在于统治者是着眼于被统治的民众利益，还是统治者自身的利益。[2] 阿奎那还提出了一种有限君主制的观念。他表示，为了防止统治民众的国王沦为暴君，"应该仔细制定一种方案⋯让国王的统治合乎一定的条件；对王国政府的安排，也应排除出现暴君的机会"。[3] 另外，西塞罗曾认为，共和国是"人民的财产⋯是一定数量的人民基于对法律和共同利益的一致看法而结合起来的"。[4] 西塞罗对共和国的定义，以及他对法律和正义在政治共同体中之地位的强调，经由奥古斯丁在《上帝之城》中的引述与评论，对中世纪的君主制理论产生了很大的影响。[5]

---

[1] ［英］约翰·福蒂斯丘爵士著，袁瑜琤译：《论英格兰的法律与政制》，北京大学出版社2008年版，"导论"，11。

[2] St. Thomas Aquinas, *On Kingship: To the King of Cyprus*, trans. Gerald B. Phelan, Hyperion Press(1979), 7-9.

[3] *On Kingship: To the King of Cyprus*, 23-24.

[4] Cicero, *On the Commonwealth and On the Laws*, ed. James E. G. Zetzel, Cambridge University Press(1999), 18.

[5] Augustine, *The City of God against the Pagans*, ed. R. W. Dyson, Cambridge University Press(1998), 950-952.

正是通过对这些思想资源的综合,福蒂斯丘锻造了"政治且王室的统治"这一概念,并将它用于对英格兰法律和政制实践的理解。在文体上,他的《英格兰法律礼赞》一文,则明显受到布鲁尼《佛罗伦萨礼赞》和《道德哲学导论》的影响。

依照福蒂斯丘的定义,如果一位国王可以随意制定和改变王国的法律,并依自己的意志和喜好施行统治,那就是纯粹"王室的统治"(也就是绝对君主制)。他认为,这是罗马的民法体系所代表的统治方式,它的基本原则是"国王之所欲便是法律"。他将当时的法国视为这一统治方式的代表,因为法国国王无须经过不同等级代表的同意,便可改变法律和决定征税。[1] 从理论上说,如果实行王室统治的国王以人民的利益为念,人民也可以生活得很好,但从经验上看,权力不受限制的国王,难免会沦为只顾满足自己私欲的暴君。[2] 相反,如果统治者不是凭自己的意愿,而只能根据公民们共同制定的法律进行统治,那就是"政治的统治"。[3]

在福蒂斯丘看来,英国国王"不经过三个等级[即僧俗贵族和平民],便不得制定法律或向臣民们强征税捐"。由于法律的制定需要王国人民(在议会中的代表)的同意,且国王需要依照法律实行统治,因此英国国王的权力受到了"政治的法律之约束",国王的统治有其"政治的"一面。[4] 但福蒂斯丘并不认为英国国王的统治只是"政治的",因为英国并非"由多数人统治"的共和国,国王也不是由人民定期任免的官员。在英国,"臣民们离开了国王的权威也不能制定法律,且王国从属于国王的尊严,并为国王及其继承人的世袭权利所拥有",因此,国王的统治也有"王室的"一面。[5] 对福蒂斯丘来说,英国国王的统治既不是纯粹"王室的",也不是纯粹"政治的",而是"政治且王室的统治"。

为了说明"政治的"和"王室的"统治何以能结合起来,福蒂斯

---

[1] 《论英格兰的法律与政制》,47、122-123、163。
[2] 《论英格兰的法律与政制》,48。
[3] 《论英格兰的法律与政制》,163。
[4] 《论英格兰的法律与政制》,48、59、163。
[5] 《论英格兰的法律与政制》,164。

丘像亚里士多德及阿奎那一样，将政治体视为"一个神奇的实体"，一个像人的身体一样的有机体。人民的意图是"政治体的第一件有生命之物"，就像心脏是人体的第一件有生命之物。国王类似于人的头脑，对整个身体发号施令，政治体通过国王（首脑）的意志得统一。法律则类似于人体中的肌腱，政治体只有通过法律的维系才能成为一体。正如心脏向头脑输送血液，人民的意图也提供了王权存在的目的，国王的统治必须合乎人民的意图和利益。国王不得自行改变王国的法律，就像头脑不能破坏身体上的肌腱一样。[1] 这样一来，国王虽是王国中至高无上的统治者，但却要受到人民意志和法律的约束。

在福蒂斯丘的阐述中，一方面，英格兰王权的行使须合乎法律，且法律的制定和修改又须得到整个王国的同意（即政治的统治）；另一方面，法律必须通过国王的权威来实施，每位臣民的正义都需要依仗国王的权柄来实现（即王室的统治）。[2] 为了确保王权受到法律的约束，福蒂斯丘特别强调了法官的独立性："即使是王室的法官，根据他们的誓言，也不能作出违背王国法律的审判，哪怕国王命令他们背道而行。"[3] 他还在英国的律师会馆和法律职业上花了不少笔墨，以彰显法律和法律人在政治体中的地位。[4] 福蒂斯丘关于法律的制定应通过议会进行，以及国王的行政权应依法行使的观点，对现代法治原则是极为重要的。在近五百年后，美国联邦最高法院大法官杰克逊在扬斯顿案的协同意见中写道："人们发现，长久保持自由政府的唯一办法，就是将行政权力置于法律之下，且法律必须经由议会的审议而制定。"[5]

在英国，除了制定法或者说成文的法律，还有习惯法。福蒂斯丘认为，"英格兰的习惯法不但是好的，而且是最为优越的"，而这种优越性的证据就是它所具有的"古老的历史根系"。在他看来，英格

---

[1] 《论英格兰的法律与政制》，51-52。
[2] 《论英格兰的法律与政制》，121。
[3] 《论英格兰的法律与政制》，163。
[4] 《论英格兰的法律与政制》，101-110。
[5] Justice Jackson concurring, in *Youngston Sheet & Tube Co. v. Sawyer*, 343 U.S. 579(1952).

兰王国虽历经不列颠人、罗马人、撒克逊人、丹麦人和诺曼人的统治，但仍"连续不断地受到同一个习惯法的规范，就如当下一般"。他没有否认诺曼征服的发生，但他同时强调，这一征服并没有根除英格兰自古以来的习惯法。他还认为，在英格兰王国由传说中的特洛伊人最初建立时，就是由国王"靠他们全体同意的法律实施统治和管理"。[1] 这种历史想象，对"英国国王实行政治且王室的统治"这一论断很重要，因为，如果诺曼征服曾经中断英国的法律传统，那就意味着威廉大帝及其后继者，是依照自身制定的法律实行纯粹"王室的统治"。今天看来，福蒂斯丘对英国习惯法之古老性和连续性的强调，以及他关于英国议会体制古老起源的看法，都与历史事实有很大的出入，但它们对十七世纪早期的普通法思想和"古代宪法"理论却影响甚大。

就像大多数强调法律之作用的中世纪思想家一样，福蒂斯丘并未提出什么可行的措施，来解决国王不自愿遵从法律的问题。他只是通过将王国比喻成人体一样的有机体，对"政治的统治"和"王室的统治"加以折衷，从而消解了这一问题。但是，一个王国并不真是什么有机体，人的头脑时刻都会顾虑身体的需要，但国王并不一定会重视臣民的需要，甚至经常要对臣民进行压迫和榨取。一方面将国王视为至高无上的世袭统治者，一方面又要求王权受到被统治者意志（体现在他们同意的法律中）的约束，这其中的悖论和冲突并不是用比喻手法可以消解的。

在《论王权》中，阿奎那讨论了一种由众人设立君王的情况。他表示，"如果设立国王是属于既定的众人的权利"，那么，众人不但可以设法限制国王的权力，而且"还可在国王因滥用权力而变成暴君时将其废黜"。阿奎那认为，众人废黜暴君的做法是正当的，因为"当他自己不能诚信地履行国王的职责时，众人也无须遵守他们与国王之间的契约"。[2] 在谈及英格兰王国的创建时，福蒂斯丘采纳并发展了阿奎那的契约理论。他认为，当时人们先是联合成一个叫做"王

---

[1] 《论英格兰的法律与政制》，57-58、101-102、121。
[2] *On Kingship: To the King of Cyprus*, 27.

国"的政治体,然后再选择布鲁图斯做他们的首脑和国王。在这里,人们结成政治体的契约和选任国王的行为是分开的。[1] 对福蒂斯丘来说,"国王的权力乃是来自人民,要他凭借任何别的权力来统治人民是不可能的",而人们结成王国,是为了"更安全地保护他们自己和他们的所有物……假如他们的国王能够剥夺他们的生计,这一方案就会遭受反对,因为在此之前,在人民之中便不允许剥夺任何人的生计"。[2]

虽然福蒂斯丘的理论不以原创性著称,但他仍是十五世纪英国重要的政治思想家。在其后三百多年的时间里,他的作品一直被当作英国"宪法"问题的权威被援引。[3] 这是因为,他已不再只将王权视为当然之物,然后再设法用法律去限制它,而是开始讨论王权的起源和目的,从而触及到真正的宪法问题。他对英格兰王国的形成、王权的来源与作用的看法,在他所处的时代可以说是非常激进,甚至已接近两百多年后洛克的契约理论。不过,为了说明国王统治中"王室的"一面,他又认为,国王也是神的使节,其地位高于普通人,其权柄具有神圣性,国王加冕时的涂膏仪式即是这一神圣性的体现。[4] 至此,我们便不难看出福蒂斯丘政治思想中最根本的悖论:君主权力的契约起源和它的神圣地位,这两种对立的原则如何能相互协调?事实上,在动荡不安的十七世纪,英国社会最根本、最激烈的政治冲突,恰恰是发生在秉持这两种对立原则的人群之间。

1461年,爱德华四世(来自约克家族)夺取了亨利六世的王位。1483年,爱德华四世离世,他的弟弟夺取王位(理查三世),并关押和涉嫌杀害他的两个儿子(其中大儿子本是王位第一顺位继承人)。两年后,理查三世在与亨利·都铎(亨利七世)交战时阵亡,英国自此进入都铎王朝时期。

在兰开斯特和约克王朝时期,由于王权的软弱和中央政府的不

---

[1] 《论英格兰的法律与政制》,121。
[2] 《论英格兰的法律与政制》,53-54。
[3] 《论英格兰的法律与政制》,4-5、12、32(注释3)。
[4] 《论英格兰的法律与政制》,"导论",10。

稳定，王国的和平与秩序无法得到有效维持，英国人开始感到需要一个强大的政府，并愿意为秩序而牺牲一些自由。在都铎王朝的官方史学叙事中，正是亨利·都铎辉煌的军事胜利，终结了由1399年亨利四世反叛和篡位引发的近一个世纪的混乱，并使王国的和平与秩序得以恢复。依照都铎王朝的宣传，暴君再怎么邪恶，也不应是武力反叛的理由，为了避免混乱和无政府状态，对统治者的服从应是英国臣民的最高义务。这一宣传影响了人们对历史上所有反叛事件的看法，包括1215年对约翰国王的反叛。在莎士比亚的历史剧中，对受过膏和加过冕的国王的反叛，亦被视为是邪恶的行为。他的《约翰国王的生与死》一剧，对大宪章更是只字未提。

随着新王朝的建立，大宪章不再出现在律师会馆的讲授课程中，也几乎不再在法官的审判中被援引。[1] 通过精明地获取公众的支持，王室攫取了越来越多的权力。不过，要说都铎王室已成功建立绝对君主制，却是言过其实。在十六世纪的英国，国王们仍缺乏实行专制统治的必要资源，他们既没有常备军，也没有警察力量，即使是在实施专断行为时，也不得不披上法律的外衣。在财政上，他们又需要依靠有产阶层的支持，因而总是离不开议会的政治合作。连颇为强势的亨利八世也宣称，英国的最高权力属于"王在议会"（the King in Parliament）。这种既凸显国王在政体中的中心地位，又暗示最高权力由国王和议会共同行使的说法，暂时回避了国家主权的归属问题。

在这个世纪，商业取代农业成为新财富的主要来源，加速了英国社会和经济结构的去封建化。贵族阶层所拥有财富的相对缩水，不但使他们在维持传统生活方式上更吃力，而且还进一步削弱了他们的政治影响力。与此同时，由封建骑士演化而来的士绅阶层，则继续着政治崛起的势头。更多士绅阶层成员被选入下院，并在那里自信地表达自己的政治和宗教主张。随着宗教改革运动的扩散，他们中有不少人改信了新教。

在意大利兴起的人文主义思潮，对英国社会也有不小的影响。这不但激发人们参与公共事务的热情，也激发了人们对古代历史、习俗

---

[1] Sir John Baker, *The Reinvention of Magna Carta 1216-1616*, 96, 101, 108.

和典籍的浓厚兴趣。1533年，亨利八世因自己的离婚请求未获罗马教廷批准，便迫使英国教会与之脱离关系，并在英国推行宗教改革，议会亦通过《至高无上法案》，正式确认国王是本国教会的最高首领。出于反对罗马教廷和培养英国人爱国意识的需要，王室方面亦大力赞助对本国历史的研究。不过，当时人们并未掌握成熟的历史研究方法，对中世纪年鉴及其他手稿中的史实和神话，往往不加批判地一并接受。结果是，不但英国国王被认为一直是法律承认的本国教会的首领，连普通法和议会的起源也被大大提前，甚至被追溯至"不可追忆的过去"。

比如，在法学家威廉·弗利特伍德（William Fleetwood）的研究中，关于布鲁图斯国王的传说仍被采信，一封据称是公元二世纪教皇艾略瑟瑞斯（Eleutherius）写给不列颠国王卢修斯（Lucius），且在其中提及王国法律的伪造信件，也被视为是真实的。这些"史实"均被用于表明，英国法律是古老和未受外来影响的。在弗利特伍德看来，英国的普通法、议会和中央王室法院，在诺曼征服前都已存在，议会的起源甚至可追溯至"艾略瑟瑞斯致卢修斯的信中提及的王国咨询会"。他同时认为，"大宪章⋯只是承认和确认了早已有之的普通法，而不是制定了新的法律"。[1]

都铎王朝另一位法学家威廉·兰帕德（William Lambarde），甚至发表了盎格鲁－撒克逊国王和征服者威廉统治时期的法律汇编。事后看来，这些东西完全不足为信，但在当时却助长了人们视普通法为古老习惯的信念。在兰帕德看来，大宪章中的"同侪审判"就是陪审团审判，是"依照本国古老的自由⋯由十二位良善和守法的本国人士进行裁决"；大宪章本身则是"经由全王国，即经由国王、上院和下院共同同意"而制定的（这等于说是由当时尚未出现的议会制定的）。他还将十四世纪一部讨论英国议会的著作，错认为是忏悔者爱德华时期的作品，从而令十七世纪的不少英国人相信，两院制议会早在诺曼征服前就已形成。[2]

---

[1] Sir John Baker, *The Reinvention of Magna Carta 1216-1616*, 223-224.
[2] Ralph V. Turner, *Magna Carta: Through the Ages*, 140-141.

在中世纪的英国，教会法庭与普通法法院是完全分开的，它们的管辖范围也是彼此独立的。教会法庭的法官和辩护者，通常是在剑桥或牛津大学受教育的教会法专家，且几乎全是神职人员。[1] 大宪章第1条关于英格兰教会之自由的规定，只是确认教会具有某种自治地位，包括主教的自由选举、教会法庭的独立管辖权，以及神职人员不得因谋杀或重罪被判死刑，等等。这一规定与个人的宗教信仰或表达自由完全无关，它不是使基督教世界的个人免于服从教会权威的依据。个人信仰自由在十三世纪的英国仍是不可想象的。

教会法庭对属灵事务有专属管辖权，对宗教异端的裁判是它们的任务。总体而言，英国的普通法对宗教差异是"盲目的"。普通法法院专门审理与人的生命、身体和财产等世俗利益有关的案件，并为此发展出一套审判的规则和程序。教会法庭审查的是人们内在的心灵世界，即人们是否相信某些抽象的思想观念。它们采用罗马法上的纠问式程序（the inquisitorial procedure），而不遵循普通法上的正当程序（the due process）要求。在教会法庭上，审判可以秘密进行；被告无权知道控告者是谁，甚至无权获知自己被控持有何种异端观点；证人证言无须符合通常的诚实标准；被告必须申明是否认同某些观点，等等。[2] 在理论上，教会法庭不能剥夺人们的世俗利益，但世俗权力会帮它们监禁或烧死被它们裁定有罪的人。出于宗教上的伪善，教会法官本身可能不会在裁判中提到绞刑或火刑，只是在作出致命且不受世俗法庭审查的有罪裁判后，再怀着"心灵的悲伤和痛楚"将有罪者交由世俗权力处置。值得一提的是，在英国，属灵和世俗管辖权的界限通常由国王的世俗法庭认定，1465年的凯泽案（Kayser's Case）是这方面的一个重要判例。

1553年至1558年，是玛丽一世的短暂统治时期。她试图恢复罗马教廷对英国教会的权威，并残酷地迫害新教徒，很多人被神圣教会

---

[1] G. D. Squibb, *Doctors' Commons*, Oxford University Press(1977), 25-28.

[2] 其实，罗马法上的纠问式审判对被告也有若干保障措施，但教皇博尼费斯八世（Boniface VIII, 1294至1303年在位）下令，对异端的审判无须遵循通常的形式，且被告没有上诉的机会。参见 H. A. Kelly, 'Inquisition and the Prosecution of Heresy: Misconceptions and Abuses', in *Church History*, vol.58(1989), 439-451.

判处火刑。到后来，火刑都是私下执行，以避免引发人们对天主教的反感。[1] 此时，鉴于新教徒在欧洲各地遭受迫害，一些新教神学家，特别是加尔文派神学家，已修正原先不抵抗世俗统治者的教义，在中世纪契约学说的基础上发展出新教的抵抗权理论。一些激进的英国新教徒希望对英国教会进行更彻底的改革，并呼吁人们对玛丽女王进行武力抵抗。在欧洲大陆流亡的前温彻斯特主教约翰·波奈特（John Ponet），重申了福蒂斯丘在一个世纪前阐述过的契约理论和法治原则，认为国王应该服从王国的法律，而法律的制定必须得到人民的同意。不过，他的立场远比福蒂斯丘更为激进。他在著作中提出这样一个问题：人们可否合法地废黜或甚至干脆杀死一位邪恶的暴君？他自己给出的答案是肯定的。波奈特的这一立场，在下个世纪被一些激进的英国清教徒继承和发扬光大，最终让查理一世国王丢掉了脑袋。

伊丽莎白一世即位后，立即建立高等宗教事务法庭（The High Commission），用以撤除玛丽一世时期忠于罗马教廷的主教和高级神职人员。应该说，在玛丽一世去世后，英国成了一个在宗教问题上相对宽容的国家，仅因宗教差异处死异端的做法几乎停止了。在经历政权变动后，普通法专家们大都对宗教差异持开明态度，认为"对人的良心实行强制是不合适的"。[2] 在一些重要的案件中，法官还为一些拒不服从的天主教徒签发过人身保护令。不过，高等宗教事务法庭在完成既定任务后，并没有被撤销，而是继续存在并逐渐扩大了管辖权。

1570年，教皇庇护五世发布训令，声称要剥夺伊丽莎白一世对英格兰王国的"虚假"权利和解除英国臣民对她的服从义务。这促使英国政府对天主教徒实施更严厉的打击。一位国外的统治者声称要废黜在位的英国女王，这事实上就是宣战，并使仍忠于教皇的英国人都成了潜在的叛国者。宗教分歧不再只是私人信仰问题，而是同时涉及是服从还是否认女王权威的政治问题。当忠于教皇的天主教被控

---

[1] G. Alexander, 'Bonner and the Marian Persecutions', in C. Haigh ed, *The English Reformation Revisited*, 1987, 157-175.

[2] Sir John Baker, *The Reinvention of Magna Carta 1216-1616*, 125.

叛国罪（而不是异端罪，尽管他们反对女王的内在动机是宗教的）时，管辖权就不在教会法庭，而是在世俗法庭。后来，身为总检察长的科克曾表示："在整个伊丽莎白女王时期，实际上没有任何人因为宗教或良心而被处死，［被处死者］都是因为背叛女王或国家，或者促使或煽动他人放弃服从义务。"[1]

科克的说法并不完全准确。虽然处死忠于罗马教廷的天主教徒不完全是出于宗教分歧，但在伊丽莎白一世时期，仍有四人被宗教法庭以异端的罪名处死。这四人都是不属于圣公会的少数派基督徒徒，是阿里乌斯教派或再洗礼教派的成员。[2] 在伊丽莎白一世统治后期，相比正统的天主教徒，在宗教问题上主张自由和平等的激进清教徒，对英国国教的等级制以及女王在教会的至高地位形成了更大的威胁。就像弗朗西斯·培根所说的，"天主教教徒是古老的、有根的，甚至是腐败的，新教派分子却是最危险的"。[3] 因此，激进的清教徒便成了高等宗教事务法庭的重点打击目标，很多人的生计因此受到影响，甚至失去人身自由。这种现象引发了普通法专家的不安，他们中有些人本身就是加尔文主义者，并在宗教事务上对受迫害的清教徒持同情态度。此时的英国，"任何人都不应仅因私人信仰而受迫害"已成为一项较为普遍的共识。

在王室看来，女王在英国教会的至上地位是一种绝对特权，高等宗教事务法庭是基于此种特权而建立，因而议会和普通法法院都无权干预它的运作。那些受迫害的清教徒，以及同情他们的普通法专家，则再次将目光转向大宪章。在这些人看来，高等宗教事务法庭以前只是将被叛有罪者革除教籍，现在却可实施罚款和监禁，甚至褫夺人们的财产，因而超出了教会法庭的管辖范围。它在剥夺被告的财产和人身自由时，适用的是罗马法和教会法上的审判程序，而不是普通法程序，因而违反了1225年大宪章第29条关于正当程序和"依本国法律"审判的规定。

詹姆斯·莫里斯（James Morice）曾在律师会馆的授课中表示，

---

[1] *Attorney-General v. Pounde*(1603).

[2] J. E. Neale, *Elizabeth I and Her Parliaments 1559-1581*, London(1953), 410-411.

[3] Sir John Baker, *The Reinvention of Magna Carta 1216-1616*, 131.

依照普通法，国王是英国教会的最高统治者，这一方面是说，教会法庭的设立和管辖范围都完全取决于王权，因为国王是教会的至高首领；另一方面则是说，如果国王授予教会法庭干预臣民财产和人身自由的权力，则必须得到议会的同意，否则就意味着国王可专断地支配臣民的财产和自由，而这是与普通法的原则相违背的。1593年2月，莫里斯在下院抨击高等宗教事务法庭"渎神的和不可容忍的审判方式"，认为它"仅仅因为我们毫不侵扰公共和平的私下行为、言论和思想，便滥用权力剥夺我们宝贵的自由"。他大声质问道："那经历很多困难赢得的、得到议会各种法案确认的，并由公共而神圣的义愤所强化的英格兰大宪章，现在到哪里去了？"[1] 莫里斯的发言让伊丽莎白一世大为不悦。在她看来，议会是由她召集的，她有权解散议会，也有权决定什么是议会不该讨论的，而莫里斯对高等宗教事务法庭的批评却危险地触及了统治事务（matters of state）。结果是，莫里斯的发言既为他在英国自由史上赢得了一席之地，也为他招致两个月的监禁生活。

在中世纪的英国，普通法法院主要处理与土地权益有关的案件。到了十六世纪，英国的社会和经济越来越资本主义化，与商业事务有关的诉讼也越来越多。王室便设立一些特权法庭或委员会，来处理商业纠纷，并与普通法法院形成管辖权的竞争。这些已有或新设的特权法院和委员会，包括星宫法庭、高等宗教事务法庭、债权法庭（Court of Request）和衡平法院（Court of Chancery）等，通常采用罗马法上的审理程序，与普通法法院复杂、缓慢和"低效"的审判相比，能更快、更有力地执行法律和贯彻王室意志。有些特权法庭的刑事审判没有陪审团的参与，对当事人的指控也无须大陪审团的裁定，只要有告密者提供的消息，甚至只要当事人名声不好，就可以启动对他们的审判。更有甚者，它们还要求被告对自己所受的指控宣誓作证，从而迫使被告面临自证其罪的风险。在普通法法官和律师们看来，这些特别法庭不只是在与自己争夺案源，而且还对英国人的传统自由构成了

---

[1] Sir John Baker, *The Reinvention of Magna Carta 1216-1616*, 258, 272.

重大威胁。

在都铎王朝的很长时间里，英国的法律人士都不愿公开探讨王室特权的性质和范围，因为这样做不但缺乏实务上的作用，而且还有一定的危险。但到伊丽莎白一世统治后期，随着各种新问题的出现，人们觉得有必要对王室特权进行更清楚的界定。莫里斯与高等宗教事务法庭的对抗，表面上只是与清教徒的自由直接相关，但他（和其他持相似立场的法律人士）所运用的法律原则却具有普遍意义。这其中的根本问题，仍是王室特权与法律（及议会）的关系问题。这些普通法专家认为，非经议会的同意，国王既不能对臣民征税，也不能以公告（proclamation）或特许状（letters patent）的方式，制定或改变本国的法律。国王不能将某个行业的垄断权授予少数人，因为这等于剥夺更多人的生计，也不得滥用特权保护某些人免受法律追究，因为这等于否定他人的权利。国王可以设立某些中央和地方管辖机构，但它们须受到普通法的约束。所有这些主张，都是要将王权置于法律和议会的约束之下。在不少普通法专家看来，国王依照自身意志和嗜好，而不是依照法律实行统治，"这与本王国已确立的、明智的和政治的政府统治，是完全相抵触的"。[1]

在上个世纪，福蒂斯丘曾表示，即使是实行"政治且王室的统治"的国王，在必要的例外情形仍可实行"纯粹王室的统治"（即行使绝对权力），不管是基于衡平的理由，还是因为发生了叛乱。[2] 这意味着国王有一些不受议会制约和法官审查的超法律权力。十六世纪末的普通法专家们也承认，国王确实有一些超法律的特权。科克在任总检察长时曾表示："女王享有两种特权，一是绝对特权，一是普通特权。在行使绝对特权时，国王的命令必须毫无争议地服从，国王之所喜便是法律，国王的公函即有法律的效力。对普通特权的行使是可争议的，因为它可依照王国的法律来裁决。前一种特权包括确定钱币价

---

[1] Christopher W. Brooks, 'The Place of Magna Carta and the Ancient Constitution in Sixteenth-Century English Legal Thought', in Ellis Sandoz, ed., *The Roots of Liberty: Magna Carta, Ancient Constitution and the Anglo-American Tradition of Rule of Law*, University of Missouri Press(1993), 72.

[2] 《论英格兰的法律与政制》，"导论"，12。

值以及发动、指挥和结束战争等权力。这些都是国王的绝对特权,任何臣民都不应质疑;这些高级统治事务不受普通法的通常约束,与之相关的女王命令应该得到服从。"[1] 依照当时的法律观点,绝对特权事关人民作为一个整体,而不是作为一个个的个体的利益,国王在行使这些特权时,只须考虑统治和政策的需要,而无须受到普通法的约束,因为,国王此时着眼的是整个王国的共同利益,而不是任何臣民的私人权利,国王基于绝对特权所做的一切都是合法的。[2]

问题的关键不在于国王是否享有一些绝对特权,而在于这种超法律特权的范围应如何确定。如果该范围由国王自行确定,那就意味着王权不受法律约束,因为这等于由国王自己来决定,他的哪些行为应遵守法律,哪些行为可以超越法律。如果该范围应由法官解释的普通法,或由议会制定的成文法来确定,那就意味着国王的超法律特权,本身也是依照法律来界定的。但这样一来,国王就不再是最高主权者,而只是立宪君主制意义上的国王。在伊丽莎白统治的后期,为了维护个人的自由和财产,普通法法官、律师和受过法律教育的议员们越来越频繁地诉诸大宪章。他们不只将其作为支持某些具体主张的法律依据,还将其视为保障个人自由的根本法,并试图将其蕴含的法治原则加诸王权之上。

在伊丽莎白一世时期,众多关于王室特权与普通法之关系的争议,都没有得到令人满意的解决。大宪章(特别是其中的第29条)则在人们心目中变得越来越重要,甚至开始被视为英国"古老宪法"的核心部分。用莫里斯的话说,大宪章是基本的和不可变动的法律,是"万法之法"(the law of laws),高于一切王室命令。这种将大宪章视为高于和约束王权之根本法的主张,预示了下一世纪英国人为驯服王权所进行的更恢宏、更激烈的政治斗争。

五

到十七世纪初,欧洲各国纷纷拥抱绝对君主制。过去一个世纪的

---

[1] *Earl of Essex's Case* (1600).

[2] *Bate's Case* (1606).

宗教战争、贵族反叛和社会动荡，使得欧洲人普遍相信，避免战乱和无政府状态的唯一途径，就是服从一位基于神授权力实行绝对统治的国王。詹姆斯一世登上英国王位后，亦多次公开表达他的君权神授和绝对王权思想：（1）国王的统治权直接源自上帝，国王只对上帝负责，臣民不得对国王实施任何抵抗；（2）王权先于法律，是国王制定法律，而不是法律造就国王，国王可依自身意志制定、改变和搁置法律，且是解释法律的最终权威；（3）议会只能代表臣民们请求或建议国王立法，而不是行使或分享立法权的机构，国王完全可在议会之外或在没有议会的情况下立法。[1] 当洛克在《政府论》中说，"这一［君权神授］原则是谁在我们中间首先提出并让它流行起来，以及它引发了什么样的可悲后果，我还是留给历史学家去叙述……"，他就是在暗指詹姆斯一世的主张。[2]

在英国的普通法人士看来，詹姆斯一世的主张完全是在宣扬罗马法上"国王之所喜即是法律"的原则，因而与他们对王权的理解是对立的。在 1604 年 10 月 20 日发布的王室公告中，詹姆斯一世宣称："我们一即位，本王国各种古老的法律便因该事实而失效。"[3] 这种说法即便不是真要废止英国既有的全部法律，也意味着国王是高于法律的主权者，新国王并不受任何前任国王意志的约束，既有的法律若是继续有效，也只是出于新国王让它们继续实施的意志。在位的国王是王国一切法律的来源。另外，詹姆斯一世试图将英格兰和苏格兰联合成单一的王国，并将两个王国原有的法律融合到一部法典之中，这让不少人担心英国的普通法及其所保障的自由将会被废除（当时苏格兰王国适用罗马法）。[4]

---

[1] Rachel Foxley, 'More Precious in Your Esteem than It Deserveth? Magna Carta and Seventeenth-Century Politics', in *Magna Carta: History, Context and Influence*, 63.

[2] John Locke, *Two treatises of Government*, ed. Peter Laslett, Cambridge University Press (1988), 143.

[3] J. F. Larkin and L. Hughes, ed., *Stuart Royal Proclamations*, Oxford (1973-83), I. 95.

[4] 对此次合并争议的更详细介绍，参见 P. Christianson, 'Ancient Constitutions in the Age of Sir Edward Coke and John Selden', in *The Roots of Liberty: Magna*

普通法人士认为，詹姆斯一世并非基于征服，而是基于世袭取得王位，是英国的法律使他成为了国王。法律包含了世袭的规则，也界定了世袭的性质，基于世袭规则登上王位的人，不能像征服者那样改变既有的法律和王国的现状。高级律师菲利普斯（Serjeant Phelips）是詹姆斯一世第一届议会的下院议长，他曾于1604年3月22日告诉国王："您不是用剑和作为一名征服者，而是基于王权和作为无可争议的世袭者…登上这个最胜利的和最幸福的国家的至高王位。"英国的普通法人士不会忘记首席男爵弗雷（Chief Baron Fray）在1441年留下的名言："法律是国王继承的最大遗产，因为他自己和他的所有臣民都受法律治理，如果没有法律，便既没有国王也没有世袭。"[1]

科克在詹姆斯一世即位后留任总检察长一职。他的任务本是保卫国王的特权，但他认为国王的特权源于法律，因此保卫国王特权与维护王国法律并不冲突。早在1604年，即他所称"最高的和最杰出的詹姆斯国王最幸福统治的第一年"，科克发表了他的第四部法律报告。他在前言中引述布莱克顿的话说，"国王不在任何人之下，但在上帝和法律之下，因为法律造就了国王"。如果说培根（科克的继任者和对手）将自己的仕途看得比原则重要，科克则常常因坚持原则而危及自己的仕途。但在起初，科克仍很谨慎地避免直接批评国王。他的目标是说服国王相信普通法的优越性和法治的重要性：普通法不是国王特权的对手，而是"王冠上最明亮的珠宝"。如果说国王的臣民们有苦情，那是因为国王的廷臣和以国王名义行使权力的人，在为扩张自身权力和谋求私利而侵害臣民的利益，法官们则有责任以国王的名义维护法律和保护臣民免受这些侵害。

这一年，他写了一部讨论1225年大宪章第29条的小册子。他认为，如果人们的权利因别人违反第29条而遭受侵犯，受害者可提起侵权诉讼或申请人身保护令。这是一个新颖的观点，它意味着违反

Carta, Ancient Constitution and the Anglo-American Tradition of Rule of Law, 89-146; Sir John Baker, The Reinvention of Magna Carta 1216-1616, 341-343。

[1] S. B. Chrimes, English Constitutional Ideas in the Fifteenth Century, Cambridge (1936), 74.

第 29 条的行为可得到直接而有效的救济,并使普通法法官有可能以国王的名义,去审查特权法院或王室官员囚禁臣民的行为。科克由此成为将大宪章第 29 条视为人身保护令之法律基础的第一人,在此之后,人身保护令便紧密地与大宪章第 29 条连在一起。[1] 科克还表示:"大宪章保护任何人在这个世界拥有的一切东西,或者与他的人身自由或财产有关的,或与他所能继承的法律利益有关的,或与他维护名誉、财物、生命、血脉和后代有关的一切东西。"[2]

1605 年,上院议长托马斯·埃杰顿(Thomas Egerton)在对法官们的演说中表示:"国王陛下拥有与他的王位和王冠不可分离的绝对君主权力,这一权力是世袭的和来自上帝的,而不是来自普通法或制定法,它比这些法律更古老。"这就是说王权先于法律,法律则出自王权。几年后,埃杰顿还攻击一些"新兴起的哲学家"(new-risen philosophers),因为他们竟宣扬国王在法律之下的观点。他引用詹姆斯一世的话:"国王是会说话的法律(Rex est lex loquens)。"[3] 科克显然是"新兴的哲学家"之一,他认为法律是王权的基础,英国的普通法一定比王权更古老。

在伊丽莎白时期,人们便将大宪章用作抵制王权滥用的法律依据。在斯图亚特王朝开始后,大宪章的这一作用变得更重要、更迫切,它对"英国人的自由而言,是最威严的文件和最神圣的支柱"。[4] 不过,包括科克在内的众多普通法人士,都很小心地避免将

---

[1] 人身保护令最初只是王室特权的表现,是以国王的名义要求将囚徒带至国王或国王的法院(通常是普通法法院,比如王座法院)面前。这里的关押者(即人身保护令的签发对象),通常是某个特权法庭、王室委员会或王室官员,他们也是基于王室特权而抓人。人身保护令本是用特权制约特权的手段,但由于该令状要求关押者说明抓捕的时间和理由,因此让签发令状的法院有机会审查关押是否有正当理由,并有可能让被囚禁者获得自由。经过科克的改造,人身保护令成为臣民的一项权利,人们由此可在普通法法院挑战依照国王命令进行的专断拘禁。参见 George Garnett, 'Sir Edward Coke's Resurrection of Magna Carta', in *Magna Carta: History, Context and Influence*, 54-56.

[2] J. H. Baker ed., *Selected Readings and Commentaries on Magna Carta 1400-1604*, Selden Society(2015), 394.

[3] Calvin's Case(1608); King James VI and I, *Political Writings*, ed. J. P. Sommerville, Cambridge University Press(1994), 161.

[4] Faith Thomas, *Magna Carta: Its Role in the Making of the English Constitution*

它看作英国宪法（或根本法）的源起，因为它本身只是一次王室特许（royal grant）的产物。如果英国宪法只是约翰国王特许的结果，那它为什么就不能被后来的国王撤销？因此，它必须被视为既有普通法原则的体现和重申。在科克看来，"大宪章的大部分内容宣布了英格兰根本性法律的主要基础，其他部分则附带弥补了普通法的一些缺陷；它并不是新的法律"。[1] 同理，普通法本身也不能视为诺曼征服的产物，而是必须视为古已有之，不可能比王权出现得更晚。是普通法出自王权，还是王权须以普通法为根据，这是一个极为重要的问题。因为，在"原因大于结果"或"创造者高于被造物"的经院原则的影响下，当时的人们普遍认为，派生（derived）的权力要低于原初（original）的权力。

科克等人认为，普通法源自不可追忆的过去，这意味着无法证明它到底是哪一具体时刻产生的。这并不说它的一切内容都是史前时期就有的，也不是说它一开始就是完善的。不同民族的统治，甚至诺曼征服后的王朝，都会给普通法增添新的内容，但它总体上是无数代人不断完善的结果，而不是突然由统治者自上而下或由外国人从外部强加的。普通法是一系列法律、习惯和先例的集合，它的基本要素和原则在远古时代的英格兰就已出现，并一直限制和约束着国王的权力。

对科克来说（就像对福蒂斯丘一样），普通法的古老性正是它优越性的体现，鲁莽地中断或改变它是非常危险的："对本王国古老的普通法和习惯的任何根本内容来说，一项经过经验检验的政策原则是，对它们的任何改变都是最危险的。这些内容经过此前一代代最明智的人的提炼和完善，并被持续的经验一再证明对共同体是好的和有益的，因此，对它们的改变不可能不伴随巨大的风险和危险。"[2] 正是基于对普通法的这一看法，科克认为，缺乏足够法律知识和实践的国王，不应该亲自审判法律案件或干预法官的审判事务。对詹姆斯

1300-1629, University Of Minnesota Press(1948), 238, n14.

[1] Glenn Burgess, *Absolute Monarchy and the Stuart Constitution*, Yale University Press(1996), 176.

[2] Sir John Baker, *The Reinvention of Magna Carta 1216-1616*, 344.

295

一世来说，"国王是会说话的法律"，对科克来说，只有"法官是会说话的法律（Judes est lex loquens）"。

如果说詹姆斯一世主张享有神授的绝对权力，从而将都铎王朝时期一直被回避的主权问题凸显出来，科克诉诸"源自不可追忆之过去"的普通法，则是为了在隐藏主权问题的前提下落实法治原则。科克强调普通法的古老性和连续性，在当时具有非常重要的现实政治意图，即弱化诺曼征服对英格兰法律传统的冲击效应。

当时通行的征服理论是，一名征服者对被征服者的权力并非源自后者的同意，而是完全源于上帝的意志，他的权力不受任何人为法的限制。就像理查德·胡克（Richard Hooker）所言："基于征服的国王制定他们自己的法律：除了受到上帝和自然之法的一般限制外，我们完全无法界定他们的权力究竟有多大。"[1] 在查理一世时期，绝对王权的支持者唐宁（Calybute Downing）便认为，英格兰国王不是基于选举，而是基于征服获得统治权力。他表示，查理一世的权力是"从一位绝对征服者嫡系继承而来"，而通过征服成为国王者，"可以想有多少权力就有多少权力"。[2]

依照科克的叙事，征服者威廉成为英国国王，并不是依靠军事上的胜利，而是通过一种具有选举意义的加冕仪式。威廉从每个郡召集十二名最审慎、最有智慧的人参加这一仪式，并在他们面前确认和宣布了"爱德华国王的法律"。这些法律也不是忏悔者爱德华自己制定的，而是经由他确认和背书的英格兰古老法律。这就意味着，在威廉一世和他的英国臣民之间形成了一种契约关系，依照这一契约，英国人民有服从威廉一世统治的义务，威廉一世则有遵守和维护英格兰既有法律和习俗的义务。威廉一世成为英国国王主要不是依靠武力征服，而是依据英国既有的法律，是英国既有的法律传统造就了国王威廉一世，而不是威廉一世赋予了英国人新的法律。威廉确认过的法律，后来在亨利一世的加冕誓言中被确认，继而又体现在约翰国王签

---

[1] Hooker, *Laws of Ecclesiastical Polity*, VIII, ii, 11.
[2] 引自 J. P. Sommerville, *Royalists and Patriots: Politics and Ideology in England: 1603-1640*, Routledge(1999), 67.

署的大宪章中。这样一来,十七世纪英格兰已有的法律和习惯,就不能说是起源于威廉作为征服者的意志,因为(用科克的话说),"我们普通法的基础是超出记忆的,也没有任何明确的开始,诺曼征服者来到英格兰王国时就发现它早已形成"。

就大宪章而言,不但它的内容早已有之,并非出自某位君主的特许,而且它之所以特别重要,也不是因为任何新颖的发明,而是因为它得到了一任又一任国王在议会中的确认。虽然它的不少规定已经过时和不再适用,但它的核心部分(第 29 条)却一直保持不变。这一条款所承认和保障的臣民自由,是英国人民自不可追忆的过去所传承下来的。其中规定的权利可能不时被侵夺,对它们的救济措施也经过了多个世纪才出现,但它们从来没有被灭绝,反而因为一再确认而变得神圣不可侵犯。

科克曾经写道:"英格兰古老和卓越的法律,是本国臣民们生而有之的继承,是他们最古老和最宝贵的继承,因为依靠这些法律,他们不但可和平而安静地享有他们的继承和财物,而且可保障他们的生命和亲爱的国家处于安全之中。"[1] 如果法律不是出于国王的意志,那么法律所规定和保障的臣民自由,当然也不是出于国王的特许。大宪章本是一份封建性文件,它所载明的复数的臣民自由(the liberties of the subject),原来都被视为国王特许的产物,国王可以将这样或那样的自由或权利,授予各种各样的人,或是授予像市镇这样的团体。科克却认为,大宪章所载明的一系列臣民自由,本来就是由普通法所保障的权利,它们并不是基于国王的恩赐才得以产生,而是与国王特权一样,都是以普通法为基础的。他使用单数形式的"臣民自由(the liberty of the subject)",用这一抽象概念指代臣民所享有的各种权利,并将它与国王特权相并立。臣民自由成了个人自由的同义词。

这种概念转变的现实意义,可以在行业垄断问题上体现出来。依照传统的自由概念,任何臣民所享有的任何自由,都是源自王室的赐予。如果王室为增加收入或赏赐得宠者,特许某个人在某地专营某个行业,并禁止其他人从事这一行业,这并不侵犯其他人的自由,因为

---

[1] Faith Thomas, *Magna Carta: Its Role in the Making of the English Constitution 1300-1629*, 242.

任何臣民能有什么自由,都取决于国王的意志。相反,依照新的自由概念,王室特许的行业垄断,就可能构成对其他臣民之自由的侵犯。这正是科克的看法。他认为,尽管在涉及公共利益的特殊情形,有些垄断是普通法所允许的,但在一般情况下,设立行业垄断是普通法所禁止的,因为它们会剥夺其他人营生的渠道:"一般来说,所有的垄断都违反了大宪章,因为它们侵犯了臣民的自由和自主(liberty and freedom),并违反了本国的法律。"[1]

当国王的特权和臣民的自由,均被视为出自古老的普通法时,王国之内就没有任何个人或团体,可以主张享有高于法律的主权。这就是科克的普通法思想之要义所在。他曾在一次下院演讲中说:"我知道国王的特权是法律的一部分,但'主权权力'并不是议会该用的术语。我认为,这一用语会削弱大宪章和所有的制定法;这些法律才是绝对的,因而没有任何'主权权力'存在之余地;如果我们现在承认这种权力,我们将削弱法律的基础,整个大厦也必将坍塌。⋯大宪章是这样一个家伙:他不承认有任何'主权者'。"[2] 依照这一说法,应该被贬称为"新兴的哲学家"的,就不是科克等普通法人士,而是谋求绝对主权的詹姆斯一世父子以及他们的支持者。

在伊丽莎白一世统治后期,国王特权的范围,以及特权与臣民自由(及法律)的关系等问题,就已经引发了人们的讨论。到斯图亚特王朝前期,这些问题以更尖锐的方式凸显出来。1626年,由于无法通过议会筹集税款,查理一世决定向臣民进行强制借款(Forced Loan),并监禁了一百多名拒绝提供贷款的人,由此引发了著名的五骑士案(Five Knights' Case)。此案中,五名骑士在未受到具体指控的情况下被捕。当事人认为,这种未出具事由的监禁(imprisonment without cause shown)违反了法律,并向法院申请人身保护令。监禁方则拒不执行人身保护令,因为当事人是基于"国王的特别命令"而被捕的。

---

[1] D. O. Wagner, 'Coke and the Rise of Economic Liberalism', in *Economic History Review*, VI(1935), 30-44; Faith Thomas, *Magna Carta: Its Role in the Making of the English Constitution 1300-1629*, 302-304; J. P. Sommerville, *Royalists and Patriots: Politics and Ideology in England 1603-1640*, 144-145.

[2] Ralph V. Turner, *Magna Carta: Through the Ages*, 157.

当时杰出的法律史学家约翰·塞尔登（John Seldon）是其中一位当事人的辩护人。他表示，"除非依照本国法律，任何自由人都不应被监禁；一名臣民的自由是他所享有的最重要的继承。"塞尔登诉诸大宪章，认为在未出具理由的情况下，仅仅依照国王的命令将他的当事人逮捕，显然违反了大宪章第 29 条规定的正当程序要求。总检察长对此的回应是，国王有权为了公共利益而拘禁任何臣民，被拘禁者唯一的救济途径是向王室请愿，任何针对国王的令状都是无效的，因为所有的令状都出自国王。最后，王座法院的多数法官支持了总检察长的主张。他们认为，当国王未出具拘禁的理由时，只能推定相关拘禁涉及"我们法官不能查知的统治事务"。[1]

法院的判决引发了普通法人士和议会党人的强烈反应。他们认为，只要"统治事务"的范围不能明确，王权就必然会被滥用。这里再次涉及国王特权的范围如何界定的问题。绝对王权的支持者认为，国王拥有神授的主权，可以做任何他觉得为保护王国和臣民所必要的事情，包括搁置王国已有的法律。法官不能界定或限制王权的范围，只能说明法律是什么样子，然后由国王自行决定是否有必要采取法律之外甚至违反法律的行动。正是基于这一立场，詹姆斯一世曾宣称，"臣民们争论国王依照自身权力可以做些什么"，这完全属于煽动叛乱的举动。[2]

普通法人士则认为，法律的作用不只是保护臣民的生命、自由和财产免受其他臣民的侵害，而且还要保护它们免受国王本人的侵害。就像理查德·马丁（Richard Martin）在 1610 年所指出的，如果国王有权在特别情形下无视法律，且可决定什么算是特别情形，那么，他的权力就是绝对的，法律也就无法起到应有的作用。威廉·黑克威尔（William Hakewill）认为，法律的价值在于它的确定性，可以让每个人都知道自己有哪些权利，并为各种侵权行为提供救济。他表示，允许有超乎法律之上的裁量权，将会危及法律的确定性，从而"打开

---

[1] 对此次强制贷款纷争和五骑士案的深入分析，参见 R. Cust, *The Forced Loan and English Politics 1626-1628*, Oxford(1987).

[2] King James VI and I, *Political Writings*, 184.

了通往压迫和奴役的大门"。[1]

在科克等普通法人士看来,在英格兰,普通法才是正义的最终裁决者和臣民自由的最高守护者。他们承认,在战争等紧急情形下,国王可行使很多超法律的权力,包括不遵循通常的法律程序而惩罚或处死某些臣民;如果在紧急状态下仍须顾及既有程序,有可能会造成无可挽回的巨大危害(包括王国的灭亡)。但他们同时认为,国王完全有可能滥用这种超法律权力,如果国王可以自行定义何为战争或紧急状态,他就有可能为免受法律约束而将和平状态宣称为战争状态。为了防止这种事情,应该由法律而不是国王来决定何为战争状态。

为了让法律真正成为王权和臣民自由的共同根据,并防止王权突破法律的限制,科克主张应由"本王国可敬的法官和贤人"来解释法律。但是,在当时的英国,法官系由国王任免,缺乏必要的独立性,太容易受制于王室的政治压力,因而无法成为臣民自由的可靠保护者。科克自己就因不顺从国王的意志,于1616年被詹姆斯一世免去了法官职务,而像他这样敢在国王面前坚持己见的法官,本来就少之又少。就像爱德华·奥尔福德(Edward Alford)在1621年的议会发言中所指出,"让法官这样的少数人(况且他们还怯弱和有依赖性),在国王和臣民自由之间进行裁判,这是很危险的。"[2] 事实上,在前面提到的五骑士案和后来的船舶费案(*Ship Money Case*)中,法官都未能保护臣民的自由和财产免受王权的侵害。查理一世本人显然也知道法官很好操控,他曾于1628年对法官们说道:"只有在国王之下的你们,才适合解释法律。"

在十七世纪的英国,"臣民自由"是一个较为宽泛的概念,不只是指个人免受政府或他人干预的独立生活空间,而且还包括某些限制王室权力的公共机制。比如,议会的运作及其对立法、税收的同意

---

[1] J. P. Sommerville, *Royalists and Patriots: Politics and Ideology in England 1603-1640*, 98.

[2] R. Zaller, 'Edward Alford and the Making of Country Radicalism', *Journal of British Studies*, vol.22(1983), 59-79.

权,即被视为臣民自由的一部分:不同等级的臣民选举自己的代表出席议会,以便让自己的愿请和诉求有所体现,并让自己的利益和权利有所保障。

依照詹姆斯一世父子的绝对王权观念,议会是国王的忠诚臣民集合的场所,他们在此讨论国王指示他们讨论的事务,通常就是税收事务。议会可以向国王提供立法建议,或是反映民间的苦情,甚至讨论王权的行使有哪些不恰当的情况,但它无权对王权本身进行质疑。无论议会在习惯上有些什么特权,这些特权都是出自王的意志,而不是源于任何高于国王的法律。1610 年,詹姆斯一世对下院表示:"议会由国王召集,以讨论国王提出的事务。"1629 年,查理一世告诉下院:"议会基于我的权力而召集,并讨论我提出由你们讨论的事务。国王具有命令你们讨论任何法案的特权。"在这对父子和他们的支持者看来,国王享有至高无上的主权,英格兰的国王选择在议会中立法,好的国王会继续遵循这一做法,但如果国王认为有必要在议会之外立法,所制定的法律也完全是正当有效的。法律应由国王制定,议会只是提供建议。

绝对王权的反对者则认为,讨论臣民向王室交税的问题,只是议会的功能之一。议会最重要的任务,是维护法律以及法律所保障的臣民自由。如果国王可不经议会同意便可立法或征税,那么,英国人的自由和财产便会失去保障。如果国王可以压制议会中的讨论,或限制议会的议事范围,议会就无法起到它应有的作用,因此,议会成员必须享有言论自由和免于逮捕的自由。这些自由是议员们履行自身职责所必需的权利,就像臣民们的财产权一样,也应得到王室的尊重。认为议会无权讨论王权的范围问题,这种说法是很荒谬的,因为这意味着国王可不受限制地扩展自身的权力,臣民的财产和自由则毫无保障。

对斯图亚特王室的反对者来说,一个令人尴尬的事实是,议会在习惯上都是由王室任意召集和解散的。詹姆斯一世曾一再警告下院议员说,他们的权利"来自我们祖先的恩赐和准许"。1621 年,当下院讨论外交政策时,詹姆斯一世认为下院无权这样做,下院议员则认为这是他们生来就有的言论自由,由此引发一场关于下院权利的争论。支持绝对王权的欧文（David Owen）牧师撰文指出，"除了来自国王和低于国王的权力，英国议会没有任何别的权力。"另一位牧师萨拉维亚（Hadrian Saravia）亦认为，议会的权力来自国王，英国人的自由是恩赐而不是权利问题。

在伊丽莎白一世时期，人们已发现和注意到1215年大宪章（而不只是1225年大宪章）的文本。后来，塞尔登写了一部英国法律史著作，其中有一章是"约翰国王和他的大宪章"。他将1225年大宪章和1215年大宪章加以比较，从而让人们注意到那些出现在1215年大宪章中，但在后来的版本中被删减了的条款，其中包括第12和14条。由于在1215年还没有议会这样的代议机构，这两个条款当然不是规定议会对征税的同意权。但一些普通法人士和下院议员认为，其中为征收免服兵役税和协助金所规定的"共同协商"，就是指议会的同意。科克更是认为，英国议会就像普通法一样古老。基于《法官镜鉴》（*Mirror of Justices*）和《议会的组织和权力》（*Modus Tenendi Parliamentum*）这两部写于十三世纪、内容很不可靠的作品，他得出结论说，亚瑟王时代的民众集会就是议会的前身，它源于罗马人到来前的定居者与早期国王之间的契约。在这些普通法人士看来，议会甚至议会中的下院，早在诺曼征服前便已存在，它的运作亦未被这场征服所中断。[1]

这种关于议会古已有之的迷思，有助于议会党人提出如下主张：斯图亚特王室对绝对权力的追求，在英格兰是一种新颖的政治主张，议会党人则是在维护王国的古老传统和"古代宪法"。依照这一"古代宪法"观念，议会和国王都是英格兰政体不可缺少的组成部分，王国的主权属于"王在议会"，即由国王、上院和下院分享，除非得到两院和国王的一致同意，否则，不得制定新的法律或开征新的税费。由于王室常以公告或条令的方式制定法律，并时常行使搁置或豁免法律的权力（the power to suspend or dispense with the law），下院曾在致詹姆斯一世的请愿书中说："在陛下您的人民中间，出现了一种

---

[1] Corinne Weston, 'England: Ancient Constitution and Common Law', in J. H. Burns ed., *The Cambridge History of Political Thought, 1450-1700*, Cambridge University Press(1991), 385-394.

普遍的恐惧，人们担心公告会不断增多，并获得法律的效力和属性。这种做法将严重损害英国人古老的幸福和自由，长此以往，可能会给本王国带来一种新颖的专断统治方式。"[1]

1605年，詹姆斯一世单方面提高葡萄干的进口关税，约翰·贝特因拒绝缴纳增加的税费而在财税法院（the Excheguer Court）受审。这就是著名的贝特案（*Bate's Case*）。贝特的律师辩称，1225年大宪章第30条允许商人在免于缴纳"所有邪恶税费"的情况下，自由进入和离开英国，这意味着国王不得单方面地提高关税。被告方还认为，增加的关税属于新开征的税费，应该得到议会的同意。法院最后作出了有利于王室的判决。依照法院意见，设置进口关税是王室特权的一部分，因为规范海外贸易是专属于国王的责任，提高关税无需议会的参与。其中一位法官认为，案件涉及"实质的统治事务，应当依照政策考虑来处理"，并且，"所有与外国人有关的商业和事务，都处于国王绝对权力管辖之下"。[2]

1637年，查理一世将原本只在港口市镇征收的、用于海岸防卫的船舶费（ship money），扩展适用于全英国，理由是全英国都受益于皇家海军的保护。法官们为他的这一决定背书说，"当涉及王国总体的利益和安全，或整个王国处于危险时，国王陛下您可以命令您王国中的所有臣民，为提供和装备陛下您认为适当数量的船舶而承担费用"。次年，在因约翰·汉普登（John Hampden）拒绝缴费而引发的船舶费案中，王座法院多数法官的裁判结论是，国王对王国防卫所负有的责任，使得查理一世有权采取所有必要的措施。他们在宣扬国王主权的同时，还极力贬低议会的地位，认为议会只是"贵族和平民用来将苦情告知他们的主权者，并谦卑地请求他予以纠正"的团体。一位法官还补充说："我从来没有读到或听到'法律是国王'的说法；但'国王是法律'的说法倒是普遍的和最真实的，因为国王就是活着

---

[1] P. W. Heinze, 'Proclamations and Parliamentary Protest', in D. J. Guth & J. W. McKenna ed., *Tudor Rule and Revolution*, Cambridge University Press(1982), 237-259.

[2] Carl Stephenson & Frederick G. Marcham, ed. and trans., *Sources of English Constitutional History: A Selection of Documents from A.D. 600 to the Present*, Harper & Row(1937), 435-437.

的、会说话的和能行动的法律。"[1]

当詹姆斯一世父子试图在英国谋求高于法律的绝对权力时，以科克为主要代表的普通法人士基于十七世纪的社会现实，对大宪章的若干重要条款进行了新的诠释和发展，并将其视为源远流长的英国普通法的一部分。在1628年的《权利请愿书》（the Petition of Right）中，科克等人不但重申了大宪章第29/39条，以及爱德华三世时期"六部制定法"中的法治和正当程序原则，而且还宣布，"非经以议会法案所表达的共同同意"，不得强迫任何人向国王赠送礼品、提供贷款或缴纳税款，亦是大宪章所保障的臣民自由。正是通过科克等普通法人士的努力，大宪章在十七世纪的英国获得了一次复兴。[2]

本杰明·鲁迪亚德（Benjamin Rudyerd）曾在催生《权利请愿书》的议会辩论中说："我很高兴看到大宪章这部老旧的法律，在被长时间扣押和卧床不起之后（确实如此），我很高兴看到它在另外六部制定法的伴随下，以新的活力和光芒泽被四方；毫无疑问，它对所有人都是一种巨大的鼓舞。"[3]《权利请愿书》将臣民们一系列权利和自由置于普通法的框架之中，更明确地承认它们独立于君主的恩赐而存在，由此成为人类宪政史上又一重大里程碑。

虽然大宪章这样一份诞生于中世纪的封建性文件，在科克等人手里被改造成《权利请愿书》这样一份近代的权利清单，但国王作为世袭的最高统治者的地位仍未改变。科克等人诉诸普通法的古老性和连续性，以求将王权置于法律的约束之下，但当国王被视为王国中至高无上的统治者，且法官的司法权亦被认为出自国王时，法治原则便无法落实，因为国王是否遵守法律，只能视其自身意愿而定（这在实质上就是专断统治）。十七世纪英国的普通法人士，与约翰国王时期的反叛贵族们（以及其他时期试图用法律约束王权的人）面临着同

---

[1] Carl Stephenson & Frederick G. Marcham, ed. and trans., *Sources of English Constitutional History: A Selection of Documents from A.D. 600 to the Present*, 458-462.

[2] George Garnett, 'Sir Edward Coke's Resurrection of Magna Carta', in *Magna Carta: History, Context and Influence*, 51-60.

[3] Faith Thomas, *Magna Carta: Its Role in the Making of the English Constitution 1300-1629*, 86.

一个难题：当作为统治者的国王不自愿遵守法律，作为被统治者的臣民们能有什么补救的办法？

普通法人士将议会的起源大大提前，并认为王国立法权应由议会与国王分享，但是，议会在习惯上又只能依国王（作为最高统治者）的意志集会和解散，这就使得议会亦无法成为有效制约王权和保障臣民自由的机构。一旦议会在抵制王权滥用方面表现坚定，就有可能被国王解散，从而使议会本身的存在都面临威胁。事实上，为了摆脱议会的牵制，詹姆斯一世曾在 1614 至 1621 年间实施了长达七年的无议会统治，查理一世也曾在 1629 至 1640 年间实施了长达十一年的无议会统治。鲁迪亚德曾多次奉劝下院在与王室打交道时尽量温和一些，以免遭受被解散的命运，因为"议会越是经常存在，就越可能防止王权的滥用"。[1] 这就出现了一个类似于第二十二条军规的悖论：议会只有敢于与国王对抗，才有可能纠正王权的滥用；但敢于与国王对抗的议会，又很可能被国王解散。

科克及其同时代的法律人士，都还没有现代宪法的观念，还不曾想过要用一部成文的宪法，去规定政府的组织和规范政府的权力，并使不同的政府权力相互制衡。他们更没有想过，在进行日常治理的政府权力之外，还可以有一种本身不进行日常治理，却是一切政府权力之来源的权力，即属于全体人民的主权或制宪权。但要想让国王受到法律的限制，并就其行使权力的行为负责，就有必要设想有着高于国王的世俗权力，这就意味着国王不是上帝确立的最高统治者，而只是接受共同体委托进行治理的官员，只是（用洛克的话说）"受人民委托的…最高行政官员（supreame Executor）"。[2]

为了回避国家最高权力的归属问题，科克等人将普通法的起源设置在不可追忆的过去，以使法律在约束所有人行为的同时，又独立于任何个人或团体的意志。但这种说法在逻辑上是不稳固的。既然英国普通法是人为法的一种，无论它的起源有多么古老，都只能是起源于人类的意志和行为。关键的问题是，它的来源究竟是国王，还是整

---

[1] J. P. Sommerville, *Royalists and Patriots: Politics and Ideology in England 1603-1640*, 175.

[2] *Two treatises of Government*, 413.

个共同体（the community）。[1] 当法律被认为是起源于共同体本身，而不是出自一位上帝授权的国王时，国王的最高统治地位就难以维持。相对于一位世袭的国王，议会显然更有资格被视为整个共同体的代表者。这就难怪，当科克等人所代表的"普通法心智"，被证明难以阻止查理一世实行专断统治时，一些激进的议会党人便开始挑战国王的最高统治地位。

从詹姆斯一世于1603年继承英国王位，到科克于1634年去世，科克一直都希望斯图亚特王室能在法律范围内行使权力，并为此一再冒犯和触怒国王。在科克看来，古老和连绵不绝的普通法塑造了英国的政体模式（即所谓的"古代宪法"），普通法的基本原则和规则应是判定政府权力是否合法的准绳，并可对国王的权力施加限制。王权存在于普通法的框架之中，而不是存在于普通法之先或之上，大宪章在普通法中居于核心地位，被视为英格兰王国的根本法。至于普通法规则本身是否合理，则要依照内在于普通法的理性来判断，因为，普通法不但是一代一代英国人经验的积累，而且也是"普遍的正义和理性"的体现。对普通法这种阐释，使得法律成为极为重要的政治工具，并在斯图亚特王朝早期为人们提供了反对专断王权的主要政治话语。

科克将维护普通法权威的重任，寄托在富于"人工理性"的法官们身上。他从未谈及1215年大宪章第61条所规定的保障机制。但是，当人们看到法官更多是听命于国王，而不是用法律去约束王权时，一些人便走出了科克不愿意走出的一步。随着科克的离世，议会党人讨论的主要政治问题是：当国王执意要谋求专断权力时，议会是否有正当的权威率领英国人进行抵抗？平等派则从议会党人立场再前进了一步。他们认为，不但议会可以抵抗专断的国王，而且人民也可抵抗专断行事的议会。

另外，科克对普通法的阐释受到自然法思想的影响，承认普通法的优越性不仅在于它的古老，而且也在于它是人类理性的体现，这就

---

[1] Corinne Weston, 'England: Ancient Constitution and Common Law', in *The Cambridge History of Political Thought, 1450-1700*, **374**.

等于承认普遍理性相对于人工理性的基础地位,并承认法律权利只是自然权利的具体表现。一旦实在法需要以理性和自然权利为基础,历史和先例就不再有实质的重要性。在科克生活的英国,几乎所有的政治辩论都要诉诸本国的法律传统和习惯,但在科克去世不到半个世纪,当洛克在《政府论》中构建他的政治学说时,人们甚至已不容易看出这是一名英国人在写作。正是因为自然权利和社会契约学说的兴起,科克所代表的以历史论述为基础的"普通法心智",本身也不可避免地成为了历史。

科克从未主张用武力抵抗国王,也未设想让国王在政体中处于次要地位,更未预料到在他身后英国将发生一次惨烈的内战。他真诚地相信普通法可与王室特权和谐共存,并认为对普通法的尊重只会加强而不是削弱国王的权威。[1] 但查理一世的宠臣劳德和斯特拉福德伯爵(Earl of Strafford)显然不同意科克的看法。劳德在被擢升为坎特伯雷大主教时曾致信斯特拉福德伯爵,抱怨王权和教会均"太受普通法程序的约束"。后者回信说:"在我还没看到国王陛下的权力和伟大,能超出爱德华·科克爵士的法律理论和报告的约束,并站在它们的上面之前,我绝不能让一些不重要的顾虑来牵制我的行动。"霍布斯曾在《贝希摩斯》一书中,描述十七世纪二十及三十年代英国政治冲突的情况:"那是一场战争,但没有流血;他们只是用纸张相互射击。"[2] 进入四十年代后,情况却大不相同,纸张的战争被火药的战争所取代,斯特拉福德伯爵、劳德大主教和查理一世国王则相继人头落地。

1640 年,查理一世试图将英国国教的模式强加给苏格兰教会,由此引发与苏格兰人的战争。为筹集作战经费,在进行了 11 年无议会的统治后,他不得不召集议会开会。但仅过了三个星期,他就解散了不听话的议会。在这届"短议会"上,议会领袖皮姆(Pym)留下了一句传诸后世的名言:"议会的权力之于政治共同体,一如灵魂的合理机能之于人的身体。"同年第二次召集的议会,就是史称的"长

---

[1] D. Chan Smith, *Sir Edward Coke and the Reformation of the Laws: Religion, Politics and Jurisprudence 1578-1616*, Cambridge(2014).

[2] Thomas Hobbes, *Behemoth*, ed. P. Seaward, Oxford(2010), 251.

议会"。这一次的议会更不好对付。长议会通过的第一部法律规定议会每三年集会一次,从而确认了议会对国王的独立地位。另一部法案废除了船舶费,并谴责船舶费案中对约翰·汉普登的不利判决与《权利请愿书》相抵触。议会还通过了废除星宫法庭的法案,认为它违反了大宪章中的正当程序原则,并启动了对枢密大臣斯特拉福德伯爵的弹劾和审判程序。此时的英国,由于经济和社会结构的变化,领导反抗王室行动的不再像约翰国王时期那样是一群心怀不满的贵族,而是具有更广泛代表性的议会下院。

翌年,在爱尔兰发生了天主教徒和新教徒之间的暴力冲突。这迫使国王需要征召一支军队前往恢复秩序。议会方面担心这支军队会被国王转而用来对付议会,因此,便通过了一部叫作《军需品条例》的特别法令,以确保议会对军队的控制。这就使得主权问题以最尖锐的方式显现出来。这部法令之所以叫条例,而不是法案,是因为通常的法案都需要得到国王的批准。查理一世当然不肯批准这样一部剥夺他传统权力的法案。针对议会侵夺国王传统特权的做法,查理一世决定采取断然措施,派出军人去抓捕五名下院的领袖,由此导致了内战的爆发。

1649年2月6日,在英国最神圣的法律殿堂威斯敏斯特厅,查理一世被判处"身首异处的死刑"。[1] 2月9日下午2时,在白厅国宴楼外的黑色断头台上,查理一世做完简短的祷告,便伸出双手,示意刽子手可以行刑。刽子手用斧头砍下查理的脑袋后,高举着它对围观的人群说:"这是一位叛国者的头。"[2] 如果当时科克还在世,一定会对此深感惊骇。一位经过加冕和受膏而即位的国王,被指控为"暴君、叛国者、杀人犯和本国良善人民的公敌",并经公开审判后被处死,这对那些认为君主制代表了自然的、神圣的秩序的英国人来说,实在是太触目惊心了。后来成为十七世纪英国最重要的共和主义

---

[1] 关于查理一世受审的经过,参见[英]杰弗里·罗伯逊著,徐璇译:《弑君者》,新星出版社2009年版,125-189。

[2] [法]F.基佐著,伍光建译:《一六四〇年英国革命史》,商务印书馆1985年版,458。

思想家的哈林顿，亦是在现场目睹行刑过程的人之一。[1]

查理一世之死是一起具有世界史意义的事件，它在政治观念上的革命性意义是显而易见的：以前，叛国总是指臣民针对国王的犯罪；现在，叛国却成了国王针对人民的犯罪。斯图亚特王朝的第二位国王被送上断头台那一幕，由此成为君主主权在人类社会开始衰亡的象征。在内战结束后，英国人历经王位空缺期、王政复辟、排除危机和詹姆斯二世的短暂统治，终于在十七世纪末迎来了光荣革命。就像我们在下一章将看到的，正是经过这场所谓"不流血的革命"，英国人建立了稳定的立宪君主制，由选民定期选举产生的议会，成为比国王更有权威的统治机构，从而彻底终结了英国国王谋求绝对权力的努力。

---

[1] Harrington, *The Commonwealth of Oceana and A System of Politics*, ed. J. G. A. Pocock, Cambrdge University Press(1992), 'Introduction', ix.

第九章

"在威斯敏斯特集会的僧俗贵族及平民"与"人人生而平等"

英国光荣革命与美国独立革命的不同宪法含义

1689年1月21日,英国的光荣革命还在进行之中。一位后来被称为"莫当特女士"(Lady Mordaunt)的贵妇,给约翰·洛克写了一封满是拼写和语法错误的信。她在信中说:"我们的[国王詹姆斯二世]像一根小蜡烛一样熄灭了。这使得我们有机会通过特别议会,不只是对政府修修补补,而是将它融化后再重新打造。……我真希望你能够在场,好为他们提供一个正确的政府方案,一个曾受到那位伟人即沙夫茨伯里勋爵之影响的方案。"[1]

在此之前,奥伦治的威廉亲王(Prince William of Orange)从荷兰率领一支军队登陆英国。英国国王詹姆斯二世已无力组织有效的抵抗,最后选择逃往国外。在詹姆斯二世逃离后,英国选民选举产生了一个特别议会(Convention Parliament),以处理国王出逃导致的王位空缺问题。在解决"应该由谁继承王位"这一现实问题时,人们不可避免要回答若干重大的理论问题:(1)君主制的性质是什么?(2)国王与人民(或议会)的关系应是什么样子?(3)英国人把合法继位的国王赶跑,这种做法是不是正当的?(4)新的政府应建立在什么政治原则之上?

莫当特女士在信中对洛克说"我真希望你能够在场",是因为当时洛克尚未结束在荷兰的流亡生活。他要等到1689年2月12日,

---

[1] Julian H. Franklin, *John Locke and the Theory of Sovereignty: Mixed Monarchy and the Right of Resistance in the Political Thought of the English Revolution*, Cambridge University Press(1978), 121, fn78.

才在朋友们的一再催促下,搭乘运送玛丽公主(Princess Mary,詹姆斯二世之长女,威廉亲王之妻)的专船回到英国。在光荣革命发生后不久(1689年12月),洛克将他的《政府论》予以出版。他在序言中表示,这部著作"足以说明我们伟大的重建者、我们现在的国王威廉的王位⋯是出自人民的同意,因而是正当的";也足以向世人表明,"热爱自身正当的和自然的权利,并决心保卫这些权利的英国人民,已将自己的国家从奴役和毁灭的边缘拯救过来"。[1]

传统的学界观点认为,《政府论》是洛克在光荣革命发生后写作的,它的目的是为光荣革命进行理论辩护与总结。中国大陆商务印书馆出版过《政府论》的中译本,其中"编者的话"就体现了这一传统观点。[2] 自上世纪六十年代以来,皮特·拉斯莱特(Peter Laslett)、约翰·邓恩(John Dunn)、理查德·阿什克劳夫特(Richard Ashcraft)、詹姆斯·塔利(James Tully)和洛伊斯·施沃雷尔(Lois G. Schwoerer)等人的研究,已基本推翻了传统看法。这些人的研究成果表明,《政府论》的写作时间应是1680年前后,当时的英国正面临所谓的"排除危机"(the Exclusion Crisis)。洛克起初的写作目的,并不是要为一场已完成的革命进行辩护,而是要鼓动英国人进行一场反对国王查理二世及其弟弟约克公爵(Duke of York,即后来的国王詹姆斯二世)的革命。[3]

莫当特女士是洛克一位好友的妻子,对洛克的政治思想应该比较熟悉。她给洛克写的这封信,成了后人研究洛克思想的重要材料之一,她本人因此也在政治思想史上留下了自己的名字。莫当特女士在信中说,英国人应该抓住机会,将原有的政体像蜡烛一样融化掉,然后再重新塑造一个新政体,并希望洛克能为此提供一个方案。虽然她的表述较为简略,而且是用比喻的手法来表达的,但却捕捉到了洛克政治学说的一个重要方面。

---

[1] John Locke, *Two treatises of Government*, ed. Peter Laslett, Cambridge University Press(1988), 137.

[2] [英]洛克著,瞿菊农、叶启芳译:《政府论》(上篇),商务印书馆1982年版。

[3] Peter Laslett ed., *Two treatises of Government*, 'Introduction', 35; Richard Ashcraft, *Locke's Two Treatises of Government*, Routledge(2010), 286-297.

依照洛克的看法，英国议会的立法权和国王的执行权等一切政府权力，均源自人民的委托，如果立法机关或最高执行者违反了这一委托，那就意味着政府的解体（社会本身并不因此解体），人民不但可以收回原先委托出去的权力，转而将这一权力委托给别的一批人，而且还有权重新决定整个政府的形式。但是，就光荣革命而言，无论是它公开的主张，还是它实际的做法，都没有走得这么远。与那些领导光荣革命的人相比，洛克的政治思想要激进得多。

在本书的第一章，我们已经说明了美国《独立宣言》与洛克政治学说之间的联系。如果说1776年的《独立宣言》阐述了美国革命的政治原则，那么，1689年的《权利宣言》则阐述了光荣革命的政治原则。通过对两者的比较分析，我们既能理解光荣革命为什么被视为政治妥协的典范，也可看清这种妥协所带来的政治原则上的内在紧张（后来经过一个长期的、逐渐的发展过程，并通过若干重大的政治改革，这种内在紧张才得以消除）。在进行这一比较之前，我们有必要先了解一下光荣革命发生的背景和过程。

一

在查理一世被处死后，英国进入所谓的"王位空缺期"（the Interregnum，1649—1660）。在此期间，英国先是由一个严重缺员的"残缺议会"所统治。1649年3月19日，上院被废除，下院成为"国家的最高权力机关，在议会中代表人民"。此时，一个被称为"国务委员会"的新机构已取代国王和枢密院，成为形式上的行政部门。该委员会由大多数下院议员、五名贵族和三名法官组成，全体成员均须宣誓效忠共和国（the Commonwealth），"坚决维护当前的议会⋯建立没有国王与上院的共和政府和自由国家"。残缺议会承诺，将站在人民安全的立场，尽快自行解散并在更广泛的公民权基础上进行正式选举。[1]

虽然残缺议会在名义上是最高统治机构，但其实一直处于奥利

---

[1] [英]杰弗里·罗伯逊著，徐璇译：《弑君者》，新星出版社2009年版，208-209。

弗·克伦威尔（Oliver Cromwell）军事力量的阴影之下。由于议会迟迟不肯进行新的选举，也没有废除封号和垄断，更不肯进行克伦威尔所希望的司法改革，失去耐心的克伦威尔终于在1653年解散了议会，开始实行由他自己终身担任护国公的护国体制（the Protectorate）。作为一名虔诚而激进的清教徒，克伦威尔希望英国能成为敬神者（the godly）的国度。他认为，敬神者应该超越宗教的外在形式差异，在内在信仰的基础上团结起来。基于这种反形式主义（antiformalism）的宗教观念，克伦威尔在政策上大力推行他所称的"良心自由"（liberty of conscience）。[1] 在政体上，他偏好由"一个单个的人和一个议会"（a single person and a Parliament）组成的政府，并认为新的政治方案需"包含一些君主制的元素"。[2]

在克伦威尔统治的英国，压制少数教派的国教教会虽已被解散，但对它的认同仍广泛存在，福音派教会的发展则很有限，即使是在护国制议会中，也有很多议员主张惩罚各种"宗教谬误"和"可怕的渎神行为"。这就使克伦威尔提倡宽容的宗教原则，与他借助议会进行统治的政治原则形成了根本冲突。[3] 对"神意"（providences）的极度重视，又使他不太信任人为的政府机构。当他认为议会（人民的代表机构）未能正当履职时，便不惜用集权手段解决问题，因为他的统治是"为了人民的利益，而不是为了取悦人民"。[4] 一位时时体察"神意"和声称"只忠于上帝"的统治者，当然不会尊重法治原则。事实上，克伦威尔的决策和行动，经常会突破法律和宪制的约束。用他自己的话说："如果除了依照法律便什么都不能做，那么，在我们等待

---

[1] 关于克伦威尔的宗教信仰以及他的宽容政策，参见 Blair Worden, 'Oliver Cromwell and the Sin of Achan'; Colin Davis, 'Cromwell's Religion', both in David L. Smith ed., *Cromwell and the Interregnum: The Essential Readings*, Blackwell(2003), 39-59, 141-166.

[2] Cromwell to the first Protectorate Parliament, Sept. 12, 1654, in Lomas ed., *Letters and Speeches of Oliver Cromwell*, (3 vol. London, 1904), II, 381.

[3] 关于克伦威尔与护国制议会间的紧张关系，参见 David L. Smith, 'Oliver Cromwell, the First Protectorate Parliament and Religious Reform', in *Cromwell and the Interregnum: The Essential Readings*, 169-181.

[4] [英]查尔斯·哈丁·费尔斯著，曾瑞云译：《奥利弗·克伦威尔与清教徒革命》，华文出版社2019年版，588。

一些人制定法律的时候,国家的喉咙可能早就被人切断了。"[1]

在一定程度上,正是因为他在宗教上的激进议程,与当时英国的社会现实不相契合,克伦威尔始终未能建立稳定而持久的政府体制。[2] 为迁就英国社会总体的保守氛围,他的政治议程也日趋保守。克伦威尔宗教立场的激进(只能得到少数人支持)与政治立场的保守(为迎合多数人特别是上层人士的心理),两者间的矛盾几乎注定了护国体制的失败。[3] 护国体制在名义上是共和国,但仍充斥着大量的君主制仪式和符号。[4] 到他统治的晚期,克伦威尔不但恢复了上院的设置,而且还在是否接受国王称号的问题上一直犹豫了三个月之久。1658年9月3日,克伦威尔因病去世,他像他之前所唾弃的世袭君主们一样,指定他的长子理查德·克伦威尔(Richard Cromwell)继任护国公。当护国体制与君主制越来越相似时,人们难免要置疑当初处死国王和废除君主制的意义何在,这也有助于铺就王政复辟的社会心理基础。

克伦威尔本人对共和主义并无坚笃的信念,他镇压平等派、驱散残缺议会、自任护国公、恢复上院等一系列做法,甚至重创了当时的共和主义事业。不过,在王位空缺期,传统君主制的崩溃以及建立新的政治秩序所遭受的挫败,促使人们对政治问题进行更深入的思考。一些人开始将个人自由的保障,与更广泛的政治参与结合起来。他们认为,只有当人民参与国家的治理时,大家的自由才能通过法律得到保障。因此,这段时间不但催生了霍布斯的绝对主权学说,而且也出现了平等派的民主理论和尼德汉姆(Marchamont Nedham)、弥尔顿(John Milton)、哈林顿(James Harrington)等人旨在回应现实政治

---

[1] Cromwell to the second Protectorate Parliament, Sept. 17, 1656, in *Letters and Speeches of Oliver Cromwell*, II, 543.

[2] 关于王位空缺期间未能建立持久政体的原因,不同的学者提出了各种不同的看法。对各种不同观点的综述和批评性分析,参见 G. E. Aylmer, ed., *The Interregnum: The Quest for Settlement 1646-1660*, Macmillan (1972), 'Introduction'。

[3] J. C. Davis, 'Political Thought 1640-1660', in B. Coward ed., *A Companion to Stuart Britain*, Blackwell(2003), 374-396.

[4] David L. Smith ed., *Cromwell and the Interregnum: The Essential Readings*, 'Editor's Introduction', 12-13.

危机的共和主义思想。在这一时期，最系统、最深刻的共和主义思想出自哈林顿。

在《大洋国》中，哈林顿将英国内战的爆发置于长程的历史背景中加以分析，以揭示传统政治秩序崩溃的原因。[1] 在他看来，政治权力随着经济权力而来，政治稳定的秘诀在于，政治权力的平衡必须反映经济权力的平衡。正如后来休谟所说的，哈林顿"将财产当作一切统治的基础"。哈林顿认为，英国的君主制赋予贵族阶层封建性的土地权利，并依靠贵族们的支持来维持秩序和进行战争，平民只能基于封建关系依附于本地的贵族领主，并时常追随领主参加与自身利益无关的战事。但到中世纪后期，英国已发生对平民（士绅）阶层有利的土地分配，平民不再甘作贵族的兵源，而是有了自身的政治权力要求。詹姆斯一世上台后，士绅们不但在议会获得主导地位，而且也拥有更强大的潜在军事力量。等到查理一世试图推行藐视议会的绝对统治时，王室其实已丧失自身的权力基础，结果就是王室和上院的废除，以及下院对最高权力的掌控。依照哈林顿的说法，查理一世被议会党人视为应以武力抵抗的暴君，并不是因为他特别邪恶，而是因为平民阶层尚未得到与其财产状况相称的政治权力，"是统治解体引发了战争，而不是战争导致统治解体"。在《大洋国》这部带有乌托邦色彩的著作中，马基雅维利现实主义和经验分析方法的影响是显而易见的。[2]

在诊断了原有秩序崩溃的原因后，哈林顿以政治与经济权力的平衡为出发点，构想了一种新的政治秩序。这一秩序的两大基石分别是"土地法"和"轮流制"。前者旨在防止出现过度的富裕或贫困，具体措施包括限制土地的买卖和财产继承的最高额。后者体现为复

---

[1] 关于《大洋国》写作的背景和动因，参见 J.C. Davis, 'Narrative Constitutionalism and the Kinetics of James Harrington's Oceana', in D. J. Galligan ed., *Constitutions and the Classics: Patterns of Constitutional Thought from Fortescue to Bentham*, Oxford University Press(2014), 172-176; Harrington, *The Commonwealth of Oceana and A System of Politics*, ed. J. G. A. Pocock, Cambrdge University Press(1992), 'Introdution'.

[2] 哈林顿曾对"马基雅维利的著作被忽视"感到遗憾。参见 *The Commonwealth of Oceana and A System of Politics*, 9.

杂的选举和公职人员轮替机制，旨在加强公职人员的责任心，防止渎职、腐败和党派的出现，并通过广泛的政治参与来贯彻亚里士多德式的共和主义信条，即"公民既要学会服从又要学会统治"。在哈林顿看来，"大众政府"，或者说"由平等公民组成的共和国"，比君主制更适合由平民阶层掌握经济权力的社会现实，而要维持新秩序的永久稳定，就必须维持平民阶层对土地的占有。哈林顿最根本的政治信条是，土地财产权是政治权力的基础。他向政治理论引入了关于经济基础的思考，而政治体制则是建立在经济基础之上的上层结构。这就预示了后来由马克思极力宣扬的一种谬见：人类社会在某种历史辩证法的引导下，最终将走到某个阶段，然后便是一种静态的、非历史的稳定。在马克思的生产资料与生产关系的辩证法中，最终会出现一个无产阶级，它的胜利将带来一个无阶级的社会和历史的终结；在哈林顿的土地财产的辩证法中，众多土地财产的自由持有者将带来一个完善的宪法体制，它通过闭合式的运作而保持永久的稳定。[1]

虽然哈林顿认同平等派扩大选举权范围的主张，但受波利比乌斯混合政体理论的影响，他认为任何单纯的政体都是不稳定的，因而反对平等派关于一院制议会（只有民主制元素）的主张。他认为，在任何社会都有少数比常人更具理性的"自然贵族"，任何宪法设计都须考虑到这些人的优势。在他所构想的共和国中，有两个经选举产生的议院，一个由少数自然贵族的代表组成（对议员设有财产要求），另一个由多数普通公民的代表组成，前者享有审议权，即讨论和提出法案的权力，后者享有决定权，即不经讨论地批准或否决前者所提法案的权力。这种少数与多数相制衡的两院制，既可利用少数人的智慧，又可保障所有人的利益。哈林顿用两个女孩分蛋糕的例子，来说明这一制度的正当性："一女孩对另一女孩说，'你来切，我先选；或者我来切，你先选'。"哈林顿认为，"人类的公民社会须在共同权利或利益的基础上建立和保存"。他遵循亚里士多德的教导，相信法律的统治远胜于人的统治，"政府应是法律的帝国，而不是人的帝

---

[1] 参见 [英] J. G. A. 波考克著，翟小波译：《古代宪法与封建法：英格兰 17 世纪历史思想研究》，译林出版社 2014 年版，135。

国"，因为"一个人或少数人总是会依照自身的私人利益施行统治"。[1] 正是基于对人类自利心、权力的腐败倾向和制衡必要性的认识，哈林顿反对弥尔顿希望由少数圣徒终身统治的主张，尽管他和后者一样认为，如果不通过立法改革来改变英国政治的特性，议会君主制的回归是不可避免的。

在十七世纪的英国，政治论战的主要话语是普通法、古代宪法、神授君权、自然权利和契约等，共和主义话语并不为主流社会所接受，对现实政治的影响也很有限。不过，意大利文艺复兴时期的共和主义理想毕竟是在英国得到延续和发展，并在下个世纪再次汇入西方的主流政治话语之中。在十七世纪英国的共和主义者中，仍有不少人遵循亚里士多德的传统，将一人统治区分为君主制（国王为被统治者的共同利益而施行统治）和暴君制（国王为自身私利而施行统治），认为前者与共和主义理想并无对立。弥尔顿曾表示："我攻击暴君，这对君主有什么影响？就像好人不同于坏人，我认为，君主也不同于暴君。"内维尔（Henry Nevile）也认同"古代的卓越准则，即君主的利益与他的人民的利益是相同的"。[2] 在马基雅维利和霍布斯的影响下，也有人开始放弃君主与暴君的区分，其中包括哈林顿、尼德汉姆和西德尼等。他们认为，一人统治必然是以统治者的私利为先，因而与共和主义是对立的。西德尼曾表示："自由国家因为派系分裂而沦为君主国，这只能表明君主制就是生命的死亡状态。"[3] 这种在宪制上将共和国与君主国彼此对立的做法，在十八世纪被人们普遍接受并一直延续至今。

古典共和主义认为，参与政治生活主要是为了完善公民的道德本性，而公民德性的提升亦有利于建立良好的政治秩序。因此，对共和国的公民而言，最重要的是要具有认识公共利益的理性和服务公共利益的道德。在十七世纪的英国，一些共和主义者主要受马基雅维

---

[1] *The Commonwealth of Oceana and A System of Politics*, 8-9.

[2] Blair Worden, 'English Republicanism', in *The Cambridge History of Political Thought, 1450-1700*, 446-448.

[3] Jonathan Scott, 'Classical Republicanism in Seventeenth-century England and the Netherlands', in Martin van Gelderen and Quentin Skinner ed., *Republicanism: A Shared European Heritage*, vol. I, 69.

利、霍布斯和培根等人的影响,开始重视人的激情和自利心在公共生活中的作用。虽然哈林顿曾呼吁英国人超越自身的私利,但他承认政治行为常常以自我利益为导向,而宪法设计就是要控制人的激情和自利行为的破坏作用,并尽量让它们服务于公共利益。哈林顿所举的两女孩分蛋糕的例子,就是以她们的自利心为前提:只要遵循切蛋糕者不得先挑的规则,结果就总是公平的。哈林顿表示:"人是有罪的,但世界是完美的,因此,公民可能是有罪的,但共和国却可以是完美的。"[1] 在这里,我们可看到古典共和主义向现代共和主义的转变,并可预见美国建国者用宪政主义对共和主义进行的改造,即通过适当的制度安排,让不完美的人类利益或野心相互制约,以实现多元利益的共存与平衡。

为反对当权者和影响现实政治,十七世纪英国的共和主义者大量借鉴当时已十分盛行的自然权利和契约学说(较少涉足实际政治活动的哈林顿是个显著的例外)。[2] 到了十八世纪,我们一方面看到卢梭试图在自然权利和社会契约的基础上,复兴公民德性、政治参与和献身公共利益等古典共和主义的价值(前者只是实现后者的前提或手段);另一方面则看到美国建国者将共和主义价值纳入到自然权利和社会契约理论(自由主义政治哲学)中加以处理。自然权利和社会契约理论是美国建国者看待政治问题的基本范式或思想框架,共和主义价值只有在不与这一框架相抵牾时,才有可能在政治实践中被鼓励。在他们看来,促进公共利益的最佳方式就是保护好公民的个人权利,政府的首要职责是保障公民的自由和安全,而不是过多地干预公民的权利。深受共和主义传统影响的杰斐逊曾表示,"共和主义的真正基础,就是每位公民均对自己的人身、财产以及它们的管理享有平等的权利"。[3] 他还引用洛克的话说,"社会联合的第一原则,

---

[1] Jonathan Scott, 'Classical Republicanism in Seventeenth-century England and the Netherlands', in *Republicanism: A Shared European Heritage,* vol. I, 65.

[2] Blair Worden, 'English Republicanism', in *The Cambridge History of Political Thought, 1450-1700,* 443; Jonathan Scott, 'Classical Republicanism in Seventeenth-century England and the Netherlands', in *Republicanism: A Shared European Heritage,* vol. I, 62-65; *The Commonwealth of Oceana and A System of Politic*s, 'Introduction', xiii.

[3] Jefferson to Kercheval, July 12, 1816, in *Writings,* ed. Peterson, 1398.

就是'保障每个人都可以自由劳作,并享有由此得来的成果'"。[1]

理查德·克伦威尔继任护国公后,因大权旁落而被人们嘲讽为"扶不起的阿斗"(Tembledown Dick),护国体制亦很快便分崩离析。1660年4月底,在蒙克和蒙塔格等保皇党军事领袖的主持下,依照旧的选举权范围(只包括贵族和土地所有者)选出了一个特别议会,保皇党人赢得了议会中的多数席位。5月29日,查理二世以胜利者的姿态进入伦敦。在此之前,议会已通过由王室方面起草的《布瑞达宣言》(Declaration of Breda),提出要"恢复国王、贵族和臣民古老的、正当的基本权利",同时"焚毁"所有宣扬共和主义的书籍。此一议会被称为"特别议会",是因为它并非依传统做法由国王下令选举和召集。此次由特别议会以决议方式复活君主制并认定谁做国王,为后来的光荣革命提供了一个具有重要宪制意义的先例。

查理二世上台后,为表明议会党人当年反叛的非法和今时王政复辟的合法,的确实施过一些政治清算行动,包括将克伦威尔的遗体挖掘出来斩首示众和处死12位参与弑君之事的人士。不过,查理二世还算是头脑清醒的人。英国的君主制被废除后,他长期在欧洲大陆过着流亡的生活,遍尝酸甜苦辣,历经世态炎凉,对世事人情亦有所领悟。他和他的辅臣克拉兰敦伯爵(Earl of Clarendon)坚决不准有大规模的报复,并推动制定了《赔偿与赦免法》(Act of Indemnity and Oblivion)。不少王党人士原指望在复辟后能对仇敌实施报复,故对此大为不满,并将《赔偿与赦免法》讥为"赦免国王仇人而遗忘国王友人之法"。[2]

虽然王室是在未被附加任何条件的情况下复辟的,但具有浓厚保皇色彩的特别议会,曾在5月1日通过的一份决议中表示:"依照本王国古老的和根本的法律,政府[或统治]属于且应该属于国王、上院和下院。"1661年的议会是由国王召集的常规议会,它通过的第一部法案严禁人们发表"议会两院或议会中任何一院享有无

---

[1] Jefferson to Milligan, Apr. 6, 1816, in *Writings of Thomas Jefferson*, ed. Albert E. Bergh, 14:466.
[2] [英]屈勒味林著,钱端升译:《英国史》(下),东方出版社2012年版,505。

需国王［参与］的立法权"。[1] 这些文件的本意是要恢复国王和上院在英国政体中的地位，并谴责长议会非经国王同意而制定法令的做法，但其中也体现了一种重大的政治思想转变，即曾由查理一世背书过的混合政体理论已被英国社会广泛接受。在内战时期曾被王党人士极力批驳的学说，现在竟然出现在由王党人士主导的议会决议和法案中。如果说以前"王在议会"的说法，试图突出国王在立法中的核心地位，现在将"国王、上院和下院"并列的说法，则意味着立法主权系由三方平等地分享。[2]

王室方面显然不愿接受对君主政体的这一理解。在对弑君者的审判中，被告方曾辩称，他们都是以议会名义或依议会命令行事，而"议会是当时的最高权威"。对此，王座法院首席法官罗伯特·海德爵士（Sir Robert Hyde）表示："你们和所有人都必须知道，国王高于两院。两院须向国王提议立法：法律是国王而不是两院制定的，虽然要经两院同意，但它们是国王的法律。"财税法院首席法官奥兰多·布里奇曼爵士（Sir Orlando Bridgeman）认为，就像议员的效忠誓言所表明的，国王的权力源自上帝，他只从属于上帝，不从属于任何其他权力，是王国中唯一的至高统治者；这并不是说国王可进行绝对而专断的统治，他的确应该依照本国的基本法施行统治，但如果他不依法统治，没有任何人间的力量可以制裁他。为对冲查理一世关于混合政体的表态所造成的影响，布里奇曼提醒人们注意前国王临刑前的说法："人民的自由和利益，并非通过分享统治权力而得到保障；问题在于他们的生命、自由和财产如何在［国王的］统治下得到安全的保障。"[3]

1662年6月开始受审的亨利·韦恩爵士（Sir Henry Vane）的自辩意见值得一提。韦恩先是遵循查理一世的说法，认为立法权由国王、上院和下院分享及共同行使，三方组成了享有最高主权的团体，

---

[1] Corinne C. Weston and Janelle R. Greenberg, *Subjects and Sovereigns: The Grand Controversy over Legal Sovereignty in Stuart England*, Cambridge University Press(1981), 149-150.

[2] Betty Kemp, *King and Commons* 1660-1832, (London, 1957), 7.

[3] Corinne C. Weston and Janelle R. Greenberg, *Subjects and Sovereigns: The Grand Controversy over Legal Sovereignty in Stuart England*, 153-154.

可以制定和废止法律。但他同时认为，当两院达成一致时，它们比国王具有更高的权威，可以在国王不同意的情况下制定法律，并且，议会具有维护政体稳定的责任，有权采取行动防止或阻止国王沦为暴君，在必要时也可使用武力。如果这样的说法成立，长议会及其属员就不应受到叛国的指控。韦恩甚至进一步认为，统治权力的根源"在于本王国的共同同意，在于人民的意志，或者说在于由议会所代表的王国整体"。查理二世原本有意让韦恩免于一死，但后者直率而大胆的自辨意见使前者改变了想法。[1]

韦恩激进的自辨意见，与王室方面的立场当然是相互对立的。对前者来说，统治权力自下而上地来自人民，最高立法权应由议会和国王分享，且议会比国王更有资格代表整个共同体。对后者来说，统治权力自上而下地来自上帝，国王是唯一的立法者，议会对法律只有建议和同意的权力，且议会没有任何正当权力去抵抗或问责国王。不过，两者的对立恰好突显了复辟时期最根本的政治问题：在国王、上院和下院平等地分享最高权力的政体中，如果国王与两院之间出现了分歧该怎么办，他们之间的政治冲突该如何解决？克拉兰敦曾认为，在国王和议会之间保持权力的平衡，是顶级政治智慧的体现。英国著名历史学家屈威廉认为，"这是一位律师的政治观，带有一位律师思想的所有优点和缺点"，它对复辟初期的政治重建具有无可估量的价值，但却不能成为一个长久的解决方案：如果议会和国王双方各有一半的主权，一个正在发展中的帝国如何能得到稳定的统治和引导？[2]

王政复辟的结果之一，是圣公会取代清教再次成为英国国教，它的财产和特权随之恢复，它的成员垄断了中央和地方的官职，并掌握了两所大学的管理权。1662年至1665年，议会通过了一系列严酷的法律（统称为"克拉兰敦法案"），禁止人们举行非国教的宗教仪式，违者以犯罪论处。《天路历程》（Pilgrim's Progress）的作者约翰·班

---

[1] Corinne C. Weston and Janelle R. Greenberg, *Subjects and Sovereigns: The Grand Controversy over Legal Sovereignty in Stuart England*, 154-157.

[2] ［英］G. M. 屈威廉著，宋晓东译：《英国革命》，商务印书馆2020年版，11-12。

扬就曾因此被下狱。不过，真正推动这些立法的，是在议会中占多数的国教议员，他们既想惩罚违背国教的清教徒及其他新教异见者（Protestant dissenters），以发泄积累多年的政治怨忿和个人仇恨，也想压制忠于罗马教廷的国内天主教徒。查理二世并无多大的宗教热情，他曾在战场上被天主教徒救过命，况且他的王后、他的弟弟兼继承人，以及他的大多数情妇都是天主教徒，他的外交政策也倾向于天主教的法国，所以，他希望能尽量保护国内的天主教徒，为此他又得同样保护非国教的新教徒。[1]

1672年3月14日，王室发布《容忍宣言》（Declaration of Indulgence），搁置相关的刑事法律，允许新教异见者公开礼拜，同时允许罗马天主教徒私下礼拜。当议会于次年2月集会时，下院多数议员认为，国王无权单方面搁置与教会事务有关的刑法，作为参与立法的三方之一，国王需要与两院分享立法权，因此，除非得到议会同意，国王不得搁置三方共同制定的法律。在极力主张宗教宽容的沙夫茨伯里伯爵的建议下，王室将此问题提交上院审议，期望上院能得出不同于下院的意见。这就迫使上院必须回答具有根本意义的问题：王国的法律到底由谁来制定？只有制定法律的人有权废止或搁置法律，这是当时通行的见解。如果国王是唯一的立法者，议会只有从属的建议权和同意权，那么，国王就可依照自身的判断搁置法律。如果法律是由国王、上院和下院三方制定的，那么，搁置法律也必须由三方一致决定。结果，上院支持了下院的意见，查理二世随后撤回引发争议的《容忍宣言》。[2]

这次争议的具体问题与宗教有关，结果对宗教宽容很不利。但在"立法权归属于谁"的宪法问题上，却是议会取得了胜利。这也是法治原则对王权的胜利。在这次宪法争议中，保守派占多数的议会两院一致认为，英国的立法主权由两院和国王共同行使，而国王也以让步的方式隐含地承认了议会的立场，这意味着英国的主流政治意识已

---

[1] G. M. 屈威廉著：《英国革命》，14-16。

[2] 对此次争议的深入分析，参见 Corinne C. Weston and Janelle R. Greenberg, *Subjects and Sovereigns: The Grand Controversy over Legal Sovereignty in Stuart England*, 161-176。

接受议会对立法主权的分享，王室也不再有坚持垄断立法主权的政治意志。查理二世的王位继承人约克公爵目睹了上院辩论和表决的过程，他认为这是对王权的一次重大打击。此次议会还制定了《信仰甄别法》（the Test Act），规定任何在政府和军队担任公职的人，都必须按照国教规定的仪式参加圣事，而天主教徒是不会参加异端教派的宗教圣事的。这项法律直到 1828 年才被撤销，它将天主教徒排斥在公职之外长久一个半世纪之久。它的直接后果之一，是除去约克公爵的海军上将之职，尽管他的王位继承权并未因此受影响。等到他继位后，是否废除这项法律，就成了他与他的新教臣民间的主要争议之一。

《信仰甄别法》的实施，暴露了王位继承人系罗马天主教徒的惊人事实。数年后，便出现一场由约克公爵的继位权问题引发的政治危机（史称"排除危机"）。这场混杂着宗教仇恨和政治对抗的危机，在议会中以一个宪法问题的方式呈现出来：议会是否有权通过一项法案，来排除詹姆斯的王位继承权？

在这个问题上，辉格党和托利党在议会内外形成了尖锐的对立。辉格党认为，议会是王国立法主权（最高权力）的分享者，有权干预任何与王国安全及命运有关的事务，包括王位继承问题。他们准确地认识到，一名狂热的、亲法的天主教徒不可能履行好国家首脑的职责。如果詹姆斯成为国王，他不可能会是反天主教的英国国教的保护者，他的外交政策也会帮助法国征服荷兰，成就法国在欧洲大陆的霸权，从而危及英国的安全与独立。因此，辉格党在下院提出《排除法案》，坚决要求排除詹姆斯的王位继承权。

辉格党人试图排除一位天主教徒继承王位的努力，与他们反对王权专制的政治立场密切相关。他们担心国王的天主教信仰会导致政治上的专制主义。在他们看来，"哪里由天主教君主掌权，哪里就有专制的肆虐"。"不要天主教，不要被奴役"是他们当时的主要口号。当时的英国人有此担心，并非杞人忧天。十七世纪，法国、西班牙等实行专制君主制的国家，也都是天主教国家，且教会是专制统治的支柱之一。罗马教廷也不认同立宪或有限君主制。1679 年，在英国上院的一次演讲中，沙夫茨伯里伯爵曾以极为生动的语言，来激发人们对天主教的恐惧。他说道："天主教和政治奴役就像是两姐妹，手牵着手，有时是这一个先进房门，有时是那一个先进房门，但另一个总会紧跟其后。"

托利党则认为，王权世袭是英国国教神圣不可动摇的原则，与之相伴的另一个原则是对王权的绝对不抵抗主义，也就是说，无论国王是否沦为残忍和不守法的暴君，臣民都无权武力反抗世袭的国王，因为世袭的王权有着神圣的来源。他们团结在王室周围，极力阻击《排除法案》的通过，以维护既有的世袭规则。他们对不久前的内战仍心有余悸，认为该法案隐含的有限君主制和抵抗权观念，正是引发惨烈内战的祸因。托利党在反对罗马天主教上与辉格党是一致的，但他们更倾向于接受詹姆斯继位的结果。他们的希望在于，等詹姆斯去世后，将会由他两个女儿中的一个继承王位，而他两个女儿都是新教徒，且都嫁给了信奉新教的外国亲王。在排除法案上的对抗，促使两党以更完备的组织和更有力的宣传，投入到议会选举之中。它们引入各种新颖的助选办法，以激发民众对选举及其结果的兴趣。这些做法预示了光荣革命之后，英国两大政党在稳定宪政框架下以和平方式开展的政治竞争。

两党在排斥詹姆斯王位继承权上的政治对抗，使得内战时期争论过的理论问题被重新激活，结果是又一次历史性的大辩论。[1] 这次辩论的核心主题是下院的起源，以及它在英国政体中的地位。在这场被认为给光荣革命做好了思想准备的辩论中，辉格党在理论上的代表人物是威廉·佩蒂特（William Petyt）。在他的《英国下院古老权利之维护》一书中，佩蒂特重申了关于议会（特别是下院）之古老性的普通法思想，他援引布莱克顿等人的著作，认为下院在 1189 年以前，也就是有记录的法律史以前就已存在，"一直是议会的基本组成部分"。下院是英国平民（乡村士绅和城镇市民）行使"在议会得

---

[1] 对排斥危机期间宪法大辩论（the Brady controversy）的深入研究，参见 Corinne C. Weston and Janelle R. Greenberg, *Subjects and Sovereigns: The Grand Controversy over Legal Sovereignty in Stuart England*, 182-221; J. G. A. 波考克著：《古代宪法与封建法：英格兰 17 世纪历史思想研究》171-213。

到代表"这一古老权利的机构，它一直是与国王、上院同年代和同等级的，并与后两者分享立法主权。在诺曼征服时，由于威廉一世确认了忏悔者爱德华时期的法律，因此议会的立法权得以延续。佩蒂特表示："在他［威廉一世］统治时，我们仍有一些大咨询会或议会，且自由民或平民也出现在议会中，并分享立法的权力。…如果议会因为征服而被摧毁或破坏，那么，［威廉一世］承诺恢复忏悔者爱德华的法律又有什么意义？"[1]

在托利党一方，理论上的代表人物是牛津大学盖阿斯学院院长、王室御医罗伯特·布雷迪（Robert Brady）。他的主要著作包括《对佩蒂特先生一部近作全面而明确的答复》（*Full and Clear Answer to a Book lately Written by Mr. Petyt*）和《古代英国史导论》（*An Introduction to the Old English History*）。1686 年，鉴于他对托利党政治事业作出的理论贡献，布雷迪被任命为伦敦塔档案管理人。布雷迪认识到，要想论证国王独享立法主权的主张，就必须否定佩蒂特所谓"下院与国王、上院同时代产生"的观点。他吸收了此前亨利·斯佩尔曼爵士（Sir Henry Spelman）较为超然的和学术性的研究成果，这一成果否定了福蒂斯丘和科克等人关于英格兰法律起源的夸张说法。[2] 布雷迪认为，在诺曼征服时，威廉一世在诺曼军人的辅助下统治英国，威廉将英格兰全部土地分封给他的伙伴们，后者因此成为威廉的直接封臣。当时已不再有盎格鲁－撒克逊自由土地权利人，绝大多数英格兰人都是农奴，根本不可能通过下院这样的机构来分享立法权。大宪章及其他由王室签署的宪章，都是出自国王的单方恩赐，其中载明的一系列自由，只是国王作为领主表示愿意减轻封臣们的封建义务。英国议会的前身，只是由国王的直接封臣们组成的御前咨询会（一种封建性的议事会），平民的代表要等上两个世纪才有机会出席。与布雷迪同一阵营的威廉·达格代尔爵士（Sir William Dugdale）更是露骨地指出，乡村骑士代表不但比贵族更晚出席议会，而且他们

---

[1] William Petyt, *Antient Right of the Commons of England Asserted*, London (1680), 39.
[2] 关于斯皮尔曼在"发现封建制"方面的知识贡献，参见 J. G. A. 波考克著：《古代宪法与封建法：英格兰 17 世纪历史思想研究》，84-115。

第一次出席还是由篡权者西蒙·德·蒙特福特于1265年召集的,城镇市民代表还要再晚才有机会出席。[1] 这些托利党理论家得出的结论是,在诺曼征服后,威廉一世及其继任者是人为法的唯一来源,下院与王权不是同年代产生的,更不是同级别的,它和上院都是王权的产物,都从属于王权,而不是立法主权的分享者。用布雷迪的话说:"人民假装拥有的所有自由和特权,包括在立法中所起的有限作用,都是本国国王授予和让步的结果,都来源于王权。"[2]

以今天的事后之明来看,总体而言,托利党理论家的历史研究更符合史实。他们的研究结论预示了十九世纪以来英国宪政史学界对"辉格史观"的重大修正。布雷迪已经认识到,将十七世纪英国的法律和制度视为极为古老的东西,这其中包含着一种知识谬误:即脱离语境来解释术语,将它们在当代的用法等同于它们在古代的用法。[3] 布雷迪曾这样评论科克法律学说中的时代错置(anachronism)问题:"爱德华·科克爵士并不在意封建法在当时应用的情况,而是任意依照他的现代法来解释大宪章,而这些现代法在当时根本就不为人所知或所闻。用旧的做法和惯例来解释、混淆新的法律,以及用最近的惯例和现代做法来解释、混淆旧的法律,这一直是某些人的伎俩;如果他们能努力弄清这些法律的历史,以及它们赖以制定的根据和理由,或许就会看到在新、旧法律之间并无一致性。"[4]

不过,布雷迪等人的历史研究也是由特定的政治目的所支配,即试图论证斯图亚特王室是独一的主权者。如果布雷迪的看法成立,那就意味着建立在普通法论据上的古老议会是不存在的,同时须抛弃的主张是:英国一直实行混合的和有限的君主制,国内最高立法权由国王、上院和下院分享及共同行使。为了对冲这种看法的影响,辉格党理论家将布雷迪等人视为宣扬绝对君权的现代理论家,认为他们

---

[1] William Dugdale, *The Baronage of England*, London (1675), 'preface'.

[2] 引自 Corinne C. Weston and Janelle R. Greenberg, *Subjects and Sovereigns: The Grand Controversy over Legal Sovereignty in Stuart England*, 185.

[3] J. G. A. 波考克著:《古代宪法与封建法:英格兰17世纪历史思想研究》,193。

[4] 引自 J. C. Holt, *Magna Carta*(3rd edtion), Cambridge University Press(2015), 36.

试图在英国建立像法国一样的专制君主制。辉格党另一重要理论家詹姆斯·蒂勒尔（James Tyrrell）表示："那些强烈否定议会古老性，特别是否定下院古老性的作家们，除了让专断君主具有伪装的正当性，并将我们的混合和有限君主制，变成法国现今实行的绝对和专制暴君制之外，我看不出他们还能有什么别的目的。"[1]

虽然布雷迪的看法有着更充分的历史证据，但他将封建时期的英国国王，视为博丹意义上的主权立法者，显然亦有时代错置之嫌。在中世纪的观念中，就像自然界由永恒的法则所支配，人类社会也是由各种非人为的、无所不在的法律所统治，包括国王在内的每个人的权利和义务，都由这些法律所界定。国王有的只是以法律为依据的封建宗主权，而不是创设法律和居于法律之上的政治主权（在这一意义上，可以说科克的普通法思想仍深受中世纪法律观念的影响）。另外，在十七世纪后期英国人的政治意识中，混合和有限君主制的观念得到了更广泛的认同，布雷迪和他的同道则属于日渐式微的少数派。正是因为如此，几年后的光荣革命才得以顺利进行。颇具象征意义的是，佩蒂特在革命完成后不久便取代布雷迪，成为伦敦塔档案管理人。[2]

值得注意的是，自科克以来的普通法思想原本是要论证，作为古老习惯的英国法律，独立于任何个人或团体意志，不存在任何居于普通法之上（因而不受它约束）的主权权力。当这种思想被用于论证"古代宪法"的存在，即用于论证议会的古老起源，以及议会对最高立法权的分享时，仍带有浓厚中世纪色彩的普通法思维，便开始让位于关于议会之立法主权的现代理论：法律虽不是国王意志的产物，但却是议会立法权力的产物。在佩蒂特的作品中，已出现了这样的说法："如此，我们便足以了解到，完全的、充分的和绝对的权威、优越性与管辖权，不可分离地联系和结合在一起，并属于议会。"依照佩蒂特的看法，不仅威斯敏斯特的法官无权裁决议会的立法是否有

---

[1] 引自 Corinne C. Weston and Janelle R. Greenberg, *Subjects and Sovereigns: The Grand Controversy over Legal Sovereignty in Stuart England*, 185。

[2] J. G. A. 波考克著：《古代宪法与封建法：英格兰17世纪历史思想研究》，212。

效,而且法律人士在普通法重要问题上的意见分歧,最终也应通过议会的立法权而不是法官的裁判权来解决。[1] 从这里可看到,爱德华·科克的法律思想,开始让位于威廉·布莱克斯通的法律思想。1628年,科克在下院发言中表示,"大宪章…不会有任何主权者"。在1765年出版的《英国法释义》中,布莱克斯通表示,在任何国家,"都有且必须有一种最高的、不可抗拒的、绝对的、不受控制的权威,主权的权利就存在于其中…主权权力就是指制定法律[的权力],无论这一权力属于谁,其他权力都要遵从它,并接受它的指引……"。[2] 法律的"主权",让位给了立法者的主权。

在布雷迪看来,佩蒂特属于这样一群人,"他们在档案、历史、宪章和其他古代纪念物中,发现人民享有古老的权利和特权",并鼓动人民为保护这些所谓的根本权利而反对政府,其中最主要的是在议会中得到代表的权利。布雷迪注意到,还有另一群不安分的人,他们干脆宣称所有的政府权力都源于人民,国王也只是由人民授权和委托的公仆,需要对自身不当的统治行为负责,如果国王有严重的滥权行为,甚至可以被废黜或被处死。布雷迪认为,这两群人的目的其实是相同的,都在"以似是而非的理由鼓吹人民的自由,或者就是要改变政府形式"。[3] 他甚至已看出,前一种关于古代宪法的主张,在逻辑上可推出后一种关于人民主权的主张:既然下院和国王、上院一样古老,且与国王、上院分享主权,而下院又是由全体选民自由选举产生的,这就意味着下院所分享的主权,直接源于英国政治共同体的全体成员;这样一来,世袭的国王和由国王册封的上院议员,就失去了与共同体的政治联系,因为只有下院才是共同体全体成员的代表机构。

不过,大多数辉格党理论家并不想走得这么远,他们不愿意接受人民主权的概念,以免重新回到刚刚过去的、秩序极不稳定的共和国

---

[1] William Petyt, *Antient Right of the Commons of England Asserted*, 146-147.
[2] Wayne Morrison ed., *Blackstone' Commentaries on the Laws of England*, Cavendish Publishing Limited(2001), vol. I, 36.
[3] Corinne C. Weston and Janelle R. Greenberg, *Subjects and Sovereigns: The Grand Controversy over Legal Sovereignty in Stuart England*, 186.

时代，因而满足于将下院的权力建立在自古以来的习惯之上。只有少数人明确提出在当时颇为激进的人民主权主张，其中就包括《政府论》的作者约翰·洛克。

如前所述，罗伯特·菲尔默是《政府论》的主要批评对象。在排除危机期间，菲尔默的《父权制》和《自由持有人大调查》这两部著作，对确立托利党的意识形态发挥了关键作用。在十七世纪的英国，正是菲尔默首次对君主的绝对主权进行了系统的、毫不妥协的论证，而布雷迪"只是一名在历史纬度支持菲尔默主张的战士"。[1] 菲尔默主要是以哲学论证（而不是历史考察）的方法，消解"不可追忆的普通法"的观念，进而摧毁支持议会权力的古代宪法理论。他在《父权制》中写道："对每个习惯而言，都存在一个尚无该习惯的时期，我们现在有的第一个先例，当它开始时，本身是没有先例的。在每个习惯开始时，使它正当的，是别的东西而非习惯，否则的话，一切习惯的开始便都是不正当的。习惯起初是正当的，只是因为某种优越的权力，这种权力要么命令它们开始，要么同意它们开始。"[2] 菲尔默认为，这种优越的权力最终必定存在某个人的意志之内，每一项法律都在某个时间起源于某个人的意志，在人类历史上，任何法律或权利都必定在某个时间点上有个开端，这个事实本身就是绝对权力的论据。如果一个人制定了法律，那他必定是享有主权，这一主权必定完好无损地传给他的后嗣，继受了主权的后嗣修改或撤销先祖的法律，这本是主权的应有之义，其中没有任何荒谬或不正当之处。

如果说菲尔默毫不妥协地坚持君主主权原则，洛克则是毫不妥协地坚持人民主权原则。与佩蒂特诉诸古代宪法的历史及法律论证不同，洛克采用以理性、自然权利和社会契约为要素的政治哲学论证，后者远比前者更为激进，也更有革命色彩。在洛克的政治学说中，议会的立法权和国王的行政权均源于人民的委托，且行政权总是从属于立法权，而政府权力的最终目的，是更好地保护每个人的自然

---

[1] J. G. A. 波考克著：《古代宪法与封建法：英格兰17世纪历史思想研究》，176-183。

[2] Filmer, *Patriarcha and Other Writings*, ed. Johann P. Sommerville, Cambridge University Press(1991), 45.

权利。且以征服问题为例。在科克看来，威廉一世是基于英格兰的法律，而不是基于征服取得王权。科克的对手则认为，威廉一世的王权源自征服。双方都同意，如果王权确实是因征服而产生，那么，王权在原则上就高于法律，或者说对于一个被征服的王国来说，一切法律均出自征服者的意志。在《政府论》中，洛克用了不小的篇幅讨论征服问题。他从自然法和人的自然权利出发，详细论证"征服远不等于建立任何政府，就像拆毁房屋不等于在原地重建新屋一样"。在他看来，征服根本就不能产生正当的统治，征服者若要建立新的统治，也必须得到人们的同意："为了创建新的国家结构，往往要摧毁旧的；但是，如不得到人民的同意，绝不能建立一个新的［结构］。"[1] 从理论上看，到了洛克写作《政府论》的时候，科克所代表的普通法和古代宪法思想，已经在霍布斯和菲尔默的哲学批判下支离破碎，洛克的伟大之处正在于他能超越对英格兰法律史的考察，转而从政治哲学的层面反驳前两人的绝对权力学说，并对有限政府的必要性和正当性进行具有普遍意义的论证。[2]

沙夫茨伯里是排除危机时期辉格党的主要政治领袖之一。他是洛克的赞助人，洛克曾以政治密友、家庭医生和家庭教师的身份，长期居住在他家中，并深度参与他所领导的反对查理二世和约克公爵的政治活动。1680年底，当争取用立法程序排除约克公爵继位权的努力，因查理二世拒不召集议会而失败时，沙夫茨伯里便召集和组织一帮激进人士，准备在英国发动推翻查理二世的武力抵抗。洛克正是在这段时间写作了《政府论》，试图从理论上对这一谋划中的革命活动加以正当化。依照洛克在《政府论》下篇最后一章中的论述，掌握执行权的国王若是利用手中权力阻止立法机构集会与议事，那就意味着政府的解体，一切权力就回到了人民手中；此时，国王行使权力就完全是非法的，人民有权以武力进行抵抗。这一论点就是针对查理二世拒不召集议会的做法而提出的。即使考虑到沙夫茨伯里的强大政治影响力，洛克为武力抵抗国王提供理论论证，并将在位的国王描

---

[1] *Two treatises of Government*, 385.
[2] Richard Ashcraft, *Locke's Two Treatises of Government*, Routledge(2010), 29-30.

述成"威胁英国人生命、自由、财产和宗教的暴君",这仍是一件极其危险的事情。[1]

二

1685年2月,查理二世去世,约克公爵在托利党和国教教会的支持下继位,成为国王詹姆斯二世。虽然查理二世生前也想扩张王权,但他是一个精明而识事务的人,虽偏爱天主教,但在宗教上并不执着或狂热,也看得清英国人的政治意识在内战后已发生深刻的变化。他在位时,长议会的一些立法,甚至克伦威尔时期的一些改革措施,都被延续下来。比如,克伦威尔时期制定的《航海法》(the Navigation Acts)继续有效,这对英国未来赢得海上霸权起了重大的推动作用。在此期间,除一般的税收外,连关税的征收也要得到议会同意,这原本是国王特权范围内的事务。国王管制海外贸易的传统权力,也转移到议会手中。总体而言,查理二世还是尊重英国人的宗教感情和承认王权的有限性,并尽量避免出现与议会摊牌的局面,由托利党占优势的议会也不愿经常与王室对抗。双方都不愿挑起敏感的主权归属问题,都满足于某种微妙的权力平衡状态。

詹姆斯二世却是一个性格顽固的人,且对天主教有执着的信仰。他还坚信,他的父亲查理一世之所以下场悲惨,就是因为对议会做了太多的政治让步。詹姆斯二世一心要在英国恢复天主教。他为此签署《包容宣言》(the Declaration of Indulgence),成批地搁置《信仰甄别法》等一系列法律。这样他就可以运用手中广泛的人事任命权,委任天主教徒担任各种重要的公职。他还恢复原已废止的高等宗教事务法庭,并利用它免去一些国教徒的教职,并以天主教徒取而代之。这个原本用来迫害天主教徒和清教徒(这两类信徒从不同角度挑战国教的权威)的机构,被转变成一个便于天主教徒向国教渗透的工具。国教神职人员的既得利益因此受到严重损害,因为教会职位往往

---

[1] 关于洛克政治学说的激进性以及他参与激进政治活动的情况,参见 Richard Ashcraft, *Revolutionary Politics & Locke's Two Treatises of Government*, Princeton University Press(1986)。

伴随着巨大的财产和经济收益。

詹姆斯二世发现,为实现英国的天主教化,他必须像欧洲大陆一些国家的君主那样,成为拥有绝对权力和不受法律限制的国王。为此,他任命惟王命是从的人担任法官,后者的任务是解释和支持国王超越法律的特权。法官不能是国王和臣民之间的仲裁者,只能是培根所说的"王座下的狮子"。他在镇压蒙莫斯叛乱(The Monmouth Rebellion)后,继续保留一支约有三万人的常备军,并利用它来贯彻自身的专断统治。为便于镇压异己,他还搁置查理二世时期制定的《人身保护令法》,同时极力压制国内的出版自由。

詹姆斯二世追求天主教和专制主义合一的做法,很快便疏远了王室的两大重要传统盟友,即托利党和国教教士阶层。这两个有所重合的人群在政治上认同君权神授和不抵抗主义,在宗教上却是反天主教的,且认为王权不能完全脱离法律的约束。在查理二世时期,他们的立场所包含的矛盾之处尚可遮掩。比如,面对议会两院的一致反对,查理二世最终撤回了《包容宣言》,而不是强硬地冒犯托利党和国教教会的反天主教情绪。但詹姆斯二世的一意孤行,却使他们必须在自身的政治理论和宗教立场之间有所抉择。牛津和剑桥大学是国教神职人员的训练场所,是保王党人的思想和精神源头。这两所大学极力宣扬不抵抗主义,并曾竭力帮助詹姆斯二世无条件登上王位,但后者的"回报"却是蛮横地对它们实行天主教化。

詹姆斯二世的政策同时引发了托利党、国教教会和辉格党的不满。连一些天主教徒也对国王的激进做法忧心忡忡,因为他们深知自己人数太少,不指望在英国取得支配地位,只是想获得宗教上的宽容(这在当时本来是不难实现的)。在四面楚歌情况下,詹姆斯二世试图笼络英国的清教徒,后者本是斯图亚特王室的死敌。他任命不少请教人士担任公职,并称《包容宣言》是"保障良心自由的大宪章",以表明他和清教徒一样支持宗教宽容。不过,大多数清教徒对此并不买账,一是因为他们本来就反对天主教,也知道国王只是暂时利用他们,二是因为他们认为信仰自由不能出自国王的恩惠,更不能让国王享有任意搁置法律的权力。当然,詹姆斯二世根本不是信仰自由的赞助者,他真正的意图是要在英国建立得到天主教信仰支持的绝对君主制。当时，法国王室已废除《南特敕令》（the Edict of Nantes）并在国内大肆迫害新教徒，而一旦詹姆斯二世建立稳固的专制统治，就很可能效仿路易十四的做法。哈利法克斯在影响广泛的"致一名非国教徒的信"中，告诫清教徒不要与詹姆斯二世结盟，而是应合力反对新教的敌人。他在信中表示："英国国教会已经认识到自己的错误，不应该那么严厉地对待你们…[以后]一定会友善地对待你们。"[1]

到 1688 年，已经形成了一个由不同阶层、党派和教会组成的联盟，反对詹姆斯二世这一共同目标，让英国人暂时抛开了托利党与辉格党、国教与非国教之间的宿仇。这年春天，包括坎特伯雷大主教在内的七位高级神职人员，拒绝依照国王命令在教堂宣读《包容宣言》。他们认为，国王不能在未经议会同意的情况下中止法律的施行，并表示，如能召集经自由选举产生的议会，他们将支持一项针对非国教徒的宽容法案。这意味着，英国最保守的国教神职人员也作出了宗教宽容的承诺，只是希望相关法令能由议会制定。詹姆斯二世对此的反应，是以煽动性诽谤的罪名将他们予以拘捕，由此引发了光荣革命导火索之一的"七主教案"。当七位被告最终被法院宣判无罪时，伦敦街头出现了民众的狂欢，分布王国各地的教堂纷纷鸣钟庆贺，连国王部队的将士们也发出了欢呼。除了詹姆斯二世本人外，几乎所有人都察觉到，国王的权力基础已经开始崩塌了。

在七主教案宣判三周后，婚后多年未育的王后为国王生了个儿子（威尔士王子）。依照既有的继位规则，威尔士王子是王位第一顺位继承人，且注定会被培养成一位天主教徒。这样一来，人们期待詹姆斯二世的王位将由他信奉新教的女儿继承的希望破灭了，英国可能永久地被天主教国王所统治。这一变故促使托利党和国教领袖放弃了对严格世袭原则的坚持，愿与辉格党一道欢迎奥伦治的威廉受领英国王位。当时，威廉是荷兰共和国的首脑，他希望扩展自己在英国的影响力，以便使英国和荷兰结成对抗法国的联盟，因此表示愿意接受英国王位，并承诺将为英国人的宗教、法律和自由提供可靠的保

---

[1] G. M. 屈威廉著：《英国革命》，50。

障。[1] 1688年11月,威廉率领一支军队登陆英国,最终迫使他的岳父詹姆斯二世逃往法国。

在詹姆斯二世逃离英国后,查理二世统治时最后一届议会的部分上、下院议员赶往伦敦进行非正式集会,开始商讨王国的安全问题。他们请求威廉接管英格兰的行政治理并召集一个议会。圣诞节后,各地选民依照威廉发布的公函选举产生了一届特别议会,并委托它解决英国的王位填补和政体修复问题。此届议会由一位亲王召集,而非依在位国王的命令选举产生,这决定了随之而来的政治解决方案的革命与超法律特性。

1689年1月28日,特别议会下院全院委员会(Committee of the Whole House)开会讨论当前事态和应对方案。由于事关政府的性质、英国宪法的特性以及詹姆斯二世是否应被废黜等重大政治问题,且不同党派议员的政治信念又颇多对立,因此,人们普遍以为,会议要持续数周甚至数月才可能有结果。没想到,会议上午九点开始,当天下午两点多便告结束,并产生了一份一致通过的决议。[2]

为尽量合乎原意,现将这份决议中最重要的一段话直译如下:"国王詹姆斯二世通过对国王与人民之间原初契约的违反,试图颠覆本王国的宪法;听从耶稣会士和其他邪恶人士的劝告,违反根本法;并自逐于王国之外,从而放弃了统治,王位因此出现空缺。"(…that King James the Second, having endeavoured to subvert the constitution of the kingdom, by breaking the Original Contract between king and people, and by the advice of Jesuits, and other wicked persons, having violated the fundamental laws, and having withdrawn himself out of this kingdom, has abdicated the government, and that the throne is thereby become vacant.)

即使是英语国家的学者也认为,这段话的意思在语法上是很含

---

[1] 关于威廉出征英格兰的政治考量以及荷兰国内支持他的原因,参见 K. H. D. Haley, 'The Dutch, the Invasion of England, and the Alliance of 1689', in Lois G. Schwoerer ed., *The Revolution of 1688-1689: Changing Perspectives*, Cambridge University Press(1992), 21-34。

[2] J. P. Kenyon, *Revolution Principles: The Politics of Party 1689-1720*, Cambridge University Press(1977), 9.

混的，可以有几种不同的解释。不过，就我们的讨论来说，以下三点是没有疑义的：（1）决议认定詹姆斯违反了国王与人民之间的原初契约；（2）但是，对原初契约的违反，并没有被表述为詹姆斯丧失王位的理由，而是被表述为他试图颠覆王国宪法的手段；（3）决议并没有说詹姆斯的王位被废黜，而是说他自己放弃了统治，从而造成了王位空缺。

这份决议吸收了契约观念并接受了王位空缺的后果，因而反映了辉格党人的主张。在当天的讨论中，罗伯特·霍华德（Robert Howard）、约翰·萨默斯（John Somers）和约翰·梅纳德（John Maynard）等辉格党议员表示，英国的政体建立在国王与人民的契约之上，如果国王违反了契约，人民便不再有义务服从他的统治。在他们看来，国王的权力并非来自上帝的授予，而是来自人民的同意。[1] 这些议员在表达他们的契约论主张时，并没有将统治契约和社会契约加以区分，只是在一种笼统而含混的意义上使用"契约"的说法。依照当时主流辉格党人（古代宪法信奉者）的看法，在不可追忆的远古时代，人民通过议会接受某人成为国王，后者则通过加冕誓言表示将维护法律和人民的自由，因此，英格兰王国起源于一项对国王和人民皆有约束力的原初契约（统治契约）。如果国王违反契约的行为严重到了某种程度，臣民就可免除服从的义务，结果就可能是抵抗和废黜国王。大宪章的最初签署和后来国王们对它的确认，也经常被视为对原初契约（统治契约）的重申。

我们也看到，在英国大内战期间，平等派明确提出了一种社会契约理论。在他们的论述中，契约是在共同体全体成员之间，也就是在组成人民的各个个体之间相互缔结的。从如此缔结的社会契约，可引申出共同体的根本法（或者说宪法），它规定着政府的形式和政府机构的权力，那些行使权力的官员，都是因人民的委托而获得了权力。以社会契约理论为基础的人民主权原则，并不必定意味着共和制，因为，如果人民愿意的话，也可以设立行使行政权的国王。后来，在洛克的学说中，社会契约是自然状态中的众多个体相互订立，人民和包

---

[1] J. P. Kenyon, *Revolution Principles: The Politics of Party 1689-1720*, 7-8.

括国王在内的政府官员之间并不是双向的契约（contract）关系，而只是单向的委托（trust）关系：人民出于自身确定的目的，将有限的权力委托给政府官员，并可依照自身判断和决定，罢免违反委托的的官员。

虽然在法律性质上统治契约与社会契约大为不同，且从历史过程来看，从中世纪统治契约观念向近代社会契约观念的发展，经历了好几个世纪的时间，但现在看来，社会契约观念几乎可以说是统治契约观念的逻辑结论：假如人民可作为统治契约的一方当事人，那就意味着人民已经是一个统一的政治主体；如果国王的统治地位需要以这样一项契约为前提，那就意味着国王的统治权有赖于人民的同意；一旦人民的同意是国王统治权的前提，人民又为什么一定要依照特定的世袭原则，来认可特定的王位继承者？如果人民可以认可某个人来做国王，为什么就不可以认定某个人不配做国王？在国王是否违反统治契约这一问题上，当人民与国王的看法出现分歧时：（1）如果以国王的判断为准，那就等于让国王不受统治契约的约束，这显然是与人民的同意权相矛盾的；（2）如果由双方以武力解决，即洛克所说的"诉诸上天"，那又将导致此起彼伏的内战，不可能有稳定的政治秩序；（3）因此，唯一合理的方式，就是洛克主张的以人民的裁判为准，而这等于承认人民主权原则，并将国王视为受人民委托的官员之一。

事实上，托利党的主要政治领袖之一罗伯特·索耶爵士（Sir Robert Sawyer）曾通过彻底展示契约论的逻辑后果，对特别议会的全体成员发出警告："如果人民的同意是政体形成和王位产生的基础，那么，议会成员本身也无权决定王位空缺的填补问题；唯一恰当的办法就是全民公投，或是通过更广泛的选举产生一个制宪会议"。[1] 他对契约论的这一解读是很精准的。当时在议会外流传的一些激进辉格党人的政治小册子，也确实是这样主张的。这些小册子的作者认为，"国王的违法和逃离王国的行为，导致了政府的解体，权力因此就回到了人民的手中，人民既有权依照旧有的模式选举新的政府机

---

[1] J. P. Kenyon, *Revolution Principles: The Politics of Party 1689-1720*, 8.

构，也有权依照自身的意愿，确定一个新的政府模式。"[1] 这一说法，与洛克在《政府论》下篇中的论述是非常相似的。

对于托利党来说，承认王位出现空缺是很艰难的。依照君权神授原则和既有的世袭规则，王权总是会归属于某个特定的王族成员，根本不需要议会等人间机构的干预。神圣的王位不会出现空缺，就像自然不会出现真空一样。当一个人不再是国王时，就一定有另一个人依照世袭规则继任。就算詹姆斯不再是国王，王位也自然应属于他的儿子威尔士王子。但此时威尔士王子正在法国王室接受天主教的教育，这就使得由他继承王位的方案被排除。为了让自身的良心得到安慰，托利党人接受了一个谣言：基于耶稣会士的阴谋，在王后假装分娩的那天，有人用长柄暖床锅将一位男婴送至王后的床上，因此，所谓的威尔士王子并非詹姆斯二世的儿子。[2]

即使排除了威尔士王子的继位资格，依照世袭规则，王位也应该玛丽公主单独继承，玛丽的丈夫威廉并没有继位权。托利党人也曾主张由玛丽公主一人继位，但威廉坦言他不会以"女王的绅士司礼官"的身份留在英国，玛丽也拒绝单独做女王。特别议会最终决定由他和玛丽共同继位，同时决定，只要威廉在世，就应该由他来实际行使国王的权力。同意王位出现空缺、接受威廉登上王位和默认议会对王位事务的干预，都意味着托利党偏离了它的基本立场，即君权神授原则和严格的世袭规则，并使托利党人在革命后长期面临理论上的困境和良心上的折磨。有些托利党人只愿接受威廉为"事实上的"（de facto）的国王，而不是"权利上的"（de jure）国王，还有一些人干脆拒绝向威廉宣誓效忠。[3]

虽然特别议会的下院决议认定詹姆斯二世"违反原初契约""试图颠覆王国宪法"和"违反根本法"，但该决议并没有说他的王位被

---

[1] J. P. Kenyon, *Revolution Principles: The Politics of Party 1689-1720*, 8.
[2] 关于这一谣言的政治意义，参见 Rachel J. Weil, 'The Politics of Legitimacy: Women and the Warming-pan Scandal', in *The Revolution of 1688-1689: Changing Perspectives*, 65-82.
[3] Jennifer Carter, 'The Revolution and the Constitution', in Geoffrey Holmes ed., *Britain after the Glorious Revolution 1689-1714*, Macmillan(1969), 41-42.

废黜,而是说他"放弃统治",且"放弃统治"最贴近的原因是他"自逐于王国之外"。这显然是辉格党对托利党政治信条的让步。大多数人托利党人都不愿放弃他们最近还在宣扬的君权神圣理论和不抵抗主义,都不能接受议会或人民有权废黜一位合法即位的国王。托利党议员克里斯托弗·马斯格雷夫爵士(Sir Christopher Musgrave)就曾在下院全体会议上表示:"千万别轻言废黜国王!"[1] 对辉格党来说,如果通过这次革命确立议会干预王位安排的先例,就可以打破君权神授理论,就能确保君主的权力始终受到限制。假如王权被认为是出自神意,一个仅由凡人组成的议会怎么能限制神圣的王权?但是,与托利党妥协的结果,就是缓和辉格党契约论内在的激进性,从它的逻辑结论上往后退了一步。

当然,将王位空缺说成是詹姆斯二世退位的结果,是缺乏说服力的。因为,从传统上说,国王退位应该要有明确的表示,单单是离开王国并不能推定为退位。况且,就算自行离开王国可以推定为退位,这也不能适用于詹姆斯二世的情况,因为他逃离英国根本就不是自愿的,而是被武力胁迫所致。在这里,辉格党立场的自相矛盾也很明显。在国王实际并未主动和自愿退位的情况下,议会以国王的"不当行为"为由,"认定"国王已放弃王位,且在既定的继承顺位之外选定继任者,这意味着议会不但有权废黜国王,而且可以改变君主继位制度。[2] 如果否认议会有废黜国王的权力,那就应承认詹姆斯二世并未丧失王权,或者至少可以说威廉并没有继位资格,这样一来,威廉就真的像法国国王路易十四所指控的那样,是非法获取王位的"篡位者"。这或许就是洛克为什么在《政府论》前言中宣称,只有他的学说才"足以说明我们伟大的重建者、我们现在的国王威廉的王位…是正当的"。

洛克对特别议会的看法,体现了他在《政府论》中阐述的原则。在他看来,特别议会是"与正式议会…性质不同的某种东西",具有修改政府基本形式的权力。洛克认为,特别议会是人民的特别代表机

---

[1] J. P. Kenyon, *Revolution Principles: The Politics of Party 1689-1720*, 8.
[2] Jennifer Carter, 'The Revolution and the Constitution', in *Britain after the Glorious Revolution 1689-1714*, 40.

构，应该履行制宪会议的职责，即在政府解体后重新确定政府形式和组建新的政府，而不是像通常的议会那样忙于处理一些"小事情"。[1] 在从荷兰返回英国之前，他曾于1689年2月7日写信向爱德华·克拉克（Edward Clarke）抱怨道："[特别议会]有了一次采取补救措施的机会，为保障公民权利和这个国家所有臣民的自由与财产，确立一部能够持久的宪法。像这样的会议应该有这样的想法。如果他们像这里的人们所怀疑的那样，视自身为一[普通]议会，将自身陷于缓慢的普通议事程序之中，并试图零碎地修补重大的缺陷，或做任何与政府的重大结构无关的事情，那他们将会错失这次机会……"[2]

不过，即使是在辉格党人中，洛克也属于激进的少数派。威廉·阿特伍德（William Atwood）是辉格党官方立场极具影响力的阐述者之一。在1690年发表的《英国政府的根本宪法》一书中，他反驳了《政府论》中的激进主张。阿特伍德认为，英国议会具有填补王位空缺的固有权力。他通过对历史先例的考察来支持他自己的观点。在他看来，由僧侣贵族、世俗贵族和平民这三个等级的代表组成的特别议会，虽然是在没有国王的情况下产生和集会的，而不是像通常那样基于国王命令而召开，但它仍只是一个既有政体之下的宪定机构，而不是一个有权决定政府形式的制宪机构。特别议会填补王位空缺的行为虽然是"非常规的"，但仍属英国既有宪法框架下的行为。[3]

洛克的好友詹姆斯·蒂勒尔亦是辉格党官方立场的有力辩护者。在蒂勒尔看来，詹姆斯二世的行为导致的后果，只是王位出现空缺，而不是政府完全解体，由王国各等级之代表组成的特别议会，可利用其固有的权力，去填补因退位或王权丧失导致的王位空缺。在他的对话体著作《政治图书室，或英格兰政府的古代宪法研究》中，蒂勒尔

---

[1] Lois G. Schwoerer, "Locke, Lockean Ideas, and the Glorious Revolution", in *Journal of the History of Ideas,* Vol. 51, No. 4(1990), 535.

[2] De Beer(ed.), *The Correspondence of John Locke* (8 vols., Oxford, 1976-89) III, 545-546.

[3] Julian H. Franklin, *John Locke and the Theory of Sovereignty: Mixed Monarchy and the Right of Resistance in the Political Thought of the English Revolution*, 292-293.

宣称:"我从不认为臣民享有罢免或废除他们君主的权威;特别议会自身也不得享有任何此类权力。特别议会在这一事务中的行为并非权威性的,或者是要让国王对他的行为负责,或者因统治不当而废除他;[特别议会的行为]只是宣示性的,是作为整个国家的代表告示和宣布,由于国王试图消灭新教宗教和颠覆王国的根本法律与自由,他已经故意放弃了统治,即放弃以合法国王的身份继续统治王国。我认为这是对统治的默示和心照不宣的放弃。"[1]

在十八世纪,辉格党的官方立场在布莱克斯通的著作《英国法释义》中得到采纳,并借助他的理论权威而广为传扬。在布莱克斯通看来,王位空缺的事实,是由"一个代表全社会的、完全的议会会议(parliamentary convention)"所认定的,由于这一"认定"避免了政府解体的结论,因而不但是合法的,而且是审慎的。他写道:"值得注意的是,特别议会在这方面的判断,以极大的智慧避免了一些狂热的共和主义者的幻想理论可能引向的极端混乱。议会认为詹姆斯国王的不当行为,已构成'试图'颠覆宪法,而不是像洛克先生的原则所主张的那样,已导致政府的实际颠覆或完全解体,后者将使社会几乎陷入自然状态;将拉平所有荣誉、阶层、职位和财产上的差别;将消灭主权权力,并因此废止所有的实在法;将使人民可以自由地在新的宪法基础上建立新的国家体制。议会因此审慎地表决认为,它仅仅是导致对统治的放弃,从而出现王位的空缺;因此,尽管行政首长已经不在了,政府却仍得以存续,且尽管詹姆斯国王已不再是国王了,国王职位却仍然存在。故此,政体仍保持完整……"[2]

不过,就像爱德华·科温所言,布莱克斯通的著作充满了"显而易见的矛盾"。[3] 特别议会是通过非常规的方式选举产生的,严格地说是不合法的。为了说明特别议会的正当性,布莱克斯通表示,詹姆斯二世对统治的放弃"不只是影响国王本人,也影响他所有的继承

---

[1] James Tyrrell, *Bibliotheca Politica, or an Enquiry into the Ancient Constitution of the English Government*(2nd ed.), London(1727), Dialogue 11, 601.
[2] *Blackstone' Commentaries on the Laws of England*, vol. I, 157.
[3] Edward S. Corwin, *The "Higher Law" Background of American Constitutional Law*, Cornell University Press(1955), 85.

人，并使王位出现了绝对的和完全的空缺"，由贵族和平民代表组成特别议会"代表了整个社会"，它所采取的行动是"国家本身的行动"，因为，"当问题出现在整个社会和受社会原初委托而拥有权力的任何官员之间时，就只能依社会本身的声音来裁决；在地球上没有任何其他法庭可供起诉"。[1] 在这里，他显然是遵循了洛克的学说，即特别议会是代表整个社会而行动，因为詹姆斯二世的行为已导致政府的解体（如果政府并未解体，或者说仍有合法的政府在运行，特别议会就纯粹是一个叛乱组织）。但这样一来，他就无法自圆其说：之所以有必要由特别议会代表整个社会而行动，是因为政府解体了，但特别议会最终又认定政府并没有解体![2] 另外，布莱克斯通对洛克学说的理解也有不准确之处。对洛克来说，政府的解体并不会"使社会陷入自然状态"，因为社会本身并不因政府的解体而解体。此时，人民仍是一个政治团体，可运用自身的制宪权重新组建政府。

三

至此，我们便可将光荣革命时的《权利宣言》与美国《独立宣言》稍加比较了。[3]

第一，在《独立宣言》中，美国建国者毫不含糊地申明了人民的革命权和制宪权，即在政府背离保障权利的目的时，人民有权"改变或废除"政府。在《权利宣言》中，英国人并没有走出这一步。《权利宣言》称，"在威斯敏斯特集会的僧俗贵族和平民（the Lords Spirituall and Temporall and Commons assembled at Westminster），兹

---

[1] *Blackstone' Commentaries on the Laws of England*, vol. I, 156.
[2] 关于布莱克斯通对光荣革命的法理阐述中的不一致，参见 Martin Loughlin, 'Constituent Power Subverted: from English Constitutional Argumeng to Britain Constitutional Practice', in Martin Loughlin and Neil Warlker(eds.), *The Paradox of Constitutionalism: Constituent Power and Constitutional Form*, Oxford University Press(2007), 43-44.
[3] 对《独立宣言》和《权利宣言》政治理念之差别的详细分析，参见 Lois G. Schwoerer, *The Declaration of Rights 1689*, Baltimore(1981)；[美] 迈克尔·扎科特著，王崇兴译：《自然权利和新共和主义》，吉林出版集团有限责任公司2008年版，第3-17页。

决议（do resolve）威廉和玛丽成为英国国王和女王"，这一表述肯定议会有权填补王位的空缺，否定了托利党人赞同的君权神授原则，但并未肯定议会或人民具有废黜国王的权力，而是坚持詹姆斯二世自行退位的虚假说法。

《权利宣言》不仅没有肯定普遍的革命权，而且不承认光荣革命是一场革命。一方面，《权利宣言》在申明詹姆斯二世"放弃统治且王位因此空缺"之前，先列举了国王一系列"试图颠覆和消灭新教宗教和王国的法律与自由"的行为，其作用是表明詹姆斯二世并非正常而自愿的退位。将詹姆斯的某些行为与他的退位联系起来，可以给人们一种国王违反法律的印象，王位的空缺就不是通常的和相对的，而是非常的和绝对的，议会就可以通过决议填补这一空缺，而不是依照通常的世袭规则确定王位继承人。但另一方面，《权利宣言》先用一个"鉴于"（whereas）列出国王的一系列恶行，再用另一个"鉴于"申明国王已退位，这又使得两者像是彼此独立的事实，而不是原因与结果的关系。可见，《权利宣言》的作者们并不愿承认，詹姆斯二世是因其作出一系列恶行而被废黜。[1] 正如一些研究者所论述的，《权利宣言》含糊与不确定的行文是经过周密设计的，是为了避免明确肯定或否定辉格党人与托利党人关于合法政府的对立学说。

第二，虽然在18世纪60年代由印花税法案引发的危机中，北美政治小册子的写作者仍在强调作为大英帝国内殖民者的权利，但1776年的《独立宣言》却阐明了人人生而具有的自然权利，这些权利是普遍的，不因人的国别或其他特征而有所区别。1689年的《权利宣言》所载明的权利，却不是普遍的自然权利，而是"本王国众所周知的法律、立法和自由"（the known lawes and statutes and freedome of this realme）所界定的"古老的权利和自由"（auntient rights and liberties）。这些权利被视为是历史形成的和源于法律的，它们虽然是"本国王人民真正古老和不容置疑的权利与自由"，但仍非人人生而享有的自然权利。它们只属于"本国王的臣民"，只是英国人的权

---

[1] Lois G. Schwoerer, "Locke, Lockean Ideas, and the Glorious Revolution", in *Journal of the History of Ideas,* Vol. 51, No. 4(1990), 538.

利，而不是普遍的人权。[1]

《权利宣言》中列举的各项"权利与自由"，不但相互之间缺乏逻辑关联，而且连权利的享有者是谁都不清楚。一些所谓的"权利或自由"，与其说是个人享有的权利，不如说是对政府权力行使者的约束，或者说是追求和保持某种被视为"正当的"（right）秩序。比如，"非经议会同意"（without consent of parlyament）不得制定、搁置或废止法律；以及"非经议会核准"（without grant of parlyament）不得征税等，都是对国王权力的限制。"议会应该经常开会"（parlyament ought to be held frequently），则是要保持某种值得追求的事务状态。

第三，《独立宣言》明确宣称"人人生而平等"，每个人都与他人同等地享有各项自然权利。依照《权利宣言》的表述，即使在英国人之中，权利的享有也不是平等的，而是依照"僧俗贵族和平民"的不同等级，来分配不同的权利。比如，美国宪法第二修正案规定的武器持有权，是公民普遍享有的权利，而《权利宣言》只承认新教徒具有持有武器的权利。在《权利宣言》中，僧俗贵族和平民须依照各自不同的等级、身份和地位，来分享政治权力。即使在宣布威廉和玛丽成为国王和女王时，宣言也是诉诸三个不同的等级，而不是诉诸由平等的个体所组成了人民。

第四，《独立宣言》所阐述的自然权利，是先于政府和法律而存在的，它们是一切政府权力和法律秩序的来源和基础，政府不但要以保障人们的自然权利为目的，而且任何正当的政府权力，都必须源于人民的同意。《权利宣言》则将王国的法律视为权利的来源，权利不是先于政府和法律的。权利或许仍是至关重要的，也可能对政府权力构成了限制和约束，但它们不是作为政府的目标而存在，更不是政府权力的来源。在这种权利观念中，也不存在对前政治状态或自然状态的预设，"被治理者的同意"没有被视为政治权力的前提和基础。在《权利宣言》中，无论是国王的权力，还是议会的权力，都被视为既

---

[1] 参见［美］林·亨特著，沈占春译：《人权的发明：一部历史》，商务印书馆 2011 年版，8、85-86。

有的和当然的东西,它们的产生并不需要人民的同意。

英国光荣革命有其保守的一面,它不承认人民主权原则,不认为人民有废黜国王的权力,甚至刻意模糊制宪权与宪定权的区别。这场革命的领导者极力否认他们创造了任何新的原则,并声称他们只想恢复被詹姆斯二世破坏的古代宪法,以保障臣民原有的自由和权利。不过,这场革命也确有其"革命"的一面。它决定性地确立了议会相对于国王的优势地位。它没有改变政府原有的构成,仍然保留了下院、上院和国王,但三者的关系却发生了重大的变化:国王再也不被视为唯一的立法者,立法权不但应由下院、上院和国王共同行使,而且议会在立法中的作用也远大于王室。[1]

1694年1月26日,下院在经过辩论后投票表决,决定派一代表团提醒威廉国王,对于两院已通过的法案,国王行使否决权(即拒绝同意)是不合适的。虽然威廉当时并未明确表态,但在此之后,对所有两院通过的法案,他仅行使过一次否决权。[2] 1707年,安妮女王也行使过一次否决权,否决了议会通过的一项法律。这是英国王室最后一次行使否决权。自此之后,王室已有三百多年没有行使过这一权力。也就是说,国王在法律上所享有的部分立法权,又在惯例上被取消了。

议会对王室的权力优势,在威廉和玛丽的加冕誓言中也有所体现。这次的誓言由下院起草,在两院以法案形式通过,并得到威廉的同意。这一做法是史无前例的,以往的誓言都是由神职人员起草(惟在1308年,爱德华二世的加冕誓言系由男爵们提供)。依照传统的誓言,国王通常是承诺"授予、维护和遵守本国王的法律和习惯"。依照新起草的誓言,国王在统治英格兰及其领地的人民时,"应遵守在议会通过的制定法以及本王国的法律与习惯"。在新的誓言中,法律不再被认为是由国王所"授予"(grant)的,国王除须遵守习惯和

---

[1] 对光荣革命后十年间英国立法和政体演变情况的分析,参见 Jennifer Carter, 'The Revolution and the Constitution', in *Britain after the Glorious Revolution 1689-1714*, 38-56.

[2] M. A. Thomson, *A Constitutional History of England 1642-1801*, London(1938), 198.

普通法，还须遵守议会制定的成文法，且成文法被置于普通法和习惯之前，以突出议会的立法权威。[1]

《权利宣言》也对国王的权力设置了若干重要限制，其中之一是国王不得发布具有法律效力的敕令，也不得在未经议会同意的情况下搁置法律。在传统上，英国国王一直享有在特别情形下采取超法律行动的特权，包括免除一些人的法律义务和责任。当然，这样做并不是毫无条件的，否则王权就变成了绝对和专制的。自詹姆斯一世上台以来，一些王权主义者开始将国王是为博丹意义上的主权者，这就使所有的法律都屈从于王国的意志。在光荣革命之前，詹姆斯二世显然就是这样看待王权的。如果国王是唯一的和至高的立法者，他就有权依自身的判断和裁量，决定搁置法律或中止法律的执行，这就是詹姆斯二世以《包容宣言》成批地搁置法律的理论依据。《权利宣言》的相关规定，显然是对詹姆斯二世藐视法律的行为所作的反应，结果是干脆剥夺国王一项最重要的传统特权。完全否定国王搁置和中止法律的权力，被认为是光荣革命最重要的政治成果之一。[2] 另外，传统的加冕誓言都承认国王在执行法律时有一定的自由裁量权（discretion），但1689年的新誓言去除了这一内容。这同样表明，议会有意将国王置于严格的法律约束之下。[3]

光荣革命的另一成果，是法官获得了相对于国王的独立地位。如果解释和适用法律的法官须依附于国王，法律就无法有效地约束王权。为了履行自己的承诺，威廉即位后不久便主动表示，"只要法官表现良好，就不再依赖于国王的意志"。1701年通过的《王位继承法》（the Act of Settlement）以法律形式规定了法官的独立地位："法官在任内只要表现良好，他们的薪资就是确定和有保障的；但根据议

---

[1] 对威廉和玛丽加冕仪式和宣誓内容的详细分析，参见 Lois G. Schwoerer, 'The Coronation of William and Mary, April 11, 1689', in *The Revolution of 1688-1689: Changing Perspectives*, 107-130.

[2] 就此进行的深入分析，参见 Corinne C. Weston and Janelle R. Greenberg, *Subjects and Sovereigns: The Grand Controversy over Legal Sovereignty in Stuart England*, 222-259。

[3] Lois G. Schwoerer, 'The Coronation of William and Mary, April 11, 1689', in *The Revolution of 1688-1689: Changing Perspectives*, 124.

会两院的报告,免除其职位则是合法的。"这一规定影响了美国联邦宪法关于联邦法官之地位的规定:除非被国会以宪法规定的事由弹劾,法官可终身任职,且薪资不会被削减。只有法官具有独立地位,他们才能成为政府和民众之间的中立裁判者,法律才能成为解决各种纠纷的准绳,否则,法治原则就不可能真正落实,司法也可能只是专制统治的一部分。

1689年12月,议会将《权利宣言》作为一部法案通过,并由威廉国王予以签署,这就是《权利法案》。在此之后,议会通过了一系列法律来细化《权利法案》的某些内容,继续加强议会相对于国王的权力优势。辉格党曾试图在议会通过《排除法案》,以排除詹姆斯二世的继位权,但因托利党的反对而失败,后者认为议会无权干预神圣王权的世袭规则。但在革命后,议会却能通过《王位继承法》,规定天主教徒不得获得英国的王位,从而在法律上否定了王位的神圣性。

依照《权利法案》的规定,在和平时期招募和维持常备军必须得到议会的同意,《反兵变法》(The Mutiny Act)则进一步规定,国王利用军事法庭执行军事纪律的权力,必须每年得到议会的授权,这些规定使得议会掌握了对军事事务的控制权。虽然对国王的忠诚仍是军队的法律和传统,但如果国王只要有一年没有召集议会,军队就会因为缺乏经费和军纪管理而无法维持下去。1694年的《三年会期法》(The Triennial Act)规定下院议员三年一选,且每年都要集会,从而杜绝了国王施行无议会统治的可能。《王室费用法》(The Civil List Act)规定王室每年的支出都要由议会核定,这就等于将国王作为一名公职人员来对待,从而否定了将王国视为国王私产的理论。1693年,下院通过一项决议,规定除非议会禁止,所有英国国民都有平等的权利与东印度进行贸易,这是权力从国王向议会转移的又一重要表现,因为它剥夺了国王一项古老的特权,即贸易垄断的特许权,也使王室丧失了一项重要收入来源。可以说,在光荣革命后形成的财政体制,既是英国日益强盛的关键,也是对国王最主要的约束,它让任何国王都不再有经济实力去破坏法律,或是与下院发生严重的冲突。

国王在经济上对下院的依赖,很快便使国王任命的大臣只能来自下院的多数党。在光荣革命之后，虽然行政权在名义上仍属于国王，但随着英国宪法向现代内阁制方向的演进，议会领袖逐渐成为政府政策的制定者和官员的任命者，首相则成了连接议会和国王的桥梁。直到今天，英国国王在法律上仍是行政权的享有者，但这些权力早已通过惯例转移至内阁首相和大臣们，他们需在下院得到多数议员的支持，并对名义上是国王的每一个政治行动负责。在这里，我们也可看出代议制民主与责任政府（responsible government）之间的内在联系，以及世袭权力和责任政府之间的抵牾：当行使政府权力的人只是定期选举产生的代表时，他们接受选举者（被代表者）的问责就是很自然的事情；相反，世袭的权力在定义上就是不接受问责的。[1]

1215 年迫使约翰国王签署大宪章，是英国人为将王权置于法律之下所作的一次重大努力，但在此后近五个世纪，法治原则一直没有得到牢固的确立，结果是专断王权和武力反叛轮番上演，不仅臣民的权利缺乏保障，连王室的安全也无法确保。当人们仍在将国王视为当然的、神圣的最高统治者时，试图用世俗的法律约束王权的计划，总是面临一个难解的逻辑困境：在王国中有什么权力可以管束最高统治者？无论是"国王的两个身体""国王不会犯错"等理论，还是福蒂斯丘的平衡政体学说，都试图在不否认国王作为最高统治者的前提下，让王权受到法律的限制和约束，但最终都以失败告终。只有在光荣革命的政治安排将王权置于议会的控制之下，或者说由代表全体选民的下院取代国王，成为国家权力的掌管者和民族国家构建的担纲者之后，限制和约束王权的问题才算得到了彻底的解决，英国社会也由此迎来了长期的稳定与和平。

我们不妨来看一个当代的反例。泰国于 1932 年将民主制引入传统的君主政体。它的宪法一方面规定"泰国是…民主制国家"，"国家权力来自全体泰国人民"，另一方面又规定"国王处于至高无上的地位"，不但全国武装力量由国王掌控，而且包括总理在内的内阁成员均须国王任命并须宣誓效忠国王。由于这部宪法试图将相互对立

---

[1] 关于责任政府在十七世纪英国的形成及相关政治观念的演进过程，参见 Clayton Roberts, *The Growth of Responsible Government in Stuart England*(Cambridge, 1966).

的政治原则加以糅杂,人民主权(或民主制)与君主主权的冲突尚未得到解决,所以民选政府经常被忠于国王的军队所推翻。并且,民选政府越是得到广泛的支持,就越可能削弱国王的权威,因而也越容易遭受王党的嫉恨。一个民选的权力中心,与一个世袭的权力中心,两者间的对立使得政治争端不能始终以和平方式解决,泰国的民主政治也无法长期稳定地运行。[1] 在二战后的日本,由于宪法第 1 条明确规定"天皇……的地位以主权所在的全体日本国民的意志为依据",使世袭的王位在政治上完全从属于国民的主权,并将国家军事力量置于民选的文官政府管辖之下,所以就很少出现泰国式的政治危机和军事政变。

在内战前,英国人只担心国王的专断统治会侵犯臣民的权利,议会则被视为臣民自由的守卫者。在内战期间,由于现实情势所需,议会不但要履行它原有的立法职能,而且还是一个指挥作战和维持秩序的执行机构。这样一个集立法、行政和军事指挥权于一身的统治机构,不可避免会变得专横和暴虐。长议会的统治实践,让不少英国人认识到,议会专制对个人自由的威胁,一点也不比王权专制小。这也促使平等派不但要用一部成文的宪法创设与约束包括议会在内的所有政府机构,而且还将宗教自由、人身自由和财产权视为"不可让渡的自然权利",以便为议会的立法权设定不可逾越的边界。

在光荣革命后,随着议会主权原则的确立,自然权利和人民主权也从英国主流政治话语中淡出,议会至高无上且似乎无所不能,它的立法权不受任何成文法的限制:当议会是一切成文法的作者时,又有什么成文法能约束它?但是,在惯例上,英国议会的立法权一直受到臣民们"古老和不容置疑的权利"的限制。由议会通过的《权利法案》本身也宣称:"《权利宣言》所申明与主张的所有和每一项权利与自由,都是本王国人民真正的、古老的和不可置疑的权利,因此也应在

---

[1] 在宪制安排中人民主权与君主主权的冲突,更早出现在十九世纪的德意志地区。当时,议会被认为是人民的代议机关,但军事领域不受议会控制,完全处于君主的掌控之下,议会与君主间的政治冲突,也几乎总是以有利于君主的结果来解决。参见 Christoph Möllers, *The Three Branches: A Comparative Model of Separation of Powers*, Oxford University Press(2013), 33。

将来所有时间都被尊重、考虑、裁决、视为和当作[此种权利与自由]。"

在《英国法释义》中,布莱克斯通有力地阐述了议会主权原则,并以霍布斯式的实证主义看待法律,认为国内法就是"由国家最高权力所规定的公民行为规则,规定什么是正当的,什么是不正当的"。[1]但他同时认为,英国人依照普通法所享有的各种自由,是"人的自然自由"在法律上的体现。他将人的权利分为绝对权利和相对权利,相对权利"在国家与社会形成后产生,是二者形成的结果",绝对权利是个人在国家和社会形成前就拥有的权利,"社会的主要目的是保护个体享受他们的绝对权利⋯这一目的是通过友善的制度和社会联合体而实现的⋯因此,人为法的主要作用就是或应该是解释、保护和强制实施这些绝对权利"。当他谈到主人和奴隶的关系时,他认为奴隶制"是自然法的来源和原则所深恶痛绝的⋯它不可能在英国得以存续"。在这里,布莱克斯通试图对议会主权和自然权利加以协调。他一方面通过对议会主权的强调,来弱化自然权利和社会契约学说对既有权威的威胁,另一方面也希望用洛克式的自由主义权利观来约束议会的立法权。[2]

1689年5月,议会通过了《宽容法案》,赋予非国教的新教徒公开举行宗教仪式的自由。对非国教的新教徒采取宽容态度一直是辉格党的立场,并为托利党所反对,但《宽容法案》却出自托利党和国教利益的代表诺丁汉勋爵之手,并由他在上院首先提出。[3]这意味着托利党和国教履行了在革命前对清教徒的承诺。虽然这一方案并未实现宗教上的平等,清教徒仍被排除在政府公职之外,但它通过取消直接的宗教迫害,缓和了国教徒和非国教徒的紧张关系,结束了英国国内长期的宗教冲突。由于非国教的新教徒享有议会选举权,他们

---

[1] *Blackstone' Commentaries on the Laws of England*, vol. I, 33.
[2] 关于布莱克斯通对自由主义政治理论与英国议会主权、普通法实践所进行的调和,参见[美]小詹姆斯·R. 斯托纳著,姚中秋译:《普通法与自由主义理论:柯克、霍布斯及美国宪政主义之诸源头》,北京大学出版社2005年版,247-269;[美]迈克尔·扎克特,石碧球等译:《洛克政治哲学研究》,人民出版社2013年版,249-289。
[3] G. M. 屈威廉著:《英国革命》,99。

也就成了支持辉格党的政治力量之一，能够通过对辉格党政策的影响间接地对国家事务产生影响。另外，虽然《宽容法案》并不适用于天主教徒，但在实践中，天主教徒至少可在私下里自由举行他们的宗教仪式。随着《宽容法案》的实施，英国在宗教宽容方面走在了除荷兰以外的所有欧洲国家的前面。

正是在这个时候，洛克匿名出版了英文版《论宽容的信札》。虽然这一作品以"宽容"为题，但它却标志着从宗教宽容向宗教自由的概念转变。在其中，洛克系统、深入和令人信服地阐述了宗教自由和政教分离原则。[1] 对洛克来说，宗教信仰在本性上是每个人的私人事务，宗教自由是属于每个人的个体权利，政府并无正当的理由干涉人们的宗教信仰。直到十七世纪，宗教宽容仍被视为出自政治权威的"许可"（grant）或"特权"（privilege），获得许可的人才可不受惩罚地从事一定的宗教仪式。这在原则上承认政治权威可以干涉宗教事务。宗教自由则意味着每个人都享有一项当然的权利，它不需要预设一个许可者，是否尊重个人的宗教自由，反而是评判政治权力是否滥用的标准之一。[2] 洛克的这一立场，显然与当时英国的国教体制是相抵触的。为了避免麻烦，他直到临终前才承认自己是《论宽容的信札》的作者。在宗教问题上，就像在政治理论上，洛克要领先于他的时代约一个世纪。

在光荣革命之后，辉格党和托利党为夺取下院的控制权而进行的政治竞争，也有助于约束议会的立法权和保障个人自由。[3] 在两党相互抗衡的政治格局下，几乎每个人都有可能以某种方式获得庇护。就像孟德斯鸠在英国观察到的，"由于两党都是由自由人组成的，如果某一政党获得太多[的权力]，自由的作用就将削弱它，因为公民们会像手臂救助身体一样奔向和支持另一政党"。[4]

---

[1] John Locke, *A Letter concerning Toleration*, trans. William Popple [1689], eBooks@Adelaide (2007).

[2] Gordon J. Schochet, 'John Locke and Religious Toleration', in *The Revolution of 1688-1689: Changing Perspectives*, 150-151.

[3] 对光荣革命后辉格党和托利党之间争斗的分析，参见 Henry Horwitz, 'The Structure of Parliamentary Politics', in *Britain after the Glorious Revolution 1689-1714*, Macmillan(1969), 96-111.

[4] Montesquieu, *The Spirit of the Laws*, ed. Anne M. Cohler, Cambridge University

政党竞争要以自由选举为前提。虽然议会是最高的立法机构,在立法事务上几乎无所不能,但实际行使立法权的下院议员,却是由全体选民通过自由选举产生的,这就意味着议会要受到选民的政治控制,并须定期接受选民的审查和问责。虽然布莱克斯通是议会主权最有力的阐述者,但他同时又将最高立法权建立在社会契约的基础上,这就意味着英国议会的权威最终还是源自全体选民的同意。他写道:"一个国家是一个集合体,它由众多个人为他们的安全和便利而组成,并希望能像一个人那样行动。……这只能通过政治联合才能做到,即所有人都同意让自己的私人意志,服从被授予最高权力的一个人或者一群人的意志,这个人或这群人的意志……就被理解为法律。"[1] 如果说英国人"古老而不容置疑的权利"限定了议会立法权的范围,定期选举和党派竞争则是对议会立法权的政治控制。

的确,在光荣革命之后,英国议会的选举权长期被限制在很小的范围内。但这场革命所缔造的宪政结构,却为进一步的民主化提供了良好的制度基础。十九世纪三十年代开始的议会改革,使选民的范围得到了很大的扩展,以满足现代民主政治的需要。到了 1885 年,戴雪就可以在他的名著《英宪精义》中表示,虽然议会享有立法主权,但英国的政治主权却是由全体选民所享有,因为,议会作为立法机构,必须落实政治主权者(即全体选民)的意志,并须向英国全体选民负责。他认为,这正是代议制政府的实质所在。在费雪看来,英国宪法"以一种迂回的方式,实现了在别的国家被称为人民主权的东西"。[2]

在 2019 年 12 月的英国大选中,保守党获得了较大的胜利。鲍里斯·约翰逊首相在大选后的一次演说中表示,"英国人民是他的老板",而他将带领内阁推动英国的脱欧进程,以实现英国人民通过选举所表达出的政治意志。他的这一说法,也可看作是对戴雪的英国宪法分析的一种历史性呼应。

Press, 326.
[1] *Blackstone' Commentaries on the Laws of England*, vol. I, 39.
[2] A. V. Dicey, *Introduction to the Study of the Law of the Constitution*, London: Macmillan(1915), 286.

第十章

"革命像萨图恩一样吞噬自己的儿女"
法国大革命的宪法学反思

1689 年,英国人通过光荣革命确立了立宪君主制,将国王置于议会的权威之下。这一年,法国国王路易十四在位已有 46 年。他还将在王位上再呆 26 年,从而成为有纪录的欧洲历史上在位时间最长的国王。在位期间,路易十四借助天主教神学家波舒哀积极宣扬的君权神授和王权绝对学说,建立了权力高度集中的君主专制统治。[1]

路易十四在巴黎城郊建造巨大的凡尔赛宫,将法国各地贵族变为宫廷成员,让他们沉溺于博取国王的宠信,没有时间和精力去管理地方事务,对敢于反叛的外省贵族则予以无情镇压,结果是贵族们逐渐丧失治理地方的传统权力。到十八世纪后期,各地的行政事务多由隶属于中央政府的官员(总督及总督代理等)主持,贵族们作为地方领主的司法权也被王室逐渐侵蚀与剪除,"领主几乎不再是国王在教区的代表,不再是国王与居民之间的中介人"。[2]

为获得绝对的权力,路易十四认为有必要统一法国人的宗教信仰,让所有的法国人都皈依有利于王权专制的天主教。他废除亨利四世 1598 年颁布的实行宗教宽容的南特敕令,极力迫害新教徒,迫使二十多万不愿改宗的胡格诺派教徒移居国外。他还四处扩张,一再发动对外战争,力图使法国成为欧洲的霸主。这些集权和好战的做法,不可避免会窒息法国社会的活力,消耗法国的财政资源,结果是"工

---

[1] 在 1685 年出版的《世界史叙说》中,波舒哀(Jacques-Bénigne Bossuet, 1627-1704)宣称世界史上的一切事件,包括王权,都是上帝巧妙的安排,并宣称法国国王是上帝的化身,拥有绝对的权限:"上帝以国王为使者,通过他来支配人民……国王是圣人,冒犯他即是亵渎神明。"

[2] [法]托克维尔著,冯棠译:《旧制度与大革命》,商务印书馆 1992 年版,69。

业外迁了，钱财不见了，国库空虚了"，广大平民亦因捐税过重而生活艰难。[1]

路易十四比他的儿子和长孙都活得更长久。当他于 1715 年去世后，他的曾孙路易十五继承王位。路易十五并没有解决路易十四留下的经济衰败和财政混乱问题，反而通过糟糕的财政政策、糜烂的宫廷生活和劳民伤财却成就微小的战争，大大加剧了这些问题。"我死后，哪管它洪水滔天"，据说就出自这位不得人心的国王之口。这句话真是一道准确而残酷的预言。就在他去世十五年之后，一场大革命像一场势不可当的大洪水，几乎冲毁了法国的一切旧事物。他的孙子（亦是他的继任者）路易十六，也在这场席卷一切的大革命中人头落地。

一

相比而言，路易十六算是一位节俭、善良和开明的君主。他于 1774 年 5 月 11 日即位后，开始放弃某些专横的统治措施，不太用"密札"监禁或流放他人，也不再随意将臣民的财产充公。[2] 他顺应社会舆论，推行了一些公众所要求的税制、司法和经济改革，包括减轻广大农民的税捐和劳役负担。路易十六的问题在于性格不够坚定，容易受他人意见的影响，难以将改革计划坚持到底。正如米涅在他的名著《法国革命史》中所说的，"一位国王，要想实行改革，改行仁政，就像实行暴政一样，也需要极端坚强的意志"。[3]

为解决政府的财政危机，路易十六曾先后任命杜尔果、克吕尼、内克尔、卡隆、布里安等十来个人，担任极其重要的财政总监一职。这种人事上的频繁变动，也反映了路易十六优柔寡断和软弱多变的个性，并表明他总是在社会的合理改革要求，与传统的等级制既得利益之间摇摆不定。在这十来位财政总监中，平民出身的杜尔果和内克

---

[1] [法]米涅著，北京编译社译：《法国革命史》，商务印书馆 1977 年版，6。
[2] 密札（lettre de cachet）是国王颁发的捕人密令，持有密札便可不经审讯将指定的人投入牢狱或流放海外。王室往往会出售或赠送密札。
[3] 米涅著：《法国革命史》，9。

尔,这两人的品德和才干都很不错。他们所采取的紧缩开支、量入为出、减轻下层民众的税负、扩展人民的权利和自由、撤销省界壁垒和国内贸易关卡,以及公开政府收支状况的做法,是非常对路和合理的改革措施。但是,这些措施不可避免会触及特权阶层的利益,两位大臣因厉行改革而声望日隆,也令宫廷权臣们大为妒忌。最后,国王迫于宫廷势力和显贵阶层的压力,免去了他们的职务。

在内克尔离职后不久就任财政总监一职的卡隆,也是一个很有能力的人。但他看到前任们都因得罪宫廷势力而去职,所以就以阔绰的支出和铺张的花销,来讨好王后和各地的大贵族。这只会进一步恶化政府的财政状况,破坏政府发行公债所需要的信用。为了让政府能维持下去,就只能依靠加税。到这个时候,法国的老百姓已经没有什么能力纳税了,所以,卡隆就建议国王召开一次特别的显贵会议(上一次召开是在 1626 年)。他们希望出席会议的大贵族们能对政府解囊相助。在王室看来,显贵会议应该是比较顺从和易于控制的。但是,出席显贵会议的大贵族们一直习惯于享受特权和压榨民众,本来就不是愿意作出牺牲的人,况且,他们在开会过程中发现,政府的债务和财政赤字已经高到了令人惊恐的程度,所以更不愿在经济上作无济于事的付出。结果就是卡隆的下台。

虽然大革命最直接的诱因,是王室发现法国政府实际上已经破产,需要向社会征收新的税捐来解决财政困难,但更深层的原因是,过去一个多世纪王室一再强化专制统治,从而疏远了所有原本可能解囊相助的人,连享有诸多特权的显贵阶层也不例外。[1]

卡隆的继任者布里安上台后,让国王颁布了征收印花税和土地献纳金的敕令,并要求巴黎高等法院对这两项征税敕令进行注册,但遭到桀骜不驯的高等法院的拒绝。在与王室对抗中,法官们干脆宣称自己无权办理征税法令的注册,因为在他们看来,决定新税的征收是属于国民的权利,必须召开三级会议来解决。在双方的争执中,王室方面囚禁法官和设立新的法院的做法,加上单方面颁布征税的敕令,

---

[1] [英]伊恩戴·维森著,鄢宏福、王瑶译:《法国大革命:从启蒙到暴政》,天地出版社 2019 年版,2。

在法国引发了普遍的不满和抗议。愤怒的法官们猛烈抨击国王大臣的专横行为，要求立即召开三级会议，贵族和神职人员站到了高等法院一边。巴黎出现了多次支持高等法院的游行示威，普罗旺斯、多菲内和布列塔尼等省份甚至因此爆发了骚乱。

在迫于无奈的情况下，国王走上一条他一直想要避开的道路，即同意召开三级会议，并将1789年5月1日定为三级会议的开幕日期。在此之前，王室一直担心三级会议的召开，会引发大量的陈情和请愿，且各等级代表还将要求未来定期集会，从而使三级会议变成像英国议会一样的常设立法机构。实际上，三级会议召开后的形势发展，远比王室所担心的更为迅猛，就像托克维尔后来所总结的，"对于一个坏政府来说，最危险的时候通常就是它开始改革的时候"。[1]

在传统上，法国的三级会议与英国的议会有一定的相似之处。它由教士（第一等级）、贵族（第二等级）和平民（第三等级）三个阶层的代表组成。在集会期间，这些代表除向国王递交各种陈情书，请求国王采取必要的措施缓解民众的疾苦外，还要审查政府开征新税的法令。三级会议是社会各阶层与王室进行政治博弈和交易的平台：会议代表们对王室的征税决定表示同意，从而为王室提供财政收入，王室则满足代表们的若干愿请，缓和政府统治的专断与严苛，或采取一些人们期盼的改革措施。三级会议的存在与运作，对王权或多或少是一种制约，那些一心谋求绝对权力的君主们，则总是想摆脱它。十七世纪初，英国斯图亚特王朝前两位国王曾试图实行无议会的统治，最后以失败告终。同一时期的法国王室，则成功建立了没有三级会议的君主统治。自1614年至1789年，在长达175年的时间里，法国一直没有召开过三级会议。

依照三级会议的旧例，教士、贵族和平民这三个等级的代表数额都是相等的，且会议不是按人头，而是按等级进行表决。也就是说，各等级分开集会，各自形成本等级的统一决定，然后再各自行使一个投票权。这样一来，教士和贵族这两个享有特权且关系紧密的等级，虽然在法国总人口中只占极低的比例，但它们的代表却可在三级会

---

[1] 《旧制度与大革命》，215。

议中占据支配地位。这两个特权等级的代表总是可以联合起来,以二比一的多数否决第三等级代表的提议,或通过他们自己的提议。

对于三级会议的召集方式,巴黎高等法院有很大的发言权。该法院主要代表贵族阶层的利益和立场,此前曾多次阻击王室推动的税制改革措施,以维护包括法官在内的贵族们的免税特权。1788 年 9 月,在显贵会议的支持下,巴黎高等法院裁定,次年召开的三级会议应遵循 1614 年的议事模式。[1] 当高等法院拒绝登记王室的征税法令,并坚持认为应召开三级会议来讨论税收问题时,贵族和第三等级仍处于推动政治改革的同一阵营中。当高等法院裁决应以传统方式召集三级会议(即会议不是按人头,而是按等级进行投票表决),因而引发第三等级强烈不满时,原本为限制专制王权而联合在一起的两个阶层便出现了分裂。不幸的是,在这第一次分裂之后,"革命阵营还要经历无数次的分裂"。[2]

在英国,从 1215 年大宪章的诞生到 1689 年光荣革命的发生,平民阶层在经济、政治和舆论上的力量一直都在逐渐增强。在法国,这样的过程虽然相对缓慢和滞后,但总的趋势却是相似的。到大革命前夕,第三等级在财富、见识和舆论方面的力量已远胜以往,并已表现出要参与国家政治和左右国家命运的雄心。在光荣革命时的英国,平民阶层在财产状况、政治参与和权利享有等方面,与贵族阶层并无深刻的分隔和对立,但在大革命前的法国则是完全不同的情况。正如我们所看到的,不同阶层之间的冲突和对立,使预期中的法国宪制改革,演变成一场激进而广泛的社会革命,最终压倒了原来的宪制改革目标。

对于即将召开的三级会议,第三等级要求本等级的代表名额应增加一倍,并坚称会议应按人头进行表决。经过一番争执后,路易十六于 1788 年 11 月 27 日宣布,第三等级的代表人数应等于僧侣代表和贵族代表的总和,也就是将第三等级代表人数增加一倍,但按等级

---

[1] Alfred Cobban, *A History of Modern France, Vol. 1: 1715-1799*, Penguin Books(1963), 134.

[2] [法] 弗朗索瓦·傅勒著,孟明译:《思考法国大革命》,三联书店 2020 年版,107。

还是按人头表决的问题,则仍悬而未决。[1] 这里要注意的是,按等级还是按人头表决的争论,不只是涉及不同等级在三级会议中的影响力问题,而且还有着更深刻、更根本的后果:如果将按等级投票改为按人头投票,那就等于承认三级会议中所有的代表都是彼此平等的,而代表之间的平等,又意味着他们所代表的不同阶层之间的平等,结果就是对社会等级制的否定。决定让第三等级的代表增加一倍,是国王向民主的代议制走出的一步,但他半途止步,让第三等级看到希望,却又不让他们实现希望。

对于新召开的三级会议,王室或政府的主要目的是征税,但不想进行任何重大的改革。贵族们的目的是恢复以往曾有的,后因专制王权的建立而丧失的政治权力,但不想放弃自身既有的特权。高级教士阶层则只想保住自身的特权和豪奢的生活。只有第三等级希望对法国的政治制度进行具有根本意义的改革,从而改变平民阶层一直没有政治权力和缺少担任重要公职之机会的状态。从当时法国面临的重大危机及人们对会议的期望来看,此次三级会议的代表已不再仅被视为纳税者的代表,不再只是聚在一起讨论和满足政府的加税要求,而是被视为肩负历史重任的立法者,要对法国旧有的政体进行必要的革新。在会议开幕前出现的数量惊人的陈情书中,第三等级除了要求税收平等、减轻徭役和改革司法制度外,还普遍要求三级会议在提出解决政府财政危机的方案前,先要制定出一部成文的宪法。

这次三级会议看似恢复一个长期停止运作的传统机构,但依照王室于1789年1月24日发布的诏书,代表们并非由传统的指定或任命方式产生,而是由事先划分的选区以一人一票的方式选举产生。尽管实施过程繁复且各地情况不一,但"这仍是当时欧洲历史上最具代表性,也最民主的选举之一"。[2] 将三级会议视为国王的咨询机构,这是与君主主权紧密相连的观念。以民主选举的方式产生会议代表,则体现了人民主权的意涵:代表们不是应国王的征召去提供咨询意

---

[1] William Doyle, *The Oxford History of the French Revolution*, Oxford University Press(2002), 93.

[2] 谭旋著:《暴力与反暴力:法国大革命中的恐怖政治》,37。

见,而是受人民委托去履行公共职责。在这份重要的诏书中,两种对立的、无法同时遵循的原则被混杂在一起,它们很快就要分出个高低。[1]可以说,此次三级会议的召集本身,就已是一种具有革命意义的举动。

在国王作出召开三级会议的决定后,法国人对它的性质、地位、作用和任务进行了广泛的讨论。在大量涌现的政治作品中,影响最大的是西耶斯所写的三本小册子。西耶斯认为,法国人应该利用这次机会,通过三级会议的召开和工作,成为一个真正的政治共同体,而不只是散居在同一片土地上的民众。在1788年8月写成的《论1789年法兰西的代表们可用的执行手段》中,西耶斯表示:"爱国且开明的公民们,一直悲伤和愤怒地眼看着数以百万计的人混在一起,毫无计划或秩序,现在则开始看到了一些希望。他们相信时势的力量,并终于看到我们成为一国民(a nation)的时刻正在降临。"[2]

在这本政治小册子中,西耶斯虽未使用"主权"一词,但却隐含地否定了国王的主权地位,并以国民主权取而代之。在谈到政府债务问题时,他认为国王既不是政府公债的债务人,也不是偿还债务所需款项的来源。政府债务是为全体公民提供公共服务而产生的,自然也应由全体公民来清偿。西耶斯还对税收的性质表达了自己的看法:"每个政治社会皆有公共需要,为满足这些需要,须向一些不同类别的个人进行授权,并将他们与别的公民区别开来。这些个人和他们负责完成的任务,就形成了人们所说的公共机构。这些机构的成本应由每个从中受益的人来承担。这就是为什么会有税收[的原因]。"对政府债务和税收的此种看法,包含着在当时的君主制法国算是非常激进的主张。用西耶斯原话说:"一切公共机构都是属于国民的,而不是属于国王的,这些机构的权力都源于国民,而不是源于国王。"[3]

在《论1789年法兰西的代表们可用的执行手段》中,西耶斯已将革命主张和制宪原则结合在一起。他一边呼吁法国人告别旧制度,

---

[1] 就此进行对分析,参见弗朗索瓦·傅勒著:《思考法国大革命》,298。
[2] Emmanuel Joseph Sieyes, *Political Writings*, ed. Michael Sonenscher, Hackett Publishing Company(2003), 5.
[3] Emmanuel Joseph Sieyes, *Political Writings*, 20, 35.

一边敦促他们制定一部宪法,以建立足以消除混乱局面的新政体。[1]正是在这本小册子中,西耶斯首次表示,人们"一定不能将制宪权和宪定权相混淆",也不应认为立法机构可以规定自己的组织形式。在他看来,宪法及由宪法所规定的政府机构皆是人造之物,而制宪权的享有者只能是国民:"考量它自身利益、审议政策以及为它自身制定法律的权利,必定是属于国民的。"他认为,三级会议最主要的任务,是为法国制定一部宪法,因为对任何国家的人民与社会秩序来说,"首要的和最重要的是要有一部好的宪法⋯只有一部好的宪法,才能确保公民们享有他们的自然与社会权利"。[2]

西耶斯承认,三级会议只是一个宪定机构,并未从国民那里获得制宪的明确委托和授权,但他认为,在国民本身被专制君主剥夺主权的特殊情况下,三级会议有必要"篡夺"国民的制宪权。他表示:"有必要允许这一篡权行为,就像我们肯定会允许我们的朋友,主动从陌生人手里夺回属于我们的财物,即使[朋友]没有得到我们的特别委托。"对西耶斯来说,关键是出席三级会议的代表们要善用这样的篡权行为。[3]

将全体国民或其特别代表机构视为制宪权的行使者,这一主张包含着一个重大的政治前提:构成国民的每一个公民个体,在政治上都是相互平等的,全体国民是众多平等公民的集合。这一前提与《独立宣言》中"人人生而平等"的原则是一致的。在《独立宣言》中,正是由平等个体组成的人民,才享有决定和改变政府形式的权力(制宪权)。基于人人平等的政治原则,三级会议当然应按人头而不是按等级表决,不能将全体法国人分为不同的等级,并享有不同的政治地位和权力。依照西耶斯阐述的国民主权原则,就不但要否定国王的主权地位,而且要否定贵族和教士的等级特权。当然,在西耶斯看来,三级会议本身也是一个临时的、过渡性的机构,在制定一部宪法并通

---

[1] Murray Forsyth, *Reason and Revolution: The Poliical Thought of the Abbe Sieyes*, Leicester University Press(1987), 69.
[2] Emmanuel Joseph Sieyes, *Political Writings*, 5, 9, 34.
[3] 参见 Keith M. Baker, 'The Idea of a Declaration of Rights', in *The French Revolution: Recent Debates and New Controversies*, 105-106。

过宪法创设合乎平等原则的立法机构之后,它就完成了自身的历史使命,就应该退出历史舞台。

宫廷方面显然不愿进行重大的政治改革。当三级会议于1789年5月5日开幕时,掌玺大臣巴朗登在致辞时说:"国王陛下同意把人数最多的、主要负担税捐的第三等级的代表名额增加一倍,但这决不是说要改变旧有的议事方式。"[1] 他表示,按人头表决的方式,必须经三个等级一致同意和国王批准才能采用。他暗示说,国王不反对某些事项采用按人头表决的方式,并希望各等级尽快在税收问题上取得一致。这就是说,王室不排除三级会议在税收问题上采用按人头表决的方式,因为这可以更加迅速地作出加税的决定,从而满足政府对金钱的需要。但在政治问题上,王室仍赞成按等级来表决,因为这有利于阻止政治改革决议的作出。为了自身的利益和特权,第一、第二等级与宫廷联合起来,共同反对第三等级按人头表决的主张。

我们已注意到,作为光荣革命政治成果的《权利法案》,并没有像《独立宣言》一样采纳人人平等原则,而是继续将英国人分为政治地位不同的等级。只是在此之后,经过多次选举和立法制度的改革,政治平等和人民主权原则才在英国得以实现。但我们同时看到,到光荣革命之时,由平民代表组成的下院,已成为英国所谓平衡或混合政体中的主导机构,占人口多数、经济上最有力量且纳税份额最大的平民阶层,已经在国家政治生活中获得了主导权。

在法国,直到大革命发生前夕,第三等级(主要是农民、商人、手工业者和小资产者)占全国人口98%以上且几乎承担全部税负,却处于没有政治权力的地位,也不得在行政、军事、司法和教会等领域担任报酬优厚的高级职位。14万名贵族和17万名神职人员只占总人口的1%左右,却占有了全国近一半的土地,垄断法国政治与社会中几乎所有的大小官职。[2] 自十五世纪以来,为了弥补贵族们失去的政治权力,国王增加了他们在其他方面的特权,其中最重要的是免税特权。在此过程中,政府开支却一直在迅速增长,免税特权在贵族和

---

[1] 米涅著:《法国革命史》,22。

[2] 林恩·亨特、杰克·R. 森瑟著:《法国大革命与拿破仑:现代世界的锻炉》,19。

平民间造成的不平等也愈发严重，结果是国家税收过分依赖于底层民众，最有能力纳税的人免于缴税，最无能力纳税的人却必须缴税。并且，不少捐税或劳役都是用在与负担者无关的地方。比如，农民经常被强迫去修建连通各省的公路，但他们很少有机会使用它们。此外，广大农民还得在地方上承受贵族领主的各种经济盘剥，包括被迫有偿使用领主的磨坊、面包烤炉和葡萄榨汁机。

如果在三级会议召开之初，王室、贵族和大主教们能顺应法国民众的普遍期待，能作出必要的政治妥协，允许第三等级获得与他们的人数、力量大致相称的政治地位，或许就有可能以和平方式完成政体的革新。不过，从人类历史来看，那些垄断权力和享有特权的人，能自愿放弃自己的权力和特权，这样的情形实在是太罕见了。路易十六或是难得有这种意愿的国王，但他很容易被周围的人所左右，无力依照自身意志作出并坚定贯彻重大的政治决定。

实际上，在三级会议召开之前，宫廷、贵族和高级教士们的保守立场，就已经广为人知。正是在这种情况下，西耶斯又连续写作了《论特权》和《第三等级是什么？》这两本小册子。前者批评贵族特权的不正当及危害，并阐述取消这些特权的必要性。后者则试图论证：第三等级本身就构成了法兰西的国民，它在三级会议中的代表们可以单独行使制宪权；不肯放弃特权的贵族对国家有害无益，是自居于国民之外的一群人。这是西耶斯对第三等级与贵族阶层的分裂所作的理论回应：为了让第三等级代表独自承担革命和制宪的任务，他将作为一个阶层的贵族，视为应排除在国民之外的异质的、多余的和有害的因素。

二

三级会议开幕后，不同等级的代表迟迟无法就议事程序和表决方式达成一致。1789年6月17日，第三等级的代表们宣告，他们就是整个法兰西人民的代表，并自行成立国民议会，同时呼吁另外两个等级的代表加入。三天后，国民议会的代表们在网球场共同宣誓：不为法兰西制定一部宪法，就决不解散。国民议会自此便开始履行制宪会议的职能。这些行动完全遵循了西耶斯在《第三等级是什么？》中阐述的主张，且正是在西耶斯的倡议下进行的，连"国民议会"的名称也出自他的这一作品。这也是西耶斯后来被历史学家称为"法国大革命开启者"的原因。这一行动的革命意义显而易见：它不但是用国民主权取代了君主主权，而且还否定了与君主政体紧密相连的等级制度。

宫廷方面试图迫使国民议会撤销相关的决定，并恢复以等级为基础的三级会议。6月23日，路易十六下令说："诸位先生，我命令你们立刻解散，明天上午前往各等级指定的大厅，在那里继续开会。"第三等级的代表毫不胆怯，继续端坐在原地，平静而沉默。大司仪官在现场低声问国民议会议长巴伊："先生，您没有听到国王的命令吗？"巴伊回答说："在我看来，在此集会的国民代表不能听他差遣。"米拉波则高声宣称："我们因全体国民的意愿来到这里，只有武力才能驱逐我们。"在这里，平民代表无视国王长久以来的至上权威，声称代表法兰西国民，并挑战王权的合法性。两天后，国王被迫妥协，他请求"忠诚的神职人员和忠实的贵族们"加入第三等级，三个等级的区分在议会中不复存在。[1] 路易十六不愿做政治革新的领导者，却又甘愿成为革命行动的顺从者，这就让政治权威和道义力量进一步从国王转移到国民议会手中。

不过，宫廷方面并未善罢甘休，而是试图动用外籍军团强行解散国民议会。7月11日，国王罢免内克尔的财政总监职务，命他离开法国，同时遣散了所有的自由派内阁成员。大量的巴黎无套裤汉们（sans-culottes）对此群情激愤，他们誓言保卫国民议会，并组成国民自卫队，设法自行武装起来。经过一番骚乱、冲突和战斗后，自发行动的巴黎市民于7月14日晚攻陷巴士底狱（这一臭名昭著的建筑是旧制度的标志之一）。这是无套裤汉首次介入革命斗争，由他们凝聚而成的群众力量还将多次在关键时刻起到决定性的作用。

在巴士底狱沦陷后，国王前往议会发布通告撤走军队，并召回遭他罢免的内克尔和其他大臣。虽然这算是国民议会的胜利和反革命

---

[1] 伊恩戴·维森著：《法国大革命：从启蒙到暴政》，23-24。

的宫廷党人的失败,但在国民议会正致力于制定一部宪法时,首都街头的武力斗争显然是一种不祥之兆。国民议会作为制宪机构,是全体国民的特别代表机构,行使的是一个国家的最高权力。当巴黎市民为抵抗宫廷方面的压力而被动员和武装起来后,他们在保卫国民议会的同时,也开始试图左右议会的活动。这就使国民议会的权威和独立性受到了威胁。当时,有些人甚至主张,选任议会代表的选举人团,应享有对于代表的最高权力,可以随时罢免表现得令选民不满意的代表。可见,卢梭那种不信任甚至反对代议制的人民主权思想,开始发挥它的有害影响了。

法国人在大革命期间表现出的对代议机构的不信任、不尊重,既有政治理论的影响,也与特定的历史背景有关。在詹姆斯二世被赶跑后,英国人选举了一个特别议会,并将挽救国家的重任交给它,各选区也赋予议员们充分的信任和空间,让他们可以在议会中自由地对问题进行分析、讨论和提出解决办法。延续了好几个世纪的议会实践,既让英国人熟悉和理解代议制的作用,也培育了他们对代议机构的信任。在法国,三级会议同样历史悠久,早在1302年就已设立,但它很少召开,职能既不明确,也不稳定。自路易十四以来,随着绝对君主制的建立和巩固,三级议会这一传统代议机构(也是连接政府与社会的管道)实际上已遭废弃。同时,社会的等级化结构不断加固,不同阶层之间的分隔和对立日趋严重,彼此缺乏相互沟通和共同行动的渠道。这一切都使法国人难以理解代议制的作用和运行方式,而人们对不熟悉的事物又往往缺乏信任。

在国民议会内部,卢梭关于人民主权不可分的思想,对议员们也有很大的影响,结果就是对两院制立法机构的否定。内克尔、穆尼埃和拉利-托朗尔等人主张借鉴英国的政体模式,在一个由平民代表组成的议院之外,再设立一个参议院(或上院),其议员由国王根据人民的推荐而任命且终身任职。他们认为,这样可以限制单一议会的权力,是阻止议会本身实行暴政的有效办法。平民派代表则认为,如果设立两院制立法机构,参议院将成为宫廷和贵族的工具。在卢梭的影响下,他们认为立法权应该是统一的,不能分割成不同的组成部分。依照卢梭的观点,主权必须是统一而不可分割的,且主权和立法权是一回事，如果立法权由两个不同的机构行使，那就意味着将主权分割了。最后，平民派的一院制主张得到了大部分平民和低级教士代表的赞同。

其实，平民派对卢梭思想的理解是不准确的。如果他们真的认同卢梭反对代议制的立场，那就不应该组建具有立法权的议会，因为卢梭曾明确表示，"人民的主权不能被代表"，立法权必须由人民直接行使。如果他们认为实行代议制是必要的，那就不应认为立法议会是主权机构，进而以主权不可分为由来反对两院制。依照宪法成立的立法机构只是普通的代议机构，而不是主权机构，两院制并不意味着主权的分割，而是在政府的立法分支内部建立一定的制衡机制，就像美国联邦宪法关于参、众两院的规定一样。在当时的法国，国民议会对两院制的否决，等于堵塞了贵族们发挥政治作用的渠道。在英国光荣革命中，贵族阶层并未立即丧失政治地位，因而对革命并无强烈反对的态度。

制宪过程中另一个争议较大的问题，是宪法是否应规定国王对议会立法的否决权。这是一个事关国王在法律制定过程中能起什么作用的问题。最终的做法，是赋予国王一种搁置性的或暂时的否决权：国王有权对当届议会的立法行使否决权，但如果新选出的下届议会再通过相同的立法，国王就不能再否决了。在这里，卢梭式的人民主权原则，在某种程度上被采纳：这一做法意味着将作为主权者的人民引入了普通的立法程序。国王的否决等于将相关的立法问题，交由人民来考虑和决定：如果他们认同相关的法案，就可以将支持这一法案的人选入议会，只要新的议会再次通过同一法案，就可将它变成有效的法律。

在国民议会中，有一部分代表主张，国王应享有英国国王那样的绝对否决权，以便在立法权和行政权之间形成某种制衡关系。平民派议员对此表示反对。他们认为，这将使国王凌驾于立法机构之上。他们的说法是经不起推敲的，因为，在税收和预算等问题上，立法机构也有制约国王的筹码。议会和国王之间的相互制约，恰恰是要通过双方持续的互动和妥协，来克服任何一方的专断或错误，逐步实现国家治理和政策的完善。即使不采纳英国式的绝对否决权，也可借鉴美国总统那样的相对否决权，即国会可通过三分之二的多数再推翻总统的否决。这样一来，双方在普通立法事务上的分歧，就可在代议制政府内部加以解决，而不是动辄诉诸人民。

在先于宪法通过的《人权宣言》中，有一条关于分权原则的规定（第16条）："任何社会，凡权利保障不确定，或权力分立未确立，均无宪法可言。"但这里所谓的"权力分立"，可以有两种不同的理解。一是孟德斯鸠的分权思想，即政府权力不但应分为立法权、行政权和司法权，而且三种权力之间还应相互制约与平衡。一是卢梭的分权思想，即对立法权和执法权加以区分，前者涉及法律的制定，即表达人民作为主权者的公意，后者负责将普遍的法律适用于具体的情形；由于执法权必须完全服从立法权，因此两者之间并无任何制衡关系。从国民议会在两院制和国王否决权等问题的最终立场来看，卢梭式的分权思想显然占据了上风。

在革命前，英国的立宪君主政体被法国人视为保障个人自由、实现国家繁荣的模范政体。很多人认为，法国的政体改革须以建立英国式政体为目标。但到了国民议会制定宪法时，不少人开始贬低英国政体中的制约与平衡机制。在这方面，弗朗索瓦·魁奈（Francois Quensnay，1694-1774）等人创立的重农学派的影响值得注意。该学派特别强调人的理性的作用，认为只要公众认识到人的权利和自然的社会秩序，就足以防止专制主义，并且，这是阻止专制和暴政的唯一有效方式。魁奈曾表示："在任何社会，无知是最致命的人性弱点，也是最大的犯罪，因为它是人类不幸和罪恶的最普遍原因。"既然无知是人类不幸的最主要原因，教育或启蒙就是最有效的补救办法。在魁奈看来，如果公众具备了足够的关于正当社会秩序的知识，"就没有人会提出不合理的法案，因为政府和公民们立即就能看清它的荒谬"。

对理性的推崇导致对制度的轻视。长期以来，重农学派都在鼓吹将社会权力建立在理性的基础之上，并认为权力应该是统一的，而不是分成不同的组成部分。在该学派看来，如果权力不是受理性的引导，任何制度都无法纠正它的弊端；如果权力受到理性的引导，就无需任何人为的制度来束缚它。人为的权力制约与平衡机制，不但不是避免专制的有效手段,反而会导致混乱和无序,并阻碍受理性引导的权力做对公众有利的事情。他们认为,如果各种权力中有一个特别强大,就不会有真正的制衡,如果各种权力大小相同,它们各自向不同方向牵动,结果就是原地不动。立法机构的目的不是对不同的利益进行平衡与妥协,而是要让人们按照严格的、被证明为正确的准则去行动。[1]

国民议会在制定宪法之前,决定先制定一份《人权宣言》,以昭示人的权利和正当秩序的基本原理,也在一定程度反映了重农学派的影响。单是对人的权利的公开宣示,就是反对和防止专制统治的有力手段,这正是深受重农学派影响的米拉波、西耶斯和孔多塞等人,在三级会议召开前后一再宣扬的观点。于是,在《人权宣言》的序言中,我们可以读到以下内容:"组成国民议会的法兰西人民的代表们,相信对人的权利的无知、忽视和轻蔑,乃是公共灾祸和政府腐化的唯一原因,故决定在一份庄严的宣言中,宣示人类自然的、不可让渡和神圣的权利,以便这份永远呈现在所有社会成员面前的宣言,能不断向他们提醒他们的权利和义务;以便立法权和行政权的行动,能随时与所有政治制度的目的相对照,从而更受尊重;以便公民们今后根据简单而无可争辩的原则所提出的各种要求,总能导向宪法的维护和全体的幸福。"[2]

就法国大革命第一部宪法的命运而言,国民议会所犯的最大错误之一,是听从罗伯斯庇尔的建议,规定它的全体成员均不得进入依新宪法选出的立法议会。这是罗伯斯庇尔在国民议会取得的一次重大胜利,也是他成为革命领袖的最初迹象。他的目的或许是要让更多的年轻人进入立法议会,因为年轻人更可能成为激进的革命者。国民议会的这一决定,等于让那些开启革命的人,必须放弃了对革命的领

---

[1] 参见[以]J. F. 塔尔蒙著,孙传钊译:《极权主义民主的起源》,吉林人民出版社2011年版,48。托克维尔注意到了魁奈对权力制衡机制的反对态度。依照他的记述,魁奈曾说过:"在政府中设立权力平衡机制是个有害的想法。"魁奈的一位友人则表示:"人们据以设想出权力平衡机制的论据纯属虚构。"参见《旧制度与大革命》,200。

[2] 参见 Keith M. Baker, 'The Idea of a Declaration of Rights', in *The French Revolution: Recent Debates and New Controversies*, 103-109。

导权,也等于让那些参与制定宪法的人,放弃在未来落实和保卫宪法的权力。在两年多的工作中,国民议会的代表们已积累一定的政治和立法经验,但却全部被排除在新的议会之外,并被全新的、缺乏国家级立法经验的人员所替代。他们将不得不将政治能量转向别处,而最可能的去处就是加入巴黎的政治俱乐部。这就意味着,在新的议会之外,还存在另一个既有领袖又有动员能力的政治影响力中心。

相比之下,那些参加费城制宪会议的人,在美国联邦宪法实施后,其中不少人都依照宪法规定的程序,被选举或任命为联邦政府中的总统、部长、议员或大法官。这些人不但有强大的动机希望新的宪法能够成功,而且有较大的声望和权威来促成它的成功。这其中并没有什么不正当的地方。因为,这些人并没有利用起草宪法的机会,为自己谋取未来的官职,他们都是在宪法实施后,依照宪法的正常运作获得了相关的职位。

在美国联邦宪法的制定过程中,无论是由各州所派代表组成的费城会议,还是各州各自选出的制宪会议,都是在履行单一而特定的职责,前者是起草一部宪法草案,后者是决定是否批准宪法。英国光荣革命时的特别议会,也是先抓紧时间填补王位空缺,解决最重要的宪法问题,然后通过威廉国王的承认转变为普通议会,再有条不紊地履行通常的立法职责。但在法国革命开始后,国民议会在制定一部宪法的同时,还要从事大量日常的立法和行政管理工作。[1] 这就使它丧失了作为制宪机构相对于日常政治的超脱地位,不但增加了议员之间的分歧和对立,而且使议会不得不回应场外民众不断提出的各种诉求,并承受此起彼伏的公众舆论压力。

1789年8月4日,在各地农民恐慌与骚乱的推动下,国民议会中的贵族、平民和神职人员竞相提议废除封建特权,包括免税特权、农奴制、鸽舍专有权、狩猎垄断权和领主管辖权。领主们收取的某些

---

[1] Lucien Jaume, 'Constituent Power in France: The Revolution and its Consequences', in Martin Loughlin & Neil Walker eds., *The Paradox of Constitutionalism: Constituent Power and Constitutional Form*, Oxford University Press(2007), 70.

封建租税，则可由佃农一次性买断，在买断之前须照常支付（但农民将这一"赎买"政策解读为无条件废除，最后几乎所有地方的农民都拒绝支付赎买费用）。[1] 8月11日，国民议会宣布它将"完全摧毁封建体制"。议会还决定终结卖官鬻爵，规定所有职务的任命都应以能力为唯一标准，并承诺一旦找到维持天主教会的其他经济收入，就立即废除教会十一税。[2] 国民议会的原意是，虽然所有旧制度下的税收，都因未征得国民同意而不合法，但税收、规费和关税仍应继续缴纳，直到它们被改革后的更公平的税收体系所取代。但是，广大民众则认为所有的税赋都被取缔，因而更强烈地拒绝缴税，结果是政府的财政危机更加难以解决。

在迅速取消过去的税收制度后，国民议会迟迟未能推出更合理的制度。为了处理日益严重的公共财政问题，在塔列朗（他本人就是主教）的建议和米拉波的大力推动下，议会考虑将教会的全部财产国有化。对于取消什一税，教士阶层曾明智地予以默许，但将教会财产收归国有的主张，遭到了很多神职人员的强烈抗议。莫里神父警告说："财产是神圣的，既适用于我们，也适用于你们。如果我们今天被洗劫一空，早晚也会轮到你们。"米拉波则辩称：教会的财产并非真正的私有财产，事实上已归国家所有；作为国有化的补偿，国家将承担教会的开支，并普遍改善牧师们的生活条件。[3] 1789年11月2日，国民议会以568票对346票的表决结果，决定将教会的财产"交由国家支配"，并承诺保障牧师们的收入和住房。国民议会决定以教会财产的价值作保，发行被称为"指券"的附利息债券，以筹集用来弥补财政赤字的资金。后来，议会反复发行指券，造成指券急剧贬值、通货膨胀、金属铸币被囤积、粮食供应危机恶化等诸多不良后果。指券的发行及其糟糕的管理方式，是国民议会犯下的重大错误之一，也是后来革命脱离正轨的动因之一。另外，向公众出售教会土地，以及随后出售国王私人领地和逃往国外的"反革命者"的土地，

---

[1] 谭旋著：《暴力与反暴力：法国大革命中的恐怖政治》，72。
[2] 教会十一税是教会为支付神职人员的薪俸，而向教区信众（主要是农民）征收的税赋，约占教会收入的三分之二。
[3] 伊恩戴·维森著：《法国大革命：从启蒙到暴政》，58。

深刻地改变了法国社会的财产结构,"使大量原本可能进入工商业的资金被投向土地,从而导致法国的工业化进程比英国乃至比利时都要缓慢"。[1]

对教会财产的国有化,使国民议会与教会间出现了严重对立,并使不少人对革命产生了怀疑。毕竟,法国民众大都是虔诚的天主教徒,教会和神职人员有着牢固的社会和道德权威。1790年2月,国民议会继续推出反对教会的政策,禁止宗教宣誓,镇压墨守成规的教会人员,并规定每位牧师都必须在布道坛上宣读议会所有最新法令的内容。神职人员不再只是上帝福音的传播者,而是必须成为政治和社会革命的代言人。在此之前,议会已禁止国内的修道院招募神职人员,并称修士和修女是"游手好闲者"。7月12日,国民议会投票通过《教士公民组织法》,规定各级教区的主教既不由国王任命,也不由教皇委任,更不由法国教会的全国性机构委派,而是由各级地方行政区的选举会议通过选举产生。这等于将神职人员变成领取薪水的国家官员。11月27日,国民议会通过另一项法令,规定神职人员以特别的誓词宣誓效忠革命政权,否则将被剥夺教会职务。这些措施等于要求天主教神职人员放弃长期恪守的教会独立性、等级制和神学原则,结果在神职人员和广大信徒之中造成严重的分裂,并在法国大部分地区引发了旷日持久的冲突。

在法国的旧制度下,并无实行政教分离原则的余地。基督教会不仅是宗教的存在,而且是政治的存在。教会占据着最有特权、最有势力的地位,而这一地位当然是建立在对民众的盘剥和压迫之上的。这是十八世纪法国启蒙运动与教会为敌、国民议会将教会作为革命对象的根本原因。如果革命措施仅限于剥夺教会和神职人员的不正当特权,以及实行宗教宽容,就不但有更坚实的原则支撑,而且可得到更广泛的社会支持。但是,历届革命议会颁布的一些法令本身也违反了政教分离原则,是政治权力干预纯宗教事务的表现,甚至可以说是在反对宗教本身。反宗教事业可能是大革命最失败的事业,它不但在保守派人群中引起了不满,也在更广大民众中引起了不满,革命结束

---

[1] 林恩·亨特、杰克·R.森瑟著:《法国大革命与拿破仑:现代世界的锻炉》,69。

后，最先和最快恢复的，正是法国人根深蒂固的宗教感情。在大革命宗教政策的演进中，也可看出一种致使革命措施不断升级的动力机制：当针对特定人群的压制措施遭到抵制时，就将抵制者视为反革命分子并施以更严厉的打击，结果就是革命过程的日益激进和暴力化。

国民议会共有近 1200 名议员（后来由于贵族和神职人员放弃席位而逐渐减少），且无成熟的议事程序和辩论规则，不少法令未经细致的审议和充分的辩论，便在激愤的情绪中仓促推出。况且，在攻占巴士底狱事件发生后，巴黎的局势一直都动荡不安，国民议会总是面临来自场外的政治压力。这些压力一部分来自巴黎公社和 48 个独立选区，一部分来自被动员起来的广大群众。比如，在国民议会就国王否决权问题进行讨论时，一些由雅各宾俱乐部动员和组织的巴黎市民在会场外示威，要求代表们服从人民的意愿，不得赋予国王对立法的否决权。若干巴黎选区展示了强硬的政治立场，其中两个选区会议提出，除非经由选区讨论，否则国民议会不得做出最终决定。[1] 有人甚至给赞成国王否决权的议员写恐吓信，声称要罢免他们的代表资格，甚至威胁要烧掉他们家的房屋。

现代宪政体制的确是建立人民主权的基础之上，法国的政体革新也需要以人民主权取代君主主权。但是，人民的主权应该是创建政府，但又外在于政府的一种权力。它的基本功能就是确立一部组建和规范政府机构的宪法，在宪法实施后，主权的人民就应退场，无论是政府机构还是公民个体，都开始在宪法的框架下行使权力（或权利）和履行职责。这里有必要强调的是，即使是制定宪法本身，也无法由全体人民直接进行，而是需要选出特别的代表机构，由它代为行使人民的制宪权，或由它起草一部宪法草案，然后交由人民以特定的程序批准。在此过程中，特别代表机构的权威也应该得到人们的尊重和维护。

组建各种各样的学社或俱乐部，是人们行使个人权利（结社权）的结果，应该受到宪法和政府的保护。这样的学社或俱乐部都属于私人社团，并不是具有公共权威的公共机构，他们的成员有什么共同的

---

[1] 谭旋著：《暴力与反暴力：法国大革命中的恐怖政治》，78。

政治诉求，也应通过宪法框架下的机制来表达和实现，而不能自认为比宪定的公共机构更为权威或更有资格代表人民。在法国大革命期间，各种学社和俱乐部一拥而起，纷纷以人民的名义发言，不但将自身的主张说成是人民的主张，而且还要求行使属于人民的最高权力。这样的做法不但否定了代议制的权威性，而且也排斥了不同意见的合法性，结果只会导致无政府状态或少数人以人民名义实施的专政。在傅勒看来，整部大革命的历史被深深打上了一种基本的二元对立烙印："［议会中的］议员们被认为代表人民并以人民的名义创制法律；而各区和俱乐部的人也代表人民，自命为警惕的哨兵，随时识破并揭露议会行动和价值之间的偏差，随时准备重建政体。"[1]

严密的警惕和随时的揭露，远不止是选民对代表的态度。革命者所寻求的变革，将会给社会带来翻天覆地的变化，他们很容易产生极度的不安全感和脆弱感。革命者往往认为，革命造成的一时混乱和权力真空，必然会引发反革命人士的反扑。法国革命开始后，在这种恐惧心理的推动下，不少革命者积极鼓励人们告发"反革命密谋"。激进的德穆兰发布了"告发者权利宣言"，认为每个公民都有搜寻国家敌人的权利和责任：若要实现革命理想，人们必须时刻警惕革命和自由的敌人。这一理念甚至得到了米拉波的肯定，他曾于1789年秋赞扬这种行为："在专制统治下，大肆鼓吹告密之风无疑是令人厌恶的；但在此时此刻，当我们身处危险之中，对新生的自由制度的捍卫者来说，它必须被视为美德中最重要的部分。"1791年春，雅各宾俱乐部的成员宣誓说："我们将检举和告发所有的叛国者，即使以我们的财富和生命为代价也在所不惜。"创办"人民之友报"的马拉，堪称告发艺术第一人。自该报首次发行以来，指控他人几乎是所有报道的基调。他鼓励人们直接向他告发，然后将告发内容直接刊登在报纸上。当他怀疑某些官员有不可告人的阴谋时，他甚至会自行杜撰一封"给编辑的信"。[2]

---

[1] 弗朗索瓦·傅勒著：《思考法国大革命》，115-116。
[2] 关于法国大革命中盛行的阴谋论思维和告发之风，参见［美］林恩·亨特著，汪珍珠译：《法国大革命中的政治、文化和阶级》，北京大学出版社2020年版，40-44；谭旋著：《暴力与反暴力：法国大革命中的恐怖政治》，125-131。

也有革命者对告密之风深感忧虑。他们认为，广泛的告发将使人们对时代的信心遭到毁灭性的打击，导致人与人之间的相互猜忌，并诱发大量出于私心的报复行为。但是，在革命时期固有的紧张、轻信和焦虑氛围下，这种清醒的看法并没有占据上风，告发和揭露的必要性成为共识，并被认为是实现言论与新闻自由的方式之一（殊不知对"有害"言论的告发只会迅速摧毁言论自由）。无止境的检举和告发，在全法国造成了旷日持久的混乱。在各个派系的领袖和成员眼里，他们的竞争对手总是难免有反对革命的嫌疑，人们的告发既可能出自真心，也可能是削弱政敌的手段。由于害怕被告发，很多人选择先发制人地告发他人，结果便是普遍的猜疑、背叛和仇恨。甚嚣尘上的告发之风与不断强化的恐惧情绪之间的恶性循环，使法国社会陷入日复一日的恐怖之中，并在某种程度上预示和形塑了 1793 至 1794 年间制度性的恐怖统治。

当国民议会中的不同派系为各种问题争执不休时，路易十六在革命和反革命之间摇摆不定。面对民众的压力，他时常在公开场合表达对革命和国民议会的支持，但在宫廷人士的影响下，他又时常采取与国民议会作对的举动。这不断削弱他自身的权威。国王既想通过对革命的"支持"来驾驭革命，又暗自鼓励国内外所进行的试图扑灭革命的军事部署。在特权阶层的鼓励下，他曾多次否决国民议会通过的法令，这足以引发民众和议会代表对他的不满；然后，他又在舆论的压力下批准这些法案，这足以导致人们对他软弱个性的轻蔑。这种缺乏定见的个性，在一定程度上促成了路易十六的可悲下场。

1791 年 6 月 20 日晚，在一些敌视革命的宫廷党人的鼓动下，路易十六试图从凡尔赛宫出走，前往一支由忠于王室的布伊莱侯爵任司令的法国军队。这次失败的出走强化了整个社会的恐惧情绪和阴谋论思维，并引发了民众的强烈不满。人们既担心王室与国内外的反革命势力相勾结，也埋怨国王在大家失业和挨饿之时抛弃国民，各地甚至涌起一波要求审判国王的声音。国民议会对此感到左右为难。此时，宪法的制定已接近尾声，大多数议员不想将新宪法推倒重来，也看不出在君主制之外有其他更好的选择，他们宁愿假装国王是遭到布伊莱侯爵等一帮贵族的诱骗或绑架。7 月 16 日，议会以国王必须接受新宪法为条件，恢复了路易十六作为立宪君主的地位，并规定支持审判国王或取消他国家元首地位的主张均属违法。

正是在这个时候，主张废除君主制的共和派开始显露出他们的政治锋芒。在一些激进的共和派中，出现了一场反君主制的政治运动，它的领导者是丹东和马拉创办的科德利埃俱乐部。与此同时，雅各宾俱乐部内部发生分裂，数百名成员，包括几乎所有在国民议会任职的成员，都退出俱乐部，转而成立支持君主制的斐扬俱乐部。雅各宾俱乐部的领导权，开始落入佩蒂翁和罗伯斯庇尔等激进民主派人士之手。

三

1791年宪法是一部立宪君主制宪法。当路易十六在国民议会宣誓效忠新宪法时，人们为之欢欣鼓舞。大多数法国人希望新宪法的实施，能够结束革命，恢复社会的平静，并抚平此前暴力活动所造成的创伤。1791年10月1日，依照这部宪法新选出的立法议会开幕，多数议员都认为议会所掌握的立法权力，足以确立一个稳定的立宪政府。但是，新宪法所营造的和平景象，在不到十个月后就被第二次革命打破，这次革命将更为激进和血腥，并将法国急剧地推向共和时代。

在这届立法议会中，议员们普遍更为年轻，平均年龄大约41岁（上届议会成员平均年龄是47岁），大部分议员从未担任过国家层面的要职。新任议员总体上的政治不成熟（普遍缺乏作为立法者的经验），被后世一些历史学家认为是立法议会未能正常存续的原因之一。由于等级制已被废除，议员中只有10%是贵族或神父。虽然新任议员的同质化程度远高于上届议会，但也很快便出现派系对立的局面。派系之间势不两立的斗争，不但极大地削弱了立法议会的权威，而且还引发了全国范围内的政治危机。

在742名议员中，有136人是雅各宾俱乐部成员。这一人数并不算多，但并不妨碍他们的立场日益强硬，并最终夺取了统治地位。属于斐扬俱乐部的议员更多，有264人，但他们内部出现了分裂：一些人（保皇派）追随所谓的"三巨头"，即亚历山大·拉梅特、阿德里安·杜邦和安托万·巴纳夫，坚持要求设立议会第二院和赋予国王对立法的绝对否决权；另一些人（立宪派）追随拉法耶特，主张遵循新宪法。拉法耶特坚守宪法的权威，并坚持《人权宣言》的精神（他自己对宣言有重大贡献），因而受到宫廷的怀疑和憎恶。不过，在立法议会中主宰辩论的，是由布里索、韦尼奥和孔多塞等人领导的吉伦特派（成员与雅各宾俱乐部成员多有重合）。

立法议会面临的迫切问题，是如何解决日益严重的经济危机、如何对待国王，以及如何应对可能的对外战争。由于法国在西印度群岛的殖民地圣多明戈（海地）发生叛乱，国内糖、咖啡和朗姆酒的供应急剧减少。在其他食品严重短缺的情况下，这一现象加剧了法国境内的物价上涨。当然，指卷价值持续下跌是导致法国经济困难最根本的原因，因为它推高通胀水平、扰乱食品供应，并严重干扰法国的对外贸易。另外，由于国王在新政体中的地位仍未解决，革命的合法性不断受到欧洲各国君主和法国外逃王亲、贵族及神父们的质疑，奥地利和普鲁士王室甚至威胁进行军事干预（尽管只是虚张声势）。

在吉伦特派看来，国内的经济危机和食品短缺不是因为指卷的发行，而是因为革命的敌人在蓄意破坏。这些敌人包括各国君主、国王兄弟、外逃贵族和拒不宣誓忠于革命的顽固牧师。面对国内的不满，在吉伦特派的主导下，立法议会推出了一系列打击"敌人"的措施。1791年10月31日，议会通过一项法令，要求国王兄弟普罗旺斯伯爵回国，否则将取消他的王位继承权；11月9日，议会又通过一项法令，规定移民在两个月内回国，否则财产将被充公，个人将被处以死刑；11月29日，议会继续非难拒不宣誓效忠的牧师，以剥夺退休金和处以两年监禁相威胁。

这些具有特别针对性的法令，显然有违《人权宣言》和新宪法的精神，因而遭到了立宪派的反对。立宪派认为，宪法一旦实施就必须得到尊重，对敌视革命的贵族和教士，也必须基于确凿的证据和依照一般的法律施加惩罚，否则，就和专制统治没什么区别。吉伦特党则利用群众紧急请愿的手段，对国王和立宪派施加压力，并准许群众全副武装地在议会会场前游行。有些市民甚至手持武器闯进会场。巴黎市民的武装游行事实上已对立法议会构成了威胁，到后来，连吉伦特党也无法控制。群众从议会的支持者，变成了对议会发号施令者。事实证明，吉伦特派在以超宪法手段打击"革命之敌"后不久，也将遭到类似的但却更血腥的镇压。

国王利用宪法赋予的延搁否决权，阻止这些法令的通过。本来，他可以和立宪派联合起来，一起维护新宪法的权威。如果他能真诚地维护第一次革命的成果，他的地位或许会更加稳固和安全，但宫廷方面似乎不愿意看到立宪事业的成功。此前，立宪派曾推出拉法耶特竞选巴黎市长一职。在当时，这一职位极其重要，因为它可以在法国的首都掀起或阻止叛乱。但是，在王后的影响下，宫廷方面将它所掌握的全部选票，都投给了敌视国王的雅各宾俱乐部成员佩蒂翁（后加入吉伦特派），帮他击败了拉法耶特。在王后看来，佩蒂翁是一个蠢材，不可能有什么大的作为，而拉法耶特则可能做出一番事业。宫廷方面仍寄希望于外国的干涉，期待恢复革命前的君主制，而不是审时度势地接受立宪体制。路易十六摇摆不定的个性，使他自己向被废黜、被处死的结局又迈进了一步。

此时的法国，各方面的势力似乎都希望对外开战。吉伦特派渴望战争，是想借此摆脱国内的经济危机，同时将革命传播到欧洲其他国家。布里索曾说道："有谁有能力窥视未来，为革命标明它必须停止的时间和停留在哪个国家？行将喷发的火山无处不在，只需要点点星火，就能把它们全都点燃。"[1] 他希望战争可以迫使国王暴露自己是叛徒，以此引导舆论反对君主制。国王渴望战争，是因为他预料法国将会战败，外国的军事干预将会帮他扑灭革命。议会曾通过一项法令，威胁特里尔和美因茨的选帝侯，称如果他们不将法国外逃移民驱逐出他们的领土，法国将发动战争。国王很快便批准了这项法令，因为他巴不得爆发战争（但两地遵从了法国议会的最后通牒）。拉法耶特及其领导的立宪派也渴望战争，因为他们大多是军人，希望在赢得战功后再来驱逐雅各宾派，并控制和稳定法国的局势。就连曾经支持

---

[1] 引自林恩·亨特、杰克·R. 森瑟著：《法国大革命与拿破仑：现代世界的锻炉》，106。

永久和平理论的孔多塞，此时也以争取全人类自由之名为战争辩护。

只有罗伯斯庇尔领导的少部分雅各宾派成员不希望爆发战争。因为他自己在国民议会中的一项提议，罗伯斯庇尔无法进入新成立的立法议会，但他经常在雅各宾俱乐部满怀热情地发表演讲。他的坚定信念和人格魅力给很多人留下了深刻印象，包括一些在政治理念上与他对立的人。米拉波曾说道："他将大有作为，因为他相信自己所说的一切。"罗伯斯庇尔反对战争，是因为他认为战争不会有好结果：如果法国战败，革命就将失败；如果法国战胜，政权会被将军们夺取，革命也将失败。

1791年12月18日，罗伯斯庇尔在雅各宾俱乐部演讲时说："在战争期间，绝对服从的习性，加上叱咤风云的军事领袖出于本能的笼络，将把国民的士兵转变为将军的士兵。军事领袖将成为国家命运的主宰，他们将打破均势，支持他们愿意支持的派系。如果他们是凯撒或克伦威尔，他们就会自行攫取政权。"1792年4月20日，路易十六亲自来到立法议会，提请议会就向奥地利宣战的议案进行表决，议会以压倒性多数通过了宣战决定（只有7人投票反对）。面对既成事实，罗伯斯庇尔立即放弃反战立场，并呼吁法国人进行一场全民参与的战争。他对雅各宾俱乐部成员表示："既然我们已经宣战…我们就绝不能再进行一场宫廷战争，而是要进行一场人民战争。法国人民现在必须奋起反抗，全副武装，无论是为了出国作战，还是为了警惕国内的专制统治。"[1]

罗伯斯庇尔的上述看法，可以说是很有先见之明。在经历最初的混乱和挫败后，法国推行全民征兵制度，大规模集中经济和行政资源，并在将士中灌输爱国主义，打造出一支庞大的、被爱国热情点燃的军队，随后便取得一系列重大的战略性胜利。这场战争不但改变了欧洲的政治版图和国际秩序，而且也让法国政权落入一名来自科西嘉的军人之手。

对法国来说，战争的开局很糟糕。吉伦特派和雅各宾派对此作出的反应，是加大打击"革命之敌"的力度，且首先从国王和顽固的牧

---

[1] 伊恩戴·维森著：《法国大革命：从启蒙到暴政》，89-90、93-94。

师开始。1792年5月27日,立法议会通过一项驱逐顽固牧师出境的法令。5月29日,议会通过一项解散国王宪兵护卫队的法令。6月8日,又通过一项法令,规定在巴黎附近设立一座兵营,以容纳来自各省的2万名志愿军。保王的斐扬派认为,这是雅各宾派劫持国王并将其作为人质的阴谋的一部分。路易十六批准了解散宪兵护卫队的法令,但否决了另两项法令。他还罢免了三名吉伦特派大臣,即内政部长罗兰、财政部长克拉维耶和战争部长赛尔旺,并以斐扬派成员取而代之。拉法耶特则从前线营地给国王和议会发来一封很长的书信,谴责雅各宾和其他俱乐部,以及吉伦特派的几位前任大臣。

国王对两项法令的否决,在巴黎的街头巷尾和各选区的政治机构中,引发了强烈的激愤情绪。一时间谣言四起。不少人认为,国王正通过王后与奥地利人串通,准备铲除雅各宾派、解散议会、召回移民和结束战争。正是在这种激愤和不安的氛围中,巴黎民众于6月20日举行了纪念网球场宣誓的示威活动。一些示威者在游行过程中进入杜伊勒里宫并碰巧遇见了国王。他们对国王推推搡搡,羞辱他,对他大喊"撤回否决",并迫使他戴上一顶象征自由的红色无边帽。此事发生后,斐扬派议员认为,这既是对王室尊严的玷污,也是对立法议会权威的藐视。在他们看来,法国面临的最大危险并非来自王室,而是来自激进分子"不合宪法的极端主义思想"和无法无天的暴力行为。但在雅各宾派议员看来,这不过是民众表达诉求的合法行为,公民们有权面见国王,将自己的想法告知国王。他们认为,关注宪法的精神远比拘泥于宪法文本更重要,议会应该支持"人民合乎宪法精神的违宪行为"。[1]

拉法耶特对国王遭到粗暴对待一事义愤填膺,他抛下前线的军队,匆忙赶回巴黎。6月28日,他出人意外地出现在议会,受到了很多人的鼓掌欢迎。他出示了一些军人提交的抗议书,并以个人及所率军队的名义,要求惩办在6月20日实施暴力行为的无套裤汉,同时要求立即解散雅各宾俱乐部。他的提议未能得到议会采纳。吉伦特派的一名议员反过来提出一项责难拉法耶特的动议,但这一动议也

---

[1] 谭旋著:《暴力与反暴力:法国大革命中的恐怖政治》,180。

被议会否决。

拉法耶特准备为保卫立宪君主制再作一次努力。他得知国王将在次日检阅国民自卫队，于是打算届时率领曾经忠于他的国民自卫队向雅各宾俱乐部进发，并将它一举取缔。雅各宾派对拉法耶特非常惧怕，因为他们知道他不但有较高的威望，而且敢作敢为。但王后得知拉法耶特的计划后，对此并不赞同。宫廷方面仍寄望于反法联军能恢复国王的传统权力，不想看到立宪派和拉法耶特取得成功。王室甚至派人给巴黎市长佩蒂翁通风报信，后者随即取消了阅兵仪式。拉法耶特曾为美国革命作出过不小的贡献，他希望自己能像华盛顿在美国所做的那样，在法国促成保障自由的立宪政体，成为名副其实的"两个世界的英雄"。但是，连他试图帮助和保护的王室都拒绝与他合作，他只能失望地返回军队。这是立宪派覆灭前的最后一次挣扎。

1792年7月2日，立法议会通过一项法令，将各省的国民卫兵召集至巴黎参加7月14日纪念攻陷巴士底狱的庆典。这就规避了国王对征集2万名志愿军并在巴黎设立军营的法令的否决。次日，吉伦特派领袖之一韦尼奥发表演讲，指控国王串通敌人并导致法国的军事失败。这事实上是在呼吁废黜国王。7月11日，议会宣布国家进入紧急状态，并声明议会可推翻国王对法令的否决。7月17日，罗伯斯庇尔亦在一份请愿书中呼吁废黜国王。8月3日，巴黎市长佩蒂翁得到48个选区中47个的支持，率领一个代表团来到议会，要求废黜国王。在此期间，罗伯斯比尔成为雅各宾派这一激进政治力量和巴黎无套裤汉这一激进街头力量的主要领导者。他加紧在国民卫兵中进行鼓动，呼吁他们不要宣誓效忠国王，并通过雅各宾俱乐部成员在国民卫兵中成立秘密理事会，以控制士兵的招募和训练。此前，在巴黎公社总务委员曼努埃尔和副手丹东（两人均属雅各宾派）的支持下，无套裤汉已成立秘密的起义委员会。

法国各地要求废黜国王的呼声越来越高，但立法议会对此犹豫不决，因为吉伦特派的立场有所改变。随着斐扬派大臣于7月20日辞职，吉伦特派看到了组阁的希望。7月26日，布里索谴责了废黜国王的主张："如果有人试图为建立共和国而废弃1791年宪法，那么，法律之剑就应像打击科布伦茨的反革命分子一样向他们挥舞。"

吉伦特派的这一投机做法，未能改变法国君主制岌岌可危的态势，反而加深了与雅各宾派的对立，并最终导致吉伦特派的垮台。眼看通过议会废黜国王无望，雅各宾派和无套裤汉在坚持推翻君主制的同时，还要求在男性普选权的基础上选举产生国民公会。这样一来，第一次革命形成的立宪局面，变成要再次革命的形势。

1792年7月26日，指挥反法联军的不伦瑞克公爵，以奥地利皇帝和普鲁士国王的名义，对法国人发表了一份最后通牒式的宣言："法国人，尤其是巴黎人，应当立即服从国王……如果国王陛下、王后及王室受到些微的暴力伤害，［奥地利和普鲁士联军］将武装入侵巴黎，恢复合法政权，对他们［巴黎人］严惩不贷，并将严刑拷打罪恶的叛乱者，这是他们应得的惩罚。"没有什么比这样的威胁更能加速了路易十六的灭亡。它激起了法国民众的普遍愤慨，使人们心中似乎只有抗战这一个念头。在很多人看来，要取得战争的胜利，就必须剥夺国王的权力，而要剥夺国王的权力，就必须废黜他的王位。

8月10日，在雅各宾俱乐部成员的鼓励、参与和策划下，巴黎各选区的无套裤汉进行叛乱。他们建立起义公社，以取代原有的巴黎公社，但仍由佩蒂翁任市长，曼努埃尔任总务委员，丹东任曼努埃尔的助理（罗伯斯庇尔则于次日加入起义公社）。大批国民卫兵和示威者涌入杜伊勒里宫，并与瑞士侍卫队发生枪战。入侵者最终取胜，许多瑞士人惨遭屠杀。随后，起义公社派代表前往立法议会，要求废黜国王和选举国民公会。议会被迫同意暂停国王的职权，"直至［新选出的］国民公会表明意见"。次日，吉伦特派的韦尼奥在议会提议将国王及其家人收押于卢森堡宫，起义公社总务委员曼努埃尔则宣称唯有起义公社有权决定国王的命运。议会再次屈服于起义公社的意志。8月12日，国王及其家人被移交至起义公社的手中，随后被关进圣殿的监狱。此时，起义公社俨然成为高于立法议会的权力机构。在立法议会的一次例会上，一名公社成员对代表们进行说教："人民通过自己的努力成功自救。请各位代表记住这个道理：当一个小男孩变得比老师更强壮的时候，老师的指导和领导就到头了。"[1] 1791年

---

[1] 谭旋著：《暴力与反暴力：法国大革命中的恐怖政治》，200。

宪法事实上已被废止。

在起义公社的逼迫下，立法议会同意选举产生国民公会，以取代它自身。此次选举将赋予男性公民普遍的选举权（但家庭仆人仍被排除在选举之外），并且，选举不再以无记名方式进行，而是当众投票和根据名册大声唱票。这一唱票方式是为了对投票的选民施加最大的政治压力与胁迫。

在国民公会成立前几周的时间里，起义公社是巴黎的主宰，罗伯斯庇尔、丹东、马拉等人成了炙手可热的革命领袖。叛乱发生后几天，罗伯斯庇尔率领巴黎市民代表团前往立法议会，要求成立特别法庭审判反革命分子（主要是杜伊勒里宫瑞士籍卫兵），罪名成立者当即处死。议会拖延两天后便被迫同意。更有甚者，特别法庭的法官和陪审员由巴黎各选区分别产生，并由起义公社对他们进行审查。未来几周，有22人被特别法庭处死。公社建立了名为"监察委员会"的秘密警察机构，并授权该机构任意搜查住宅和监禁嫌疑分子。马拉是巴黎市监察委员会的成员之一。此后几天之内，大约有3000名嫌疑分子在巴黎遭到囚禁。

9月初，在马拉等人的疯狂煽动下，一些无套裤汉冲进各监狱，直接杀死了一千多名囚犯，死者中有神父、贵族，但更多的是平民。王后最宠爱的朗巴勒公主也是此次屠杀的受害者之一。她的尸体被大卸八块，暴徒们举着尸块在王后所在监牢的窗外游行。当屠杀正在进行时，有人希望时任司法部长丹东能阻止暴行，他很不耐烦地回答说："我压根不在乎那些囚犯。让他们[即暴徒们]尽力而为吧。"起义公社在一份声明中表示，"人民处死巴黎监狱里的密谋分子，是势在必行的正义之举"。在此期间，各地纷纷效仿巴黎的做法，总共建立了2万多个监察委员会。这种几乎是向所有人下放警察权的做法，为群众的狂热和暴力恐怖创造了条件。

1792年9月21日，新选出的国民公会举行第一次会议，宣布"法国废除了君主制"和建立法兰西第一共和国。具有讽刺意味的是，"国民公会"这一名称含有向费城制宪会议致敬的意思。巴黎的国民公会代表选举，只有很少的选民参加。他们全被集中到雅各宾俱乐部投票，结果选出的 24 名代表除一人外，就是罗伯斯庇尔、丹东、曼努埃尔、德穆兰、马拉以及追随他们的极端激进分子。外省虽有地方效仿巴黎的做法，实行同样的胁迫性投票程序，但其他地方投票较为自由，因此，国民公会大多数代表的立场都较为温和。此时的法国，经济秩序的混乱、神职人员所受的迫害、战争的压力、暴力推翻国王的行径和监狱大屠杀，已使不少人改变了对革命的支持或同情态度。虽然雅各宾派恐怖统治的高峰还有待时日，但民众心理的这种变化，就已经在为它的垮台准备好社会条件。

在 749 名代表中，有 160 名属于吉伦特派。罗伯斯庇尔、丹东和他们的追随者坐在议长的最左侧，且尽可能坐在最高处，因而得名"山岳派"，他们约有 200 人。在国民公会开幕后，吉伦特派和山岳派很快形成公开和有组织的对抗态势。由于争取到温和派代表的支持，加上吉伦特派制定的战争政策进展顺利，吉伦特派经常在辩论中挫败山岳派，从而主导着公会的议程。面对这种情况，罗伯斯比尔和山岳派打算故伎重演，再次利用巴黎无套裤汉这一会场外的势力，来改变公会中的政治格局。

国民公会面临的一个棘手问题，是如何处置身陷囹圄的国王。如果进行审判，就很可能导致他被判死刑。吉伦特派不想处死国王。他们主张说，根据 1791 年宪法，国王不应受审判，他的人身不受侵犯。但是，在吉伦特派初掌领导权时，便以超越宪法和法律的方式，来打击政敌和向国王施压，这样的做法一旦开始，就很难刹住车。那些比他们更激进的党派，迟早会在政治上战胜他们，从而将法国带入彻底的恐怖统治或无政府状态。

一些山岳派代表反驳了国王人身不受侵犯的主张，并认为只有代表人民的国民公会有权审判他。这就是说，对国王的审判无需通常的法庭进行，不用遵循通常的司法程序。1792 年 11 月 13 日，路易·圣茹斯特在国民公会发表了他的首次演说。他告诉公会："我们应该将国王判为敌人。我们不只是要审判他，还必须与他斗争。由于他没有参与缔结将所有法国人团结起来的社会契约，我们不应在国内法里寻找审判程序，而是应在国际法里寻找……路易不是公民，而是叛徒。……我们要么让他继续统治，要么将他处死，此事不存在中间立场。"。[1] 圣茹斯特是公会最年轻的代表,年仅 25 岁,刚好达到代表的最低年龄要求。他容貌俊美,举止傲慢,后来成为罗伯斯庇尔的得力干将,被称为"恐怖的大天使"。12 月 3 日,罗伯斯庇尔出面支持圣茹斯特的主张:"对一个国家而言,扶立国王是一种犯罪行为……我坚持认为,根据我们的原则,我们必须立即以叛国罪判处他死刑。"[2]

在巴黎起义公社的支持下,山岳派最终促成国民公会对国王进行审判,尽管 1791 年制定的刑法严令禁止这种程序。一个由 25 人组成的委员会将起草针对国王的控诉书,所有按名册出现的公会代表都应就判决结果投票,并当众大声宣读自己的表决意见。最后,在巴黎市民的围观和暴力威胁下,国民公会以一票之差(361 对 360)的简单多数票,表决通过了对路易十六的死刑判决。吉伦特党原本有意要拯救路易十六,但又害怕被山岳派攻击为保皇党,所以不敢采取坚定的态度。他们的暧昧立场不但未能挽救国王的性命,反而使他们自己在政治上处于极为被动的境地。

这里值得注意的是,那些坚持由国民公会审判国王的山岳派代表(他们喜欢以卢梭的信徒自居),明显违背了卢梭的教诲。依照卢梭的看法,立法机构只能制定具有普遍效力的法律,不能针对特定的个人作出个别的判决,后者涉及法律的适用和执行,应由与立法机构分开的机构进行,但路易十六却是被一个立法机构直接判处死刑。吉伦特派曾试图通过程序上的拖延,争取让国王免于一死。他们认为应由人民公投来决定路易十六的命运。韦尼奥对国民公会表示,人民已通过 1791 年宪法决定国王不受侵犯,人民代表所采取的任何与之相悖的行动,"如果没有得到人民的批准或许可,都是在攻击人民主权"。这番话虽是为了救国王,但它的政治意涵仍值得反思:(1)在宪法施行后,人民可否针对特定的人采取超越宪法的处置措施?(2)依照人民在公投中的多数意见,是否就可剥夺一个人的生命?

1793 年 4 月 1 日,国民公会通过了一项将产生严重后果的决定,

---

[1] 林恩·亨特、杰克·R.森瑟著:《法国大革命与拿破仑:现代世界的锻炉》,154-155。
[2] 伊恩戴·维森著:《法国大革命:从启蒙到暴政》,152。

即取消公会代表的豁免权，使得代表们也可能被自己的同僚拘捕（在未来一年多时间里，将有 80 多名代表被处决或死于狱中，约占代表总人数的 10%）。此时，山岳派决定将其与吉伦特派的冲突升级，从国民公会议事程序之外着手，直接诉诸巴黎无套裤汉的支持与暴力。4 月 15 日，一大群咄咄逼人的无套裤汉在市长帕什的带领下，拥进国民公会控告吉伦特派的 22 名领袖，指控他们"犯有背叛至高无上的人民的严重罪行"。6 月 2 日，在山岳派控制的起义委员会的命令下，新任巴黎国民自卫军司令昂里奥率领一支群众武装包围国民公会，封锁会场的各条通道，并用两门大炮瞄准会场的大门。在会场内，马拉俨然成为大会上的统治者。他以一种不容置疑的权威，宣布将布里索等 29 名吉伦特派代表予以撤职和软禁。公会中的很多代表对此表示抗议，其中 73 人因此被起诉和下狱。在如此多的吉伦特派成员及其同情者被清洗后，罗伯斯庇尔和山岳派仍未在国民公会占据多数，但他们利用武力取得了对国民公会的掌控权。正是在这一天，吉伦特派彻底垮台，国民公会的自由完全丧失，雅各宾派的恐怖统治很快就要开始。

在打倒吉伦特派后，救国委员会迅速起草了一部宪法，并于 1793 年 6 月 24 日得到国民公会的核准，然后由全民公决通过。1793 年宪法较为忠实地贯彻了卢梭意义上的人民主权原则。它规定了纯粹的群众政权，不仅承认人民是一切权力的源泉，而且把一切权力交给人民去行使。人民的主权不受任何限制，各级官员可随时撤换和调动。由于法国是一个较大的国家，实在不适合完全实行直接民主，所以宪法规定了一个全国性的国民议会，同时尽量剥夺议会的独立性。各地初级议会选任国民议会代表，并严密监督代表们的行动。这种由各地初级议会选任并严格管控国民议会代表的规定，显然借鉴了卢梭在《关于波兰政府及其改革计划的思考》中的相关主张。

不过，这部宪法刚一颁布就被搁置，从来就没有实施过。雅各宾派担心新的选举将危及自身权力，因而决定在没有宪法的情况下继续执政。圣茹斯特表示："你们对待那些与新秩序为敌的人，不应再有丝毫姑息，必须不惜任何代价使自由获得胜利。在共和国的现状下，不能认为宪法已经制定了；宪法可能会成为破坏自由的叛乱分子的保障，因为它缺乏镇压叛乱的必要暴力。"[1] 雅各宾派还促使国民公会宣布，"临时政府将成为革命政府，直至法国实现和平"。此时，最高权力由罗伯斯庇尔及其同党圣茹斯特、库东等人控制的救国委员会和公安委员会所掌握。这两个委员会由国民公会所设，在名义上从属于国民公会，实际上却是国民公会的支配者。

在罗伯斯庇尔等人利用无套裤汉的暴力夺取权力的过程中，经由选举产生的代议机构的权威完全没有得到尊重，"人民的意志"一再被搬出来对抗代表们的意志。但他们夺取权力后，并没有建立更民主的政权，反而剥夺了法国人的政治参与权和言论自由。无套裤汉倒是信奉直接民主，主张在公众面前大声投票和对选出的代表进行日常管控，并认为各选区有权随时剥夺代表的资格。这些主张在 1793 宪法中也有所体现。但罗伯斯庇尔并不认同无套裤汉的主张。在他看来，为赢得革命的胜利，法国"必须拥有单一意志"，需要集中权力镇压任何反抗力量。他表示："革命秩序形成的局势如暴风骤雨般动荡不安，并且，它被迫不断利用新的和快速的资源，应对新的和紧迫的危险…我们必须组织自由的专制来摧毁国王的专制。"这等于说，雅各宾派利用"人民主权"的口号摧毁代议机构的权威，却是为了建立独裁的革命政权。

在吉伦特派倒台后，雅各宾派不但要应对多地的内战局面，而且要直接面对无套裤汉的经济和政治要求。不少无套裤汉反对救国委员会日益专横的权力。他们的领导者埃贝尔公开宣称："只要各委员会霸占所有的权力，我们就永远不能建立政府，或者说，只能建立一个糟糕的政府。"另外，政府实行的食品限价措施产生了严重的负面效应，导致小麦和面包出现阵发性短缺，在巴黎引发了无套裤汉"要面包"的示威活动。1793 年 9 月 5 日，埃贝尔带领一众无套裤汉冲进国民公会，胁迫它采取一系列激进的经济和政治措施。为抢得先机，当天晚些时候，罗伯斯庇尔率领一个由雅各宾俱乐部成员组成的代表团来到国民公会，提议组建革命军队、从政府部门清除所有贵

---

[1] 米涅著：《法国革命史》，213。

族、对吉伦特派进行审判并"将恐怖统治提上日程"。

随着1793年9月29日《惩治嫌疑犯条例》的颁布，雅各宾派的恐怖统治正式开始。在持续十个月的恐怖统治中，全法国有30万至50万人被逮捕，近4万人被处死。布里索、韦尼奥等吉伦特派领袖；王后玛丽·安托瓦内特、路易十六的堂兄奥尔良公爵（他曾投票赞成处死路易十六）；埃贝尔、莫莫罗（他曾推动"自由、平等、博爱"口号的普及）等无套裤汉领袖；丹东、德穆兰等山岳派领袖；以及在启蒙运动中扮演重要角色的马尔泽布、伟大的科学家拉瓦锡和国民制宪会议主席杜雷都在被处决者之列。对法国乃至全欧洲的中产阶级激进人士来说，对吉伦特派的清洗是一个关键性的转折点。这是革命阵营最核心处的分裂，是一直被庆贺的革命中出现的不祥之兆。英国作家海伦·玛利亚·威廉姆斯表示，自从清洗吉伦特派之后，"恐怖的血腥之云遮住了革命的荣光"。

丹东和德穆兰在建立恐怖政权过程中，均扮演过举足轻重的角色，但随后都对大规模的逮捕、处决感到震惊与不满。在被囚于卢森堡宫时，丹东曾悔恨地说："原来我是在这样的时代建议成立革命法庭的，我请求上帝和人类原谅，我建议成立革命法庭可不是为了让它成为人类的祸害！"[1] 群众暴力一旦鼓动起来，就有可能一发不可收拾，不少革命领袖只有到自己倒霉时，才能明白这一道理。

在巴黎，人们根据《惩治嫌疑犯条例》控告嫌疑人，在革命法庭进行象征性的审判，然后在协和广场的断头台公开执行死刑。指控的罪名大都很含糊，包括阴谋叛乱、道德败坏、挫伤士气、误导舆论、价值观扭曲、贬损国民公会和发表不当作品，等等，甚至拥有一张耶稣像就可能以宗教狂热罪被送上断头台。罗伯斯庇尔明确表示，没有必要证明对嫌疑犯的指控："根据名声指控个人犯罪，虽不存在书面证据，但证据写在所有愤怒的公民心中。"1794年6月10日，救国委员会通过了臭名昭著的"牧月22日法令"，剥夺了革命法庭所审嫌犯的所有辩护权利：对嫌犯不必进行讯问；指控不必提供证据；嫌犯不准聘用律师，也不能请求传唤对自己有利的证人；法庭只能由陪

---

[1] 米涅著：《法国革命史》，225。

审员基于道德信念而不是基于证据,在无罪或死刑两种判决中选择其一。

究其实质,恐怖统治作为一种国家政策,就是运用制度化的暴力和死亡威胁,来惩罚和恐吓所谓的人民公敌,并维护罗伯斯庇尔和雅各宾派的权力。[1] 讽刺的是,这种极其残暴的统治却是以"自由"的名义进行的。针对罗伯斯庇尔所谓"自由的专制",罗兰夫人曾在断头台上大声疾呼:"自由,多少罪恶假汝名而行之!"吉伦特派领袖韦尼奥也表示:"这种怪诞的自由学说已经发展起来。这种学说等于说:你们自由了,但你们的思想必须和我们一样,否则我们就要让人民来惩罚你们;你们自由了,但你们必须在我们崇拜的偶像前低头,否则我们就让要人民来惩罚你们;你们自由了,但你们必须与我们一起迫害那些诚实和博学的人,否则我们就要让人民来惩罚你们。公民们,恐怕革命要像萨图恩一样把自己的儿子一个个吞噬掉,最后导致专制暴政,以及与之相伴的种种灾难。"[2]

托克维尔后来评论说,"在为大革命作准备的所有思想感情中,严格意义上的自由的思想与爱好是最后一个出现,也是第一个消失的"。[3] 这里所谓"严格意义上的自由",是指个人权利意义上的自由,即不受干预地享有财产和安排自身生活的自由。这位写过《论美国的民主》一书的思想家并不反对民主。他认为,君主统治和等级制被民主所取代,对法国来说是不可避免的。他只是希望民主和自由可以相得益彰。但在法国,长期的特权与等级制所引发的不满,使人们更加重视平等而不是个人自由。法国的革命者普遍不重视对个人权利的制度保障。革命发生后,特别是到了革命后期,不同党派都自以为掌握了为法国创造美好未来的诀窍,都在为夺取无限的权力而相互斗争,一旦权力在手,便可以所谓的公共利益、革命需要、道德纯洁或其他抽象价值而打击任何人。在这些以人民的名义实行统治的人,与那些遭受打击的人之间,几乎没有任何屏障或缓冲机制。只要是以人民的名义进行,任何专权和滥权的行为都是可以接受的,任何

---

[1] 谭旋著:《暴力与反暴力:法国大革命中的恐怖政治》,iii。
[2] 米涅著:《法国革命史》,183。
[3] 《旧制度与大革命》,198。

个人权利都是可以剥夺的。这种状况在罗伯斯庇尔当权时达到了顶峰，雅各宾派的恐怖统治也被认为是现代极权主义的先声。[1]

在罗伯斯庇尔和雅各宾派的恐怖统治被推翻后，热月党人控制了国民公会。这是一个由公会中的中间人士、右派的残余分子和不那么激进的山岳派人士结成的温和联盟。热月党人对雅各宾派进行了清算，对恐怖统治机构进行了改造，并于1795年主持制定了一部新宪法（史称"共和三年宪法"）。为了缓和民众运动，宪法规定了间接选举制度，为选民和议会成员规定了财产方面的条件，并格外强调对法律和国家的服从。宪法还规定议会由两院组成：一院由500名30岁以上的议员组成，称作"五百人院"；一院由250名40岁以上的议员组成，称作"元老院"。五百人院负责起草和提出法案，元老院决定是否通过但无权修改法案。行政机构是由五名督政官组成的督政府，督政官由两院提名和选举产生。两院每年重新选举三分之一的议员，督政官则每年改选一名。

共和三年宪法是一部以代议制否定直接民主的宪法。它旨在防止群众的暴力行动，为个人权利提供一定的保障，并试图重建稳定的政府机构，"重铸有关民选代议制的法律"。[2] 这似乎给了人们一些自由的希望，但这部宪法最终也失败了。在目睹前两部宪法的制定和废除，并经历好几年动荡不安、流血不断的局势后，法国人其实已不再对宪法有什么尊重和信仰。六年的大革命给法国社会造成了深刻的分裂，一边是左翼的固执的雅各宾党人及其同盟无套裤汉，另一边是右翼的思想守旧、报复心强的保皇党人，热月党人制定的宪法无力消弭或控制这样严重的分裂。

夹在左翼和右翼之间的热月党人为确保对权力的掌控，在制定宪法的同时还制定了一项法令，规定新设立的议会两院三分之二的议员必须是国民公会的现任代表，如果选进两院的现任代表不足500人，则应由选进的代表指定未选进的代表以补足人数。如果说国民议

---

[1] 就此进行的经典研究，参见 J.F. 塔尔蒙著：《极权主义民主的起源》。
[2] 弗朗索瓦·傅勒著：《思考法国大革命》，156。

会规定自己的议员不得参选新成立的立法议会，是一种很不明智的做法，国民公会规定自己的代表必须占据新议会三分之二的席位，则是一种很不公正的做法。这一法令遭到了很多人的反对，并让新成立的政权一开始就失去了正当性。

事实上，新宪法甫一实施，社会各方面对新制度的不满就爆发了，巴黎还发生了多次保皇党人骚乱。1795年10月5日，当保皇党起义队伍沿着塞纳河向国民公会进发时，拿破仑命令士兵用大炮轰击，成功地镇压了大革命期间巴黎市民的最后一次起义。拿破仑因此从准将晋升为中将，并被擢升为国内防军总司令。次年，他离开巴黎前往意大利，担任意大利军司令。自此以后，他将为法国军队、法兰西共和国和他自己赢得无尽的威名，并成为人类历史上最伟大的军事统帅之一。

在1797年4月的选举中，右翼势力获得了议会的多数席位。议会与督政府之间发生了冲突，但宪法对两者之间的争端缺乏和平的解决机制，结果就是一系列的政变。[1] 依靠拿破仑的军事支持，督政府发动"果月政变"，取消了49个省的选举结果和177名右翼人士的议员资格。第二年春季的补选似乎将出现议会偏向左翼的局面，督政府便发动"花月政变"，直接开除106名议员，以延续温和派在议会中的多数地位。1799年春，共和宪法的不稳定特性再度显现。这一次，在议会选举中获胜的新雅各宾派先发制人，取消了一位对他们怀有敌意的督政官的选票，并迫使另两位督政官辞职。

此时，身为督政官的西耶斯走上前台，开始发挥政治作用。他打算利用拿破仑手中的军事力量，一劳永逸地消除体制中的不稳定性，重新制定一部他自认为比前三部宪法都更完善的宪法。1799年11月9日（雾月18日），他和拿破仑联手发动政变，一举废除了共和三年宪法。但是，战功显赫且野心勃勃的拿破仑，显然不愿依照西耶斯的计划行事。法国由此进入由拿破仑个人独裁的执政府和帝制时代。

---

[1] Raymond Kubben, 'L'Abbe de Sieyes: Champion of National Representation, Father of Constitution', in D. J. Galligan, ed., *Constitutions and the Classics: Patterns of Constitutional Thought from Fortescue to Bentham*, Oxford University Press(2014), 292.

西耶斯这位大革命的开启者，在亲手终结革命后不久便从法国政坛消失了。

四

在政治领域进行的革命，总是要用一种新的秩序取代旧有的秩序。新的政治秩序若以成文的法律文件加以规定，结果就是制定一部新的宪法。革命为制定一部新宪法创造条件，新宪法的制定反过来又是要结束或关闭一场革命。但有时候，"结束一场革命比开始一场革命更困难"。[1]

在法国大革命之初，那些努力推动革命的人，即国民议会中的多数代表，也是一心要为法国制定一部宪法。他们公开宣称要"整顿本王国的宪法，实现公共秩序的更新，并落实君主制的真正原则"。这里所谓"落实君主制的真正原则"，就是将原有的专制君主制转变为立宪君主制，"以确保法国人的自由和法兰西的永久繁荣"。那么，当时的法国人为什么会失败？为什么没有确立一部长久的宪法？为什么没有像美国建国者那样，将革命的激情转化为一种稳定的宪法秩序？

这里首先涉及人民主权（制宪权）与宪法秩序的关系问题。如前所述，在国民议会中，乃至在当时的法国社会，卢梭的人民主权学说有着很大的影响，但这一学说并未给一部长久的宪法或一种稳定的宪法秩序留有什么余地。在卢梭看来，不但任何特定的政府都应是人民意志的结果，而且在政府被创建后，主权的人民仍应定期集会，以显现自身的存在和力量，"政府越是有力量，主权者就越是经常要出场"。当主权的人民出场时，一切政府权力均告终止，一切政治秩序均被搁置。卢梭表示："一旦人民以主权的团体正当地集会时，政府的一切管辖权都应停止，行政权力应中止，且最渺小的公民也与最高长官一样神圣而不可侵犯，因为在被代表者出现的地方，就不再有什么代表了。"[2]

---

[1] 谭旋著：《暴力与反暴力：法国大革命中的恐怖政治》，353。

[2] Rousseau, *The Social Contract and other later political writings*, ed. Victor

卢梭学说的影响所及，连时常批评他的西耶斯也不能幸免。在西耶斯看来，国民在创设一定的宪法秩序后，国民的制宪权并不因此而用尽，国民仍可不受宪法秩序的约束，继续行使制宪权以变动既有的宪法秩序，制宪权作为一种积极、活跃的原生性的力量，始终对立于宪法秩序而存在。他在《第三等级是什么？》中写道："可不可以说，通过起初的一次完全不受任何形式约束的意志行为（act of will），国民未来便只能以既定的方式表达意志？首先，国民不能放弃或限制自身的意志权利（right to will），并且，无论它有过什么样的意志，它并不能失去根据利益需要而作出改变的权利。其次，国民能向谁表示它将自我约束呢？……国民不应让自己受到任何实在形式的约束，否则，就将不可回复地丧失自由。"[1]

卢梭式的人民主权思想在便于人们摧毁旧秩序的同时，也使得人们无法维持任何新秩序。当从事革命的人被这样的思想所支配时，就难以用一部宪法来关闭已经发生的革命，整个国家将处于一种不断革命的状态。在这种不断革命的状态下，不可能建立和维持任何稳定的宪法秩序，因为革命就其本性而言，就是要改变既有的宪法秩序。结果就会像法国大革命中实际发生的那样，一部接一部宪法被制定出来，但却没有任何一部宪法能得到人们的尊重和遵守，直到大家都精疲力竭后，又毫无抵抗地顺从某个强人的独裁统治。

在美国的革命与制宪运动中，人民制宪权与宪法秩序之间的关系，也是人们关注的重大问题之一。在独立革命时期，"改变或废除政府形式"的制宪权观念，曾被用于对反对旧政权之革命行为的正当化，但是，对于在宪法实施之后，人民是否仍可在宪法秩序之外持续地行使主权（制宪权）的问题，美国建国者们的态度则较为谨慎与保守。

法国大革命开始后不久，身在巴黎的杰斐逊给麦迪逊写过一封信，表达他的"世代权利"思想。他对麦迪逊表示："我们似乎没有觉察到，在自然法之下，一代人与另一代人的关系，就像一个独立国

Gourevitch, Cambridge University Press(1997), 111-112

[1] Emmanuel Joseph Sieyes, *Political Writings*, 137.

家与另一个独立国家一样。"由于一代人没有权利约束下一代人，因此，所有的个人和国家债务、所有的法律，甚至包括宪法，都应该在一定的期限届满后失效。[1] 麦迪逊在回信中先是称赞杰斐逊的想法"很有趣"，接着便委婉地表示，这甚至算不上是一个的主张，而只是一种危险的幻想。麦迪逊认为，如果宪法每过一段时间便自动失效，那就不可能形成稳定而令人尊重的政府，各种原本不会出现的派系争斗也将因此而涌现，人们必将面临无政府主义的混乱。在麦迪逊看来，时间是让任何事物获得尊重的因素，宪法和政府只有具备必要的稳定性，才能在时间中持存，从而获得人们在情感上的尊重。[2]

汉密尔顿曾在赞成人民主权的同时，认为人民本身也要受到宪法的约束："除非人民通过庄重和权威的行动，废除或改变现有的宪法形式，宪法对人民集体和个人都有约束力；在此等行动之前，对人民情感的推断甚或知晓，都不能让人民的代表们有权违反宪法。"[3] 也就是说，随着宪法的实施和宪法秩序的确立，人民的制宪权便被用尽，作为整体的人民也只能化身为作为个体的公民，参与到日常的政治生活之中，由人民选举产生的代表们，也不得以"人民的意志"为由而破坏宪法。

这种连人民也应受宪法约束的思想，可以追溯到洛克那里。在《政府论》下篇结尾部分，洛克表示，人民在创造了一定的宪法秩序，并将立法权委托给立法机构后，除非出现立法机构滥用权力等特殊情形，原则上不得变动既定的宪法秩序。人民的制宪权在制宪任务完成后便进入休眠状态，只有在特定的例外情形才可能被激活。

在为新宪法辩护时，美国建国者曾求助于人民的制宪权，但在宪法秩序建立后，他们则希望将制宪权予以隐藏。为了调和人民制宪权与宪法秩序之间的内在紧张关系，麦迪逊将常态政治和非常态政治加以区分。他一边反杰斐逊提出的定期或经常性诉诸人民的主张，一

---

[1] Thomas Jefferson, *Political Writings*, ed. Joyce Appleby, Cambridge University Press(2004), 593-598.
[2] James Madison to Jefferson, Feb. 4, 1790, in Thomas Jefferson, *Political Writings*, Appendix A, 606-609.
[3] The Federalist Papers, No.78, 468.

边也承认"应为某些重大而非常的时刻,划出和开放一条通向人民决断的宪法之路"。他认为,美国革命和制宪运动就是处于非常态政治时期,虽然美国人民成功地用共和政体取代了君主政体,但这一变革政体的试验"太过艰险"(too ticklish),完全没有必要一再重复。[1] 在新的宪法秩序建立之后,人们就应进入常态政治时期,并且这样的常态时期应尽可能地持久。

第二,在法国大革命期间,平等是远比自由更受重视的价值,而对平等的强调和曲解又导致对个人权利的轻视。有一个细节可以表明革命时期的法国人对"平等"的重视:为了追求平等,激进的革命者要求人们只能互称"公民",不能称呼"先生",要用非正式的"你",不能用正式的"您",因为"先生"和"您"会让人回想到不平等的旧时代。正如邦雅曼·贡斯当在1796年所言,"法国大革命消除了细微差异……一股潮流使万物趋同"。[2]

诚然,平等是现代宪政体制所承诺的基本价值之一。但须注意的是,无论是前宪法的人与人之间的平等,还是作为宪法原则之一的"法律上的平等",都主要是在消极意义上理解的平等。前宪法的平等,比如洛克所说的自然状态中的平等,是指人与人之间尚不存在政治隶属关系。对这一平等状态的承认,就意味着正当政治权力的产生有赖于人们的同意。宪法出现后的"法律上的平等",则主要是指公共权力在原则上不得区别对待不同的人(即不得歧视)。这两种意义上的平等,都与个人自由不相冲突,因为它们都要求平等地尊重每个人的基本自由,因而也承认人与人之间的不同特性和生活状态。正如西耶斯所言:"在财产和勤劳方面的不平等,就像年龄、性别、身高、肤色等方面的不平等一样。这些方面的不平等并不损害公民平等,因为与公民身份有关的权利并不涉及这些方面的差别。这些方面的个人优势无疑应受法律的保护。立法者不能参与制造这些方面的差异,或者将特权赋予一些人而不赋予另一些人。"[3]

在有些情况下,出于特别的政策考量,国家权力有可能对不同公

---

[1] *The Federalist Papers*, No.49, 311-312.
[2] 引自林恩·亨特著:《法国大革命中的政治、文化和阶级》,56。
[3] Emmanuel Joseph Sieyes, *Political Writings*, 155-156.

民区别对待，比如对残疾人的特别照顾、累进所得税制，以及对低收入人群的福利保障等。虽然这些区别对待措施，在效果上是缩小人与人之间在某些方面的差距，也可以说是在追求"实质上的平等"，但它们本身其实是对"法律上的平等"这一原则的偏离。如果这种偏离只是一种例外，且具有正当理由，就是可以接受的。但如果将实质平等视为一项原则，积极追求人们在生活各方面的平等，就必须利用国家权力抹杀人与人之间在特性和生活状态上的差别，必须取消人们一切个人自由与权利。政治不再是发生在限定的领域里，而是侵入日常生活的方方面面。

法国《人权宣言》显然对美国《独立宣言》和各州（特别是弗吉尼亚）宪法序言或权利法案有所借鉴，它们都深受十八世纪自然权利思想的影响。[1] 在《人权宣言》中，也可以看到对个人权利的强调：权利被认为是"自然的、不可让渡的和神圣的"，"财产是不可侵犯和神圣的权利"，并且，人们"生来就是且始终是自由的，在权利方面一律平等"，"一切政治联合均是为了保护人类自然的和不可动摇的权利"。在这里，人的自然权利被视为政治联合（建立国家）的基础和目的，每个人的权利才是实质性的事物，平等只是指人们同等地享有若干生来就有的权利。

不过，在十八世纪的法国，不但启蒙运动包含了各种不同的思想流派，而且自然权利思想本身也五花八门。对卢梭来说，人生来既是自由的，也是平等的，但平等享有的自然权利只是让人们具有订立社会契约的资格，这些权利随着契约的订立和国家的成立便完全让渡了；此后，人们的"自由"便只是平等地参与法律的制定，即参与公意的形成，任何保护个人和防御集体权力的机制都是毫无必要的。《人权宣言》第六条规定："法律是公意的表达。"这一规定是卢梭契约学说的体现，但它与宣言中"不可让渡的权利"的观念显然是相互冲突的。

美国各州和联邦宪法也深受自然权利和社会契约理论的影响，

---

[1] 对《人权宣言》制定过程及内容的深入分析，参见 Keith M. Baker, 'The Idea of a Declaration of Rights', in *The French Revolution: Recent Debates and New Controversies*, 91-140。

但美国的制宪者并不认为个人权利在缔结契约时便完全让渡出去，也不认为法律可以干预社会生活的所有方面。在美国人看来，即使是以"被治理者的同意"为前提的公共权力，也是危险和不可信任的，因而必须受到严格的约束。因此，美国的制宪者特别注重对公共权力（包括立法权）的限制和制衡，以保护个人权利免受侵犯。在大革命时的法国，也有一些人持有类似的看法，但这一看法远非法国革命者的共识。对不少法国人来说，人们平等地参与主权的行使（卢梭意义上的自由），远比保护个人权利（个人自治意义上的自由）更重要。事实上，在革命时期的几届议会中，各种法令和决议都是以简单多数票通过（包括国民公会处死路易十六的决定），未曾实行过保护少数人基本权利所必要的其他表决方式。

宪法对个人自由的保障应该是普遍的，它甚至应该保护那些对它本身感到不满的人。行政处罚和司法制裁只能在遵循正当程序的前提下，加诸那些实施具体违法行为的人，而不能处罚那些对宪法持抽象反对态度的人。但在法国大革命中，各地的"爱国者"对所谓的"反宪法活动"十分警惕。在他们看来，大多数贵族和神职人员都是"憎恶宪法，并在暗中鼓动他人反对宪法"的顽固分子，因而必须加以惩戒。后来，这种猜疑和仇视所指向的对象，范围变得越来越广泛。这样一来，宪法既不能为少数人提供权利保障，也不能给多数人带来安全感。

1789年8月1日的《三级会议报》宣称："在新半球，勇敢的费城居民提供了一个人民夺回自身自由的范例；法兰西则将为这个星球的其他地区提供［夺取自由的］范例。"但在六十多年后，托克维尔却在感叹大革命时的法国人"毫不尊重私人权利"，"人们似乎热爱自由，其实只是痛恨主子"。[1] 又过了一百多年后，汉娜·阿伦特更为系统地阐述了与托克维尔类似的观点。她在《论革命》一书中表示：一场革命如果不是为了确立一部保障个人自由的宪法，那就不成其为革命，而只是一场叛乱，只是由一帮新的统治者取代旧的统治者。在她看来，美国革命成功地实现了它的正当目标，而法国革命却

---

[1] 《旧制度与大革命》，199、207。

失败了。

其实,对法国大革命失败的反思,在革命时期就已出现了。虽然西耶斯认为人民的制宪权不受任何实在法的约束,但他并不认为这一权力是没有界限的。依照西耶斯的政治理论,人们在进入政治社会之前,就享有某些不可剥夺的自然权利,人们在联合组成政治社会时,"只会把尽可能少的东西,只会把对保障每个人享受权利和履行义务所不可缺少的东西,置于公共或政治权力名下",同时仍保留大部分个人权利和自由。[1]这些个人权利与自由就是对人民主权的限定。

西耶斯认为,以雅各宾派为代表的法国人,曾经赋予人民主权太多过于夸张的性质,而在不受限制的主权上建立的只会是"极权国",而不是"共和国":"[人民主权]这个词只会对人们的想象产生巨大的作用,因为法国人的心灵仍充满了对王权的迷信,仍喜欢将曾让被篡夺的主权显得光彩夺目的所有浮华特性和绝对权力,都赋予给它。我们甚至看到,无限慷慨的公众因为不能赋予它更多而感到愤怒。有着一种爱国主义自豪感的人们似乎认为,如果伟大国王们的主权尚且如此强大和如此可怕,那么,一个伟大人民的主权就必须有过之而无不及。……我本人则认为,随着人们得到更多的启蒙,随着时间的推移,主权将会退回到它的恰当界限之内,因为,我要再次申明,人民的主权并不是无限的,而人们曾经赞美和推崇过的体制,包括他们认为自己对之负有最大义务的[雅各宾]体制,皆不过是一些僧侣观念,是错误的极权国方案,而不是共和国方案,既会破坏自由,也会毁灭公共和私人福祉。"[2]

贡斯当是西耶斯的密友,很了解西耶斯关于人民主权之有限性的思想。他曾经这样评价说:"我们应当将一切政治组织最需要承认的原则,即主权的有限性,归功于西耶斯。在曾经滥用无限主权的国民公会上,他勇敢地提出了它。"贡斯当自己对人民主权的界定,与西耶斯几乎是完全一致的。他认为人民主权"这个原则是无可争议

---

[1] Murray Forsythe, *Reason and Revolution: The Political Thought of the Abbe Sieyes,* Leicester University Press(1987), 145.

[2] 引自 Murray Forsythe, *Reason and Revolution: The Political Thought of the Abbe Sieyes,* Leicester University Press(1987), 145-146.

的",但同时强调:"如果你确信人民主权不受限制,你等于是随意创造并向人类社会抛出了一个本身过度庞大的权力,不管它落到什么人手里,它都必定构成一项罪恶。……全体公民享有主权的含义是,除非得到授权,没有任何个人、任何派别、任何局部的联合体能够篡夺主权。但是,不能由此认为,全体公民或被他们授予主权的人,能够全权处置个人的存在。相反,人类生活的一部分内容,必然仍是独立的和属于个人的,它有权处于任何社会权能的控制之外。主权只是一个有限的和相对的存在。在个人的独立与存在开始的地方,便是主权管辖的终点。社会跨过了这一界限,它就像手握屠刀的暴君一样邪恶。"[1]

第三,在卢梭敌视代议制的思想影响之下,法国大革命时期的代议机构往往缺乏必要的权威。在《关于波兰政府及其改革计划的思考》中,卢梭曾宣称:"只要立法权力一发言,人人就都回到平等状态,一切权威都要在它面前沉默下来,它的声音就是上帝在大地上的声音。"[2] 这里的"立法权力"不是指政府中的立法机构行使的权力,而是指由每位公民"生来就有的权利"构成的权力,也就是人民的主权权力。在这种主权观念的影响下,各种平行于议会的政治力量长期存在于法国社会,代议机构乃至整个政府的权威都很难得到人们的尊重。

在国民议会、立法议会和国民公会时期,议会代表们一直都面临会场内外群众的压力,并没有充分的审议和表决自由。从国民议会时起,为了给公众留下公正透明的形象,会场一直有不少对外开放的旁听席。在会议进行过程中,旁听席常有近千名市民在围观,他们众声喧哗,对代表毫无尊重之意。旁听的人听到合意的发言,就鼓掌和大声喝彩,听到不如意的观点,就嘘声四起,甚至对发言代表进行辱骂。1790 年 1 月,曾代表宾夕法尼亚参加费城制宪会议的古弗尼尔·莫里斯,从巴黎给乔治·华盛顿写信说:"在国民议会,他们什么也讨论不了。那些想发言的人会把名字写在一块板上,根据姓名书

---

[1] 邦雅曼·贡斯当著,阎克文、刘满贵译:《古代人的自由与现代人的自由》,上海人民出版社 2003 年版,77-79。

[2] The Social Contract and other later political writings, 195.

写次序发言。但是,大家都不愿遵守秩序,而是不停地吵闹直到演说者走下讲台。"[1]

当有重要提案在议会进行讨论时,聚集的人群远超会场所能容纳的人数,不光旁听席挤满了人,就连过道、窗沿和会场外的街道也被挤得水泄不通。在这种情况下,代表的发言与其说是与其他代表的交流和辩论,不如说是对公众的演讲,而最激进的发言往往更可能得到在场群众的拥护。到立法议会时,民众的示威游行开始经常取道议会大厅。比如,1792年6月20日,为抗议国王否决议会法令,数千名国民卫兵和无套裤汉携带剑、军刀、长矛、手枪和步枪等武器,涌进议会会场,要求废除国王的否决权,并对斐扬派议员挥舞拳头和大声谴责。在国民公会时期,巴黎武装分子以武力威胁的方式将自身意志强加给公会,更是成了家常便饭。罗伯斯庇尔曾表示:"自由地对立法机构的行动进行正当的监视,是最重要的事情,国民议会及其成员应该服从公意,当议会与公意发生冲突时,议会就已经不能继续存在下去。"[2]对罗伯斯庇尔来说,因为巴黎民众处在离议会最近的位置,所以他们或他们的代表团体始终负有对议会采取直接行动的义务。人民不但有无限的政治权威,而且是永不停歇的能动主体,人民的直觉成了政策是否正当合理的唯一判别依据。这种未限定边界的人民主权和民主观念,显然是建立有效政府的极大障碍。

对代议机构权威的威胁,既可能来自场外的群众,也可能来自内部的议员。一些在代议机构处于少数的党派,为扭转自身的政治劣势,也动辄诉诸场外的民众。在革命时期,吉伦特派、山岳派和雅各宾派曾竞相利用群众的力量,将自身的主张强加给议会,甚至对其他党派的议员进行清洗。那些由特定政治派别鼓动和领导的巴黎群众,其实只是法国人中的很小一部分,但却以法国人民的名义发声和行动。这里的问题是:一部分法国人可能支持这一种主张,另一部分法国人可能支持那一种主张,如果没有一种明确而恰当的程序,让每个人都能自由表达自己的主张,最终得到一种可暂时被视为全体国民

---

[1] 林恩·亨特、杰克·R. 森瑟著:《法国大革命与拿破仑:现代世界的锻炉》,71。

[2] 引自 J. F. 塔尔蒙著:《极权主义民主的起源》,107。

意志的多数意见，人们又怎么能确定哪一种主张代表了法国人民的意志？在 1793 年的惨烈内战中，旺代地区的一名叛军领袖曾这样批评在巴黎制定的宗教政策："你们这个所谓的共和国政府高举人民主权的旗帜。好！这个主权国家的人民渴望有一位国王，渴望能够自由地信仰宗教，这一直是人民的意愿，但你们却鄙视它。"[1]

相比之下，美国的建国者在承认人民主权原则的同时，也非常注重宪法秩序的稳定和政府的权威。在告别演说中，华盛顿曾特别强调说："我们政治体制的基础，乃是人民有权制定和变更政府的宪法。不过，已经制定出的宪法，在全体人民通过明确而正式的行动加以变更之前，对所有人都有着神圣的约束力。人民具有建立政府的权力和权利，这一观念是以每个人都有义务服从自己所建立的政府为前提的。"

在由联邦宪法草案引发的辩论中，麦迪逊曾批评动辄将政治争议诉诸人民的做法。他所持的理由主要有：（1）每次诉诸人民都意味着政府存在缺陷，经常这样做将使人们失去对政府的尊重，而没有这样的尊重，哪怕是最明智、最自由的政府也不可能具有起码的稳定性。（2）将政治问题直接诉诸人民，将极大地激起公众的情感而不是理性，因而存在破坏社会安宁的危险。麦迪逊表示，即使是在三权分立的政体中，也有可能发生权力篡夺的情况，但他在承认"最后的补救措施必须来自人民"的同时，也建议"人民通过选举产生更忠实的代表来废除篡权者制定的法案"。[2] 这种由人民重选代表来纠正篡权行为的做法，仍属宪法框架下的常规政治活动，人民并不是以主权者的身份行使超宪法的权力，而是以公民的身份行使宪法规定的选举权。

第四，一旦代议制政府失去了权威，人们通过一部宪法实现法治的目的也难以实现。在本书第五章，我们已经讨论过现代宪法和代议制政府之间的密切关系，这里需要进一步说明代议制政府和法治的紧密联系。谈到法治，人们常面临着难题或悖论：法治意味着共同体

---

[1] 谭旋著：《暴力与反暴力：法国大革命中的恐怖政治》，268。
[2] *The Federalist Papers*, No. 44, 282.

的一切权力都处于法律的约束之下,但约束权力的法律本身又是某种权力的产物,如果法律只是某些人行使权力的结果,它又怎么能约束它自身的创造者?实际上,解决这一难题正是现代宪法和代议制政府的功能之一。现代宪法是人民(作为主权者)政治意志的体现,它的根本作用就是创设、限制、规范和约束代议制政府及其权力。当代议制政府受到一部宪法的严密约束时,人们虽然需要受到政府权力的管辖,但却无需面对超越法律之外的日常治理权力,而那制定宪法、高于宪法的主权权力(制宪权),却不是针对任何特定的人行使的,并且在通常情况下又是隐而不显的。在比较古代共和政体和美国的代议制民主政体时,麦迪逊曾表示:"很明显,古代人并不是不知道代表制原则,也并未在政体安排中完全忽视它。古代政体与美国[代议制]政体的差别,并不在于前者在政府管理中完全排除人民的代表,而在于后者将作为集体力量的人民完全排除于自身之外。"[1]

人民行使主权的根本方式,是制定、批准或修改宪法,并通过宪法将治理权力委托给政府去行使。人民的主权权力本身不应成为日常的治理权力,即不应越过代议制政府的中介,成为可直接作用于个人的权力。否则,人们就必须面对不受法律约束的治理权力,从而无法享有任何确定的自由或权利,因为,在一个政治共同体中,主权权力就是最高的权力,没有任何个人或团体有资格制定约束它的法律。在法国大革命中,一些党派为了战胜议会中的对手,为了摆脱既有宪法和法律的约束,便直接诉诸人民主权,利用民众的力量来压制或消灭政敌。等到他们取得胜利后,又想用法律将自己手中的权力固定下来。但他们很快便发现,他们试图用法律加以维持和制度化的权力状态,转眼又会被别的党派以人民主权的名义予以摧毁。一直在场的主权权力,使得稳定的政治与法律秩序始终无法确立。

卢梭只是一位思想家,且早在革命发生前就已离世,他在任何意义上都不应对革命及其后果负责。不过,人们仍可以说,大革命为卢梭的政治学说提供了一次实践的机会(尽管他的信徒们时常扭曲他的学说),但结果却表明他的直接民主制的理想,几乎是不可能实现

---

[1] *The Federalist Papers*, No. 63, 385.

的。主权的人民虽是一切正当公共权力的来源，但人民并不适合进行日常治理，把主权的人民视为日常治理者，只会削弱权力约束机制，甚至排除建立任何权力约束机制的可能性。由此导致的后果只有两种可能：一是少数人以人民的名义实行最专横的统治；一是毫无秩序的无政府状态。

卢梭的契约学说要求人们将自己的全部权利毫无保留地让渡给共同体，为了打消人们的疑虑，他表示由此形成的主权权力，既不会损害社会的整体利益，也不会损害其中的任何个人。既然每个人都完全让渡了自己的一切，所有人就都处于平等地位，没有人需要服务于他人的利益，也没有人愿意加重他人的负担。所有人都从共同体获得了同等的权利。每个人都失去了一切，但又获得了一切，这失去的一切将组成更大的力量保护每个人所拥有的东西。不过，这里的问题在于，主权的人民只是众多个人的集合，它并不具有真实的人格或意志，因而不可能亲自行使主权。主权的行使总是要通过个人来实现。一旦开始运作实际的权力组织，也只能由一个人或一些人以全体的名义行使权力。这就意味着，如果要求人们必须无条件地服从主权权力的宰制，就等于要求人们无条件地服从一个人或一些人的宰制；如果允许主权权力不受限制地宰制个人的命运，就等于允许一个人或一些人不受限制地宰制他人的命运。在这种情况下，法治原则便毫无适用之余地。

曾经感受过大革命恐怖氛围的贡斯当，后来对卢梭的人民主权学说进行了深刻的反思。他认为，卢梭之所以坚决反对代议制，是因为卢梭自己也认识到无限主权的危险与可怕："卢梭本人也被这些后果所震惊。他这样制作出来的巨大的社会权力，对他产生了强烈的刺激，他不知道该把这种令人恐怖的力量托付到谁的手中，除了设法让它不可能运转之外，他找不到其他办法去对付这种主权所必然造成的危险。他宣布主权不能被转让、被委托或被代表。换句话说，这等于宣布它不可能被行使。实际上，这意味着他刚刚宣布的原则已被摧毁。"[1]

---

[1] 《古代人的自由与现代人的自由》，81。

为了确保公意（法律）的普遍性，卢梭主张应通过全体人民的集会和表决来制定法律。他认为，通过表决产生的多数意见就是公意，少数意见由于与公意不符，因而是错误的意见："当与我自己相反的意见胜出，那只是证明我犯了一个错误，即我所认为的公意其实并非公意。假如我的个别意见胜出，我就等于做了我本不愿做的事，这样一来，我就不是自由的了。"在这里，公意被视为事先存在的正确意见，表决程序不是为了"产生"它，而是为了"发现"它："公民同意所有的法律，哪怕是他不认可的法律，甚至包括因其犯法而对其施加惩罚的法律。所有国家成员的恒定意志就是公意；正是因为它，他们才是公民和自由的。当一项法案在人民集会上被提议，他们被问及的，并非他们是同意还是反对这一提案，而是它符合还是不符合他们的公意。每个人通过投票来表达自己的意见，计票的结果就是对公意的宣布。"[1] 对卢梭来说，公意既是客观存在的实体，又是人类精神必定能发现的，而一旦公意被发现，任何人若是不认同它，就不但是背叛了一项外在的命令，而且也是对自身意志的背叛。在这里，个人的偏好和独特性没有任何正当的存在空间。

卢梭对所谓"恒定的公意"的阐述，其实包含了一种逻辑上的跳跃：他一方面认为公意是恒定不变的，是在全体公民表决前就已经存在的，另一方面又必须以计票结果来决定公意是什么，但投票表决所产生的多数意见，不过是一定数量的个人对某一方案有着一致的看法。这里可以看出西耶斯的"共同意志"与卢梭的"公意"之间的区别。对西耶斯来说，众人通过社会契约组成国民后，共同意志（或者说国民的意志）仍是从众多的个人意志中（依多数决规则）产生出来的。在组成国民后，每个人的个人意志并不因此而失去政治意义，它始终是共同意志得以产生的基础。正如西耶斯所言："构成法律的唯一基本元素就是个人意志⋯⋯无论共同意志如何形成，它都只能由公民们的个人意志所组成。也只有这样，共同意志才能取得对所有人的真正约束力，才能为整个共同体制定法律。⋯⋯个人意志是共同意志唯

---

[1] *The Social Contract and other later political writings*, 124.

一的元素。"[1]

这就是说,其实并没有什么恒定或神秘的"公意"。少数意见也不一定就是错误的。让少数服从多数只是民主的公共决策不得不采用的表决规则,并且,对不同的问题所进行的表决,形成多数的人群每次都可能有所不同。既然多数意见并无什么神圣可言,而是与少数意见一样有可能是错误的,对它的权能或效力加以限制就是很正常的,因为这不过是说:暂时的多数并不享有无限的权力,不能不受限制地宰制少数人的命运。这也意味着,人民的主权并不具有不容代表的神圣性,人民大可将日常治理的权力授予给一些社会成员去行使,并由后者组成代议制政府。如果人民在这样做的时候,能够用一部宪法来限制、规范和约束政府权力,代议制政府同时也是法治政府。

康德算是卢梭最著名的推崇者,但他也曾指出"公意与其自身及与自由的矛盾"。康德认为,"民主政体在这个名词的严格意义上就必然是一种专制主义",因为它可让所有其他人为反对一个人而作出决定,从而使反对者毫无抗拒的余地,而被反对者的不同意却又使这一决定不成其为公意(即仅仅是多数人的意见)。当多数意见被视为至高无上和不可抗拒的公意时,少数人的权利就不可能得到保障。这里所说的"严格意义上"的民主政体,就是指直接民主制。在康德看来,没有代议制体系的民主政体"就是专制的和暴力的"。他甚至表示:"凡不是代议制的一切政权形式,严格地说就是无形式。"[2]

第五,在法国大革命期间,那些在议会之内的卢梭的信徒们,常常以一种为我所用的态度来对待卢梭的学说。比如,为反对国王对议会立法的否决权,他们就宣称议会是主权者的代表,因为主权不可分,所以议会的立法权也不可分。当他们要利用群众力量向议会施压时,又宣称选举人享有对于代表的最高权力,可以任意罢免和惩罚议会代表,完全不尊重议会的独立性和审议自由。

又比如,以罗伯斯庇尔为首的雅各宾派以人民主权的捍卫者自居,并以人民的名义夺取权力,但实行的却是最极端的独裁统治。在

---

[1] Emmanuel Joseph Sieyes, *Political Writings*, 10-11, 142.
[2] [德]伊曼努尔·康德著,何兆武译:《永久和平论》,上海人民出版社 2005 年版,17-19。

雅各宾派恐怖统治时期，罗伯斯庇尔等人主要是通过国民公会下属的救国委员会和公安委员会来行使权力，并没有让法国人民得到他们曾经宣扬和许诺过的选举权、参政权。他们实际上剥夺人民的参政权和表达自由，却又以人民的名义进行统治。罗伯斯庇尔甚至时常狂妄地宣称："我就是人民！"。这样的说法是卢梭绝不会认同的。毕竟，卢梭真诚地相信，公民自由在于每个人对共同体立法事务的直接参与，他决不会认可某个人或某一部分人以人民的化身自居。

美国的建国者特别警惕任何政治派别自命为人民的代言者。汉密尔顿曾提醒人们，要防止在选举中产生的临时多数自命为制宪力量，从而破坏既有的宪法秩序。他认为这样的多数只是公民的多数，而不是可以行使制宪权的集体行动的人民。人民作为制宪权的主体，在日常运转的宪法秩序中是不现身的，他们不被任何宪定权所代表，而只被宪法本身所代表。汉密尔顿表示："共和政体的根本原则就是承认，当人民认为宪法与自身的幸福相抵触时，就有权改变或废除既有的宪法。但是，不能从这一原则得出结论说，当一种临时的主张与宪法规定不相容，却碰巧得到多数选民的支持，人民的代表就可因此正当地违反宪法的规定，或是说与代表机构完全以阴谋方式违宪的情况相比，法官此时有更大的义务容许选举多数的违宪行为。"[1]

再比如，《人权宣言》第六条先是规定"法律是公意的表达"，接着又规定"每位公民皆有权亲自或由其代表参与法律的制定"。前一句采纳了卢梭对法律的定义，后一句则承认了代议制的可能性，但代议制与卢梭的公意概念是根本不相容的。如果遵循卢梭的教诲，法律只能由主权的人民直接制定，而不能由代表们制定，即不得设立具有立法权的代议机构。如果放弃卢梭意义上的人民主权观念，转而承认代议制的正当性，人民主权的主要体现就是制定和确立宪法，普通的法律便可由代议机构制定，但由于代议机构的立法权属于宪定权，因而必须受到宪法的严格限制，并应尊重宪法所保障的个人权利。在法国大革命时期，因为对人民主权与代议机构之间的关系缺乏明确而稳定的界定，代议机构时而行使至高无上和不受限制的权力，时而

---

[1] *The Federalist Papers*, No.78, 468.

又被一些人以人民主权的名义予以胁迫或推翻。

最后，在法国大革命中，革命阵营一开始就出现了政治主张各不相同的若干派别，但是，这些派别的领导者几乎无一例外地反感和谴责党派现象。在就宪法方案为吉伦特派提供建议时，孔多塞表示，"法兰西共和国的首要需求之一，就是不能有任何党派"。山岳派领袖丹东宣称："如果我们彼此激怒，我们最终就会形成[不同的]党派，而我们本来只需要一个党派，就是理性的党派。"罗伯斯庇尔认为，只有私人利益才会导致众多的党派，"在任何地方看到野心、阴谋、诡计和马基雅维里主义，都同时可以发现党派的存在，牺牲共同利益是所有党派的本性"。圣茹斯特更是放言："无论什么党派都会使公共德性变得软弱无力，因此所有的党派都是犯罪⋯我们共和国的目标就是要团结成一个人那样。政治团结的一体化是人民主权的必要条件。这样的团结与党派是对立的，因此，所有的党派都是企图破坏人民主权的。党派用派系意识取代自由，从而分裂人民。"[1]

这些自身就是党派领袖的人认为，党派总是与私利、阴谋及野心相伴，因而与理性、公意、共同利益及人民主权是对立的。[2] 他们在彼此斗争时，也总喜欢指控对手是党派头目，同时声称自己才是公共利益和人民主权的维护者。在他们看来，法兰西共和国只有两个党派，"一个是良好公民的党派，另一个是邪恶公民的党派"，前者是法国人民的党派，代表人民的意志和利益，后者是背叛人民的党派，只知道关心自己的野心和私利。当这样的敌我观念起支配作用时，任何对"公意"的异议和任何概念下的政治多元主义，都被认为是有害的和反革命的。革命者心目中的新秩序，不是要对不同的意愿或利益进行协调，而是要将所有人的意愿融汇成单一的、普遍的和全国一致的意愿。不同意见没有共存的空间，政治斗争也毫无妥协的余地，因为"罪恶与美德不可共存"。[3] 每个党派都要争夺以人民的名义说话的地位，因为，争得这样的地位，不只是获得打击和消灭对手的权

---

[1] 参见 Giovanni Sartori, *Parties and Party System: A Framework for Analysis*, ECPR Press(2005), 10; J.F.塔尔蒙著：《极权主义民主的起源》，124。

[2] 林恩·亨特著：《法国大革命中的政治、文化和阶级》，46。

[3] 谭旋著：《暴力与反暴力：法国大革命中的恐怖政治》，238。

力，更要紧的是让自己免于被消灭。有了权力就可以将对手送上断头台，失去权力就可能被对手送上断头台，"断头台成了区分好人和坏人的工具"。[1]

事实上，由于对议会民主制的运作缺乏经验，法国的启蒙思想家大都无法理解和接受选举政治中的竞争和对抗，总是将它们视为混乱和毁灭的征兆。比如，霍尔巴赫就曾对英国社会"可怕的"分歧感到惊骇。他认为，英国是世界上最不幸的国家，英国人的自由只是表面的，实际上比任何一个东方专制国家的人民都更为不幸。在他看来，英国的议会体制缺乏体系规律和指导原则，党派之间的斗争和不同利益的冲突正在将英国拖到濒临毁灭的边缘。重农学派的列特洛尼（Letronne）则断言："法国的状况远比英国要好，因为法国能够进行全面改变国家的改革，且经过一定时间后就会得以实现，而这样的改革在英国却一直被它的政党制度所阻碍。"[2]

相比而言，出席费城制宪会议的美国建国者们，对各种问题的主张虽然不尽相同，但彼此还是能够相互妥协。这并不是说这些人的人格是完美无缺的。富兰克林就曾说过，出席费城会议的各州代表们，是"带着他们的偏见、他们的激情、他们的观点错误、他们的地方利益以及他们的自私看法而来的"。[3] 但重要的是，他们至少愿意承认，自己的观点与别人的观点一样有可能是错的，别人的观点也可能与自己的观点一样是真诚的。当一些代表在国会的设置方式和代表名额分配上陷入僵局时，富兰克林这样劝解道："如果我们要做一张大桌子，却发现相拼的两块木板边缘不相配，通常匠人就得两头分别去掉一些，才能拼得合适。我们在这里也一样，双方都得让步，才能在互相通融的方案上达成一致。"[4] 另外，代表们并不是特别关心在宪法施行后，他们自己能够得到什么样的权位。这并不是说，这些人

---

[1] 弗朗索瓦·傅勒著：《思考法国大革命》，143。
[2] J. F. 塔尔蒙著：《极权主义民主的起源》，47。
[3] Michael J. Klarman, *The Framers' Coup: The Making of the United States Constitution*, Oxford University Press(2016), 1.
[4] ［美］凯瑟琳·德林客·鲍恩著，郑明萱译：《民主的奇迹：美国宪法制定的127天》，新星出版社2013年版，131。

没有任何个人考虑，而是说，他们考虑得更多的是他们长久的历史地位，而不是一时的权力或职位。他们似乎清晰地体认到，自己是在从事一项具有划时代意义的任务，并希望这一任务本身能够取得成功。比如，富兰克林自己就喜欢更民主的政府体制，他宁愿要一个一院制的立法机构，一个由3人组成的、权力较小的行政机构，且公共官员实行无薪制，但为了实现更重大的目标，为了将十三州联合为一个统一的共和国，他乐意在具体的制度上有所让步。

在联邦宪法草案公布后，也有不少人对它持强烈的反对态度，但在它最终被各州的制宪会议批准后，这些人却能尊重相关的表决结果。比如，在马萨诸塞州制宪会议的表决中，赞成票187张，反对票168张，双方只有19票之差。在大会解散前，怀特、威杰里、惠特尼、库利、内森、泰勒和斯温这七位原本积极反对联邦宪法的人，一一站起来发言，表示他们既然在公平竞争下失利，就应心悦诚服地接受表决的结果，并将"欣喜诚心地拥护这部宪法"。怀特表示，他将回到自己的选区，尽全力劝导选民在新宪法下和平共处，欢欢喜喜地接受它。威杰里说，虽然他个人反对这部宪法，但在被贤智之士组成的多数击败后，他将在自己代表的人民中间，努力播撒联合与和平的种子，尽量避免出现抗议的行动。[1]

我们一再强调，人民主权是现代宪法体制的政治根基，但我们同时要看到，"人民的意愿"并不是一种已知的、常在的和恒定的东西，人们总是可用它来衡量某些主张是否合法。人民的意愿需要通过一定的制度机制（比如自由而公平的选举）体现出来，而且通过这样的机制所揭示出的人民意愿，总是近似的和临时的，也总是有可能在未来发生改变。一方面，获得多数公民支持的党派在获得权力的同时，必须承认少数党派和意见的合法性；另一方面，少数党派仍可坚持自身的意见，并争取在未来成为多数，同时也应尊重多数党派暂时获得的权威。唯有如此，人民的意愿才可能不断地被发现，合法的权威才可能不断地生成。

相反，如果不同党派为获取权力而超越既有的制度机制，动辄诉

---

[1] 凯瑟琳·德林客·鲍恩著：《民主的奇迹：美国宪法制定的127天》，293-294。

诸抽象的人民意志，那就等于将权力建立在变动不居的公众舆论之上。除非这样获得权力的党派，立即利用暴力禁止其他党派如法炮制，否则，这样的权力就不可能是稳定的；但如果用暴力禁止其他党派诉诸舆论，这样的权力又不能说是民主的，而只是由少数人垄断的寡头权力。事实上，罗伯斯庇尔就曾在旧的统治秩序下极力倡导言论自由，但等他掌权后，又对言论自由进行无情的压制和迫害，并为此发明了后来被不少"革命者"加以利用的诡辩：在革命胜利后继续要求言论自由，就是一种反革命行为，言论自由也只是反革命分子才需要的自由。

对有组织的政治活动的抵制，并不能真正消除党派，而只能让党派斗争以无序和暴力的方式进行。当中央权力机构被你死我活的派系斗争所支配时，不仅它本身将因此而丧失权威，而且还将在全国范围内引发普遍的分裂和混乱。只有承认党派竞争的正当性，并将其纳入宪法和法律的规范之下（党派竞争因而是有边界的），才有可能建立既民主又稳健的政府。在革命之初，西耶斯对政党也是持否定态度，但在经过雅各宾派的恐怖统治之后，他的态度发生了根本的转变。1795年6月，他告诉国民公会："两个政党的存在，类似于别的地方已有的内阁党和反对党，对任何一种代议体制都是不可缺少的。"在他当年所构想的新的宪法方案中，政党竞争也被纳入其中，且是政治问责的重要一环。[1]

法国大革命试图在自由、平等的基础上，对旧有的社会和政治制度进行合乎理性的重建，革命者的诸多观念和制度创新对法国乃至欧洲大部分地区产生了深远影响，其价值不应被忽略或低估。[2] 但是，就其试图建立立宪体制的目标而言，大革命显然是失败的。这方面的失败与当时的社会现实是分不开的。每一场革命运动，都会威胁到不少人原有的社会、政治地位，从而遭到他们的抵制。在当时的法国，虽有少数贵族成了革命的赞同者，但大多数贵族信奉以等级制为基础的价值体系，他们认同以血统论为基础的意识形态，在内心深处相

---

[1] Emmanuel Joseph Sieyes, *Political Writings*, Introduction, xxxii-xxxiii.
[2] 林恩·亨特著：《法国大革命中的政治、文化和阶级》，221。

信自己生来就比平民更高贵，相信社会应该是不平等和有等级差别的。在逃往国外和留在国内的贵族、教士中，有不少人以各种方式支持国内外的反革命行动，法国境内也经常出现各种试图阻碍和破坏革命的活动。美国的革命者所要终结的，是来自遥远的英国的君主统治，一旦从大英帝国独立出来，他们在规划新的政治体制时，就不需要担心这种统治的复辟。对法国革命而言，反对者一直在国内有很大的势力和影响，革命与反革命势力之间持续而不妥协的斗争，在很大程度上推动了革命过程的激进化。

路易十六的优柔寡断，也是革命激进化的重要动因。在决定召开三级会议后，他从未对代表们将采用何种投票方式进行规范。如果国王能在早期介入，明确三级会议的议事规则和基本职责，也许就能促成不同等级代表之间的妥协。由于他一直无意介入三级会议的纷争，第三等级的代表便默认国王希望大家自行讨论各项议题并决定解决方案，很多代表想当然地认为自己被赋予了远远超过传统范围的职权。王室的这种放任态度，大大鼓舞了第三等级代表的自主性，并导致会议议程的迅速激进化。在革命发生前，甚至在革命初期，路易十六在法国民众中有着无与伦比的权威与声望，几乎所有的革命者都希望与国王同舟共济。国王维系新国家的核心作用得到了广泛的认同：君主制是法国民众唯一熟悉的统治形式，几乎没人能想象没有国王的法国会是什么样子。直到1789年末，连马拉这样的狂热分子都在赞美国王。

然而，路易十六一再摇摆不定和表里不一，使他自己的威望不断遭受打击。比如，1790年2月，当国王出现在国民议会，表达他对新政权的支持，并敦促代表们协助他维护国家统一和恢复国家秩序时，代表和民众都深信国王接受了新体制，并为之欢欣鼓舞。但就在这段时间，在给他的堂兄西班牙国王的密信中，路易十六郑重表示他拒绝承认国民议会采取的一系列革命措施。他虽有意对旧制度加以改革，但所信奉的仍是传统的绝对君主制，并一直想要抛弃以他之名建立的立宪君主制，恢复王室和贵族阶层旧日的特权。国王（作为国家统一象征）不承认自己的权力应该受到限制，也从未在内心接受法国第一部成文宪法，反而一直期望它早日失败，这对新生的立宪君主政体是一个致命的缺陷。可以说，在政治变革所带来的危险而不确定的时局中，路易十六不但没有起到维系国家团结与和平的作用，反而在造就自身不幸命运的同时，也让法国社会陷入更深刻、更严重的分裂。

关于法国大革命失败的原因，这方面的研究成果有很多，在此无法详加介绍。我们这一章的重点，是探讨那些阻碍立宪目标之实现的政治观念，并从宪法学理论的角度对它们加以分析和检讨。在前两章中，我们回顾了英国人驯服王权和追求法治的历程。自大宪章以来，他们一直面临的主要障碍是王权至上的观念。直到光荣革命，王权神圣和君主主权的观念终于被抛弃，稳定的宪政体制才得以确立。虽然当时的英国人并未明确承认人民主权原则，但他们毕竟接受了权力源自整个共同体的观念，议会则被视为共同体的正当代表机构，这在政治上的表现就是议会相对于国王的权力优势。当时，英国人不但有了牢固的"不容置疑的个人权利"的观念和长期的代议制实践经验，而且对党派竞争也不再陌生。因此，当君主主权原则被否定后，英国社会很快便缔造了新的、和平的权力生成与运行机制。

在法国大革命中，人们亦试图以人民主权取代君主主权。这当然是政治现代化的必然要求。现代政治一定的民主政治，而民主政治并不一定要成为专政或恐怖统治。依照宪法确定的规则，通过定期进行的选举，人民的意愿可以体现在常设的议会中。经由得到授权的代表们的行动，人民的意志可得到持续的实现，同时又不禁绝真正的辩论。不过，这一机制的运行，必须以认识到代议制的必要性、保障个人权利，以及承认不同政见和政党竞争的合法性为前提。不幸的是，在大革命时期的法国，这些观念并没有得到普遍的认同，结果人民主权不但未能为保障自由提供更坚实的基础，而且连它自身也无法真正得到落实。一场从反对王权专制开始的革命，在经过一连串的无政府状态和暴力统治之后，最终以拿破仑更纯粹的个人专制而结束。法国人还要再经过半个多世纪的争斗和努力，才能普遍认识到：只有将人民主权、个人自由、代议制、政党竞争、分权制衡结合起来，才有可能建立稳定的现代立宪政体。

第五部分 现代宪法的政治哲学前提

第十一章

"人是天生的政治动物"？
现代宪法与人造的政府

在 1648 年发表的《有限或混合君主制的无政府状态》中，罗伯特·费尔默（Robert Filmer，1588-1653）写道："古代的政治学说……特别是在君主制这一问题上，自宗教改革以来被一种观点神奇地加以改进了。这种观点认为，人民拥有原初的权力，可以随心所欲地创造各种不同的君主政体，既可以限制君主的权力，也可以将君主制与其他形式的政体相混合。"[1]

前文已谈到，费尔默是十七世纪英国政治思想家，他曾阐述过一种以父权制为要素的君权神授思想。[2] 洛克《政府论》的上篇，就是专门为批判他的这一学说而写的。洛克的批判对他来说，既是一种不幸，也是一种幸运。说不幸，是因为这一摧毁性的批判，使菲尔默的学说迅速失去了影响力。说幸运，是因为如果不是受到了洛克的批判，今天还知道菲尔默的人可能会更少一些。

就我们这一章的主题而言，菲尔默的上述那段话，准确地捕捉到了现代政治思想与古代政治思想的一个根本区别。在近代以前，人们

---

[1] Filmer, *Patriarcha and Other Writings*, ed. Johann P. Sommerville, Cambridge University Press(1991), 132.

[2] 在菲尔默看来，君主在国家中对臣民的权威，相当于父亲在家庭中对妻子和子女的权威，它们都是神造的自然秩序的一部分。参见 *Patriarcha and Other Writings*, 'Introduction', ix.

要么觉得政治生活和人的本性密不可分，人们自然或天生就应处于某种政治统治之下，某些人自然就应统治其他人；要么认为世间一切形式的政府都源于神的意志，人们生来就应服从某种神授的统治权力。依照这两种说法，政府都不是人类自主创造的东西，人类生来就处于这种或那种政治统治之下，天生就负有服从统治权力的义务。

自近代以来，人们逐渐抛弃了这种关于人类政治生活的古代观念。在现代政治思想中，政府不再被视为是自然的或神圣的，而是被视为纯粹的人造之物，政治权力是人们为得到某些特定的好处，有意识地加以创建与利用的东西。可以说，这种将政府视为人造之物的观念，对现代宪法的产生是必不可少的思想前提。

费尔默是亚里士多德政治学说和博丹主权理论的推崇者。他所说的古代政治学说，主要是指亚里士多德的学说。在他看来，亚里士多德虽然说得不明确，但实际上偏爱绝对君主制。[1] 因为亚里士多德曾在《政治学》中表示，"统治权可以在一个人、少数人或多数人身上"，费尔默便据此认为，由一个人进行统治的君主制，只能是绝对而专断的君主制，不可能存在统治权受法律约束的有限君主制。在博丹的影响下，菲尔默认为，统治权主要是立法权，而立法权一定是专断的，因为法律不可能反过来约束创造法律的权力。[2] 费尔默表示，说"依照法律来统治"，就等于说"依照法律来立法"，这样的说法完全是自相矛盾和不可理喻的。[3]

"人民有权创建各种不同的政体"，这是费尔默更加不能接受的说法，因为这样的说法意味着，一个共同体的政府形式和统治权力，是人民可以像塑造陶器一样随意打造的东西。

不过，正如我们已经谈到过的，现代宪法对政府权力的约束不只是外在的，不是将政府权力看作是当然存在的，然后再设法从外部去

---

[1] 不过，菲尔默将圣经的内容视为政治学的最高真理，因而他在某种意义上是反亚里士多德主义的。比如，他反对亚里士多德将家庭和城邦视为不同性质的社会团体的观点。在他看来，亚里士多德及其他异教哲学家的错误是可以原谅的，因为他们缺乏对圣经的知识。参见 *Patriarcha and Other Writings*, 'Introduction' xiii, xxi。

[2] *Patriarcha and Other Writings*, 'Introduction' xxiii.

[3] *Patriarcha and Other Writings*, 136.

加以限制与规范。现代宪法对政府权力的约束是内在的,即政府权力的产生和更替也须依照宪法进行。现代宪法是全体国民（作为主权者）创建政府及其权力的法律手段,如果人们不先在原则上承认政府乃人造之物,现代宪法也就没有产生的可能。

一

亚里士多德（Aristotle,前 384-前 322）曾在他的《政治学》中说过一句非常著名的话："人是天生的政治动物（A human being is by nature a political animal）。"[1] 这句话也可翻译成"人是自然的政治动物",或者"人在本性上是政治动物"。人们时常引用这句话,来劝说大家都应关心政治问题,但要更准确地理解这句话的含义,有必要先了解一下亚里士多德的自然主义和目的论思想。[2]

有时,亚里士多德也像前苏格拉底的自然哲学家们那样,将作为一个整体的宇宙称为"自然"。[3] 不过,在他的哲学体系中,"自然"这一概念主要与具体事物的本性有关。在《形而上学》第五卷第 4 章,亚里士多德界定了"自然"（nature）的六种不同但却相互关联的含义:（1）生成事物的发生,即生长;（2）使事物的生成得以开始的内在组成部分;（3）每一自然（natural）事物的内在运动原则;（4）自然事物自之产生的无定形、无变化的质料;（5）自然事物的本质或形式;（6）一般的本质。[4] 在上述含义中,第（3）项被认为是最基本的:自然是事物独立于任何其他事物的自身运动的内在原因。

在《物理学》第二卷,亚里士多德更详细地阐述了作为事物运动

---

[1] Aristotle, *Politics*, trans. C. D. C. Reeve, Hackett Publishing Company(1998), 1253a2, 1278b19. 在亚里士多德的《尼各马可伦理学》中,也有同样的说法。参见 Aristotle's *Nicomachean Ethics*, trans. Robert C. Bartlett & Susan D. Collins, The University of Chicago Press(2011), 1097b11。

[2] 关于亚里士多德的自然主义政治思想,参见 Fred D. Miller, Jr., 'Naturalism', in Christopher Rowe & Malcolm Schofield ed., *The Cambridge History of Greek and Roman Political Thought*, Cambridge Univesity Press(2005), 321-343.

[3] Aristotle, *The Metaphysics*, trans. Hugh Lawson-Tancred, Penguin Classics(1999), 1005a32, 1075a11.

[4] *The Metaphysics*, 1015a13.

和变化的内在原则（或原因）的"自然"概念。他将存在的事物分为出于自然（by nature）而存在的和出于别的原因而存在的，前者包括动物（及其组成部分）、植物以及土、火、气、水等单纯的物体。他认为，出于自然的事物与非出于自然的事物的区别，在于前者具有一种特性，即"它们自身内部有着运动和静止的原则，以决定它们位置的移动、生长或消亡，或是其它的变化"。[1] 这一特性就是事物的自然或本性，与作用于事物的外在原因是有区别的。为说明何为事物的自然或本性，他还将出于自然的事物与出于人工技艺的产品加以比较。一张木床是人工技艺的产品，它是出于外在原因而存在的，是木匠运用手艺使木料获得了床的形式。就其作为质料（木材）而言，这张床有自身的本性，即具有向下降落的内在动因，但就其作为睡觉用的床而言，却是出于技艺而不是出于自然而存在的。[2] 相反，由一颗果核生长出来的果树，是出于自然而存在的，因为从果核到果树的过程，是内在本性而不是外在原因作用的结果。

亚里士多德的自然（或本性）概念，与他的目的论思想有着内在的关联。在他看来，自然现象的发生都是为着某种目的："自然对每一事物各赋予了一个目的，每一事物的使命或任务，就是要实现这一目的。……无论是一个人或一匹马或一个家庭，当它生长完成以后，我们就见到了它的自然本性；每一自然事物生长的目的，就在于显明其本性。"[3] 虽然自然与技艺作为生成和变化的原因是不同的，但自然过程与技艺操作一样，也是为着某种善好（good）或目的。[4] 例如，降雨现象并不只是出于必然，而是为了谷物的生长（这一目的或好处）而发生的。[5]

出于自然的事物都有其目的，就是通过履行它们的功能来实现自身的本性。[6] 如果某一事物不能履行它的功能或任务，就不再是其

---

[1] Aristotle, *Physics*, trans. R. P. Hardie & R. K. Gaye, Princeton University Press(1985), 192b8-12.
[2] *Physics*, 192b16.
[3] *Politics*, 1252b2-32.
[4] *Physics*, 199a11.
[5] *Physics*, 198b18.
[6] *Cael*.286a8.

所是了。[1] 例如，一具死尸上的手和足，只是徒有其名，不再是真正的手和足，因为它们都已不能履行本来的功用。[2] 各种不同事物的目的、本性和功能，决定了它们各自的善好是什么，即决定了它们如何才能变得更好、更完善。[3]

亚里士多德在《尼各马可伦理学》中表示，要弄清人的最大善好是什么，就必须先确定人的本性和功能；如果人本身也有某种功能，那么，人的善好就在于将某些事情或行为做好。[4] 在《论灵魂》中，亚里士多德将生命活动分为三种：摄取营养与生长；感官感知；以及具有理性的心灵活动。[5] 摄取营养是植物、动物和人类共有的活动，感官感知则是动物和人类共有的活动，它们都不是人类特有的功能，因而都不是人的本性。由于人的功能只能是某种生命活动，因此，属于人的本性和功能的，只能是具有理性的心灵活动。[6]

由于"人在本性上是政治动物"，人必须与他人生活在一起，人的理性活动需要在与他人的互动中进行。[7] "每个人都自然有对政治共同体的渴求"，因为，只有在政治共同体（城邦）的生活中，只有在与公民同胞的交往和互动中，人们才能履行自身的功能，实现自身的目的或本性，从而过上良好的生活。[8] 自然给人设定的目的，不是人可以随意放弃或更改的，因为这事关人的本性。如果人放弃了这一目的，那就失去了人的本性，就不再能算是人了。所以，亚里士多德说："任何无法与他人形成共同体，或完全自足而无需共同体，因而隔离于城邦之外的人，要么是一个神祇，要么是一头野兽。"[9]

一颗果核在其内在运动原则（本性）的推动下，最终长成一棵成熟的果树。这是一个有着不同阶段的过程，在先的阶段都是为着最终

---

[1] Aristotle, *Meteorology*, trans. E. W. Webster, Kessinger Publishing(2004), 390a10.
[2] *Politics*, 1253a23.
[3] *Physics*, 195a19.
[4] *Nicomachean Ethics*, 1097b24.
[5] DA.413a20-415a13.
[6] *Nicomachean Ethics*, 1097b34.
[7] *Nicomachean Ethics*, 1169b16.
[8] *Politics*, 1253a30. 参见 C. C. W. Taylor, "Politics', in Jonathan Barnes ed., *The Cambridge Companion to Aristotle*, Cambridge University Press(1995), 233.
[9] *Politics*, 1253a28.

的完结阶段而发生的,因为"当事物有一个目的时,在先的阶段都是为了实现这一目的"。[1] 人的本性的实现,也要经过不同的阶段。人像别的动物一样,有繁衍后代的自然欲望。这种自然的欲望引导着男人和女人结成配偶。自然形成的夫妻关系,加上自然形成的主奴关系,就"自然地组成了满足日常需要的"家庭。随后,"多个家庭为了满足日常需要之外的需要"又组成了村落。多个村落所组成的共同体,一旦达到完全自我充足的界限,那就可以说是一个城邦了。城邦就像家庭、村落等人类社会一样,也是出于自然而存在的,家庭、村落和城邦是人类社会依次成长的不同阶段,城邦是这一过程最终和最完善的阶段:"我们在城邦这个终点也见到了[人类]社会的本性……一个完全自足的城邦,正是自然所趋向的至善的社会团体。"[2]

在亚里士多德看来,从家庭、村落到城邦的发展过程中,人类更多的自然需要可以得到满足。恰恰是人的自然需要使共同体得以产生和存续。[3] 这里的自然需要并不只是物质或生理需要,而是包括使人的本性得以实现的全部需要。家庭和村落可以满足人的一些基本需要,城邦则不只是为了满足人的基本需要,而是要让人们在其中实现和完善自身的本性。用亚里士多德的话说,"城邦的产生仅是为了人的生活,它的存续则是为了让人优良地生活"。[4] 既然人在本性上就是政治动物,那么,自然给人类设定的目的,就是要实现他们作为政治动物的本性。只有在城邦的公民生活中,人的本性才能得到最完善的发展。所以,人类是在自然赋予的本性(内在运动原则)的推动下,最终进入城邦生活,也就是进入政治生活。

亚里士多德认为,任何东西,包括人,越是充分发展和完善自身的本性,就越是有德性。值得注意的是,亚里士多德的"德性"是一个远比道德美德更为宽泛的概念。除了人的正义、勇敢、诚信、大度

---

[1] *Physics*, 199a8.
[2] *Politics*, 1252a27-1253a1. 就此进行的批评性分析,参见 C. C. W. Taylor, "Politics', *The Cambridge Companion to Aristotle*, ;235-238。一种对此进行融贯解释的尝试,参见 Fred D. Miller, Jr., 'Naturalism', in *The Cambridge History of Greek and Roman Political Thought*, 326-328。
[3] *Nicomachean Ethics*, 1133b8.
[4] *Politics*, 1252b28.

等道德美德外，它还包括人的出身、外貌和智慧等非道德性的特征。它甚至还包括非道德主体的性能。比如，一匹马如果跑得快，让骑手坐得稳，并迎面冲向敌人，那就是有德性的马；一把能很顺手地用来切菜的菜刀，也可以说是具有德性的，这些德性可能是刀刃的锋利、刀身轻重的适当等特性。对人来说，首要的德性是正义，它只有在与他人的互动中才能得到发展和完善："在各种德性中，只有正义似乎关乎他人的好处，因为它需要在与他人的关系中实行。"[1]

如前所述，人在本性上是政治动物，人的功能是在政治生活中进行具有理性的心灵活动。一个普通的人的功能，与一个杰出的人的功能，在种类上是相同的，后者只是比前者增加了德性上的优越，就像一名竖琴演奏者只是能够演奏，而一名杰出的演奏者却能够出色地演奏。[2] 一个有德性的人，就是能够在政治领域卓越地进行理性的心灵活动，能够运用高超政治技艺的人，"也就是善的和适于做高贵之事的公民"。只有在政治方面，即在实现正义方面表现优秀的公民，才能算是有德性的人。

依照亚里士多德在《尼各马可伦理学》中的说法，幸福是人生的最高目的，而幸福就是"生活得好"，"就是[人的]灵魂所进行的合乎德性的某种活动"，也就是过一种能够体现道德和知识德性的生活。[3] 对亚里士多德来说，德性虽然不等于幸福，但却是幸福的前提，有德性的人不一定是幸福的，幸福的人却一定是有德性的。[4] 这就意味着，只有具有一定政治技艺的公民，才有可能是幸福的。亚里士多德表示："政治技艺所指向的目的是[人的]幸福……[它的]目的是最高的善，它致力于使公民成为有德性、能作出高贵行为的人。"[5]

通过以下几个步骤，亚里士多德将人的幸福与政治生活联系起来：（1）人区别于植物及其他动物的本性和功能，就是进行具有理

---

[1] *Nicomachean Ethics*, 1130a3. 参见 Jean Roberts, 'Justice and the Polis' in *The Cambridge History of Greek and Roman Political Thought*, 344.

[2] *Nicomachean Ethics*, 1098a9.

[3] *Nicomachean Ethics*, 1095a20, 1099a22.

[4] 亚里士多德认为，一个有德性的人不在实践中运用自己的德性，就不能说是幸福的。参见 *Nicomachean Ethics*, 1095b30。

[5] *Nicomachean Ethics*, 1095a15, 1099b30.

性的心灵活动;(2)人作为政治动物的本性又意味着,人只有在政治领域(以公民的身份)进行理性活动,才能实现自身的功能;(3)如果人能卓越地履行自身的功能和实现自身的本性,也就是成为具有高超政治技艺的公民,那就是有德性(主要是正义)的人;(4)人的幸福就在于进行合乎德性的理性活动;(5)只有在政治生活中成为正义的公民,人才能得到幸福。

幸福是人类生活的最高目的,而幸福就是生活得好,就是进行符合和体现德性的理性活动。城邦相对于家庭及村落的优越性,就在于让人最大程度上过上有德性的生活。有德性的生活不能是离群索居的生活,因为人的德性只能体现在一个人与他人的交往中。虽然人在家庭及村落生活中也能表现出一定的德性,但只有在城邦的政治生活中,人才可能具备最完善、最充分的德性。比如,正义的德性就离不开城邦生活,因为正义与政治事务紧密相关,事关政治共同体的组织方式。对亚里士多德而言,在城邦中完善自身本性的人,是所有动物中最好的,而远离城邦中的法律和正义的人,则是所有动物中最坏的,因为,人类所具有的理性能力虽是形成美德的武器,但也可能用于相反的目的,因而产生最可怕的非正义。[1]

人在本性上是政治动物,在每个人身上都自然地存在着趋向城邦生活的内在动力。[2] 人的这种自然本性使得家庭、村落和城邦依次出现,就像一个人经由婴儿和孩童阶段,最终成长为一个成年人。从家庭、村落到城邦的发展过程,也是人的德性和实践智慧不断发展和完善的过程。人并不是非理性的动物,人类共同体的发展,也不是非理性的自然原因作用的结果,而是人类不断运用理性能力满足自身需要的过程,也是人的理性能力不断发展的过程,即人的德性不断完善的过程。

城邦是由众人组成政治共同体,它对人的本性发展与完善的重要性,也意味着政治技艺的重要性。幸福是一切别的目的的最终目的,是最为可取的目的。它是一种建构性的(architectonic)目的,支配着一切其它的目的。政治技艺恰恰是以实现个人和城邦幸福为目

---

[1] *Politics*, 1253a32.
[2] *Politics*, 1252a29.

的的技艺，因此，政治技艺是所有技艺中最有权威、最具建构性的技艺。在亚里士多德看来，甚至那些最受尊崇的活动，包括战争指挥、家政管理、修辞术等，都处于政治技艺之下并服务于政治技艺。[1] 由于"政治以人的[德性]完善为目标"，所以，每个政治共同体都要为"人类的善好何在"的问题提供一个权威的答案。[2] 政治技艺在这个问题上具有建构性的作用，它运用各种各样的资源与手段（包括说服性的和强迫性的），支配着行业、研究和人类行动的内容与范围。政治共同体每一位成员关于善与恶、正义与非正义的观念，都要受到共同体主导观念的影响与塑造。

亚里士多德认为，人的实践活动是包含慎思和选择的活动，其中不但涉及何为值得追求的善好，而且还涉及感觉和欲望是否服从从理性指导的问题。有些人对善好有着错误的观念，不明白人的善好与幸福在于体现德性的理性活动，因而沉迷于感官欲望的满足，最终成为庸俗甚至卑劣的人。有些人虽然对善好有着正确的观念，但却无力克制过度的或不恰当的欲望，因而难以做出高贵的、体面的行为，常常在短暂的快活之后又陷入懊恼与悔恨之中。有德性的人不但对善好有着正确的观念，而且还能使感官欲望顺从理性的引导，从而成为真正高贵和幸福的人。

虽然所有的人都具有某种共同的本性，但人与人之间也存在着出于自然的差别，其中有些差别具有伦理上和政治上的意义。比如，与男人相比，女人的灵魂中虽有慎虑的成分，但它却缺乏权威；与大人相比，自由孩童的灵魂虽有慎虑的成分，但还不够成熟；而自然奴隶的灵魂则完全没有慎虑的成分。[3] 这三类人都不具有充分的实践智慧和德性，因此只能作为被统治者而存在。由于他们彼此之间也有自然的差别，他们各自接受的统治也各不相同。自然奴隶适合接受主人的统治，这一统治无需顾及被统治者的想法与利益，虽然有可能附带地促进被统治者的利益。孩童适合接受君主式的统治，这一统治无需征求被统治者的意见，但却是为了被统治者的利益。自由女性适合接

---

[1] *Nicomachean Ethics*, 1094a15-1095a15.

[2] *Nicomachean Ethics*, 1094b7.

[3] *Politics*, 1260a9-14.

受政治的统治,这一统治既要征求被统治者的意见,也是为了被统治者的利益。人与人之间的统治关系,都是"自然地"出现的事物。[1]

在亚里士多德这里,政治学和伦理学并不是彼此分开的不同学科。他的《尼各马可伦理学》和《政治学》共同构成"人类事务的哲学"。这两部著作从不同的侧重点讨论了同一个主题,即人类如何才能实现自我完善,过上优良的生活。[2] 政治学关心的是,什么样的社会形态有助于人的自我完善。政治生活的目的是人(公民)的幸福,而人的幸福就在于符合德性的理性活动,因此,一个城邦要让自己的公民获得幸福,就必须通过立法和教育来培养公民的美德。亚里士多德认为,一个不关心公民德性的城邦,甚至不能算是一个真正的城邦。[3]

既然个人与城邦的幸福都在于培养公民的美德,那就要求政治家不但要有关于美德的知识,而且自己就应是具有美德的人。人在天性上就是政治动物,但人既可能以统治者,也可能以被统治者的身份参与政治生活。对亚里士多德来说,一个人在政治生活中的地位,不但取决于他自身的品性,而且还取决于城邦中其他人的品性。在说明城邦的统治权力应如何分配时,亚里士多德步了柏拉图的后尘,即通过城邦与灵魂的对比来进行说明。亚里士多德认为,就像由灵魂中的理性部分,来统治灵魂中的非理性部分,对一个人是最好的,由那些具有完善德性和实践智慧的人,来统治其他德性缺乏或不够充分的人,对一个城邦也是最好的。[4]

政治涉及高贵和正义之事,良好的政治生活与人的美德密切相关。[5] 政治与美德之间的关联和作用是相互的、动态的:一方面,政治生活的主要作用之一,就是对公民进行道德教化,城邦需要建立优良的政体,制定正确的法律,进行合理的教育,以培养和发展公民的

---

[1] *Politics*, 1252a24.
[2] C. C. W. Taylor, "Politics', in *The Cambridge Companion to Aristotle*, 233; Malcolm Schofield, 'Aristotle: An Introduciton', in *The Cambridge History of Greek and Roman Political Thought*, 310.
[3] *Politics*, 1332a38.
[4] *Politics*, 1252a30, 1254b4-16.
[5] *Nicomachean Ethics*, 1094b15, 1095b5.

美德；另一方面，城邦统治权的归属和政治职位的分配，应以公民所具有的德性为依据，因为"政治共同体是为了让人们生活得优良，而不只是为了在一起生活"。[1]另外，"真正的政治家应将主要的精力用在研究德性和幸福上，因为他希望让公民变好并服从法律。"[2]

在亚里士多德的理想政体中，由于常设的政治职位数量，通常都小于具有充分美德的公民数量，而理想政体又是充分公正的政体，因此，那些具有充分美德和实践智慧的公民，就需要轮流担任政治职务和行使统治权力。这些人既懂得如何统治，又懂得如何被统治。这些统治者对人类幸福具有正确的观念，而且知道如何有效地实现它，他们都是优秀的立法者和教育家，有能力制定正确的法律和建立适当的公共教育，以塑造人们的品性。他们为着所有城邦居民的好处，致力于发展每个人的德性，谋求每个人的福祉。

由具有充分美德的公民轮流统治的理想政体，实际上就是贵族政体。由于这一政体完全基于德性来分配权力，其合乎逻辑上的后果是：如果出现了一位具有出众美德和实践智慧的人，轮流统治的做法就不再是公正的和合适的，而是应由这个人进行终身的统治。原来的贵族政体，因此就成为君主政体。[3]亚里士多德表示，"最好的政体必然是由最好的人治理的政体"，这种政体的统治者"或是一帮贵族，或是一位君主"。[4]

对亚里士多德来说，最有德性，就是将自然赋予的本性发展得最完全，就是最大程度实现了自然给定的目的。只有努力实现自然赋予之目的，过合乎"自然正义"的生活，人们才有可能是幸福的。因此，幸福并不是因人而异的主观的、个人化的感受，而是由自然预先规定了的，是某种可以认识到的、具有普遍性或具有某种"客观标准"的东西。

亚里士多德比较重视对古希腊各城邦实际政体的经验研究，并且也远比他的老师柏拉图对民主政体更为友好。[5]但是，就亚里士多

---

[1] *Politics*, 1280b40.
[2] *Nicomachean Ethics*, 1102a7.
[3] *Politics*, 1284b26.
[4] *Politics*, 1288a33-41.
[5] 参见 Christopher Rowe, 'Aristotelian Constitutions', in *The Cambridge History of*

德的目的论政治思想而言，最理想的政体仍然是君主政体，也就是由一个德性完善的人统治所有其他人的政体。这在一定程度上可以说明，为什么在君主制盛行的中世纪欧洲，他的政治学说会比较受欢迎，以及为什么绝对君主制的捍卫者费尔默会对他大为推崇。同为亚里士多德之推崇者的阿奎那曾表示："在所有的统治形式中，最主要的是君主制……统治大众的最好政府形式是一人统治。"[1] 当然，由于亚里士多德将德性视为实行统治的条件，而中世纪欧洲的贵族们往往认为自身的德性远超平民，所以，亚里士多德的政治学说也比较受贵族阶层的欢迎。

依照亚里士多德的目的论思想，合乎自然的就是合乎正义的。一个人是否具有公民的资格，需要以自然为依据：有些人是自然的奴隶，固然不能成为城邦的公民；从事生产劳动的人，由于缺乏从事政治活动的时间且心胸狭隘，也应排除在公民群体之外。[2] 在城邦居民中，彼此间的政治统治关系也应以自然为依据，即德性欠缺者应服从德性完善者的统治，依后者的命令各司其职，各尽本分。

对亚里士多德来说，人们有义务服从有德性者的统治，这是由人作为政治动物的本性，或者说是由自然赋予人的内在目的所规定的。在原则上，人们不应根据自身的想法，去建立各种各样"非自然的"政体或统治方式。政治统治由人的本性所规定，人的本性又是由自然所赋予，所以，政治统治不是人们依照自身的想法所创建的事物，不是人们可以随意造就的事物。在亚里士多德看来，城邦是由众人组成的团体，在这样的团体中自然就有统治者和被统治者；"只要是多个组成部分，结合为一个共同的东西，无论它们是彼此相连还是彼此分开，其中总是会有统治者和被统治者。这种[统治和被统治]关系存在于有生命的事物中，它源于整个自然的工作。在无生命的事物中有时也存在着统治关系，比如在和声中就有主导[音符]。"[3]

Greek and Roman Political Thought, 367; [美]托马斯·潘戈著，李小均译：《亚里士多德<政治学>中的教诲》，华夏出版社2017年版，128-134，179-189。

1　引自托马斯·潘戈著：《亚里士多德<政治学>中的教诲》，66。

2　Malcolm Schofield, 'Aristotle: An Introduciton', in *The Cambridge History of Greek and Roman Political Thought*, 320.

3　*Politics*, 1254a28.

将政府视为人造之物,就意味着统治关系不是自然就有的。这也意味着,在政府或政治统治之前,人们就有了某种权利,并可基于这一权利去创建政府。也就是说,人的权利是先于政府存在的东西,政府权力起源以每个人的权利,以每个人一项行使权利的行为为根据。但在亚里士多德的学说中,人的本性就决定了人与人之间的统治和被统治关系,对统治者的服从,也就成了人们与生俱来的义务。人与人之间的统治关系,或者说被统治者的服从义务,成为最先在、最自然的政治事实。用亚里士多德的话说:"统治与被统治的区分不但是必要的,而且是有益的;有些人生来就注定是被统治者,另外一些人则注定是统治者"。[1] 主人和奴隶之间、男人和女人之间、希腊人和野蛮人之间,以及德性卓越的公民和德性平庸的公民之间,自然地存在着政治等级的高低之别,因而自然地存在着统治和被统治的关系。

亚里士多德将城邦看作是"自然生长出来"的事物,城邦就像是一个有血有肉的生物体。这种将城邦视为一个有机体的观念,将众多个体的人结合在一起,并全都融入到一个强大的共同体之中,随之而来的结论必然是城邦优先于个人,因为整体优先于部分,就像整个身体优先于手与足一样。[2] 这种观念完全排除了如下看法:政治社会是人为约定的产物,在此约定之前,是一种完全不存在政治统治的自然状态,人们在其中的生活极为不便或极不安全。这是格劳孔在柏拉图的《理想国》中简略表达的看法。[3] 亚里士多德对这种看法持批评态度,因为它将城邦的目的仅限于"寻求互助以防御一切侵害"和"便利物品交换以促进经济的往来"。亚里士多德认为,这一看法只要求"每位契约的参与者都不对其他人行不正义的事,而不考虑大家应该成为怎样的人,更不关心怎样让每个人变得正义和善良",但"关心良好统治的人,都会认真考虑政治的美德和恶行⋯城邦必须关心德性"。[4] 后来,霍布斯在将这种关于城邦起源于契约的看法,发展

---

[1] *Politics*, 1254a20.

[2] *Politics*, 1253a19.

[3] Plato, *The Republic*, ed. G. R. F. Ferrari and Tom Griffith, Cambridge University Press(2000), 358e.

[4] *Politics*, 1280a33-1280b7.

为一个庞大的理论体系时，他的主要批判对象就是亚里士多德。

由于亚里士多德认为人是自然的政治动物，城邦（国家）是自然出现的政治共同体，所以他不需要特别论证政治权力存在本身的正当性，也无须关心它的界限何在（这些都是现代政治哲学的核心问题）。在他的政治学说中，也没有将共同体成员与国家权力分隔开来的个人权利观念。既然人生的目的是幸福，幸福又以正义的德性为前提，而正义只存在人与人之间的关系中，幸福就不可能只是个人的事情。国家权力有必要触及人们生活的各个方面，以教育（说服）和法律（强制）等手段塑造人们的品格，让人们具备正义的德性。在个人与国家的关系上，亚里士多德的学说与现代宪政主义有着深刻的区别。依照现代宪政主义的国家观，法律也有极为重要的地位，公民之间也有经常的合作与互动，但它们的作用主要是保障和有利于人们各自追求自身的幸福。在亚里士多德这里，每个人的幸福，就存在于对法律的遵守和对其他公民的正义之中，个人是通过对共同体的贡献而获得幸福的。[1]

对亚里士多德来说，最适合在城邦进行政治统治的，是掌握了实践智慧（政治技艺）因而有德性的人。对柏拉图来说，最适合统治的是掌握了理论智慧（哲学知识）因而有德性的人。在这两位古代政治哲学家那里，德性都事关人们能否过好整个一生，政治的最终目的是对公民进行道德教育。有德性的人应该统治其他人，在完善自身德性的同时，也让被统治者更有德性。正当的统治权力，并非源于被统治者的同意，而是源于统治者所具备的卓越素质。被统治者只是统治者运用统治技艺的对象或质料，统治者没有义务听取或考虑被统治者的意愿或偏好，更无须就自己的统治行为对被统治者负责，因为被统治者并不具备评判统治优劣的知识或能力。

在亚里士多德和柏拉图所代表的古代政治哲学中，政治统治关系并非源于众人的创造，不是出自被统治者的同意，而是基于某些人的智慧和德性而当然应有的。这些人的智慧或德性，使得他们必然比

---

[1] 结合亚里士多德的政治学说，对古典与现代共和主义进行的比较，参见托马斯·潘戈著：《亚里士多德〈政治学〉中的教诲》，12-17。

别人更了解什么样的统治是恰当的、正义的，因此，对他们的权力施加限制和约束，不但是不必要的，而且是不正义的。显然，从这样的政治学说中不可能出现用来创建、规范和约束政府权力的宪法观念。

二

随着基督教在西方世界的兴起和普及，亚里士多德和柏拉图等古希腊哲学家开始被视为异教哲学家，像奥古斯丁（Augustine of Hippo, 354-430）这样的教会哲学家则应运而生。不过，在强调人们对政治权威的服从方面，教会哲学家比异教哲学家可以说是有过之而无不及。

公元四世纪后期至五世纪初期，是奥古斯丁生活和写作的时期。这段时间战乱不断持续与扩展；原有价值、信念及制度的崩溃；以及基督教在罗马帝国的地位变化，均促使奥古斯丁重新思考宗教、社会和政治生活中的基本问题。奥古斯丁并未否定人类在世界舞台上所扮演的角色，但他毕竟是一位神学家与传教士，他写作的主要目的，是让人放下对世俗事务的关切，转而将信奉神、敬拜神作为自己的中心事务。他的宗教和神学观点，即关于上帝、永恒救赎以及人与上帝之关系的看法，为他的社会和政治思想提供了基本的观念框架。[1]

对奥古斯丁来说，人类是上帝无中生有的创造物。人与上帝有着显著的区别：上帝的善是自存的和永恒不变的，人的善则是派生的和可变的（在这里，柏拉图理念论的影响显而易见）。[2] 亚当和夏娃在伊甸园的生活原本是无尽喜乐的，但他们却一起犯了罪，吃了分别善恶的知识之树上的果子。他们让骄傲和自爱（而不是对上帝的爱与顺从）左右自己的行为。作为对罪的惩罚，亚当和夏娃被逐出了伊甸

---

[1] 奥古斯丁并无专门讨论政治问题的作品，他的政治观点散见于一系列论辩性的神学著作中。对其政治思想进行系统化研究的最佳论著之一，是 Herbert A. Deane, *The Political and Social Ideas of St. Augustine*, Columbia University Press(1963)。

[2] 参见 William Man, 'Augustine on Evil and Original Sin', in Eleonore Stump & Norman Kretzman ed., *The Cambridge Companion to Augustine*, Cambridge University Press(2001), 42。

园,并需经受饥渴、愁苦、死亡,以及灵与肉的斗争。他们的罪不但使自己受到惩罚,而且还影响到他们的后代:"这两人犯的罪太重,人的本性也因此变坏了;犯罪的负累和必然的死亡,也传给了他们的后代。"[1] 这一后果决定了整个人类历史的进程。每个人来到世间都要受罚和面临必然的死亡,这是人类的个体及社会存在的基本事实。人类的道德、社会和政治状况,都可追溯至亚当和夏娃最初的罪过。

奥古斯丁认为,人是天生的社会动物,但却不是天生的政治动物(这是与亚里士多德的不同之处)。上帝的原意是让人平等相处,只受上帝的统治。人类可以统治野兽,但任何人都不得统治别的人(家庭内部的统治关系是例外):"人是上帝依照自己的形象创造的理性生物,只能统治一切非理性的生物。人不能统治人,而只能统治野兽。因此,最早的义人只能做群兽的牧人,而不能做人的君王"。[2]

如果人类没有堕落,就不可能会出现国家及与之相伴的各种强制惩罚措施,因为人们根本就用不着它们。堕落后的人类就不一样了。人类第一座城是由杀死自己弟弟的该隐所建,这一事实具有重大的含义,即"地上之城系出自被原罪污染后的人性"。[3] 国家是人类原罪的结果,在很大程度上也是人类各种可卑冲动的表现。它源于人们对权力和暴力的渴望,它进行的大多数战争都是为了财富、权力和荣耀。人们追求这些东西,只是出于随原罪而来的贪欲。国家并不像柏拉图和亚里士多德所说的那样,是人类生活自然的一部分,或是人类能力的自然表现。相反,它是一种非自然的产物,是在人类自然的社会本性被原罪玷污并变得自私后,才开始出现的。

即使在人类堕落后,上帝也没有将人类完全抛弃,否则,人类就不可能继续存在。上帝仍将食物、感觉、理性和繁衍后代的能力赐给所有人。上帝甚至预定了一些人可以蒙恩得救。因着他无限的仁慈,上帝会将少数人从对原罪的惩罚和普遍的悲苦中拯救出来。这些被选中的人,在最终审判之后,将与上帝一起生活在永福之中。未被上

---

[1] Augustine, *The City of God against the Pagans*, ed. R. W. Dyson, Cambridge University Press(1998), 581.

[2] *The City of God against the Pagans*, 925, 942.

[3] *The City of God against the Pagans*, xv, 2.

帝选中的人，则永远不可能脱离罪恶和痛苦。[1]

圣保罗对救赎、预定和神的恩典的看法，对奥古斯丁的神学及政治思想具有决定性的影响。[2] 对奥古斯丁来说，被选中者的救赎完全出自上帝的恩典，而不是对他们自身善行的回报。被选中者的德性是恩典的结果，而不是恩典的原因。世人因原罪而彻底堕落，已不可能通过自己的努力而得救。只有上帝才能拯救罪人，并使一些人进入永恒的天国，亦即"上帝之城"。那些未被上帝选中的人，则是地上之城的成员。地上之城是迷失者的国度，永罚是他们的最终结局。奥古斯丁写道："我们说的这两个城邦有很大的区别，一个是由敬神的人组成的，另一个是由不敬神的人组成的。它们各有自己的天使，在一个城邦对神的爱具有崇高的地位，在另一个城邦则流行对自己的爱。"[3]

在奥古斯丁的刻画中，堕落后的人类充满了物欲、性欲和权欲，并因此相互争斗和伤害。在观察新生儿的行为时，奥古斯丁冷峻而悲观的态度也没有丝毫松动。在《忏悔录》中，他生动地描述了婴儿因无法清楚表达自身欲望而产生的挫折感：他们不停地哭喊、蹬腿和挥舞手臂，以期得到周围人的关注。奥古斯丁认为，这是原罪的表现之一，因为人类原罪的要害，就是这种将自己视为宇宙中心的利己主义。在他看来，婴儿与成人一样毫无纯洁和无辜可言："婴儿看似无辜只因他身体虚弱，与他的心灵无关。"[4]

在尘世之中，到处都是冲突与争斗，因为每个人都想得到比别人更多的物质利益，都想获取统治他人的权力："大家是如何相互压迫，彼此毁灭！一条大鱼吞灭了一条小鱼，自己又被一条更大的鱼吞

---

[1] 参见 James Wetzel, 'Predestination, Pelagianism, and Foreknowledge', in *The Cambridge Companion to Augustine*, 49。

[2] R. A. Markus, 'St Augustine: A Radical Alternative', in J. H. Burns ed., *The Cambridge History of Medieval Political Thought, c.350-c.1450*, Cambridge University Press(1988), 109-110.

[3] *The City of God against the Pagans*, xiv, 13. 关于"爱"的概念在奥古斯丁政治思想中的地位，参见 Paul Weithman, 'Augustine's Political Philosophy', in *The Cambridge Companion to Augustine*, 235-237。

[4] 奥古斯丁著，周士良译：《忏悔录》，商务印书馆 2009 年版，10。

灭。"[1] 奥古斯丁对人类为追求世俗利益而无休止争斗的描述，让人想起霍布斯笔下"人人各自为战"的自然状态。所不同的是，在霍布斯那里，人们对权力或优势的追求，是为实现自我保存的目的，因而是次要的、辅助性的欲求；在奥古斯丁这里，人们对权力和荣耀的追求，或者说统治他人的欲望，却是一种基本的、独立的贪欲。[2] 在后者看来，即使有充足的资源满足所有人的物质和生理需要，冲突和战争仍不会消失，对权力的追求仍将驱使人们相互争斗与毁灭，因为世人在骄傲心理的催动下，已忘记他们原本是彼此平等的，这个世界本身"已被对统治的贪欲所统治"。[3]

堕落后的人类心理，决定了人类社会的生活状态和政治秩序。在此世的生活中，只有很少一部分人因为上帝的恩典，从有罪的人转变为得救的人。每个国家都主要由罪人组成，只有很少的圣徒散落其间。因此，在现世的城邦或国家中，人们的生活状态及社会制度，是由为数众多的罪人所主导的。政治秩序和法律制度的建立与运行，必须主要考虑到如何对待堕落的罪人。

国家是维持世俗和平与秩序的主要机制，国家及其所维持的社会秩序，是为了减少和规范人们的外在冲突，以便人们可以生活和工作在一起。[4] 法律及其规定的处罚措施，不能改变罪人们的基本动机与意愿，只能惩治破坏和平的行为，并使人们出于对惩罚的恐惧而避免行恶。人们普遍将世俗利益看得最重要，他们非常害怕自己的利益被剥夺。只有以它所保护和规范的世俗利益为中介，法律才能对人们产生影响。法律之所以能起到维护社会秩序的作用，就在于它能剥夺违法者的财产、自由、公民资格乃至生命。可以说，法律之所以能起作用，就是因为这些喜爱世俗利益的人，并不能转变为喜爱真实或永恒利益的人。除非人们继续注重世俗利益，否则，法律规定的惩罚将不能使人感到恐惧，因而也不能影响人们的行为。对惩罚的恐惧，是让世人得到约束的唯一办法，是社会和平与秩序的唯一保障。

---

[1] 引自 Herbert A. Deane, *The Political and Social Ideas of St. Augustine*, 47。
[2] *The City of God against the Pagans*, i, 31.
[3] *The City of God against the Pagans*, i, preface.
[4] *The City of God against the Pagans*, xix, 17.

对国家目的（维持外在和平与秩序）以及对它实现目的之惩罚手段（剥夺财富、自由与生命）的反思，体现了奥古斯丁政治思想中最具特色的一方面，即他对人类状况和政治生活中的悖论与反讽的清晰把握。当人们仍在抢夺、欺诈和侵害他人，以积累更多的财富和权力时，就一直存在相互毁灭的危险。只有在面临自己所爱的、所追求的世俗利益将会丧失的威胁时，人们才可能避免相互侵害与毁灭。人们热爱世俗利益的这一罪恶，在一定程度上提供了自身的纠正和补救措施，从而使个体生存所必需的人类社会免于完全解体，并为人们提供最低限度的安全与和平。[1]

在古希腊和罗马的政治观念中，比如在柏拉图、亚里士多德和西塞罗那里，城邦或国家被视为人类联合最重要和最高尚的形式，它的作用是教育和培训公民，使公民实现自身潜能，过上好的生活，成为良善的和有德性的人。一个良善的社会体现了完美的正义与和谐，可让公民获得全然的幸福与自我实现。奥古斯丁并未完全放弃这一观念。古代的理想被保留下来，但不再是一个可在地上实现的理想。有罪的人不可能在此生完善自我和觅得幸福。[2]只有在天堂永恒存在的上帝之城，才能实现古代哲学家们曾宣示过的崇高目标，才是永远和平、正义及幸福的理想国。在这个"以基督为创立者和统治者"的城邦，爱神和互爱是统治的原则，不再有任何争斗，也不再需要任何惩罚。[3]罗马人献身祖国和崇尚荣誉的公民德性，被奥古斯丁改造为爱上帝、爱邻人的宗教虔诚。[4]

一旦古典的理想城邦被改造成天上的永恒城邦，并否定它在地上实现的可能性，奥古斯丁就可在遵循基督教传统立场的同时，对世俗国家进行一种新的、现实主义的考察。国家是一种强制性的秩序，由暴力的使用来维持，并将人们对痛苦的恐惧作为它获得服从的手

---

[1] Herbert A. Deane, *The Political and Social Ideas of St. Augustine*, 140-141.

[2] *The City of God against the Pagans*, 918-931. 参见 Malcolm Schofield, 'Augustine', *The Cambridge History of Greek and Roman Political Thought*, 667。

[3] *The City of God against the Pagans*, 80, 962-964.

[4] 参见 Augustine, *Political Writings*, ed. E. M. Atkins & R. J. Dodaro, Cambridge University Press(2001), 'Introduction', xv; Paul Weithman, 'Augustine's Political Philosophy', in *The Cambridge Companion to Augustine*, 240-243。

段。它不具有塑造公民思想、欲望和意志的功能,也不指望起到这样的作用。它不试图让人变得良善和有德性,它在乎的是人们的外在表现,只想阻止人们作出一些有害的和犯罪的行为。在最坏的情况下,国家是人典型的、毁灭性弱点的制度化:贪婪、虚荣,以及对权力、财产和荣耀的贪欲。即使在最好的情况下,国家也不是真正的道德共同体,它只能实现和平与正义的表象,不是免于混乱的和平与正义,而是勉强压制了混乱的和平与正义。

不过,对政治生活的现实和悲观看法,并未促使奥古斯丁走向宪政主义,因为在他看来,"上帝将地上的王国给予好人和坏人",国家以及它所实施的强制与惩罚措施,都是源于神意的社会机制。[1] 上帝利用堕落者的邪恶欲望建立地上的国家,并对人们的恶行加以惩罚与补救。统治者的权力源自上帝,君主与长官无论有多么邪恶与不正义,都是由上帝确立的,他们(如罗马的尼禄皇帝)的残忍和暴虐,应视为神授的纪律与惩罚,是上帝在惩罚坏人和试炼好人。[2] 奥古斯丁不赞成臣民对统治权力的任何抵制或反抗,因为任何抵抗既有权力的行为,都是在抵抗上帝的意志。邪恶和不正义的统治者的权力,与虔诚和正义的统治者是一样合法的,也一样应得到服从,"只要他们不妨碍那教人敬拜唯一的、至高的真神的宗教"。[3] 只有当统治者的命令亵渎或让人远离上帝时,基督徒拒绝服从的行为才是正当的。在这种情况下,基督徒仍无权进行反抗,因为任何未经授权或非官方的暴力行为都是不正当的。对基督徒来说,唯一合适的做法是效仿殉道的圣徒们,在拒不服从命令的同时,平静甚至喜乐地接受任何可能的惩罚。只有完全掌控人类行为与状况的上帝,才可以决定国家和统治者的命运。奥古斯丁并未留下任何空间,让被统治者用法律去限制或约束统治者的权力。

奥古斯丁如此明确地宣扬统治权力的神圣起源,以及臣民的绝对服从义务,一方面是因为圣经(特别是罗马书)的教导,另一方面是因为他像后来的霍布斯一样生活在一个动荡不安的时代,并像霍

---

[1] *The City of God against the Pagans*, iv, 33.
[2] *The City of God against the Pagans*, v, 19, 21.
[3] *The City of God against the Pagans*, xix, 17.

布斯一样认为，需要有强大的统治权力，来约束人类无止境的欲望和无休止的冲突。他可能会同意霍布斯的警告：承认在某些情形下对统治者的抵抗是正当的和可取的，那就等于对无政府状态发出了邀请。别有用心的个人或群体将会利用这一原则，为自己找到违反法律、逃避惩罚甚至谋取统治地位的借口。一旦这样的野心和违法行为得到放纵，维系社会和平与秩序的纽带就有被撕断的危险，内战的恐怖幽灵就将在全社会肆虐。

对上帝的公正与至善，以及对上帝掌管一切的绝对信心，赋予奥古斯丁的思想以一种终极的乐观主义。这种乐观主义构成他对人类本性及行为的现实和悲观看法的基础，让他在否认政治参与的道德意义的同时，仍相信人类历史是有目的和有意义的。对奥古斯丁来说，人类历史就是圣经的历史，它不像某些哲学家所认为的那样是创造与毁灭的无限重复，也不是罗马或其他任何帝国光荣征服的历史。它是逐渐显现两个城邦各自命运的过程，是时间从开始到终结的线性进展过程。上帝创世是时间和人类历史的开端，上帝的审判是时间和人类历史的终结。[1] 人类的真正命运，无论是永罚还是得救，都不在历史之内，而是在历史之外。[2]

一旦人与上帝的关系以及永恒救赎成为核心问题，人们的政治活动，连同知识的、文化的和经济的追求，就变得无足轻重了。人的救赎和重生，是通过基督和他建立的教会，而不是通过国家的活动和手段来实现的。基督徒应是他们所在国家的顺从公民，但他们首要的忠诚是献给上帝的，他们与教内弟兄之间的情感纽带，远比与本国公民的联系更牢固。对于人类历史进程中的各种国家，他们不过是匆匆而过的朝圣者和陌生人。

尘世只是要死的人暂时生活的地方。所有的人终究都是要死的，并且一生都在承受原罪、痛苦和不幸，亚里士多德、西塞罗等古典哲

---

[1] Simo Knuuttila, 'Time and Creation in Augustine', in *The Cambridge Companion to Augustine*, 103.

[2] 参见 *The City of God against the Pagans*, 'Introduction', xxi; R. A. Markus, 'St Augustine: A Radical Alternative', in *The Cambridge History of Medieval Political Thought, c.350-c.1450*, 106。

学家视为人生最高目的的幸福不可能在此生获得（无论处于什么样的世俗国家），这一看法是奥古斯丁政治寂静主义的根源。在他看来，政治原则和统治方式本身没有什么特别的重要性："一个反正快要死的人，只要统治者不逼他做不虔敬或邪恶的事，在什么样的统治下生活，这有什么重要的？"[1] 他不认为国家权力对人的品性及命运有什么提升作用，不认为某种形式的政体或某个统治者应该被取代，以便建立更好的社会和政治秩序。由于在地球上发生的一切好的或坏的事情，都是上帝对这个世界的计划的一部分，在终极的意义上都是好的，因此，任何重组或改善社会、政治制度的做法都是没有实质意义的。

虽然在《上帝之城》中，奥古斯丁希望信奉基督教的帝王们"将他们的权力当作上帝的婢女，尽最大的可能用权力扩展对上帝的敬拜"，但是，由于他并不将地上的教会等同于上帝之城（后者是超越时间和空间的共同体），且认为世上只有为数甚少的圣徒是上帝之城的成员，教会之内也是鱼龙混杂，因此，人们很难从他关于"两个城邦"的论述中，得出他对教会与国家关系的看法。[2]

奥古斯丁对政教关系的看法，主要体现在他与多纳图派教徒（Donatists）的论战文章中。[3] 在长期的论战过程中，他在这一问题上的看法，可分为三个不同的阶段：（1）他的最初观点是，教会只能通过论辩和说服的方式，来对待宗教异端和分裂教会者，而不能借助国家权力来威胁和镇压异己。[4]（2）后来他又主张，为免于受到多纳图派的暴力攻击，教会有权要求国家权力提供保护，并对具有暴力行为的异端分子进行惩罚。（3）在经过第二阶段的过渡性观点之后，他的观点很快转变为：教会既有权利也有责任，要求世俗统治者对教会异端和分裂教会者进行惩罚，身为基督徒的国王和官员，有义务运用手中的权力保护和支持教会，并像反对异教徒那样反对异端和分

---

[1] *The City of God against the Pagans*, 217.
[2] *The City of God against the Pagans*, 48, 232, 896; 'Introduction', xx.
[3] R. A. Markus, 'St Augustine: A Radical Alternative', in *The Cambridge History of Medieval Political Thought, c.350-c.1450*, 112.
[4] Augustine, *Political Writings*, Letter 51&66.

裂教会者。[1]

当奥古斯丁最终主张说，教会可以借助国家权力强迫多纳图派放弃异端教义时，他并不只是将其视为一种权宜之计，而是诉诸对圣经的解释，将其作为一种原则来阐述。依照他的看法，尽管强制力量不能直接改变人们心中的邪念与错误，但通过对公开表达它们的行为进行惩罚，可以引导那些误入歧途的人，去倾听理性的声音和上帝在圣经中的教诲，从而发现他们以前忽视了的真理。[2] 教会向国王们求助，就是在向上帝求助，因为他们的权力本来就是上帝赋予的，他们本身就是供上帝使用的工具。对奥古斯丁来说，具有基督徒身份的统治者主要是教会成员，而不是履行特定公共职责的世俗官员。公元411年，他在致非洲总督的一封信中表示："当你行动时，就是教会在行动，因为你是代表她和作为她的儿子在行动。"[3]

奥古斯丁甚至认为，教会借助国家权力对异端进行"正义的指控"，是本着"爱"的精神进行的（就像父亲惩罚犯错的儿子一样），是在向它的敌人行善，是在促使他们迈向真理并寻得永恒的救赎。这样一来，奥古斯丁就不但修正了自己对世俗国家的悲观和现实主义的看法（即世俗国家与人的道德和救赎无关，它只是要在罪人间维持外在的秩序与和平），而且还偏离了早期教会在政教关系上的立场。早期教会倾向于认为，世俗统治者的基本作用是惩罚违反世俗法律的犯罪行为，与基督教会的治理是完全无关的。在罗马皇帝君士坦丁于312年成为基督徒，且迪奥多西大帝又于380年将基督教定为官方宗教后，教会已无法像早期受迫害时那样说"没有什么比国家与基督徒更不相关的了"。奥古斯丁对传统立场的偏离，应视为对新的现实情势所作的理论回应。

在论证国家应该惩罚宗教异端的主张时，奥古斯丁向着中世纪神学化的国家理论迈出了重要一步。这一主张意味着，至少在宗教事务上，世俗国家及其官吏成了教会的辅助者，甚至是教会自身"行使

---

[1] 关于奥古斯丁在政教关系上的思想变化，参见 Herbert A. Deane, *The Political and Social Ideas of St. Augustine*, Ch.6.

[2] Augustine, *Political Writings*, Letter 185.

[3] Augustine, *Political Writings*, Letter 134.

权力"的工具。[1] 一旦教会领袖就某项教义是否正确、某个教会组织是否正统的问题作出裁断，世俗政治当局就应该运用强制力量来实施相关裁决，国家因而成了教会实现自身意志的手段。并且，教会还可裁断哪些国家事务与宗教或道德问题密切相关，然后由世俗统治者遵循教会的指令来处理。奥古斯丁曾向非洲总督表示，身为基督徒的统治者有义务听从主教的告诫："我以基督徒对法官的态度请求你，也以主教对基督徒的态度警告你……"[2]

奥古斯丁的神学思想对中世纪基督教信仰的影响是巨大的，他事实上也成了最具权威的教会哲学家之一。他对教会与世俗国家关系的看法，非常有利于加强教会相对于世俗统治者的优势地位。在公元529年举行的奥兰治宗教会议（Council of Orange）上，奥古斯丁关于教会和国家关系的观点获得了权威地位，同时得到采纳的观点包括：亚当的原罪对人类的道德和宗教能力产生了毁灭性的影响；如果没有上帝的恩赐，人类做任何事都不可能取悦上帝，甚至连信神的念头，都是圣灵预先作用的结果。

不过，奥古斯丁的如下思想遭到了此次会议的拒绝：即神恩是不可抗拒的，以及上帝预定了一些人必将罚入地狱。奥兰治宗教会议认为，人们显然有可能因放弃或懈怠而失去神的恩宠，且人们具有配合神恩的能力，至少可以做些事情，包括虔诚而勤勉地通过教会的圣事，来促进自身的救赎。这些说法显然是要肯定教士阶层所主持的圣礼在信众得救中的作用，因而有助于树立教会的权威，并成为中世纪教会等级制的教义基础。实际上，臭名昭著的赎罪卷，就是以教会有为人免罪的能力为前提的。

如果说奥古斯丁关于教会与国家关系的思想，有助于中世纪罗马教廷谋求高于世俗统治者的权威，那么，马丁·路德（Martin Luther, 1483-1546）所发起的旨在摧毁教廷权威的新教改革，则在一定程度上复兴了奥古斯丁关于人类因原罪而彻底败坏（路德曾是一名奥古斯丁教派的修道士），已不可能靠人为的努力得救的思想，并以此否

---

[1] Augustine, *Political Writings*, Letter 173.
[2] Augustine, *Political Writings*, Letter 134.

定中世纪托马斯主义和文艺复兴时期人文主义对人性相对乐观的看法。[1]

路德新教神学的基石，是他对人性彻底悲观的看法。他以最彻底、最极致的态度，阐发了奥古斯丁关于人类原罪的思想。[2] 路德认为，带有原罪的人类本性是完全败坏的，人类本身的存在是毫无价值的。他在回应伊拉斯谟（Desiderius Erasmus）的批评时表示，所有的人"都远离上帝并被上帝所抛弃"，人都是"被[原罪]捆绑的、败坏的、被囚的、病态的和已死的"，绝不可能运用自身的理性去窥知或理解那"隐藏的上帝"的真意，也绝不能指望凭自己的力量去做上帝所喜的事情，而只能凭着圣经的启示去领会、遵循、宣扬和敬拜上帝的意志。[3] 在奥卡姆主义的影响下，路德认为人们必须服从上帝的命令，不是因为它们在人看来是正当的，而仅仅因为它们是上帝的命令。

在路德看来，人与上帝之间有着无法逾越的鸿沟。这一看法曾使他本人一度陷入彻底的绝望之中：本性败坏的人不可能做出任何在上帝看来是正义的事，不可能满足旧约中律法的要求，因而绝不能指望通过自身努力获得灵魂的救赎。但在 1513 年前后，路德忽然领悟到，所谓"上帝的正义"并不是指他的惩罚能力，而是指他的仁慈。出于人类不配得到的仁慈，上帝通过信仰将罪人们从不义中解救出来。这样一来，上帝的恩慈就像一座桥梁，跨越了人的彻底不义与上帝的全能之间的鸿沟，"因信称义"（justification by faith）由此成为路德神学的核心教义。这一教义意味着，人的救赎必须完全依靠和归功于上帝的恩慈，救赎只能自上而来，是上帝赐给一些基督徒的神圣礼物，上帝出于一种人类无法理解的仁慈，将为数不多的被选中者从

---

[1] R. H. Bainton, *The Reformation of the Sixteenth Century*, (London, 1953), 36; Quentin Skinner, *The foundations of Modern Political Thought: Volume Two: The Age of Reformation*, Cambridge University Press(1978), 4.

[2] Francis Oakley, 'Christian Obedience and Authority, 1520-1550', in J. H. Burns ed., *The Cambridge History of Political Thought, 1450-1700*, Cambridge University Press(1991), 165.

[3] 关于路德与伊拉斯谟之间论辩的神学意义，参见 Gerhard O. Forde, *The Captivation of the Will: Luther vs. Erasmus on Freedom and Bondage*, W.B. Eerdmans Publishing(2005).

撒旦的捆绑中解脱出来。[1]

在某种意义上，整个宗教改革运动就是从"人性彻底败坏"这一简单的主张出发的。在这一主张下，信徒的得救不再是他们逐渐去除自身罪过的过程，而是由基督瞬间免除了他们的罪过，他们因此立即"与基督成为一体，并拥有和基督一样的正义"。对信徒来说，这是一种"外来的、由神恩所加的正义，与信徒自身的作为无关"。这一教义对天主教会的权威有着毁灭性的影响：如果世人的得救完全取决于上帝的恩典，与人为的努力毫无关系，那么，罗马教廷和整个教士阶层，以及天主教那一整套仪式和圣事，对信众的灵魂救赎都是没有意义的，神职人员也不再是信众与上帝之间的中介。[2] 只有基督才是"唯一的救主"，是他带来了上帝的福音，并让罪人们知道，即使自己不可能满足律法的要求，也还有通过信仰而获救的希望。[3]

这样一来，神职人员与平信徒之间的区别便失去了意义，地上教会中的等级制度也失去了存在的理由。真正的教会是所有信徒在主内的结合，它是不可见的，只存在于信徒的内心。地上的、可见的教会，不过是信徒们自愿的外在联合，只为方便人们在信仰上相互勉励，在对圣经的理解上相互帮助。神职人员"不比其他基督徒更高或更好"，他们的工作"只是服务"，既没有对信众施加强制的外在权威，也没有在属灵事务上的内在权威。[4] 神职人员不再构成一个有着各种特权的、独立的阶层，所有的信徒，无论是教士还是平信徒，在解释圣经和传播福音方面都是平等的，每位信徒都同样可能直接与上帝交通，都只需直接对上帝负责。[5]

---

[1] Robert Kolb, *Martin Luther: Confessor of the Faith*, Oxford University Press(2009), 64-68.

[2] 1545年，教皇保罗三世的代表在奥地利特伦托召开天主教第19次公会议，会议的主旨是反对宗教改革运动。此次公会议最终制定了《特伦托会议信纲》，认定人性只是被伤害、削弱和搅乱了，人性可分为不同的层次，并可经历相应的调适与提升过程。

[3] Markus Wriedt, 'Luther's Theology', in Donald K. McKim ed., *The Cambridge Companion to Martin Luther*, Cambridge University Press(2003), 106-107.

[4] Luther and Calvin, *On Secular Authority*, ed. Harro Hopfl, Cambridge University Press(1991), 33.

[5] 参见 Jaroslav Pelikan, *Spirit versus Structure: Luther and the Institution of the*

路德于1517年发表"九十五条论纲",标志着新教改革的开始。这份文件原名"关于赎罪券效能的辩论",路德在其中表示,基督徒只要真诚悔过,"或生或死,即使没有赎罪券,也能分享神的赐福和恩典",想利用赎罪券获得救赎,则是徒劳无益的,"甚至教皇本人以其灵魂作为担保,也是没用的"。路德反对当时已臭名昭著的赎罪券,主要不是因为它是教会剥削信众的手段,而是因为它体现了被路德视为最荒谬、最渎神的想法:教会可利用自身的权威和圣事,让在世的或已死的人得到救赎。依照路德因信称义的教义,"教皇没有免除任何罪孽的意志和权力",如果信徒能够获救,就完全无需教会,如果信徒不能获救,教会也无计可施。对路德来说,赎罪券的问题不在于教会滥用权力,而在于教会根本就没有救赎灵魂的能力和权威。

在对抗罗马教廷的过程中,路德得到了萨克森选帝侯腓特烈(Frederick the Wise)等世俗君主的庇护和帮助,他反过来也特别强调世俗君主的权威。一直以来,罗马教廷都以上帝在尘世的代理机构自居,而它自认为拥有高于世俗权力的的神圣地位,也是以它的属灵权威为基础的。一旦教会的属灵管辖权被否定,它就同时失去了干预世俗政治的资格,并且,所有的神职人员(及教会财产)都应与常人一样接受世俗权力的管辖。在路德这里,中世纪关于教会权力和世俗权力之关系的问题完全消失了,因为已不再有"两把宝剑",只有掌握在世俗君主手中的一把宝剑。

路德认为,真正的基督徒虽已因信称义,但在此世的生活中,基督徒除了是属灵意义上的个人,也是自然的和世俗的个人,也必须受到世俗权力和法律的管辖。所有的基督徒都同时生活在两个王国之中:一是由基督直接统治的属灵王国,与世俗事务毫无关系,无需使用任何强制手段;一是世俗的王国,它虽然也是上帝确立的,但需由世俗君主以强制手段实行统治,以保障世人之间的和平与秩序。属灵王国的正义与世俗王国的正义判然有别,前者是一种内在的正义,源自上帝对信徒的恩典,只关乎信徒灵魂的救赎,后者是"民事的正义"(civil justice),只涉及人的外在行为,与所有社会成员(信徒

Church, 1968; A. G. Dickens, *The German nation and Martin Luther*, 1974, 67。

和非信徒）都有关。[1]

在路德看来，君主必须以敬神的方式行使手中的权力，不但要"宣扬真理"，努力维持和保护真正的宗教，而且应"像谋求自身的利益一样谋求被统治者的利益"。[2] 不过，世俗权力特有的强制手段，并不适用于影响人的灵魂。路德认为，统治者虽有权管理本国的教会机构和任命神职人员，但"世俗政府的法律只管辖身体、财货和外在的、地上的事务"，不能"侵犯上帝的王国与政府"，不能超越自身的权力去"命令或强迫人们信这信那"，因为"没有人能被强迫而相信"。[3] 路德认为，"裁判像信仰这种秘密的、属灵的和隐蔽的事务"，并不在统治者的能力范围之内，这就等于将世俗权力排除在实质性的宗教事务之外。[4] 他还认为，如果统治者要求臣民做邪恶的、渎神的事，后者没有服从的义务。此时，基督徒必须遵从自己的良心，而不是服从统治者。在《论世俗权威》中，路德自问自答道："如果君主错了怎么办？此时他的人民是否也必须服从他？不，没有人有义务做错的事；我们必须顺从神，不顺从人［使徒行传5:29］。"[5]

虽然路德认为人们无需服从统治者邪恶的命令，但他同时表示，任何情况下都不得对统治者进行积极的抵抗。对路德来说，一切世俗的统治权都是由上帝直接授予的，世俗统治者只是上帝的"面具"，他们所实行的统治，其实是上帝隐身在面具之后的统治。连暴君也是上帝施行正义的工具，对暴君的抵抗就是对上帝意志的抵抗。暴君的恶行只能由上帝来审判或惩罚，因为"主说：伸冤在我，我必报应"［罗马书12:19］。[6] 如果暴君命令基督徒去做邪恶的事，基督徒可

---

[1] Luther and Calvin, *On Secular Authority*, 10-13. 参见 Francis Oakley, 'Christian Obedience and Authority, 1520-1550', in *The Cambridge History of Political Thought, 1450-1700*, 169-170。

[2] Luther and Calvin, *On Secular Authority*, 36.

[3] Luther and Calvin, *On Secular Authority*, 22-23, 26. 参见 Robert Kolb, *Martin Luther: Confessor of the Faith*, 191。

[4] Luther and Calvin, *On Secular Authority*, 25. 参见 Cargill Thompson, *The Political Thought of Martin Luther*, The Harvester Press(1984), 131-133.

[5] Luther and Calvin, *On Secular Authority*, 40。

[6] Luther and Calvin, *On Secular Authority*, 3。

以不予服从，但应欣然接受因抗命所导致的惩罚。人们对暴政"不能抵抗，只能忍受"。[1] 对世俗统治者的积极抵抗，在中世纪并不是严重的道德问题。路德将其视为一项宗教罪过的做法，使其成为随后近两个世纪里的重大道德和政治问题。[2]

路德所阐发的君权神授思想，在圣经上的依据主要有两处。[3] 一是在罗马书第13节第1行以下："在上有权柄的，人人当顺服他，因为没有权柄不是出于神的，凡掌权的都是神所命的。所以抗拒掌权的，就是抗拒神的命；抗拒的必自取刑罚。……他是神的用人，是伸冤的，刑罚那作恶的。所以你们必须顺服，不但是因为刑罚，也是因为良心。"一是在彼得前书第2节第13行以下："你们为主的缘故，要顺服人的一切制度，或是在上的君王，或是君王所派罚恶赏善的臣宰。你们虽是自由的，却不可藉着自由遮盖恶毒，总要做神的仆人。务要尊敬众人，亲爱教中的弟兄，敬畏神，尊敬君王。"正是因为路德等新教神学家的极力阐发，这两段经文在宗教改革时期获得了前所未有的影响力。

路德认为，基督徒既可以作为臣民生活在世俗国家，也可以是行使权力的君主和官员。作为臣民，基督徒顺从世俗权力和法律，不是出于对惩罚的恐惧，而是出于对尚未得救的邻人的爱，是为他们的利益而做守法的榜样。[4] 世俗统治权都是由上帝确立的，基督徒不应自外于统治者之列。身为基督徒的统治者，只要不是为了自身利益，或是为了报私仇，而是为了禁止和惩罚坏人作恶，那就不违反马太福音第35节中"不要与恶人作对"的说法。因为，统治者此时不是在为自己服务，而是在为需要和平与秩序的"邻人"服务，是在以一种特别的方式爱邻人和服侍神。路德甚至认为，"基督徒比这个世界上的任何人更适合［掌管和行使］权力"。[5]

在路德的学说中，既有的社会和政治秩序框架，都直接反映了神

---

[1] Luther and Calvin, *On Secular Authority*, 29.
[2] 后来，由于新教徒在各地受到世俗君主的残酷迫害，路德在此问题上的立场有所变化，一些加尔文派的神学家更是发展出非常激进的抵抗权学说。
[3] Luther and Calvin, *On Secular Authority*, 6.
[4] Luther and Calvin, *On Secular Authority*, 14.
[5] Luther and Calvin, *On Secular Authority*, 18.

的意志和计划,因此任何政治革命或反叛都是不允许的。路德像奥古斯丁一样认为,上帝之所以不时确立邪恶和暴虐的统治者,都是"因为人民犯了罪"而受到上帝的惩罚。除了神学上的理由外,他还以现实的理由否定反抗统治者的正当性:"改变一个政府是容易的,但得到一个更好的政府却很难;这里的危险是,你往往得不到[一个更好的政府]。"对路德来说,统治者(及其权威)而不是法律,才是政治生活中的首要因素。统治者"是所有法律的主人",他的权力必须高于法律,为了施行明智的统治,统治者必须拥有改变和搁置法律的裁量权,而不应甘受法律的约束。[1]

在强调世俗权力的神圣来源和被统治者的服从义务时,路德的说法与奥古斯丁很相似。在他们两人看来,对于人类社会和政治生活中的基本问题,圣保罗在罗马书中的教导提供了具有终极权威的答案。在他们对世俗政治生活的看法中,人们生来所面对的首要政治事实,是由上帝所确立的统治权力,而不是每个人自身的权利。不过,两者仍有两点值得注意的差别:(1)奥古斯丁在这样做时,并没有试图削弱地上教会的权威,路德则试图彻底摧毁罗马教廷所代表的教会权威;(2)奥古斯丁主要将人们对世俗权力的服从,寄托在大家对惩罚的恐惧上,路德则更为强调这是基督徒一项良心上的义务。

当然,就我们这一章的主题而言,他们的共同点是很明显的。如果世俗统治者的权力是由上帝赋予的,那么,政治权力和相应的统治关系就不是人类意志的产物,就不是人造的东西。人们并不享有创建和改变政府的权利,一部用来规定政府产生和运行方式的宪法,也就无从谈起了。对政府形式的选择,以及对统治者的选任、约束和惩罚,都是上帝的事情。在世俗的政治生活中,世人唯一该做的,就是顺服在上掌权者的统治和命令。

三

在《独立宣言》中,人民的革命权被描述为"改变或废除政府形

---

[1] Luther and Calvin, *On Secular Authority*, 35.

式"的权利,革命的目的就是让人民有机会重新行使制宪权,"建立的新的政府…并使它在人民看来能够维护他们的安全和幸福"。在这里,人民的革命权和制宪权,是以"政府乃人为之物"这一信念为前提的。从《独立宣言》对政府目的的界定,到对人民革命权的申明,不只是文字表达上的先后关系,而是同时具有逻辑上的推论关系:既然人们建立政府的目的,是为了保障"某些不可剥夺的权利",那么,当政府背离甚至危害这一目的时,人们当然可以"改变或废除它"。在《独立宣言》对政府目的的界定中,就已经包含了"政府乃人为之物"的信念。

事实上,美国的建国者们清楚地意识到,他们正在进行一场前所未有的试验,正在建立一种对整个人类来说都是全新的政府形式。正如麦迪逊所言:"他们完成了一场人类社会的历史上未曾有过的革命。他们树立了地球上尚无范例的政府组织。…这就是由你们的[费城]制宪会议全新塑造的作品……"[1]

将政府视为人造之物,需要预设一个前政治的人类生活状态。在这一"自然状态"中,人与人之间尚不存在政治上的隶属关系。《独立宣言》的起草者对此有着非常清晰的体认。在宣言发表近三十年后,杰斐逊以一种更形象的方式,重申了"人人生而平等"这一"不证自明的"真理:"科学之光的普遍传播,已将显而易见的真理展现在每个人的眼前,即人类中的大众并非生来就背负马鞍,也并无少数得到神恩眷顾的人,一生下来就配有马靴和马刺,可以正当地统治大众。"[2] 必须通过人们自愿的同意,才能建立政府并赋予政府以正当的权力,正当统治权力的产生,除了"被统治者的同意"外别无他途。

如前文所述,美国的建国者深受洛克自然权利和社会契约理论的影响。洛克是现代政治学说的集大成者,是首次对现代自由民主(或宪政民主)体制进行系统理论阐述的思想家。洛克所代表的现代政治学说,与亚里士多德及柏拉图所代表的古代政治学说有很多不

---

[1] Hamilton, Madison, and Jay, *The Federalist Papers*, ed. Clinton Rossiter, Signet Classics(1961), No. 14.
[2] To Roger C. Weightman, June 24, 1826, in Thomas Jefferson, *Political Writings*, ed. Joyce Appleby, Cambridge University Press(2004), 149.

同的地方，与中世纪和宗教改革时期的基督教政治学说也有很多不同的地方。但在这一章中，我们关注的重点是，现代政治学说不再将政府视为自然的或神意的产物，而是视为人类意志的产物，视为纯粹人造的东西。

为了说明什么样的政治权力或政府才是正当的，洛克先是考察了人类生活的自然状态。所谓自然状态，就是人与人之间尚不存在任何政治统治和隶属关系的状态，也就是《独立宣言》所说的"人人生而平等"的状态。自然状态这一概念意味着，在进入政治社会之前，人们先是生活在没有政府的状态，然后再出于某种需要建立了政府。

自然状态这一概念的革命性意义是显而易见的。如果人们曾经生活在一种没有政治统治关系的自然状态，且政府只不过是人们为了生活的便利而自行创建的东西，那么，亚里士多德的目的论思想以及基督教的神授权力思想，就等于从根本上被否定了。人们不再是天生就应服从他人的统治，对统治者的服从义务，也不再是政治分析的起点。

相反，自然状态和人造的政府这样的观念，意味着人们在政治权力出现之前，就已经享有某种权利。人们正是因为具有某些与生俱来的权利，才有可能共同创建政治权力和政治统治关系。这种在自然状态下就有的权利，就是人的自然权利。自然权利先于政府权力而存在，并且是后者的来源。这样一来，每个人的权利，而不是义务，就成了政治分析的起点。

对奥古斯丁和路德来说，不但人类是上帝的创造物，而且人类社会中的统治权力（政府）也是上帝的创造物，因为所有的统治者都是由上帝所确立的。对洛克来说，人类是上帝的作品，上帝在创造人类的同时还赋予每个人以自然权利。正是因为有上帝赋予的自然权利，人类才有建立政府的道德能力，但政府本身并非上帝的作品，而是人类意志和选择的结果。在洛克的学说中，政府既不是自然的也不是神授的，而是人造的：人们"天生都是自由、平等和独立的"，政治或公民社会是建立在"每一个个人的同意"之上的。[1]

---

[1] John Locke, *Two treatises of Government*, ed. Peter Laslett, Cambridge University Press(1988), 330-331.

奥古斯丁和路德对统治者的看法其实都是很悲观的。在奥古斯丁看来,虽然也有君士坦丁和迪奥多西那样虔敬和智慧的君主,但大多数统治者都是普通的罪人,他们要面临非同寻常的诱惑,不少统治者因而变得特别邪恶和残忍。[1] 路德更是认为,"在他们[世俗统治者]之中不可能发现好意和诚实;盗贼和农奴也比他们品行更好⋯⋯自时间开始以来,审慎的君主是很少的,公正的君主则更罕见;一般来说,君主们都是最大的傻瓜或最坏的罪犯"。[2] 但他们同时认为,统治者的权威出自不可违抗的上帝意志,且基督徒应重视灵魂救赎和永恒生活,而不是短暂尘世中的利益或遭遇。就像路德所说的,这些糟糕的君主"都是上帝的狱卒和刽子手,愤怒的上帝使用他们惩罚恶人和维持外在和平"。[3] 所以,他们两人都不会像洛克那样,去考虑如何限制和约束统治权力的问题。

虽然路德曾将纯粹的宗教事务排除在世俗统治者的管辖权之外,并为基督徒的"良心自由"进行过雄辩的阐述,但他所说的良心自由,还不是我们今天所理解的宗教自由。在他那里,良心自由只是一种心理和神学意义上的自由,而不是应受保障的社会和政治意义上的自由。事实上,他从未倡导过社会和政治上的个人自由。[4] 依照我们今天的理解,如果有人因为信仰或传播某一宗教而被剥夺世俗利益(如被罚款、拘禁等),那就是对宗教自由的压制,但对路德来说,这样的处罚根本不妨碍信徒享有内在的良心自由。在天堂里的灵魂自由,与在尘世间的宗教自由并不是一回事。

从自然状态出发,并以每个人的自然权利为起点,来分析政治权力和政府的起源,在霍布斯那里就开始了。虽然在自然状态中的人类境况和正当政府的标准上,洛克的看法与霍布斯有重大的区别(前者时常将后者作为隐蔽的批评对象),但他们均将政府视为人造之物。在这一点上,霍布斯甚至可以说是洛克的前驱。他的学说不但彻底否

---

[1] Herbert A. Deane, *The Political and Social Ideas of St. Augustine*, 133.
[2] Luther and Calvin, *On Secular Authority*, 27, 30.
[3] Luther and Calvin, *On Secular Authority*, 30.
[4] David Whitford, 'Luther's Political Encounters', in *The Cambridge Companion to Martin Luther*, 180.

定了亚里士多德关于政府起源的目的论思想，而且也排斥了基督教中的权力神授思想。

在霍布斯的政治理论中，人们在自然状态中追求自我保存的权利，是一切分析的起点，一切正当的政治权力，都是从人的这种自然权利中推论出来的。为了走出人人朝不保夕，随时都有暴死危险的自然状态，人们通过社会契约建立国家，并借助统治者的权力来保障和平与安全。卢梭曾经以其特有的精炼风格写道："人的构造是自然的作品，国家的构造（constitution）则是［人工］技艺的作品。"[1] 不过，卢梭并非这一说法的原创者。在《利维坦》的导言中，霍布斯就曾明确将人类创造国家的技艺（Art），与上帝创造世界的技艺加以类比。他写道："被称为'［国民］共同体（Commonwealth）'或'国家（State）'的巨大的利维坦，是人们利用技艺造出来的，国家只是一个'人造的人'（Artificial Man）"。[2]

依照霍布斯的说法，每一个人需要与其他每一个人相互同意，"将他们的所有权力和力量交给某一个人…从而将他们所有人的意志，通过众人的表态变成一个意志。"[3] 人们利用契约建立国家的过程，就是指定某个主权者来代表他们，并将他们全体转变为一个"人造的人"（即国家）的过程。通过被指定的主权者的代表行为，所有人得以像单个的人一样具有单一的意志、声音和行动。在这一过程中，所有的人既是国家的创造者（Artificer），也是用来创造国家的质料（Matter）。[4]

亚里士多德关于人类政治生活的目的论思想，是霍布斯在《利维坦》中的主要批评对象之一。在亚里士多德看来，由众人聚合而成的社会团体，本身就是一个实体，并被自然赋予了特定的目的。依照他的主张，城邦（或国家）这样的政治共同体，有着独立于甚至高于个人的目的和利益，个人作为共同体的组成部分，应该让自己的个人利

---

[1] Rousseau, *The Social Contract and other later political writings*, ed. Victor Gourevitch, Cambridge University Press (1997), 109.
[2] Thomas Hobbes, *Leviathan*, ed. Richard Tuck, Cambridge University Press (1996), 9.
[3] *Leviathan*, 120.
[4] *Leviathan*, 10.

益服从共同体的利益。在霍布斯看来，被称为"伟大的利维坦"的国家，终归只是一种手段或工具，是众人为了保障自身的安全而发明、创造出来的东西。如果说国家有什么目的，它的目的也不是自然赋予的，不是它本身固有的，而是众人赋予它的。众人先是确立了"保障彼此的安全"这一目的，然后再创建国家这一用来实现目的的工具。用霍布斯的话说："一个社会就是一个自愿的契约，[人们] 在每个社会中所寻求的，就是[人们] 欲望的对象，也就是看上去对每一位成员都有好处的东西。"[1]

亚里士多德认为，人类是天生的或者说自然的政治动物，人类被自然赋予了从事政治活动的内在倾向，政治生活对人类具有内在的价值。人们参与城邦中的政治生活，是要让自己作为政治动物的潜能得以实现，从而展现和完善自身的德性。霍布斯则认为，人类并非天生的政治动物，政治生活只是人类后天的发明。人们进入政治生活并不是为了完善自身的德性，而是出于对暴死的恐惧，因为在自然状态下，人人各自为战的现实，使得人们不可能免于这一恐惧。

两人对人类本性的不同看法，导致了对人类社会和政治秩序的不同看法。在亚里士多德看来，良好的社会和政治秩序应该体现人与人之间自然的等级关系，并将较优越的人与不太优越的人加以区分：贵族优越于常人；男人优越于女人；成年人优越于未成年人；自由人优越于奴隶；希腊人优越于野蛮人，等等。在霍布斯看来，自然状态中的人类是彼此平等的。依照他归纳出的自然法规则之一，人们必须将他人视为与自己是相互平等的，"我们对他人所要求的，不得超过我们允许他人要求于我们的"。[2] 大家在自然状态中享有的自然权利是同等的，为了建立国家而放弃或让渡的权利也是同等的。

在这里，我们可以看到基于德性的统治与基于同意的统治之间的对立：对亚里士多德来说，在德性上优越的人天生就应享有统治权力；对霍布斯来说，一切合法的统治权力都应源于每一位被统治者的

---

[1] Hobbes, *On the Citizen*, ed. Richard Tuck and Michael Silverthorne, Cambridge University Press(1998), 23.

[2] *Leviathan*, 92. 参见 Alan Ryan, *The Making of Modern Liberalism*, Princeton University Press(2012), 166.

同意（尽管他们只是在缔结社会契约时有一次同意的机会）。在霍布斯看来，亚里士多德所赞赏的贵族德性，实际上只是对共同体内部和平有害的骄傲情绪，它使人们自认为高人一等，并野心勃勃地追求更高的社会地位。霍布斯认为，人们通过契约所确立的主权者是一切荣誉和头衔的源泉，"规定每一个人所享有的品级和尊荣，以及人们在公私聚会时彼此给予的礼遇"，皆属主权者的权力范围，主权者说谁是贵族，谁就是贵族，此外别无贵族。[1]

在哲学认识论和方法论上，霍布斯是一位反目的论的机械唯物主义者。[2] 他的关于国家起源的个人主义（及平等主义）观念，与他机械主义的哲学方法具有很大的关联性。[3] 在他看来，人们所经验到的各种现象，都是物质与物质相互作用所产生的运动（或者说原有运动或静止状态的改变）。要了解某一事物，就是要了解这一事物的各个组成部分以及这些部分之间的相互作用。正如他在《论公民》前言中所言："一事物可通过其组成部分得到最好的理解。就像自动钟表或别的较复杂的装置，人们只有将它拆解，并分别考察各部分的材料、形状和运动，才能了解每一部分和齿轮的功能。在考察国家的权利和公民的义务时，虽无需真的将一个国家拆解，却需要好似将其拆解一样来看待，即正确理解人的本性是什么样子，有哪些特性适合或不适合组建国家，以及那些想一起生活的人们须如何联合起来。"[4]

这是霍布斯借自伽利略的分解－组合之方法：将某一事物之整体分解为它的组成部分，发现各部分之间的关系，然后就可以将各部

---

[1] *Leviathan*, 126.

[2] ［美］马歇尔·米斯纳著，于涛译：《霍布斯》，中华书局2002年版，第84-99页；［美］A. P. 马尔蒂尼著，王军伟著：《霍布斯》，华夏出版社2015年版，第24-29页。对霍布斯唯物主义思想系统而深入的分析，参见Frederick Albert Lange, *The History of Materialism and Criticism of Its Present Importance*, Ernest Chester Thomas trans., The Humanities Press(1950), 270-290。

[3] 关于霍布斯国家学说中的个人主义方法，与机械唯物主义之间在观念上的亲缘性，参见Alan Ryan, *The Making of Modern Liberalism*, Princeton University Press(2012), 191。施特劳斯认为，机械论心理学并不是霍布斯政治哲学的必要前提，"他的政治哲学必然有一个比方法更直接、更具体的来源"（参见列奥·施特劳斯著，申彤译：《霍布斯的政治哲学》，译林出版社2012年版，3），但这一说法并未否定机械论思想在方法上对霍布斯政治学说的重要性。

[4] *On the Citizen*, 10.

分再组合成一个整体。[1] 霍布斯认为，人们只有对其产生原因或构造在人们能力范围之内，或取决于人们自身意志的东西，才能形成完全可靠的或者说科学的知识。人们只能理解自身所创造的事物。[2] 霍布斯认为，"为避免怀疑论者对几何学知识吹毛求疵，有必要在对线、面、体和图形的定义中，说明它们由之得以产生的运动"。也就是说，人们掌握关于某一图形的几何知识，就意味着具备了将这一图形实际构造出来的能力。[3] 人类之所以能获得关于"国家之材料、形式和力量"（见《利维坦》一书的副标题）的真确知识，是因为国家本来就是人类所造出来的东西。亚里士多德将政治共同体视为自然生长出的东西，因而不是人为的创造，依照霍布斯对可靠知识的要求，这就意味着人类不可能获得关于国家或政府的真正知识。难怪霍布斯要说，"几乎没有什么东西…能比他[亚里士多德]在《政治学》中所说的与政治更不相容；或者能比他的《伦理学》中的大部分内容更为愚昧的了"。[4]

将国家或政治统治视为人为之物，并对古典政治思想加以否定，这项工作可以再向前追溯至马基雅维利那里。在《君主论》中，马基雅维利一开始便将君主国视为"对人们进行统治（stato）"的一种类型，并将君主国分为世袭的和"新建的"。[5] 他写这本书的主要目的，是要劝导当时统治佛罗伦萨的洛伦佐·德·美第奇（Lorenzo de' Medici），通过建立一个新的国家（一个统一的意大利）成为历史性

---

[1] 对霍布斯政治理论中分解—组合之方法的简要分析，参见 Alan Ryan, *The Making of Modern Liberalism*, 166; David P. Gauthier, *The Logic of Leviathan: The Moral and Political Theory of Thomas Hobbes*, Oxford University Press (1969), 3。

[2] [美] 列奥·施特劳斯著，彭刚译：《自然权利与历史》，三联书店2003年版，176。

[3] 对此进行的深入分析，参见 A. P. 马尔蒂尼著译：《霍布斯》，172-179。

[4] *Leviathan*, 461-462.

[5] 依照《君主论》英译者的解释，马基雅维利至少在三种不同的含义上使用意大利文中的"stato"一词：（1）存在于特定疆域内的政治共同体（这是最接近现代"国家"的含义）；（2）对特定疆域内的人们的统治；（3）统治艺术。显然，这三种含义彼此有着紧密的联系。参见 Machiavelli, *The Prince*, ed. Quentin Skinner & Russell Price, Cambridge University Press(1988), 5, 102。

的伟大人物。[1]

马基雅维利在纸上用文字展现建立一个国家的手段和过程，是希望他心目中的政治家能在现实中加以模仿与实践。他相信，他在书中所说的是关于国家或政治统治的真实知识，因为他和后来的霍布斯一样认为，关于国家或政治统治的真实知识，就是说明国家或政治统治如何建立的知识。在写作《君主论》期间，马基雅维利曾给朋友写信说，他正在写一本关于"统治如何取得、如何维持和如何丧失"的书。[2] 虽然马基雅维利的《君主论》和《论李维》等著作，都是为因应意大利动荡不安的政治现实而写作的，但当他声称国家或统治只是人们运用暴力和谋略而取得的，而不是基于神恩或统治者的智慧、美德而取得的，他就提出了一种与传统政治思想相决裂的革命性主张。马基雅维利因此也被视为现代政治思想和政治科学的开创者。

对马基雅维利来说，就像对霍布斯一样，人既不是亚里士多德所说的自然的政治动物，也不是天生带有原罪并期待得到救赎的生灵。人并非天生就有道德，而只是一种追求自身利益最大化的物质性存在。人们在资源稀缺的环境中相互竞争和冲突，政府只能起到一种工具性的作用，即让人们可以在相对和平与安全的情况下，各自追求自身的利益和地位。政府和政治统治乃人为之物，而不是什么自然的或神意的产物。

马基雅维利抛弃了亚里士多德关于政治生活的目的论思想，但他仍喜欢使用"质料"和"形式"这一对概念，来表述统治者和民众之间的关系。在他看来，对于那些创建国家的伟人来说，民众只是有待加工的质料："考察他们的行动和经历就会发现，他们并未有过什么好运，而只是得到了赋予某些质料以最佳形式的机会。"[3] 比如，摩西面对的质料是困在埃及的以色列人，居鲁士（Cyrus）面对的质料是对米底王（Medes）的统治不满的波斯人。建国者同时也是立法者，他们需将某些新的制度和法律加于特定的人民，以建立自身的权力和统治。在马基雅维利看来，这种引入"新的政府形式"的做法，

---

[1] *The Prince*, 4, 88-90.
[2] *The Prince*, 93.
[3] *The Prince*, 20.

是非常困难和危险的，因为，"那些得益于旧秩序的人会反对革新者，而那些可能从新秩序获益的人，最多只能给革新者提供一些含糊的支持"。[1] 马基雅维利对新君主们的教诲，是学习和模仿历史上成功者的经验。[2]

在马基雅维利的著作中，并不能找到现代意义上的制宪权观念，但他在分析建国者获取统治地位的过程时，却触及了一种用新政体取代旧政体的行动。这种建立新政体的行动，是在旧的法律和秩序之外的行动，因而是一种"前宪法"的行动，为此运用的权力也是一种"前宪法"的权力。[3] 这些行动和权力创建了一套新的法律和秩序，但它们本身却不以任何既有法律为依据。这是一种"无中生有"的主权权力。

马基雅维利在《君主论》中奉劝君主们不择手段地获取和维持统治地位，霍布斯则在《利维坦》中为绝对和不受限制的君主权力辩护。他们当然都不是现代意义上的宪政主义者，但他们将政府和政治统治视为人造之物的思想，却在一定程度上为中世纪宪政主义向现代宪政主义的转变铺平了道路。

中世纪宪政主义将政治权力视为理所当然的东西，然后再试图从外部对其施加法律上的约束。现代宪政主义则首先要解决政治权力的来源问题，即从政治权力的产生环节，就开始对其施加法律和制度的约束。如果缺少将政府视为人造之物的观念，这种对政治权力施加内在约束的现代宪政主义是不可能出现的，当然也不会产生现代宪法这样的东西。

在现代世界，宪法是人为的政治构建的产物，是一个社会进行自我组织的手段。人们制定一部宪法，就是自由和有意识地尝试一种共

---

[1] *The Prince*, 21.
[2] 马基雅维利说，"考虑到他们使用的手段和采取的行动"，居鲁士（Cyrus）、罗慕路斯（Romulus）、忒修斯（Theseus）等异教时代的建国者，"与有一位伟大主人[即上帝]的摩西似乎并无什么不同"。他显然是在暗示摩西虚构了自己与上帝的对话，而这种虚构只是摩西为建立犹太人的国家而采用的一种谋略。参见 *The Prince*, 19-20。
[3] Miguel Vatter, *Machiavelli's The Prince*, Bloomsbury(2013), 55.

第五部分 现代宪法的政治哲学前提

同体存在的政治形式。[1] 宪法或政体不是源于自然或神意的无可逃避的必然性，也不是对某种超验和永恒原型的模仿，而是人们对自身所在社会的秩序，有意识地进行的一次更新。在《联邦党人文集》的开篇，汉密尔顿便以提出问题的方式，揭示了现代宪法的人为性："似乎要由这个国家的人民通过行动和示范，来回答这个重要的问题，即人类社会是否真的能够通过反思和选择建立良好的政府，或者人们是否永远都注定要听任意外和强力来决定他们的政治组织。"[2]

霍布斯曾在《论公民》的献辞中表示，任何试图获得关于公民社会之正确知识的人，或是试图创建正当公民秩序的人，都必须"找到一个适当的起点（a suitable starting point）"。[3] 起点就意味着开端。回到起点，就是回到人们创建新政体的时刻，就是回到制宪或革命的时刻。一部宪法的产生，就是一次变更政治秩序的革命。正如阿伦特所言："只有在十八世纪革命的进程中，人们才开始意识到，一个新开端可以是一种政治现象，可以是人们已为之事的结果，或是人们可有意而为之事的结果。…新秩序不再是上天的注定或神圣的恩赐……"[4]

1651 年，霍布斯在《利维坦》导言中宣称，那些使政治体得以造出的契约，"就像是上帝创世时发出的命令（Fiat），即'要造出人来'"。[5] 1787 年，在为美国联邦宪法草案辩护时，詹姆斯·威尔逊以类似的口吻宣称，这部宪法"只有经过人民的命令（Fiat），才会变得具有效力和权威"。[6] 在威尔逊看来，上帝发布命令，可以无中生有地造出人类；人民发布命令，则可以无中生有地制定一部宪法，并依照宪法创建出政府。

---

[1] Andreas Kalyvas, 'Popular Sovereignty, Democracy, and the Constituent Power', in *Constllations*, Vol. 12, No. 2, 2005.
[2] *The Federalist Papers*, No.1, 27.
[3] *On the Citizen*, 5.
[4] [美]汉娜·阿伦特著，陈周旺译：《论革命》，译林出版社 2011 年版，35。
[5] *Leviathan*, 10.
[6] [美]詹姆斯·威尔逊著，李洪雷译：《美国宪法释论》，法律出版社 2014 年版，58。

第十二章

"为确保我等及我等子孙得享自由之福佑"
现代宪法与政治社会的目的

1787年9月8日，费城制宪会议已接近尾声。这一天，大会选出由威廉·塞缪尔·约翰逊（William Samuel Johnson）、汉密尔顿、麦迪逊、鲁弗斯·金（Rufus King）和古维诺尔·莫里斯（Gouverneur Morris）等五人组成的文本委员会（Committee on Style）。该委员会的任务，是对大会已通过的23项决议"进行文体上的修改整理"，将它们汇编成一部正式的宪法草案。[1]

莫里斯被任命为文本委员会的秘书。他应年高德勋的委员会主席约翰逊的要求，负责文体和条款章节的安排，在不对大会通过的决议进行实质更改的前提下，先整理出一份草案稿。多年以后，莫里斯在致友人的一封信中说："宪法就出自此刻正在写这封信的人之手……我相信，这部宪法的文字，已经达到我们的语言所能达到的最大清晰度。"莫里斯对美国联邦宪法在文体上的贡献，得到了麦迪逊的承认。麦迪逊曾这样写道："在宪法文体和段落安排中所体现的那份精炼润饰……都应归功于莫里斯先生的妙笔。"[2]

莫里斯先是将23条决议文浓缩成7个条文，并适当地分款，然后为宪法草案加了一段行文简练庄重的序言："我们合众国人民，为形成更完善的联邦、树立正义、保障国内安宁、提供共同防卫、增进全体福利和确保我等及我等子孙得享自由之福佑，特为美利坚合众国制定并确立本宪法。"这份序言开宗明义地列明了人们组建这一政

---

[1] [美]凯瑟琳·德林客·鲍恩著，郑明萱译：《民主的奇迹：美国宪法制定的127天》，新星出版社2013年版，237。

[2] [美]凯瑟琳·德林客·鲍恩著：《民主的奇迹：美国宪法制定的127天》，244。

治共同体的六项目的。这六项目的并不是单纯并列的，而是前后相继，一个目的引出另一个目的，越是排在后面的目的，在价值上也越重要。[1] 北美人民建立"更完善的联邦"，是为了"树立[大家普遍认同]正义"，如此才能"保障国内安宁"，否则就可能出现接连不断的骚乱，就像不久前发生的谢斯起义一样。一旦能够保障共同体内部的安宁，就需要考虑与世界上其他政治共同体的关系，需要"提供共同防卫"以保障与他国之间的和平，如此才能有效地"增进全体福利"。

在序言中被置于最后的目的，是"确保我等及我等子孙得享自由之福佑"（secure the blessings of liberty to ourselves and our posterity）。自由被列为最后的目的，是因为自由被认为因其本身就值得追求，它不应成为实现其他目的的手段。另外，只有在提及"自由"时，制宪者才明确表示既要关心"我等自身"，又要关心"我等子孙"。"我们人民"将自由看得如此重要，他们不但要争取自身的自由，还要确保后代的自由。

可见，与其他的目的相比，美国的制宪者格外关心让自由永存不灭。正因如此，后来林肯总统在葛底斯堡演说中，可以恰当地将美国称为"一个孕育于自由中的新国家"（a new nation conceived in liberty），并希望它"能够永世长存"。

一

我们在上一章已谈到，将政府视为人造之物，是现代宪法得以产生的观念前提之一，因为现代宪法正是主权的人民用来创设政府的法律手段。但是，仅仅将政府视为人造之物，并不代表一定要有一部宪法。现代宪法不但要创设政府，而且还要严格限制和约束公共权力。如果人们创设政府或组成政治社会的目的，并不要求对公共权力加以限制和约束，甚至需要排除这种限制和约束，那么，这样一部宪

---

[1] [美]阿纳斯塔普罗著，赵雪纲译：《美国1787年〈宪法〉讲疏》，华夏出版社2012年版，17—20。

法就完全是没有必要的。

将政府视为人造之物，与近代社会契约理论密切相关，因为社会契约正是人们在自然状态下组建政治社会的方式。霍布斯从人的自然权利出发，首次清晰描述了人们缔结社会契约和组成政治社会的过程，并详细阐述了这一契约的基本内容。

在传统的自然法思想中，最重要的是一些客观的"法则或尺度"。它们先于和独立于人类意志，并对人类有着道德上的约束力。这就等于说，存在着某种非人为的政治秩序，它并非人类自身意志的产物，却对人类有着不容违反的最高正当性。如果有人能够领会或认知到这种秩序是什么样子，他们就有了常人少有的智慧；如果有人能够依照这种正当秩序的要求而生活，他们就有了常人少有的德性。为了让更多的人能够依照正当秩序的要求而生活，或者说为了让共同体的秩序尽量合乎最高的法则或尺度，当然就应该由那些有智慧和有德性的人进行政治统治。

在霍布斯所开创的近代自然法思想中，最重要的是每个人都具有的一系列权利，或者说一系列出自人类意志的主观诉求。具体到霍布斯的学说，就是人们保存自身生命（或避免死亡）的主观诉求。为了自我保全，每个人都有权做自认为必要的任何事情。这些主观诉求以及与之相关的自然权利，完全不依赖于任何在先的法则或秩序，相反，它们本身就是一切法律和秩序的起源。

在柏拉图那里，完美无缺的理念世界蕴含了永恒正义的秩序。这一秩序比人类的一切欲求和愿望都具有更高的伦理价值，它在道德和正义上，要高于和优先于个人意志。在亚里士多德那里，城邦或国家是一种自然生长出来的有机体。国家有其自身的目的。国家的目的高于个人的欲求和意志。个人虽是国家的组成部分，但就像组成身体的四肢必须服务于整个身体一样，组成国家的个人也必须服务于国家这一整体。

对霍布斯来说，国家是众多个人意志达成一致（社会契约）的产物，个人及个人意志是比国家更为基础的东西。在这里，近代自然科学对他的影响是显而易见的。依照霍布斯自己的说法，他在政治哲学方面的成就，要归功于运用了一种新的方法，也就是伽利略赖以将物理学提升至科学地位的"分解-综合"的方法。

运用这一方法,霍布斯将既有的政治事实,包括政治权力、统治关系和国家本身,化约为它们最基本的构成要素,即个人意志,然后反过来从这一要素出发,构建出由众多个人组成的国家。在一定程度上,霍布斯政治哲学中的特有内容,如个人对国家的绝对优先、人类并非天生的政治动物、自然状态、个人的自然权利等观念,都是由这一方法所决定的,或者说都已蕴含在这一方法之中。正是基于这一方法论上的个人主义,霍布斯抛弃了柏拉图高居云端的永恒秩序观念和亚里士多德的目的论思想,一开始就将目光聚焦在人的欲求和权利之上。个人的权利成了道德和秩序的起源。个人的欲求和意志导致了国家的出现,也决定了国家产生和存在的目的。

霍布斯的政治哲学不但引入了方法论上的个人主义,而且还将政治统治建立在所有人生来平等这一前提之上。在自然状态下,每个人都有保全自身躯体和生命的欲求,并因此有着支配任何事物、采取任何行动的权利。如果人们没有这一权利,就不能实现自我保全的目的:一个目的如果缺乏实现它的手段,这一目的就是没有意义的。霍布斯认为,什么事物或行动对自我保全是不是必要的,这一问题应该由每个人自己去决定,因为任何人都不具有足够的智慧和远见,可以预见和规定人们在时刻变动的环境中该如何保全自我。在这里,每个人都平等地享有同样的权利。

少数智者或有德者与芸芸众生的区别,对古代政治哲学具有根本的重要性。对这一区别的承认,使得对少数统治者的教育和他们该如何统治大众的问题,成为政治学研究和讨论的重点。由于霍布斯不承认在先的自然秩序,并将人们保全自我的欲求作为政治分析的起点,而这一欲求又是人人同样具有的,人们实现这一欲求的权利也是平等的,因此人与人之间就不再有自然的等级差别。所有人在起点上、在根本上都是平等的。当人人平等成为一项根本的原则时,一种新的政治哲学就应运而生了。

虽然霍布斯所采用的个人主义方法和人人平等的原则,对现代政治思想和宪政主义是至关重要的,但他本人却是宪政主义的强烈反对者。他的这一态度,是由他关于政治社会(国家)之目的的看法所决定的,而他对政治社会之目的的看法,又与他关于人类本性的看法紧密相连。

在霍布斯看来,人是一种与其他动物相似的动物。作为一种有感觉的存在,人时刻暴露在各种各样的感官刺激之下。这些感性知觉自动地唤起人的欲望或厌恶,因此人的生活就像其他动物的生活一样,时时刻刻都充满了冲动。不过,人所具有的理性,使人与其他动物有了重大的区别。人不像其他动物一样,只受当下感性知觉的支配。人对未来的设想能力,比其他动物要强得多。人不像其他动物一样只顾眼前的饥渴,而且还能展望或预见未来的饥渴。霍布斯认为,人的欲望本身与其他动物的欲望并无不同,不同的是人的欲望得到了理性的助长。其他动物只能对有限的客体产生欲望,人则在本性上就怀有无穷无尽的欲望,因而是最掠夺成性、最狡诈、最凶猛、最危险的动物。

在霍布斯看来,自然状态既不同于动物世界,因为语言的发明使人类一去不复返地告别了动物状态;也不同于公民社会,因为其中不存在任何法律秩序。这是介于动物世界和公民社会之间的人类生活状态,却远比动物状态更危险、更可怕。[1] 动物受低级欲望的驱使,有时可能会很残忍,但它们的欲望总是限于当下,一旦食欲得到了满足,就很少会考虑未来的事情,也不再会相互侵扰。它们的欲望只及于自身,不会考虑其它动物是否占有了更多的食物。[2]

语言的出现是人类运用理性的结果,它使人类与其它动物明显地区别开来。[3] 在发明语言前,人类的心智和动物一样,都是完全特殊主义与消极被动的。[4] 语言出现后,人类面对的已不只是特殊的事

---

[1] Hobbes, *On the Citizen*, ed. Richard Tuck and Michael Silverthorne, Cambridge University Press(1998), 11.
[2] Thomas Hobbes, *Leviathan*, ed. Richard Tuck, Cambridge University Press (1996), 119.
[3] 关于语言对人类心智的塑造,及其对理解霍布斯政治哲学的重要性,参见[爱尔兰]菲利普·佩迪特著,于明译:《语词的创造:霍布斯论语言、心智与政治》,北京大学出版社 2010 年版,128。
[4] 霍布斯否定了语言的神圣起源,将语言看作人类的一项发明。他曾明确表示,在巴比塔之后的语言,也就是人类社会现存的语言,一定是在需要(一切发明之母)的引导下逐步从人身上产生的,并在经过一段漫长的时期后变得愈

物,而是事物的一般概念和种类,人们可以在记录特殊事物的同时进行归类,并以一种自愿和主动的方式探寻这些分类的意义,人的欲望与激情也因此发生了改变。[1] 语言使人类获得了对未来事物进行推理和预测的能力,能从短暂的肉体愉悦中解脱出来,并开始担忧可能出现的危险,从而为恐惧和忧虑所束缚。[2] 用霍布斯的话说:"没有理性的动物不能区分(精神上的)侵害和有形的损失,所以当它们安闲时,就不会感到受了同类的冒犯;但人类在最安闲的时候,恰恰最喜欢惹麻烦。"[3]

语言的运用,使人能认识到自己与他人之间的差别,人类成了喜欢将自己与他人比较的生物,人类欲望与激情的范围也得以进一步扩张。[4] 在霍布斯看来,"得其一思其二、死而后已、永无休止的权势欲……是全人类共有的普遍倾向……造成这种情形的原因,并不总是人们得陇望蜀,希望获得比现已取得的快乐还要更大的快乐,也不是他不满足于一般的权势,而是因为他如果不事多求,就会连现有的权势以及享受美好生活的手段也保不住"。[5] 当人们不断努力满足等级性或优越性的欲望时,人与人之间的关系注定是一场零和博弈,人们离开了只关注当下与自身的宁静世界,开始了对权力和优势地位的无穷追求,并纷纷陷入疯狂的焦虑之中。[6]

对霍布斯来说,所有人对所有人的战争状态,正是源于人类的本性:为了追求自身的生存与安全,人们都企望胜过别人,从而使相互攻击和侵害成为自然状态下的常态。人的欲望凭着理性的助力而无限扩展,每个人为自我保全所做的努力,却导致了人人都朝不保夕的

来愈丰富(参见 *Leviathan*, 18-19)。对此进行的讨论,参见 William E. Conklin, *The Invisible Origins of Legal Positivism: A Re-Reading of a Tradition*, Kluwer Academic Publishers(2001), 75; [美]施特劳斯著,李世祥译:《什么是政治哲学》,华夏出版社,2014年版,165。

1 菲利普・佩迪特著:《语词的创造:霍布斯论语言、心智与政治》,33-34。
2 *Leviathan*, 77.
3 *Leviathan*, 120.
4 *On the Citizen*, 24.
5 *Leviathan*, 70.
6 菲利普・佩迪特著:《语词的创造:霍布斯论语言、心智与政治》,第124页。

局面。每个人都处于随时可能暴死于他人之手的恐惧中。这是一种相互的恐惧，是每个人对每个他人作为自己的潜在谋杀者所怀有的恐惧。这种无时无处不在的恐惧，促使人们再次运用自身的理性，共同缔结社会契约。国家、法律和政治权力正是出自人们对暴死的恐惧。在自然状态中，所有人都是不受约束的自由人，只有在人们缔结之契约的基础上，才能产生信守承诺的义务，并产生了正义与非正义的观念："事先没有信约出现的地方就没有权利的转让，每个人也就对一切事物都具有权利⋯在订立信约后，失约就成为非正义，而非正义的定义就是不履行信约。"[1]

在霍布斯看来，人们进入政治社会和组建国家的目的，就是免于对随时遭遇暴死的恐惧，就是为了获得和平与安全。正是出于这种关于政治社会之目的的看法，霍布斯始终认为，绝对的世袭君主政体是最佳的国家形式。在他成熟的主权学说中，人们出于相互恐惧，出于对暴力致死的恐惧，将全部的、最高的和不可分割的权力交由某个人去行使。虽然人们是在恐惧的驱使下这样做，但这仍是人们依理性作出的自由表示。对主权不应施加任何限制和约束，否则就会导致对主权者的质疑、不服从甚至抵抗，从而危及人们组建政治社会所追求的和平与安全。英国内战的惨烈景象，曾给霍布斯的内心造成了极大的震撼："无论如何，原先在一个和平政府下生活的人们，往往会在一次内战中堕落到什么样的生活方式，我们从这种事实中可以看出，在没有共同权力使人畏惧的地方，会出现什么样的生活状态。"[2] 在他看来，内战之所以会发生，就是因为人们试图限制和约束国王的权力，将自己认为是滥用权力的国王视为暴君，并认为自己有权进行武力抵抗。

由于将和平视为政治社会的目的，霍布斯极力排除限制君主权力的可能性，因为对君主权力的任何限制，都可能导致对君主的不服从或抵抗，从而使国内和平遭到破坏，并使人们回到可怖的自然（战争）状态。他主张人们在订立社会契约时要让渡自己的全部权利，是

---

[1] *Leviathan*, 100.
[2] *Leviathan*, 89-90.

第五部分 现代宪法的政治哲学前提

为了避免人们在进入政治社会后还享有主权者必须尊重的个人权利。他主张每个人都直接向主权者让渡权力,是为了避免在进入政治社会后除主权者之外还有别的政治权威。他主张主权者并不是契约的参与者,是为了避免主权者本身受到契约的约束,而所有参与契约的人则必须遵守承诺,并"心甘情愿地承认和服从主权者所作的一切行为,否则其他的人就有正当的理由将其杀死"。[1]

在霍布斯看来,"主权者所做的任何事情,都不可能构成对任何臣民的侵害,而任何臣民也没有理由控告主权者不义,因为一个人根据另一个人的授权作出任何事情,都不可能构成对授权者的侵害"。相反,如果"臣民们处死一个主权者,或以任何方式对主权者施加别的惩罚,都是不义的,因为每一个臣民既然都是主权者行为的授权人,那就等于由于自己所作的事情去惩罚另一个人了"。[2] 在政治社会中,和平甚至比真理更重要。霍布斯认为,"虽然在学说问题上所应尊重的只是真理,但并不排斥根据和平的需要加以管理",所以,主权者有权自行或任命官员对一切学说进行审查,并禁止人们发表和传播在主权者看来有害于和平的学说。[3]

二

在《政府论》下篇中,洛克对霍布斯的主张进行了反驳。霍布斯认为,最高统治者对臣民们施加最大的压制,并不是因为他们乐意损害或削弱臣民,或是想从中得到什么好处,相反,他们的力量和光荣存在于臣民的活力之中。他们之所以这样做,是因为人民本身的抗拒情绪。比如,人民经常不情愿为自身的防卫而纳税,这就使得统治者不得不强行征敛。洛克则表示:"谁认为绝对权力能纯洁人们的气质和纠正人性的劣根性,只要读一下当代或任何世代的历史,就会得出相反的结论。在美洲丛林里横行不法的人,在王位上大概也不会好多少。当他身居王位时,或者会找出学说和宗教来为他加于臣民的一切

---

[1] *Leviathan*, 124.
[2] *Leviathan*, 124.
[3] *Leviathan*, 124-125.

行为辩解，而刀剑又可以立刻使一切敢于责难他的人保持缄默。"[1]

在洛克看来，虽然专制君主也会提供法律和法官，"来裁判臣民之间可能发生的任何争执…但这不过是每一个爱好他自己的权力和利益的人，自然而且一定会作出的事情，以使那些为他的快乐和好处而劳动和作苦工的牲畜，不要互相伤害或残杀"。他还不点名地引述了霍布斯的观点："在臣民彼此之间，为了他们相互的安宁和安全，必须有措施、法律和法官，但就统治者来说，他应该是绝对的，超乎于这种种情况之上的，他有权力做更多害人的事和坏事，并且这样做都是合法的。"洛克准确地看到，在霍布斯的学说中，没有什么安全和保障，可以防止专制统治者的暴行和压迫，甚至"连提出这个问题都是死有余辜"的谋反和叛乱。[2]

霍布斯不遗余力地排除对统治权力的限制，洛克则竭尽所能地消除统治权力的专横。他们的这一差别，源于他们对政治社会之目的的不同看法，而洛克关于政治社会之目的的看法，同样可以追溯之他对人之本性的看法。洛克对人性的看法不像霍布斯那么悲观。洛克认为，人类作为有理性的生物，原则上有能力领悟和遵从上帝颁布的自然法，因此，人们在自然状态下就知道尊重彼此的人身权和财产权。这就意味着，自然状态并不是霍布斯所说的普遍的战争状态。霍布斯要在伦理（或道德）的真空中建立政治秩序，洛克则不认为有这样的真空。[3]

不过，洛克也承认，在自然状态下仍会不时发生侵犯他人权利的情况，人们只能依照自身的力量来防卫或惩罚加害者，由此便可能引发局部的战争状态。由于"缺少一种确定的、规定了的、众所周知的法律""缺少一个有权依照既定的法律来裁判一切争执的知名的和公正的裁判者"以及"缺少权力来支持和执行正确的判决"，且"大部分人又并不严格遵守公道和正义"，所以，人们对人身权和财产权等

---

[1] John Locke, *Two treatises of Government*, ed. Peter Laslett, Cambridge University Press(1988), 327.

[2] *Two treatises of Government*, 328.

[3] John Dunn, *The Political Thought of John Locke*, Cambridge University Press(1969), 79.

权利的享有就很不安全、很不稳妥。[1] 正是为了克服这些不便，或者说，正是为了让大家都能更安全、更稳妥地享有各自的权利，人们才甘愿以社会契约组成政治社会。

对洛克来说，人们联合成国家和置身于政府管辖之下，最主要的目的是保护他们的生命、自由和财产。这一目的决定了政府权力的限度，超越这一限度的权力就不再是正当的。[2] 洛克认为，人们放弃在自然状态下自行执行自然法的权力，并将它交给社会，只是出于更好地保护自己的人身和财产的动机，政府权力绝不容许扩张到超出这一需要之外，更不能专断地支配人民的生命和财产。政府权力必须从多方面加以限制和约束，以防它违背它的本来目的。认为人们在进入政治社会时必须放弃自己的全部权利，统治者则可以任意处置人民的人身和财产，这在洛克看来不但与政治社会和政府的目的不相符合，而且是无法设想的，因为"任何理性的生物都不可能抱着使其变得更糟的目的，来改变自己的境况"。[3]

在霍布斯的学说中，人们从自然状态进入政治社会时须一致同意，他们自己都应受到法律的约束，但他们所确立的主权者则是一切法律的制定者，本身不受法律约束。主权者可以保留在自然状态下为所欲为的全部自由，这一自由还因他掌握的权力而大大扩展，并且不会因为自己的行为受到任何惩罚。对霍布斯来说，自然状态是如此恐怖，和平是如此重要，因此，哪怕是最糟糕、最暴虐的统治也比自然状态好得多。在统治权力不受约束的政治社会和人人各自为战的自然状态之间，是一个两害相权取其轻的问题。如果自然状态令人无法忍受，那就只能接受某个人的专制统治。问题不在于专制统治是否令人满意，而在于它是否好过自然状态。霍布斯曾这样写道："人们在这一点也许会提出反对说：臣民们的境况实在是太可怜了，他们只能听任具有无限权力的某个人的贪欲及其他不正常激情的摆布。……但人类的事情绝不可能没有一点毛病，而任何政府形式可能对全体人民造成的最大不利，跟伴随内战而来的惨状和可怕的灾难相比起

---

[1] *Two treatises of Government*, 351.
[2] John Dunn, *The Political Thought of John Locke*, 32.
[3] *Two treatises of Government*, 353.

来，或者跟那种无人统治，没有法律和强制力量约束人们的掠夺和复仇的混乱状态相比起来，简直就是小巫见大巫了。"[1]

在洛克看来，如果政府权力以保护个人权利与自由为根本目的，且权力的范围受到严格限制，那么，政治社会就比自然状态更为可取。但如果政府权力违反此一目的，统治者试图将被统治者置于自己的绝对权力之下，那么，双方就进入了战争状态。正如任何人在自然状态中若想剥夺他人自由，就必然会被认为具有夺去他人一切东西的企图，在政治社会中统治者想剥夺人民的自由，也一定会被认为企图夺去人民的一切，因此统治者与人民便处于战争状态。此时，人民有权用武力抵抗和推翻暴政，并确立一个适于保障个人权利的新的政府形式。对洛克来说，自然状态虽然有各种不便（狸猫和狐狸的可能搅扰），却远远好过置身于绝对和专断的政府统治之下（被狮子所吞食），而以保护个人权利为目的且权力受到限制的立宪政府，则可以让人们比在自然状态中生活得更好。立宪政府好过自然状态，自然状态则好过专制统治。

霍布斯写作《利维坦》一书的目，是要告诉人们如何寻求和平与安全。他认为，人们在订立社会契约时，不但应将全部的自然权利让渡给主权者，而且还应将他们的"全部资源和力量"交由主权者使用。霍布斯试图从每个人在自然状态中不受限制的自然权利，推演出主权者在政治社会中不受限制的统治权力，并以后者作为和平与秩序的保障。就此目的而言，霍布斯的学说是失败的。第一，人们最多只能在缔结契约时承诺说，当主权者有需要时他们将贡献自己的力量，而无法事先将这些力量实际"交付"给主权者。

第二，正如霍布斯自己所承认的，人们设立和服从主权者是为了让自己的生命与人身自由有所保障。一旦当主权者准备以剥夺生命或人身自由的方式去惩罚臣民，被惩罚的臣民便不再有顺服的义务，而是可以对主权者进行正当的抵抗，因为在这种情况下，主权者与被惩罚的臣民又回到了自然状态（即霍布斯所说的战争状态）。霍布斯试图对被惩罚之臣民的抵抗权附加一种限定，即他们不应鼓励别人

---

[1] *Leviathan*, 128.

和自己一起抵抗主权者。但霍布斯的这一限定，显然违反了他整个学说的基本前提：人们为了保全自己的生命，可以享有对一切事物的权利。任何单个的臣民都难以对主权者进行成功的抵抗，当某个臣民为保全自己的生命和人身自由而试图抵抗主权者，且可以争取到他人与自己一起抵抗时，他便不大可能会放弃自己所能争取到的支持。霍布斯的政治理论试图否定各种抵抗理论，但他这种建立在人人平等和个人同意基础上的理论，不可避免会给个人抵抗乃至普遍革命留下空间。

上一章已谈到，奥古斯丁与霍布斯一样将和平与秩序视为政治统治的最高目的，这使他反对人们对统治者进行任何积极的抵抗（无论统治者是多么残暴和邪恶）。他认为，统治者都是由上帝确立的，只有上帝才有权对他们进行问责和惩罚。如果上帝要惩罚统治者，就会让反叛者推翻和杀死原有的统治者，并让反叛者成为新的统治者，人们应该像服从前任统治者一样服从新的统治者。[1] 但这样一来，反叛的正当与否就完全取决于结果：失败的反叛就是渎神的罪行，成功的反叛就是履行上帝的意志。试图将统治者的权威系于上帝之意志的学说，最终只是一种成王败寇的逻辑。

三

对卢梭来说，政治社会的首要目的是人的自由，但他也没有成为洛克那样的宪政主义者，因为他对自由的理解与洛克有着根本的区别。卢梭追随霍布斯的步伐，否认人在原初的自然状态下就是社会性的动物。他认为，"霍布斯看出了现今的人们对自然权利所作的种种解释所包含的缺点"。但他同时表示，连霍布斯也未能避免"把人类只有在社会状态中才有的观念拿到自然状态中来讲"，霍布斯将文明人才有的虚荣心、骄傲和权势欲安到自然人身上，所以才会将自然状

---

[1] Herbert A. Deane, *The Political and Social Ideas of St. Augustine*, Columbia University Press(1963), 145.

态视为人人各自为战的状态。[1]

卢梭认为,自然状态下的人除了有自我保存的欲望,还有怜悯他人的天性。虽然人们出于自我保存的需要,拥有对一切事物或手段的自然权利,但怜悯心也让人们不想伤害他人。"怜悯心是一种自然的感情,它能缓和每个人只顾自己的自爱心",并对人们发出"在谋求你自己的利益时,要尽可能不损害他人"的训导。因此,"自然状态总体上是和平的,是有利于人类[各自保存]的"。[2]

在卢梭看来,自然"为人类准备的社会性是很少的","在自然状态中的人,似乎彼此间没有任何道义上的联系,也没有什么大家公认的义务",人们"既不担心别人对自己作恶,也不期望别人对自己行善"。[3] 依照卢梭的看法,人们在自然状态下是自由的,每个人都独立而自足,无需依赖他人来满足自身的需要。因为人们是自由的,所以他们也是平等的。自然在他们之间造成的身体方面的不平等,尚不足于在他们之间形成"统治"或"奴役"关系。

卢梭认为,人的理性和种种潜在的能力,不可能靠它们本身得到发展,而是必须要有外因的推动才能发展。语言的出现、对劳动工具的运用,以及冶金和农耕技术的发明,这些事件在使人的理性趋于完善的同时,也使人类败坏了,并促使人们最终进入政治社会。[4] 在卢梭看来,自然状态中的人们不依赖他人,因而是自由的,但他们的理性尚未得到发展;在走向政治社会的过程中,人们的理性得到了发展,但却没有得到恰当的运用,因而堕落到了要依赖他人的奴役状态。

依照卢梭的阐述,人类政治社会的发展分为三个阶段:第一阶段是法律和个人财产权的建立,富人和穷人的地位被认可;第二个阶段是行政官的设置,强者和弱者的地位被认可;第三个阶段则将合法的权力变为专制的权力,主人和奴隶的地位被认可,不平等现象也到达

---

[1] Rousseau, *The Discourses and other early political writings*, ed. Victor Gourevitch, Cambridge University Press(1997), 132, 135, 151.
[2] *The Discourses and other early political writings*, 151, 154.
[3] *The Discourses and other early political writings*, 149-151.
[4] *The Discourses and other early political writings*, 159.

了顶点。对卢梭来说，不平等现象达到顶点的专制统治，恰恰为建立正当的政体提供了革命性的契机。[1] 不过，卢梭并不认为人们可以返回自然状态。人的理性已经得到发展，人们已不可能回到起初的、纯朴的自然状态，只能在已有的理性水平上，建立一个人人皆有自由的政治社会。这正是卢梭在《社会契约论》中所要解决的问题。

在通过社会契约建立起的正当的政治社会中，个人既不能是自我保全所需手段的裁判者，否则就等于还停留在自然状态，也不能依赖他人满足自己的需要或服从他人的意志，否则就是处于奴役状态。因此，唯一合适的解决方案，就是用公共的判断取代私人的判断，即让每个人都参与形成的公意（或者说参与制定的法律），成为每个人都必须服从的主权意志。由于每个人都参与了公意的形成（法律的制定），对公意（法律）的服从就不是对任何他人的服从，而是对每个人自身的服从，因而每个人仍都是自由的。对卢梭来说，自由就是对自我立法的服从。公民虽不像在自然状态下一样，完全依自身的裁判和行动来保全自我，但仍可像自然状态下一样自由，因为他只服从公意或法律，不服从任何他人或小团体的特殊意志。

卢梭的社会契约理论与霍布斯的共同之处是，两者都要求人们将全部自然权利让渡出来，以便组成最高的、不可分割的和不受限制的主权权力。两者的不同之处是：在霍布斯那里，全体订约者必须借助一位代表者（也就是主权者）的自然人格，才能转变为作为一个整体的人民或国家；在卢梭这里，全体订约者无需借助任何个别人的代表，就可直接结合成一个整体的人民，并由人民直接行使主权权力。对霍布斯来说，和平和安全是政治社会的首要目标，主权者的绝对权力是实现这一目标的必要手段。对卢梭来说，自由是政治社会的首要目标，人民享有和直接行使主权权力，对实现和保障这一目标是必不可少的。[2] 卢梭曾这样质疑霍布斯的主张："监牢里的生活也很和平，难道人们就要喜欢那里吗？……规定一方有绝对的权威，另一方只

---

[1] *The Discourses and other early political writings*, 182.
[2] *The Discourses and other early political writings*, 'Introduction', xxi-xxii.

有无限的服从,这样的契约是无意义的和自相矛盾的。"[1]

在卢梭这里,政治社会的建立,既意味着主权权力对每个人的自然权利的完全吸收,也意味着人们开始有可能获得了具有道德意义的个人权利。虽然卢梭与霍布斯不同,认为自然状态下的人们并无伤害他人的倾向,但这不是因为人们享有他人应予尊重的权利,而是因为怜悯心使得人们不忍心伤害他人。在自然状态下,人们可以尽己所能地获取自然的出产物,甚至可以通过持续的劳动获得对某块土地的排他性占有,但人们不能因此而获得对这些产物或土地的财产权。当有人仅靠自己占有的物品和土地无法满足自身需要时,他们就会侵夺别人的物品或土地,这就使得自然状态的最后阶段变成了类似于战争的状态。为了摆脱这种可怕的状态,富人才诱使穷人一起以契约方式进入公民社会,并以实在的或人为的法律创设财产权,从而将原本只是在事实上占有的东西,变成了受法律和财产权保护的东西。财产权和别的权利都是"人们协定和制度的产物"。[2] 个人的权利不是先于政治社会的东西,而是主权意志或实在法规定的产物。这样一来,卢梭便追随着霍布斯的步伐,接受了实证主义的个人权利观念。

到这里,卢梭和洛克的区别就很明显了。洛克认为,人们的自然权利一开始就是他人应予尊重的、具有道德意涵的权利。个人权利先于政治社会而存在。人们结成政治共同体,只是为了让各自的权利得到更好的保护,而不是要放弃或让渡自身的全部权利。后来的西耶斯对此表述得很清楚。他在《论特权》中强调说,"自由先于任何社会,先于任何立法者",人们结成社会"是为了保护他们的权利不受坏人的侵犯,是为了在这种保护下致力于发展他们的道德和身体能力,从而获得更广泛、更积极和更充足的享受,立法者被创建出来,不是为了赋予我们权利,而是为了保护我们本来就有的权利。"[3]

在卢梭看来,要认清人类本来的目的和使命,必须返回人类最初

---

[1] Rousseau, *The Social Contract and other later political writings*, ed. Victor Gourevitch, Cambridge University Press(1997), 45.

[2] *The Discourses and other early political writings*, 179.

[3] Emmanuel Joseph Sieyes, *Political Writings*, ed. Michael Sonenscher, Hackett Publishing Company(2003), 70.

的自然状态,从"历史人"或现代人身上剥下一切历史的、文明的特性,从而获得对"自然人"的正确认识。他在《论人与人之间不平等的起因和基础》中,为人们提供了一种单纯的、简朴的、无知的自然人形象,并将其作为评价人类历史的基准。他认为,人类从自然状态走向政治社会的历史过程,是一种重大的悲剧和荒唐的错误。以劳动分工来开发和征服自然,对财富、商业、文学、艺术和科技的追求,以及政治共同体的建立,逐步使人们被同类、自然和自身的欲望所奴役,并使人们处于一个充满野心、贪欲、竞争和不平等的腐败世界。人类以往的历史,是人类自我堕落的过程。对卢梭来说,创设一个正当的政治体,就是要纠正过去的错误并重启人类的历史,就是让人类回归真正的使命。它要求人们无条件地服从道德的法则,以及无条件地履行公民的义务。

卢梭的社会契约理论,包含着对个人进行道德改造的蓝图。在经由契约组成政治共同体时,人们需要经历深刻的道德和心理变化。这些变化主要体现在人与他人、人与自身以及人与共同体的关系上。在自然状态下,每个人都是"我需要什么"和"我用什么手段满足需要"等问题的裁断者,但从"自然人"到"公民"的身份转变,要求每个人都放弃这种自我裁断权,并使自己和他人平等地置于公意的统治之下。每个人原本个别的、独特的需要或欲望,都必须经由公意形成的过程加以"普遍化",即转变为具有普遍约束力之法律的内容;只有经过这一普遍化程序之后应留存下来的需要或欲望,才能被视为合法的,因而也是正当的。[1]

对洛克和西耶斯来说,人们从自然状态进入政治社会,或者说从自然人成为政治人(公民),并不需要经历显著的心理和道德变化。在洛克看来,人们在自然状态下就已经享有和行使着一系列他人应予尊重的权利,在政治社会中,人们仍然享有和行使着这些权利,政治权力的创设和运行,只是为了让所有人的权利都得到更好的保护。在西耶斯看来,人们在自然状态下就已经负有不侵害他人的道德义

---

[1] [美]列奥·施特劳斯著,彭刚译:《自然权利与历史》,三联书店2003年版,283。

务，在这一前提下，所有人都可通过自身努力和相互交换来满足自身的需要。政治社会的形成和政府机构的产生，本身也是人类交换的产物，是劳动分工的一种独特形式。它们存在的目的，是为人们提供更好的保护和必要的便利，从而服务于人们从自然状态起就一直在进行的生产和消费。

在卢梭这里，人们通过社会契约进行结合，"就产生了一个道德的和集体的共同体，以代替每个订约者的个人"。[1] 人们并非已是道德主体，然后再成为政治体的公民，而是因为成为公民才变成了道德主体。从自然人变为公民，人们便不再像在自然状态下那样自足和独立了，不但公民与公民之间开始相互负有义务，而且每位公民都成了一个更大的统一体的一部分。用卢梭的话说，原本独立和完整的个人，都要变成"一个更大的整体的一部分，在某种意义上，个人是从它那里获得自己的生命和存在的"。在政治社会中，为了避免人与人之间的相互依赖（这意味着奴役和不自由），一切人与物都要服从公意的安排。一方面，每个人对公意形成过程的平等参与，使得公意的统治就是每个人的自我统治，因而每个人仍都是自由的，但另一方面，公意的统治也要求每个人的私人利益都必须服从公共利益，甚至要求公民仅将公共利益视为自身的利益。

卢梭与亚里士多德不同，他不认为人是天生的政治动物，也不认为人身上有着追求政治生活的本性或自然倾向，但他并不因此就否定亚里士多德式的德性政治观。毋宁说，他试图在霍布斯开创的现代自然权利和契约理论的基础上，重建古代的德性政治观。对卢梭来说，自由就是政治上的自我统治，政治正义和公共利益就在于公民的自我统治本身，公民对自我统治的参与、对公共事务的奉献就是德性的体现。对个人利益的关注，只要影响公民对公共生活的参与，就是对自由和政治正义的威胁。认为公共秩序的作用就是保障个人不受侵害地追求私人利益，且人们对私人利益的追求将自动促进公共利益，这样的现代观念正是卢梭所要批判和排斥的。

至此，我们便可清楚地看出卢梭的自由概念，与洛克、西耶斯的

---

[1] *The Social Contract and other later political writings*, 50.

第五部分 现代宪法的政治哲学前提

自由概念之间的区别。对卢梭来说，自由就是对政治生活的积极参与（从而避免受他人意志的统治），就是履行政治公民对公共事务所负的义务。他曾《社会契约论》中说，"对拒绝服从公意的人，应该利用全体的力量迫使他自由"。[1] 用强制性的力量"迫使"一个人"自由"，这本来是一种不可理喻的说法。但依照卢梭对自由的定义，这种说法就不再是无法理解的，因为这里的自由主要是一项道德义务，即人们为了关心和参与公共事务而必须牺牲自己的私人利益。用"恐怖天使"圣茹斯特的话说，"假如每个人都可以根据自己的利益，形成关于自由的特殊概念，那就将导致全体被奴化的结果。"[2] 对洛克和西耶斯来说，自由主要是指个人拥有一定的独立于公共生活的空间，人们可在此独立空间不受打扰地安排自己的生活，公共权力不得干预个人的生活空间，而是应致力于保护这一空间。用西耶斯的话说，"当一个人确信，他可以不受妨碍地行使他对[自己]人身的所有权，或利用他对[自己]财物的所有权，他就是自由的"。[3]

对卢梭来说，人在原初的自然状态下是完全孤立和绝对独立的，那里不存在人与人之间的关系，因而也没有任何意义的道德生活。从自然状态进入公民社会，是一次彻底的断裂和转变："人要么完全将自己交给国家，要么完全保留给自己。"[4] 人必须完全放弃自然状态下的个人独立，才能换取政治社会中的公民自由，后者存在于人与人的关系之中，并是一种具有道德意义的价值。一种消极的、不依赖他人的独立状态，被一种积极行动的权力（政治参与）所取代：每个人都成为自我的立法者，自由和权力在此合二为一。对洛克和西耶斯来说，人从自然状态进行政治社会，并不需要完全放弃原有的个人独立，个人独立和政治参与只是公民生活的不同领域，个人自由和公共

---

[1] *The Social Contract and other later political writings*, 53.

[2] 引自[以]J. F. 塔尔蒙著，孙传钊译：《极权主义民主的起源》，吉林人民出版社2011年版，122。

[3] 引自 Murray Forsyth, *Reason and Revolution: The Poliical Thought of the Abbe Sieyes*, Leicester University Press(1987), 115。

[4] Rousseau, 'On Public Happiness', in Charles E. Vaughan ed., *The Political Writings of Jean-Jacques Rousseau*, Blackwell(1962), vol. II, 325.

权力是彼此有别的。[1]

在洛克和西耶斯这里，个人自由体现为一系列的个人权利，这些权利与公共权力形成了某种意义上的对立，并对公共权力构成了严格的限制和约束。公共权力的管辖范围是一个被明确限制的领域，在这一有限的领域之外，是一个不受权力干预的、独立的社会空间。个人权利既是社会自治的基础，也是社会自治在政治和法律上的表达。现代宪法对公共权力采用拘束原则，即公共机构只能行使法律赋予的权限，只能做法律准许它们做的事情，并对个人采用自由原则，即个人可以做法律未禁止的任何事情，正是为了实现它最基本、最主要的功能：限制政府权力和保护个人自由。

在《论特权》中，西耶斯以极为清晰的语言，阐述了适用于公民个体的自由原则："在法律的限制之外，一切都是自由的。除了已由法律划定为任何个人的东西，一切东西都属于一切人。然而，长久的奴役却对人心造成了恶劣的影响，每个国家的人民都远不知道他们在社会范围内的真正价值，远不知道他们有权废除坏的法律，而是被诱导去相信，除了好的或坏的法律屈尊授予他们的东西，就没有什么是他们自己的。……他们似乎不知道，他们的财产，包括在社会状态中以一种新的勤劳精神予以增加的部分，真的就是他们自己的，而绝不能认为是某种外在的权力所赐予的；由他们自己确立的公共权威，不是为了将本就是他们自己的东西授予给他们，而只是为了保护这些东西；总之，每一位公民都有不可侵犯的权利，不但可以做法律允许的一切事情，而且还可以做法律未禁止的一切事情。"[2]

洛克及西耶斯的自由观与卢梭的自由观的区别，大致相当于贡斯当所谓"现代人的自由"和"古代人的自由"的区别。依照贡斯当对这两种自由的区别，现代人的自由是"只受法律制约，而不因某个人或某些人的专断意志被逮捕、监禁、虐待或处死的权利；是每个人表达意见、选择职业、支配自身财产的权利；是不必经过许可，也不

---

[1] 就此进行的分析，参见 Stanley Hoffmann, 'The Social Contract, or the Mirage of the General Will', in Christie Mcdonald and Stanley Hoffmann ed., *Rousseau and Freedom*, Cambridge University Press(2010), 115-116。

[2] Emmanuel Joseph Sieyes, *Political Writings*, 70.

必说明动机或理由而迁徙的权利；是每个人与其他个人结社的权利，结社的目的或许是讨论他们的利益，或许是信奉他们偏爱的宗教，甚至或许只是以一种最适合他们本性或幻想的方式消磨几天或几小时"。当然，这种自由也包括政治自由，即"每个人通过选举全部或部分官员，或通过当权者或多或少不得不留意的代议制、请愿、要求等方法，对政府的治理施加某些影响的权利"，但政治自由的主要作用是保障个人自由，尽管它也有促进人的自我发展的作用。[1]

古代人的自由则"在于以集体的方式的直接行使完整的主权……并认为个人对团体权威的完全服从，与这种集体性的自由是可以相容的"。贡斯当写道："在古代人那里，个人在公共事务中几乎永远是主权者，但在所有私人关系中却都是奴隶。作为公民，他可以决定战争与和平；作为个人，他的所有行动都受到限制、监视和压制。作为集体组织的成员，他可以对执政官或上司进行审问、解职、谴责、剥夺财产、流放或处以死刑；作为集体组织的臣民［即统治对象］，他也可能被自己所属的整体的专断意志褫夺身份、剥夺权利、放逐乃至处死。"[2] 如果说现代人的自由主要表现为个人对私人生活的自主权，古代人的自由则主要表现为积极而持续地参与集体决策的权力。

在贡斯当看来，"对这两种类型的自由的混淆，是著名的大革命时期许多罪恶的肇因，使法国被一些毫无益处的实验折腾得精疲力尽；这些实验的始作俑者……力图强迫法国享受她不愿享受的好处，却不让她享受她希望享受的好处"。在对两种不同的自由观进行比较研究的过程中，他对它们各自的优点和相互对立深有感触。他发现，卢梭和雅各宾派对包含平均主义和英雄主义的古代自由的向往，确实是极富感召力的，因此对他们也不无同情。但他同时认为，人类进入和生活在现代社会是无可逃避的现实。对贡斯当来说，在雅各宾派（乃至卢梭）的政治思想中，最靠不住的也是最不可原谅的东西，就是他们没有能力面对现实：他们幻想着，即使不对传统的政治观念中最令人惬意的内容提出质疑，也可以享受现代社会的种种好处。这也

---

[1] 邦雅曼·贡斯当著，阎克文、刘满贵译：《古代人的自由与现代人的自由》，上海人民出版社 2003 年版，46-47, 62, 67。

[2] 邦雅曼·贡斯当著：《古代人的自由与现代人的自由》，47-48。

是雅各宾派为什么会相信，为了在现代商业社会贯彻古代美德，对那些不情愿的人使用暴力和恐怖手段是必要的。[1]

在 2015 的奥贝格菲尔诉霍奇思案中，美国联邦最高法院托马斯大法官在他的异议书中表示，美国的制宪者对自由的看法深受洛克的影响，他们像洛克一样认为，"在形成公民社会时，人们为实现联合的目的，将所有必要的权力赋予共同体的多数，同时保留在社会确立的法律界限内行使自然权利的权威"。托马斯大法官认为，"依照美国的法律传统"，联邦宪法序言和第五修正案（以及后来第十四修正案）所说的"自由"（liberty），应理解为"免受政府行为干预的个人自由（individual freedom）"，而不是"自政府那里得到承认和福利的权利（right to governmental recognition and benefits）"。[2] 这里不讨论托马斯大法官对同性婚姻的态度是否合理，但应该说他对"自由"的解读，是符合洛克和美国制宪者的原意的。

对卢梭来说，"［人民的］主权权力是绝对的、神圣的和不可侵犯的"，"国家或城邦不外是一个道德人格⋯它最主要的关怀是保存它自身，因而必须具有一些普遍的和强制性的力量，以最有利于整体的方式来推动和安排每个部分"。他认为，社会契约意味着"每个人都将他的人身和他的全部力量，共同置于公意的最高指导之下"，正如自然赋予了每个人支配自己肢体的绝对权力，社会契约赋予给政治体的主权，也是"支配它的所有成员的绝对权力"。[3] 西耶斯则继受了洛克的有限主权观念，认为人们在经由社会契约进行政治联合时，"绝不会将每个个体进入社会时拥有的全部权利，或所有个体拥有的全部力量，都变成公有的"，而"只会将尽可能最少的、对保障每个人享有权利和履行义务所必要的东西，在公共或政治权力的名义下变为公有的"。在雅各宾派的恐怖统治结束后，西耶斯曾在一次演说中表示，"无限权力就是一个政治上的魔鬼，是法国人民［在大

---

[1] 邦雅曼·贡斯当著：《古代人的自由与现代人的自由》，18、45。
[2] Justice Thomas dissenting, in *Obergefell v. Hodges*, 576 U.S. (2015).
[3] *The Social Contract and other later political writings*, 50, 61, 63.

革命中］曾经犯下的重大错误"。[1]

卢梭将政治共同体视作一个独立的道德人格,这一人格高于每位成员的人格,为了保存它,任何成员都可以被牺牲,可以像"人身上坏死的肢体一样被切除",成员们则必须具备为公共利益而自我牺牲的美德。对洛克和西耶斯来说,并不存在超越或独立于个人利益的公共利益。洛克在《政府论》上篇中表示:"公共利益,就是社会中每一具体成员的利益。"西耶斯也认为:"毫无疑问,公共利益若不是某些个人的利益,就什么也不是。公共利益只能是各种不同的个人利益中,由最大多数选民普遍享有的一种利益。"[2] 在西耶斯看来,实行恐怖统治的雅各宾派的重大错误之一,就是没有认识到公共利益只不过是众多个人利益或偏好的汇集,并用一种抽象和专断的公共利益概念,去压制和剥夺几乎所有人的个人自由,从而违背了政治社会的真正目的。[3]

1794 年 2 月,罗伯斯庇尔曾向国民公会解释为什么需要恐怖统治:"一切激发公民对祖国的热爱、净化道德、升华思想,以及将人类心灵的激情引向公共利益的事物,你们都应该予以采用与确立。所有让公民陷于自私的自我主义,让他们沉迷微小事物、鄙视伟大事物的东西,你们都必须拒斥和压制。……如果美德是和平时期人民政府的发条,革命时期人民政府的发条便是美德加恐怖:没有恐怖的美德是致命的,没有美德的恐怖是无用的。恐怖不外乎迅速、严酷且无可动摇的司法。它因此是美德的体现。"[4] 政治不再是对不同利益进行协调的过程,而是重新塑造人类本性的工具。

卢梭向往的是古代斯巴达的城邦生活,来库古(Lycurgus)是他最为推崇的古代立法者。在大革命中实行恐怖统治的雅各宾派领袖,如罗伯斯庇尔和圣茹斯特,也是古代斯巴达的钦慕者,认为那里曾经

---

[1] Murray Forsyth, *Reason and Revolution: The Poliical Thought of the Abbe Sieyes*, 145.
[2] Emmanuel Joseph Sieyes, *Political Writings*, 39-40.
[3] Lucia Rubinelli, *Constituent Power: A History*, Cambridge University Press (2020), 71.
[4] [美]林恩·亨特、杰克·R. 森瑟著,董子云译:《法国大革命与拿破仑:现代世界的锻炉》,中信出版集团 2020 年版,157。

有过自由的光临,"犹如黑暗长夜划过的一闪电光"。他们试图在古代历史中找到建立新秩序的模式,将古罗马和古希腊想象成美德充溢的乌托邦社会,并不顾一切地依照自己的历史想象来构建一个理想的共和国。西耶斯则认为,"将社会的命运冒险托付给美德,是对人的本性的重大误判",更务实的做法,是承认人们有追求私人利益的本性,并对立法机构进行恰当的组织,以便多数人的意见总能合乎公共利益。[1] 西耶斯曾如此评价来库古:"问问来库古,他创建斯巴达政体的目的是什么。他想建立一个国家。对他来说,人只是他的建筑中的石头。对我来说,石头恰恰就是一切,就是一切东西的目的,建筑只是为石头服务的。"[2]

对西耶斯来说,个人的独立性和完整性不应因政治社会的形成而丧失,而应因此得到更好的保障:"公共秩序为个人而创设,而不是个人为公共秩序而存在。换句话说,就像我们上百次看到的那样,公共秩序并非总体秩序,不能总括一切私人事务……因此,认为一般的劳动是公共秩序的一部分,这样的想法是错误的,你不应像对待公共职能一样,去分配、命令、指挥或奖励它;你不应组织农民团体、犁匠团体、木匠团体、铁匠团体、泥匠团体、裁缝团体、帆匠团体,等等。否则,社会组织就不再是用来保护和完善个人自由的社会状态。这等于是牺牲目的,并使目的受到手段的荒唐的、僧侣的统治。个人的权利、品味、辛劳和独特天分都要留给个人,因为一切都为个人而存在。"[3]

西耶斯还对卢梭的德性政治观进行了不点名的批评:"你们要知道,为人们立法并非要升华他们,使之具有极端高贵和超自然的品格。不要把他们塑造成为斯巴达人、克里特人或嘉布遣会的修士。人们不是无足轻重的石块,任由天才的建筑师选择,以建造美轮美奂的宫殿;派不上用场的,则被丢弃在工地或四散抛撒。人们不仅是有生

---

[1] Emmanuel Joseph Sieyes, *Political Writings*, 154.

[2] 引自 Murray Forsyth, *Reason and Revolution: The Poliical Thought of the Abbe Sieyes*, 126。

[3] 引自 Murray Forsyth, *Reason and Revolution: The Poliical Thought of the Abbe Sieyes*, 127。

命的身体，而且是自由的存在。这意味着他们不需要你们的帮助，他们知道并且愿意以自己的方式照顾自己。每个人都是其自身的整体，没有人希望抛弃自己的所有，去充当你们庞大社会建筑的材料。"[1]

在卢梭所向往的苦行的、农业的和直接民主的共和国中，全体公民形成了一种公共的、一体的存在。公意或法律体现了一种自存的和至高的正义，它像来自上天的召唤一样，要求人们牢记自身的使命和道德义务，不要因沉溺于私人享受而腐化、堕落。就他对公意的神化、对既有政治、经济和社会秩序的弃绝，以及对私人利益的否定而言，卢梭的政治学说其实是一种政治神学。

西耶斯完全没有卢梭那样的道德热情。他与洛克一样，一点都不反感现代人对财富和享受的追求。他为法国人所提出的革命主张，只是要制定一部更有利于现代分工、生产和消费的宪法，而不是要恢复古希腊、古罗马的所谓德性或爱国精神。[2] 在他看来，人们结成政治社会的主要目的，是保障和扩展个人的自由，而不是将个人融入某种抽象的、神圣的共同理想之中。他也像洛克一样认为，幸福是必须由每个人自己去定义、去追求的东西。

1795 年，从罗伯斯庇尔等人的恐怖统治中幸存下来后，西耶斯在一则题为"社会状态之目的"的笔记中写道："政治秩序的目的是个人的自由，是私人的福祉。有些人认为它是一种抽象的东西，一种不属于任何人的公共幸福，他们是在自欺欺人。迄今为止，几乎全部所谓的共和主义体制都在这一点上犯错了。对它们来说，公共福祉只不过是一种抽象的存在，一种迷信，一个由人供奉牺牲的偶像。要牢记：唯一真正的幸福就是个人的幸福。"[3]

---

[1] 引自乐启良著：《现代法国公法的诞生：西耶斯政治思想研究》，浙江大学出版社 2017 年版，206-207。
[2] William H. Sewell, *A Rhetoric of Bourgeois Revolution: The Abbe Sieyes and 'What Is the Third Estate?'*, Duke University Press(1994), 75.
[3] 引自 Murray Forsyth, *Reason and Revolution: The Poliical Thought of the Abbe Sieyes*, 126。